"十二五"职业教育国家规划教材

普通高等教育"十一五"国家级规划教材

新世纪高职高专会计专业系列规划教材

（第六版）

新编企业纳税会计

XINBIAN QIYE NASHUI KUAIJI

新世纪高职高专教材编审委员会 组编

主 编 吕献荣

副主编 杨应杰 张 芹

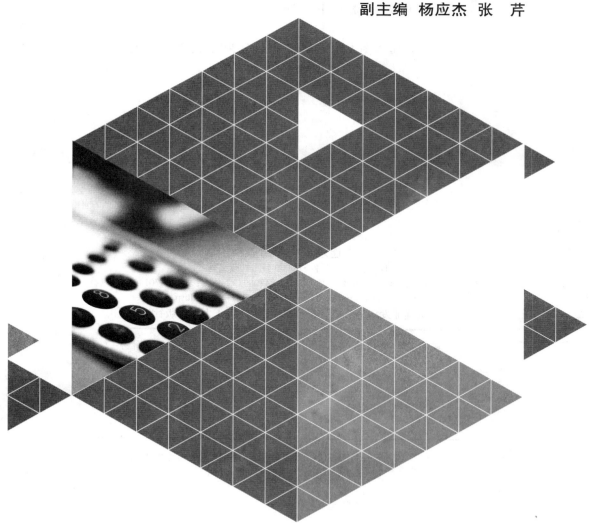

 大连理工大学出版社

图书在版编目(CIP)数据

新编企业纳税会计 / 吕献荣主编. —6 版.—大连：
大连理工大学出版社,2014.7
新世纪高职高专会计专业系列规划教材
ISBN 978-7-5611-8450-9

Ⅰ.①新… Ⅱ.①吕… Ⅲ.①企业管理－税收会计－
高等职业教育－教材 Ⅳ.①F275.2

中国版本图书馆 CIP 数据核字(2014)第 009316 号

大连理工大学出版社出版
地址:大连市软件园路 80 号　邮政编码:116023
电话:0411-84708842　邮购:0411-84708943　传真:0411-84701466
E-mail:dutp@dutp.cn　URL:http://www.dutp.cn
大连业发印刷有限公司印刷　　大连理工大学出版社发行

幅面尺寸:185mm×260mm　　印张:20　　字数:462 千字
2003 年 9 月第 1 版　　　　2014 年 7 月第 6 版
2014 年 7 月第 1 次印刷

责任编辑:郑淑琴　　　　　　　　责任校对:白　雪
封面设计:张　莹

ISBN 978-7-5611-8450-9　　　　　　定　价:39.90 元

我们已经进入了一个新的充满机遇与挑战的时代,我们已经跨入了21世纪的门槛。

　　20世纪与21世纪之交的中国,高等教育体制正经历着一场缓慢而深刻的革命,我们正在对传统的普通高等教育的培养目标与社会发展的现实需要不相适应的现状作历史性的反思与变革的尝试。

　　20世纪最后的几年里,高等职业教育的迅速崛起,是影响高等教育体制变革的一件大事。在短短的几年时间里,普通中专教育、普通高专教育全面转轨,以高等职业教育为主导的各种形式的培养应用型人才的教育发展到与普通高等教育等量齐观的地步,其来势之迅猛,发人深思。

　　无论是正在缓慢变革着的普通高等教育,还是迅速推进着的培养应用型人才的高职教育,都向我们提出了一个同样的严肃问题:中国的高等教育为谁服务,是为教育发展自身,还是为包括教育在内的大千社会?答案肯定而且唯一,那就是教育也置身其中的现实社会。

　　由此又引发出高等教育的目的问题。既然教育必须服务于社会,它就必须按照不同领域的社会需要来完成自己的教育过程。换言之,教育资源必须按照社会划分的各个专业(行业)领域(岗位群)的需要实施配置,这就是我们长期以来明乎其理而疏于力行的学以致用问题,这就是我们长期以来未能给予足够关注的教育目的问题。

　　众所周知,整个社会由其发展所需要的不同部门构成,包括公共管理部门如国家机构、基础建设部门如教育研究机构和各种实业部门如工业部门、商业部门,等等。每一个部门又可作更为具体的划分,直至同它所需要的各种专门人才相对应。教育如果不能按照实际需要完成各种专门人才培养的目标,就不能很好地完成社会分工所赋予它的使命,而教育作为社会分工的一种独立存在就应受到质疑(在市场经济条件下尤其如此)。可以断言,按照社会的各种不同需要培养各种直接有用人才,是教育体制变革的终极目的。

　　随着教育体制变革的进一步深入,高等院校的设置是否会同社会对人才类型的不同需要一一对应,我们姑且不论,但高等教育走应用型人才培养的道路和走研究型(也是一种特殊应用)人才培养的道路,学生们根据自己的偏好各取所需,始终是一个理性运行的社会状态下高等教育正常发展的途径。

　　高等职业教育的崛起,既是高等教育体制变革的结果,也是高等教育体制变革的一个阶段性表征。它的进一步发展,必将极大地推进中国教育体制变革的进程。作为一种应用型人才培养的教育,它从专科层次起步,进而应用本科教育、应用硕士教育、应用博士教育……当应用型人才培养的渠道贯通之时,也许就是我们迎接中国教育体制变革的成功之日。从这一意义上说,高等职业教育的崛起,正是在为必然会取得最后成功的教育体制变革奠基。

　　高等职业教育还刚刚开始自己发展道路的探索过程,它要全面达到应用型人才培养的正常理性发展状态,直至可以和现存的(同时也正处在变革分化过程中的)研究型人才培养的教育并驾齐驱,还需要假以时日;还需要政府教育主管部门的大力推进,需要人才需求市场的进一步完善发育,尤其需要高职教学单位及其直接相关部门肯于做长期的坚忍不拔的努力。新世纪高职高专教材编审委员会就是由全国 100 余所高职高专院校和出版单位组成的、旨在以推动高职高专教材建设来推进高等职业教育这一变革过程的联盟共同体。

　　在宏观层面上,这个联盟始终会以推动高职高专教材的特色建设为己任,始终会从高职高专教学单位实际教学需要出发,以其对高职教育发展的前瞻性的总体把握,以其纵览全国高职高专教材市场需求的广阔视野,以其创新的理念与创新的运作模式,通过不断深化的教材建设过程,总结高职高专教学成果,探索高职高专教材建设规律。

　　在微观层面上,我们将充分依托众多高职高专院校联盟的互补优势和丰裕的人才资源优势,从每一个专业领域、每一种教材入手,突破传统的片面追求理论体系严整性的意识限制,努力凸现高职教育职业能力培养的本质特征,在不断构建特色教材建设体系的过程中,逐步形成自己的品牌优势。

　　新世纪高职高专教材编审委员会在推进高职高专教材建设事业的过程中,始终得到了各级教育主管部门以及各相关院校相关部门的热忱支持和积极参与,对此我们谨致深深谢意,也希望一切关注、参与高职教育发展的同道朋友,在共同推动高职教育发展、进而推动高等教育体制变革的进程中,和我们携手并肩,共同担负起这一具有开拓性挑战意义的历史重任。

新世纪高职高专教材编审委员会

2001 年 8 月 18 日

前　言

《新编企业纳税会计》（第六版）是"十二五"职业教育国家规划教材和普通高等教育"十一五"国家级规划教材，也是新世纪高职高专教材编审委员会组编的会计专业系列规划教材之一。

本教材经过几年的使用，得到了广大高职高专院校师生的普遍认同和广大读者的一致肯定，同时，他们给本教材提出了许多建设性的意见和建议。根据"十二五"职业教育国家规划教材的编写要求，本教材编者深入企业与资深专家共同研究探讨教材大纲，确定教材内容以及项目的选取，充分考虑教学中学生对知识和能力的要求，在《新编企业纳税会计》（第五版）的基础上进行了大幅度修改和创新，重新设置教材体系架构和理论体系，运用"项目导向，任务驱动"的方法，遵循理实一体的编写思路，通过案例展开，满足理论与实践、知识与技能相统一的教学需要，从而提高学生的业务技能。

修订后，本教材具有以下特点：

1. 以"项目导向，任务驱动"的形式，理论与实际工作结合更密切。本教材体系架构充分考虑教学中学生对知识和能力的要求，运用"项目导向，任务驱动"的方法，按照企业纳税会计工作岗位特点，将企业纳税会计业务进行整合、分解，确定了十个工作项目，每个项目分解为若干个工作任务，使内容排列由简到繁、由易到难、梯度明晰、程序合理，使学生对不同税种的会计核算和纳税方法通过知识、理解、分析、应用逐步掌握。

2. 项目内容通过案例展开，注重学生实践技能的培养。每个项目都有与之相关的案例导入，遵循理实一体的编写思路，按税法认知—会计核算—纳税申报顺序，将会计准则、制度和税收法律、法规有机结合，特别强调了在实际工作岗位中如何进行纳税申报和会计核算操作。将税额计算和会计账务处理融为一体，并通过案例分析让学生学会企业应纳税额的计算与账务处理方法，教会学生填制纳税申报表及税款的缴纳，实现理论与实践、知识与技能以及职业素养的有机整合。

3.文字规范精炼,提高教学效率。本教材在编写过程中力求体现税收法律、法规、会计准则的严肃性和规范性,语言精炼、通俗易懂,深入浅出地表述了税法知识和会计核算方法,重点阐述与纳税有关的会计核算方法和纳税申报方法,节约教学时间,提高教学效率。

4.注重学习方法的引导性和知识的拓展性,激发学生的学习兴趣。对与教材中知识点相关又非重点的其他政策法规,以知识链接的形式进行表述,能够吸引学生的注意力,满足学生的好奇心,引导学生对相关问题的思考,拓展学生的思路,还可以激发学生的学习兴趣,提升教学效果。

5.通过配套实训教材,提高学生的动手能力。配套实训教材有大量的基本技能题和业务技能实训题,学生能够及时进行各种业务知识的实训练习,使其在学中训、在训中学,这样不仅能有效地检测教学效果和学习状况,还可以提高学生的实践技能,满足高职院校培养高端技能型应用人才的需要。

本教材由山东经贸职业学院吕献荣担任主编,河南农业职业学院杨应杰及山东永邦税务师事务所有限公司法人代表、山东潍坊东昊置业有限公司财务总监、注册税务师张芹担任副主编。具体编写分工如下:吕献荣编写项目一、二、三、四、五、六、九、十,并负责全书的总纂定稿;杨应杰编写项目七;张芹编写项目八。

本教材可作为高职高专院校税务、会计、财务管理、投资与理财等经济管理类专业的教材,也可作为税务、会计工作者的参考用书。

为方便教师教学和学生自学,本教材配有电子课件、参考答案,如有需要,请登录教材服务网站进行下载。

尽管本教材汇集了广大读者和相关院校的集体智慧和共同努力,但由于编者的水平和精力所限,书中仍可能有疏漏及不足之处,恳请读者在使用本教材的过程中给予关注,并将意见及时反馈给我们,以便修订时得以改进和完善。

编 者

2014 年 6 月

所有意见、建议请发往:dutpgz@163.com

欢迎访问教材服务网站:http://www.dutpbook.com

联系电话:0411-84707492   84706671

目　录

项目一

企业纳税会计基础

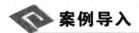 **案例导入**

小张于 2013 年 7 月高职电算会计专业毕业,应聘到甲股份有限公司,被分配担任该公司的纳税会计工作,小张最先面临的工作是因公司改变法定代表人而办理变更税务登记。他如何完成该项任务?今后又如何进行发票领购、纳税申报、税款缴纳及相应的账证管理工作?通过本项目学习,可以明确企业纳税会计的目标、职能与任务,熟悉企业纳税的业务流程,掌握纳税申报管理、税款征收的方式、税款征收制度的有关规定。能办理各类税务登记工作,会根据企业经营情况进行账簿、凭证、发票及税控管理,完成各项纳税会计的工作任务。

 项目学习目标

知识目标

- 了解企业纳税会计的目标、职能、任务;
- 了解纳税会计与财务会计的区别;
- 熟悉纳税会计的核算基础和核算原则;
- 熟悉企业纳税工作业务流程;
- 掌握纳税申报的有关规定;
- 掌握税款征收、税款缴纳的有关规定。

能力目标

- 能办理各类税务登记工作;
- 会根据企业经营情况领购使用发票;
- 能按规定进行账簿、凭证、发票及税控管理;
- 能按规定及时申报和缴纳税款。

 **项目分解**

任务 1.1 纳税会计认知 → 任务 1.2 企业纳税基础工作

任务 1.1 纳税会计认知

1.1.1 纳税会计的特点

企业纳税会计是以税法为准绳，以货币为主要计量单位，运用会计的专门理论和方法，对纳税人因纳税活动所引起的资金运动进行连续、系统、全面、综合的核算和监督的一种专业会计管理活动。其主要特点：

1．企业纳税会计核算直接受税法的约束

企业纳税会计是税法应用和会计核算为一体的专业会计，是税法在会计核算中的贯彻、实施和具体运用，既要遵守会计准则的规定，又要直接受税收法律法规的约束。

2．为纳税人依法纳税服务

企业纳税会计对纳税人纳税活动所引起的资金运动过程进行核算和监督，重点是将会计收益与应税收益在财务会计系统中进行调整，以此来降低企业纳税成本和涉税风险，做到科学、合理纳税。

3．提供企业纳税信息和相关信息

企业纳税会计的信息使用者主要有国家税务机关和企业管理决策者。企业纳税会计的信息必须满足国家税务机关依法要求企业提供的与纳税相关的信息资料的要求；满足企业管理决策者了解企业纳税负担水平、缴纳的税种、各税种的优惠政策、纳税筹划、纳税决策等相关信息的要求。

1.1.2 纳税会计与财务会计的区别

纳税会计是社会经济发展到一定阶段后从财务会计中分离出来的，它与财务会计都属于企业会计体系，两者在会计主体、记账基础、核算前提等方面有着相同之处；但在会计目标、会计对象、会计核算法律依据和会计核算基础方面不同。

1．会计目标不同

财务会计的目标主要是向投资人、债权人、政府部门、企业管理者提供企业的财务状况、经营成果和现金流量等信息；纳税会计的目标主要是向国家税务机关及有关信息使用者提供纳税活动方面的信息。

2．会计对象不同

财务会计的对象是核算和监督企业生产经营活动所引起的资金运动和变化；纳税会计的对象是核算和监督纳税人的纳税活动所引起的资金运动和变化。

3. 会计核算法律依据不同

财务会计核算的法律依据是会计法、会计准则等；纳税会计核算除依据会计法、会计准则外，更侧重于税法规定。我国税法与会计准则的区别，主要表现在收益的确认、成本费用的扣减、资产的取得和期末计价等方面，当会计准则与税法不一致时，纳税会计应以税法为准来调整财务会计的核算结果。

4. 会计核算基础不同

财务会计要遵循企业会计准则，强调提供信息的真实性和可靠性，因此，其核算基础是权责发生制；纳税会计是财务会计在纳税活动中的特殊运用，要兼顾会计准则和税法规定，综合考虑纳税主体的现实货币支付能力，因此，其核算基础是权责发生制和收付实现制及两者的有机结合。

1.1.3　纳税会计的核算基础

会计核算基础是指会计主体在确定当期财务状况、经营成果、现金流量和应纳税额时，以各项收入、费用、税金、支出为核算口径和计提依据。

1. 权责发生制

权责发生制是指凡属于当期的收入或费用，不论款项是否收付，都应当作本期的收入或费用处理；凡不属于当期的收入或费用，即使款项已经收付，也不应当作本期的收入或费用处理。我国财务会计和纳税会计均以此作为核算基础。

2. 收付实现制

收付实现制是以收入和费用是否为本期实际收到或付出货币资金为计算标准，来确定本期损益的一种方法。凡本期实际收到的收入和实际支付的费用，无论是否与本会计期间的损益相关，都作为本期的损益来处理。我国事业单位会计大多采用收付实现制，纳税会计的某些经济业务也采用收付实现制。

3. 权责发生制和收付实现制的结合

对当期纳税有影响的会计事项发生时，有时先采用收付实现制，然后采用权责发生制调整；有时反之。

1.1.4　纳税会计的核算原则

纳税会计是企业财务会计的一个分支，但由于税法的特殊性，企业纳税会计核算除遵循财务会计的原则外还应遵循以下原则：

1. 合法性原则

合法性是指对涉税事项的处理必须严格按照税法进行核算，正确确认计税依据，计算应纳税额，并申报缴纳税款。该原则要求企业平时可按会计准则进行会计核算，但纳税申报时，若税法与会计准则不一致，必须按税法的规定进行调整。

2. 及时性原则

及时性是指必须按税法规定的时间及时进行涉税事项的会计处理，及时向管理者、决策者反馈税收法律法规的变化，及时计算和缴纳税款，及时向税务机关提供纳税资料和会计核算资料。

3.筹划性原则

筹划性是指纳税人为了达到节税的目的,在进行涉税事项处理时,运用现代管理方法,制定既合理合法,又能少缴税款的纳税方案。在该原则的要求下,纳税人在遵守税法的前提下,研究节税策略,使企业效益最大化。

1.1.5　纳税会计的职能

1.核算应纳税款的职能

纳税会计的首要职能是全面、系统、连续、综合地核算企业生产经营活动中各种应纳税款的形成、计算、缴纳、退补和减免情况,进行涉税资金的筹集和运用,反映纳税主体纳税义务履行的情况,提供纳税主体管理决策所需要的各种纳税信息。

2.监督税收政策执行的职能

企业具有法定的纳税义务,只有按照税法的要求规范执行,才能最大限度地避免纳税风险。企业纳税会计能够督促企业理解及贯彻执行税法规定,并接受税务机关和税务人员的检查,在配合税务机关和税务人员检查的同时,维护企业的合法权益。

3.履行纳税规程的职能

纳税义务人和代扣代缴义务人从纳税义务发生到缴纳税款,都有严格的、规范的程序,如果纳税人和扣缴义务人不按照规定的环节、时间、地点、方式、步骤、办法缴纳和扣缴税款,就会增加企业纳税成本。企业纳税会计就是要按照法定的程序,在确保企业足额缴纳税款的同时,把企业的涉税风险控制到最低。

4.提供税收政策咨询服务的职能

企业的生产经营决策和财务决策或多或少都与纳税有关,如果企业不能适时地把握税法的变动趋势,必然会影响企业生产经营决策和财务决策的正确性和科学性,税务会计人员有义务为相关人员提供税收政策咨询服务的职能。

1.1.6　纳税会计的任务

企业纳税会计的任务既是企业纳税会计目标的具体体现,又是实现企业纳税会计目标的途径和措施。主要包括:

(1)反映和核算纳税主体贯彻执行税法的情况,确保纳税主体守法经营,不断降低纳税风险和纳税成本。

(2)正确、及时地计算纳税主体应交税款,并作好会计账务处理,准确反映各个税种的计税依据、纳税环节、税目和税率。

(3)帮助纳税主体遵守税务管理规定,及时办理税务登记,按照纳税主体的实际业务需要领购、开具、保管和缴销各种发票,并在搞好纳税主体纳税自查的基础上,接受税务机关和税务人员的检查。

(4)按照税法的要求,及时向税务机关报送各种纳税申报表、会计核算资料,并在规定的时间和地点缴纳各种应交税款,履行纳税主体的纳税义务和代扣代缴义务。

(5)定期检查纳税主体的纳税策略和方法,收集、整理国际、国内税法的变化动态和内容,通过参与生产经营、投资、筹资、分配等活动的纳税筹划,使纳税主体在合法的前提下获得较大的经济利益。

任务 1.2　企业纳税基础工作

　　企业纳税基础工作主要包括税务登记、账证管理、税款征收及纳税申报等工作。

1.2.1　税务登记

　　税务登记又称纳税登记,它是税务机关对纳税人实施税收管理的首要环节和基础工作,是征纳双方法律关系成立的依据和证明,也是纳税人必须依法履行的义务。我国税务登记主要包括开业税务登记、变更税务登记、注销税务登记、停业复业税务登记、外出经营报验登记、进行增值税一般纳税人资格的认定等。

1.开业税务登记

（1）开业税务登记的纳税人

开业税务登记的对象根据有关规定,开业税务登记的纳税人分以下两类:

一是领取营业执照从事生产经营的纳税人。包括:

①企业,即从事生产经营的单位或组织,包括国有、集体、私营企业,中外合资合作企业,外商独资企业,以及各种联营、联合、股份制企业等。

②企业在外地设立的分支机构和从事生产经营的场所。

③个体工商户。

④从事生产经营的事业单位。

二是其他纳税人。根据有关法规规定,不从事生产经营,但依照法律、法规的规定负有纳税义务的单位和个人,除临时取得应税收入、发生应税行为以及只缴纳个人所得税、车船税的外,都应按规定向税务机关办理税务登记。

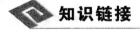 **知识链接**

税法的构成要素

　　税法的构成要素一般包括:总则、纳税人、征税对象、税目、税率、纳税环节、纳税期限、纳税地点、减税免税、罚则、附则等项目。

　　1.总则。主要包括立法依据、立法目的、适用原则等。

　　2.纳税人。即纳税主体,是指一切履行纳税义务的法人、自然人及其他组织。

　　3.征税对象。即纳税客体,是指税收法律关系中征纳双方权利义务所指向的物或行为。这是区分不同税种的主要标志,我国现行税收法律、法规都有自己特定的征税对象。比如,企业所得税的征税对象就是应税所得;增值税的征税对象就是商品或劳务在生产和流通过程中的增值额。

4.税目。税目是各个税种所规定的具体征税项目。它是征税对象的具体化。比如，消费税具体规定了烟、酒等14个税目。

5.税率。税率是对征税对象的征收比例或征收额度。税率是计算税额的尺度，也是衡量税负轻重与否的重要标志。我国现行的税率主要有：

(1)比例税率。即对同一征税对象，不分数额大小，规定相同的征收比例。我国的增值税、营业税、城市维护建设税、企业所得税等采用的是比例税率。

(2)超额累进税率。即把征税对象按数额的大小分成若干等级，每一等级规定一个税率，税率依次提高，但每一纳税人的征税对象则依所属等级同时适用几个税率分别计算，将计算结果相加后得出应纳税额。目前采用这种税率的有个人所得税。

(3)定额税率。即按征税对象确定的计算单位，直接规定一个固定的税额。目前采用定额税率的有资源税、城镇土地使用税、车船税等。

(4)超率累进税率。即以征税对象数额的相对率划分若干级距，分别规定相应的差别税率，相对率每超过一个级距的，对超过的部分就按高一级的税率计算征税。目前，采用这种税率的是土地增值税。

6.纳税环节。是指税法规定的征税对象在从生产到消费的流转过程中应当缴纳税款的环节。如流转税在生产和流通环节纳税；所得税在分配环节纳税等。

7.纳税期限。是指纳税人按照税法规定缴纳税款的期限。比如，营业税的纳税期限为5日、10日、15日、一个月或一个季度。纳税人的具体纳税期限，由主管税务机关根据纳税人应纳税额的大小分别核定，不能按照固定期限纳税的，可以按次纳税。

8.纳税地点。是指根据各个税种纳税对象的纳税环节和有利于对税款的源泉控制而规定的纳税人(包括代收代缴、代扣代缴)的具体纳税地点。

9.减税免税。主要是对某些纳税人和征税对象采取减少征税或者免予征税的特殊规定。

10.罚则。主要是指对纳税人违反税法的行为采取的处罚措施。

11.附则。附则一般都规定与该法紧密相关的内容，比如，该法的解释权，生效的时间等。

(2)开业税务登记的时间和地点

从事生产、经营的纳税人，应当自领取营业执照之日起30日内，向生产经营地或者纳税义务发生地的主管税务机关申报办理税务登记，如实填写税务登记表并按照税务机关的要求提供有关证件、资料。除上述以外的其他纳税人(国家机关和个人除外)，应当自纳税义务发生之日起30日内，持有关证件向所在地主管税务机关申报办理税务登记。

(3)比照开业登记

以下几种情况应比照开业登记办理：

①扣缴义务人应当自扣缴义务发生之日起30日内，向所在地的主管税务机关申报办理扣缴税款登记，领取扣缴税款登记证件；税务机关对已办理税务登记的扣缴义务人，可以只在其税务登记证件上登记扣缴税款事项，不再发放扣缴税款登记证件。

②跨地区的非独立核算分支机构应当自设立之日起30日内，向所在地税务机关办

理注册税务登记。

③有独立的生产经营权、在财务上独立核算并定期向发包人或者出租人上交承包费或租金的承包承租人,应当自承包承租合同签订之日起 30 日内,向其承包承租业务发生地的税务机关申报办理税务登记,税务机关核发临时税务登记证及副本。

④从事生产、经营的纳税人外出经营,在同一地连续 12 个月内累计超过 180 天的,应当自期满之日起 30 日内,向生产经营所在地税务机关申报办理税务登记,税务机关核发临时税务登记证。

⑤境外企业在中国境内承包建筑、安装、装配、勘探工程和提供劳务的,应当自项目合同或协议签订之日起 30 日内,向项目所在地税务机关申报办理税务登记,税务机关核发临时税务登记证及副本。

(4)开业税务登记程序

①税务登记的申请。办理税务登记是为了建立正常的征纳秩序,是纳税人履行纳税义务的第一步。为此,纳税人必须严格按照规定的期限,向当地主管税务机关及时申报办理税务登记手续,实事求是地填报登记项目,并如实回答税务机关提出的问题。纳税人所属的本县(市)以外的非独立核算的分支机构,除由总机构申报办理税务登记外,还应当自设立之日起 30 日内,向分支机构所在地税务机关申报办理注册税务登记。在申报办理税务登记时,纳税人应认真填写《税务登记表》。(见表 1-1)

②纳税人办理税务登记时应提供的证件、资料。营业执照或其他核准执业证件及工商登记表,或其他核准执业登记表复印件;有关机关、部门批准设立的文件;有关合同、章程、协议书;法定代表人和董事会成员名单;法定代表人(负责人)或业主居民身份证、护照或者其他证明身份的合法证件;组织机构统一代码证书;住所或经营场所证明;委托代理协议书复印件;属于享受税收优惠政策的企业,还应包括需要提供的相应证明、资料,税务机关需要的其他资料、证件。企业在外地的分支机构或者从事生产经营的场所,在办理税务登记时,还应当提供由总机构所在地税务机关出具的在外地设立分支机构的证明。

③税务登记表的受理、审核、核发。税务机关对申请办理税务登记的单位和个人所提供的《申请税务登记报告书》,及要求报送的各种附列资料、证件进行查验,对手续完备、符合要求的,方可受理登记,并根据其经济类型发给相应的税务登记表。税务机关对纳税人填报的《税务登记表》、提供的证件和资料,应当在收到之日起 30 日内审核完毕,符合规定的,予以登记;对不符合规定的不予登记,也应在 30 日内予以答复。

税务机关应当自收到申报之日起 30 日内审核并发给税务登记证件。对从事生产经营并经工商行政管理部门核发营业执照的纳税人,核发税务登记证及其副本;对未取得营业执照或工商登记核发临时营业执照从事生产经营的纳税人,暂核发税务登记证及其副本,并在正副本右上角加盖"临时"章;对纳税人非独立核算的分支机构及非从事生产经营的纳税人(除临时取得应税收入或发生应税行为以及只缴纳个人所得税、车船税的外),核发注册税务登记证及其副本;对既没有税收纳税义务又不需领用收费(经营)票据的社会团体等,可以只登记不发证。

表 1-1   税务登记表
                                              （适用单位纳税人）

国税档案号码：   填表日期：   纳税人识别号：

地税计算机代码			纳税人名称		
登记注册类型			批准设立机关		
组织机构代码			批准设立证明或文件号		
开业（设立）日期		生产经营期限	证照名称		证照号码
注册地址			邮政编码		联系电话
生产经营地址			邮政编码		联系电话
核算方式	请选择对应项目打"√" □ 独立核算　□ 非独立核算		从业人数		其中外籍人数____
单位性质	请选择对应项目打"√" □ 企业　□ 事业单位　□ 社会团体　□ 民办非企业单位　□ 其他				
网站网址		国标行业	□□□□　□□□□　□□□□　□□□□		
适用会计制度	请选择对应项目打"√" □ 企业会计制度 □ 小企业会计制度 □ 金融企业会计制度 □ 行政事业单位会计制度				
经营范围	请将法定代表人（负责人）身份证件复印件粘贴在此处。				

项目内容 联系人	姓　名	身份证件		固定电话	移动电话	电子邮箱
		种类	号码			
法定代表人 （负责人）						
	财务负责人					
	办税人					

税务代理人名称	纳税人识别号		联系电话		电子邮箱

注册资本或 投资总额（人民币）	币种	金额	币种	金额	币种	金额

投资方名称	投资方 经济性质	投资比例	证件种类	证件号码	国籍或地址

（续表）

自然人投资比例		外资投资比例		国有投资比例	
分支机构名称	注册地址		纳税人识别号		

总机构名称		纳税人识别号	
	注册地址		经营范围
法定代表人姓名	联系电话		注册地址邮政编码
代扣代缴代收代缴税款业务情况	代扣代缴、代收代缴税款业务内容		代扣代缴、代收代缴税种

附报资料：

经办人签章： ＿＿年＿＿月＿＿日	法定代表人（负责人）签章： ＿＿年＿＿月＿＿日	纳税人公章： ＿＿年＿＿月＿＿日

以下由税务机关填写：

纳税人所处街乡		隶属关系	
国税主管税务局	国税主管税务所（科）	是否属于国税、地税共管户	
地税主管税务局	地税主管税务所（科）		
经办人（签章）： 国税经办人：＿＿ 地税经办人：＿＿ 受理日期： ＿＿年＿＿月＿＿日	国家税务登记机关 （税务登记专用章）： 核准日期： ＿＿年＿＿月＿＿日 国税主管税务机关：	地方税务登记机关 （税务登记专用章）： 核准日期： ＿＿年＿＿月＿＿日 地税主管税务机关：	
国税核发《税务登记证副本》数量：　　本　　发证日期：＿＿年＿＿月＿＿日			
地税核发《税务登记证副本》数量：　　本　　发证日期：＿＿年＿＿月＿＿日			

国家税务总局监制

2.变更税务登记

变更税务登记是纳税人税务登记内容发生重要变化向税务机关申报办理的税务登记手续。

（1）适用范围

纳税人办理税务登记后，如发生下列情形之一，应当办理变更税务登记：发生改变名称、改变法定代表人、改变经济性质或经济类型、改变住所和经营地点（不涉及主管税务机关变动的）、改变生产经营或经营方式、增减注册资金（资本）、改变隶属关系、改变生产经营期限、改变或增减银行账号、改变生产经营权属以及改变其他税务登记内容的。

（2）时间要求

纳税人税务登记内容发生变化的，应当自工商行政管理机关或者其他机关办理变更登记之日起 30 日内，持有关证件向原税务登记机关申报办理变更税务登记。纳税人税务登记内容发生变化，不需要到工商行政管理机关或者其他机关办理变更登记的，应当自发生变化之日起 30 日内，持有关证件向原税务登记机关申报办理变更税务登记。

（3）变更税务登记的程序

①申请。纳税人申请办理变更税务登记时，应向主管税务机关领取《税务登记变更表》，如实填写变更登记事项、变更登记前后的具体内容。（见表1-2）

②提供相关证件、资料。变更税务登记申请书；工商变更登记表及工商执照复印件；纳税人提交变更内容的决议及有关证明文件；税务机关发放的原税务登记证件（正、副本、登记表等）；其他有关资料。

③受理、审核、发证。税务机关对纳税人填报的表格及提交的附列资料、证件要进行认真审阅，在符合要求及资料证件提交齐全的情况下，予以受理。主管税务机关对纳税人报送的已填登完毕的变更表及相关资料，进行分类审核。对需变更税务登记证内容的，主管税务机关应收回原《税务登记证》（正、副本），按变更后的内容，重新制发《税务登记证》（正、副本）。

表1-2   税务登记变更表

纳税人识别号：   纳税人管理号：

纳税人名称：   联系电话：

变更项目	变更前内容	变更后内容

法定代表人（签章）：
 	
    经办人：
 	
            纳税人（盖章）
	受理税务机关意见：
	
	    变更日期：
	
	    经办人：
	
	            主管税务机关（盖章）

填表日期：

附送件：

3.注销税务登记

注销税务登记是指纳税人税务登记内容发生了根本性变化,需终止履行纳税义务时向税务机关申报办理的税务登记手续。

(1)适用范围

纳税人因经营期限届满而自动解散;企业由于改组、分立、合并等原因而被撤销;企业资不抵债而破产;纳税人住所、经营地址迁移而涉及改变原主管税务机关的;纳税人被工商行政管理部门吊销营业执照;以及纳税人依法终止履行纳税义务的其他情形。

(2)时间要求

纳税人发生解散、破产、撤销以及其他情形,依法终止纳税义务的,应当在向工商行政管理机关办理注销登记前,持有关证件向原税务登记管理机关申报办理注销税务登记;按照规定不需要在工商管理机关办理注销登记的,应当自有关机关批准或者宣告终止之日起 15 日内,持有关证件向原税务登记管理机关申报办理注销税务登记。纳税人因住所、生产经营场所变动而涉及改变主管税务登记机关的,应当在向工商行政管理机关申请办理变更或注销登记前,或者住所、生产经营场所变动前,向原税务登记机关申报办理注销税务登记,并在 30 日内向迁达地主管税务登记机关申报办理税务登记。纳税人被工商行政管理机关吊销营业执照的,应当自营业执照被吊销之日起 15 日内,向原税务登记机关申报办理注销税务登记。

(3)注销税务登记的程序

①申请。纳税人办理注销税务登记时,应向原税务登记机关领取《注销税务登记申请审批表》,如实填写注销登记事项内容及原因。(见表 1-3)

②提供有关证件、资料。注销税务登记申请书;主管部门批文或董事会、职代会的决议及其他有关证明文件;营业执照被吊销的应提交工商机关发放的注销决定;主管税务机关原发放的税务登记证件(税务登记证正、副本及登记表等);其他有关资料。

③受理、核准。税务机关受理纳税人填写完毕的表格,审阅其填报内容是否符合要求、所附资料是否齐全后,督促纳税人做好下列事宜:纳税人持《注销税务登记申请审批表》、未经税务机关查验的发票和《发票领购薄》到发票管理环节申请办理发票缴销;发票管理环节按规定清票后,在《注销税务登记申请审批表》上签署发票缴销情况,同时将审批表返还纳税人。纳税人向征收环节清缴税款;征收环节在纳税人缴纳税款后,在《注销税务登记申请审批表》上签署意见,同时将审批表返还纳税人。纳税人持由上述两个环节签署意见后的审批表交登记管理环节;登记管理环节审核确认后,制发《税务文书领取通知书》给纳税人,同时填制《税务文书传递单》,并附《注销税务登记申请审批表》送稽查环节。

若稽查环节确定需对申请注销的纳税人进行实地稽查的,应在《税务文书传递单》上注明的批复期限内稽查完毕,在《注销税务登记申请审批表》上签署税款清算情况,及时将《税务文书传递单》和《注销税务登记申请审批表》返还税务登记环节,登记部门在纳税人结清税款(包括滞纳金、罚款)后据以办理注销税务登记手续。

表 1-3　　　　　　　　　　　　　注销税务登记申请审批表

纳税人识别号：□□□□□□□□□□□□□□□□

纳税人名称		企业地址			
注销原因					
批准机构及文号					
有关税务事项是否均已结清			企业盖章：　　年　月　日		
以 下 由 税 务 机 关 填 写					
实际经营期限			已享受税收优惠		
结算清缴税款					
清缴发票					
封存税务机关发放证件	种类	税务登记	税务登记证附本	发票购领簿	其他有关证件
	收缴情况				
税务机关	税务登记部门　经办人： 复审意见(盖章)： 税务主管： 　　　　　年　月　日			批准意见	局长签字： 　　年　月　日 主管税务机关盖章： 年　月　日
发出注销税务登记通知书(　)税　　字第　　号				业户签收：	

　　纳税人因生产经营场所发生变化需改变主管税务登记机关的,在办理注销税务登记时,原税务登记机关在对其注销税务登记的同时,应向迁达地税务登记机关递交《纳税人迁移通知书》,并附有《纳税人档案资料移交清单》,由迁达地税务登记机关重新办理税务登记。如遇纳税人已经或正在享受税收优惠待遇的,迁出地税务登记机关应当在《纳税人迁移通知书》上注明。

　　4.停业、复业登记

　　实行定期定额征收方式的纳税人,在营业执照核准的经营期限内需要停业的,应当向税务机关提出停业登记,说明停业的理由、时间、停业前的纳税情况和发票的领、用、存情况,并如实填写申请停业登记表(见表1-4)。税务机关经过审核(必要时可实地审查),应当责成申请停业的纳税人结清税款并收回税务登记证件、发票领购簿和发票,办理停业登记。纳税人停业期间发生纳税义务,应当及时向主管税务机关申报,依法补缴应纳税款。

表 1-4　　　　　　　　　　　　　　**停业登记表**

纳税人识别号：☐☐☐☐☐☐☐☐☐☐☐☐☐☐☐

纳税人名称：

停业原因：					
批准机关	名　　称				
	批准文号及日期				
申请停业期限	年　　月　　日至　　年　　月　　日				
纳税人（签章） 法定代表人（负责人）：　　　　　办税人员：　　　　　年　月　日					
以　下　由　税　务　机　关　填　写					
发票管理环节封存发票情况	序号	发票种类	发票代码	发票起号	发票止号	数量
	序号	证件名称	数量		证件号码	顺序号
	负责人：　　　　　经办人：　　　　　年　月　日					
稽查环节清算情况	负责人：　　　　　经办人：　　　　　年　月　日				
征收环节结算清缴税款情况	负责人：　　　　　经办人：　　　　　年　月　日				
登记管理环节审核意见	封存税务机关发放证件情况	序号	证件名称	数量	证件号码	顺序号
	核准停业期限	年　　月　　日至　　年　　月　　日				
	负责人：　　　　　经办人：　　　　　年　月　日					
批准意见	主管税务机关： 　　　　　　　　　　　　　　（公章） 局长签字：　　　　　　　　年　月　日					

纳税人应当于恢复生产经营之前,向税务机关提出复业登记申请,经确认后,办理复业登记,领回或启用税务登记证件和发票领购簿及其领购的发票,纳入正常管理。纳税人停业期满不能及时恢复生产经营的,应当在停业期满前向税务机关提出延长停业登记。纳税人停业期满未按期复业又不申请延长停业的,税务机关应当视为已恢复营业,实施正常的税收征收管理。

5.外出经营报验登记

纳税人到外县(市)临时从事生产经营活动的,应当在外出生产经营以前,持税务登记证向主管税务机关申请开具《外出经营活动税收管理证明》(以下简称《外管证》)。税务机关按照一地一证的原则颁发《外管证》,《外管证》的有效期限一般为 30 日,最长不得超过 180 天。

纳税人应当在《外管证》注明地进行生产经营前向当地税务机关报验登记,并提交下列证件、资料:税务登记证件副本;《外管证》。纳税人在《外管证》注明地销售货物的,除提交以上证件、资料外,应如实填写《外出经营货物报验单》,申报查验货物。

纳税人外出经营活动结束,应当向经营地税务机关填报《外出经营活动情况申报表》(见表 1-5),并结清税款、缴销发票。纳税人应当在《外管证》有效期届满后 10 日内,持《外管证》回原税务登记地税务机关办理《外管证》缴销手续。

表 1-5　　　　　　　　　　　　　外出经营活动情况申报表

纳税人名称				纳税人识别号		
外出经营活动税收管理证明号码						
证明有效期	自　　年　　月　　日到　　年　　月　　日					
实际经营期间	自　　年　　月　　日到　　年　　月　　日					
到达时间				报验时间		
经营地点				货物存放地点		
应税劳务	营业额	缴纳税款		使用发票名称	发票份数	发票号码
合计金额		……				
货物名称	销售数量	销售额	缴纳税款	使用发票名称	发票份数	发票号码
合计金额	……		……			
申报单位意见: 经办人:　　　　　法定代表人(负责人): 　　年　月　日　　　　　　　年　月　日 　　　　　申报单位(签章) 　　　　　　　　　　年　月　日			税务机关意见: 经办人:　　　　　　　负责人: 　年　月　日　　　　　　　　　　年　月　日 　　　　　税务机关(签章) 　　　　　　　　　　　　年　月　日			

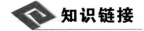**知识链接**

税务登记证的作用和管理

（1）税务登记证的作用。除按照规定不需要发给税务登记证件外，纳税人办理下列事项时，必须持税务登记证件：开立银行账户；申请减税、免税、退税；申请办理延期申报、延期缴纳税款；领购发票；申请开具外出经营活动税收管理证明；办理停业、歇业；其他有关税务事项。

（2）税务登记证管理。税务机关对税务登记证件实行定期验证和换证制度。纳税人应当在规定的期限内持有关证件到主管税务机关办理验证或者换证手续。

纳税人应当将税务登记证件正本在其生产经营场所或者办公场所公开悬挂，接受税务机关检查。

纳税人遗失税务登记证件的，应当在 15 日内书面报告主管税务机关，并登报声明作废。同时，凭报刊上刊登的遗失声明向主管税务机关申请补办税务登记证件。

6. 税务登记证验证、换证

税务机关对税务登记证件实行定期验证和换证制度，一般一年验证一次，三年更换一次。在办理验证、换证、年检时，纳税人应向主管税务机关提交：原税务登记证正副本、组织机构统一代码证书及复印件、营业执照副本及复印件、银行账号证明及复印件、税务机关需要的其他资料。纳税人领取并填写《税务登记证验证（换证）登记表》。税务机关审核登记表和相关资料后，对不需要重新发证的，在税务登记证上贴上验证贴花标识，需换证的，重新制发税务登记证。

7. 遗失补发规定

纳税人、扣缴义务人遗失税务登记证件的，应当自遗失税务登记证件之日起 15 日内，书面报告主管税务机关，如实填写《税务证件挂失报告表》，并将纳税人的名称、税务登记证件名称、税务登记证件号码、税务登记证件有效期、发证机关名称在税务机关认可的报刊上作遗失声明，凭报刊上刊登的遗失声明向主管税务机关申请补办税务登记证件。

8. 增值税一般纳税人资格的认定

增值税分为一般纳税人和小规模纳税人，分别对其进行纳税管理，一般纳税人资格实行认定制度。具体分为三种情况：

（1）应当向主管税务机关申请一般纳税人资格认定的纳税人

增值税纳税人年应税销售额超过小规模纳税人标准的（见项目二），应当向主管税务机关申请一般纳税人资格认定。

按照下列程序办理一般纳税人资格认定：①纳税人应当在申报期结束后 40 日（工作日，下同）内向主管税务机关报送《增值税一般纳税人申请认定表》（见表 1-6），申请一般纳税人资格认定。②认定机关应当在主管税务机关受理申请之日起 20 日内完成一般纳税人资格认定，并由主管税务机关制作、送达《税务事项通知书》，告知纳税人。③纳税人未在规定期限内申请一般纳税人资格认定的，主管税务机关应当在规定期限结束后 20

日内制作并送达《税务事项通知书》,告知纳税人。

表 1-6　　　　　　　　　　　　增值税一般纳税人申请认定表

纳税人名称				纳税人识别号		
法定代表人 (负责人、业主)		证件名称及号码		联系电话		
财务负责人		证件名称及号码		联系电话		
办税人员		证件名称及号码		联系电话		
生产经营地址						
核算地址						
纳税人类别:企业、企业性单位□　非企业性单位□　个体工商户□　其他□						
纳税人主业:工业□　商业□　其他□						
认定前累计应税销售额 (连续不超过 12 个月的经营期内)			年　月至　年　月共　　　元。			
纳税人声明	上述各项内容真实、可靠、完整。如有虚假,本纳税人愿意承担相关法律责任。 　　　　　　　　　　　　　　　　(签章): 　　　　　　　　　　　　　　年　月　日					
税务机关						
受理意见				受理人签名: 年　月　日		
查验意见				查验人签名: 年　月　日		
主管税务机关 意见				(签章) 年　月　日		
认定机关意见				(签章) 年　月　日		

（2）可以向主管税务机关申请一般纳税人资格认定的纳税人

年应税销售额未超过小规模纳税人标准以及新开业的纳税人，可以向主管税务机关申请一般纳税人资格认定。对提出申请并且同时符合下列条件的纳税人，主管税务机关应当为其办理一般纳税人资格认定：①有固定的生产经营场所；②能够按照国家统一的会计制度规定设置账簿，根据合法、有效凭证核算，能够提供准确税务资料。

按照下列程序办理一般纳税人资格认定：①纳税人应当向主管税务机关填报申请表，并提供下列资料：《税务登记证》副本；财务负责人和办税人员的身份证明及其复印件；会计人员的从业资格证明或者与中介机构签订的代理记账协议及其复印件；经营场所产权证明或者租赁协议，或者其他可使用场地证明及其复印件；国家税务总局规定的其他有关资料。②主管税务机关应当当场核对纳税人的申请资料，经核对一致且申请资料齐全、符合填列要求的，当场受理，制作《文书受理回执单》，并将有关资料的原件退还纳税人。对申请资料不齐全或者不符合填列要求的，应当当场告知纳税人需要补正的全部内容。③主管税务机关受理纳税人申请以后，根据需要进行实地查验，并制作查验报告。查验报告由纳税人法定代表人（负责人或者业主）、税务查验人员共同签字（签章）确认。实地查验时，应当有两名或者两名以上税务机关工作人员同时到场。④认定机关应当自主管税务机关受理申请之日起 20 日内完成一般纳税人资格认定，并由主管税务机关制作、送达《税务事项通知书》，告知纳税人。

（3）不办理一般纳税人资格认定的纳税人

下列纳税人不办理一般纳税人资格认定：个体工商户以外的其他个人；选择按照小规模纳税人纳税的非企业性单位；选择按照小规模纳税人纳税的不经常发生应税行为的企业。纳税人符合不办理一般纳税人资格认定条件的，应当在收到《税务事项通知书》后 10 日内向主管税务机关报送《不认定增值税一般纳税人申请表》（见表 1-7），经认定机关批准后不办理一般纳税人资格认定。认定机关应当在主管税务机关受理申请之日起 20 日内批准完毕，并由主管税务机关制作、送达《税务事项通知书》，告知纳税人。

表 1-7　　　　　　　　　　　不认定增值税一般纳税人申请表

纳税人名称		纳税人识别号	
纳税人意见		（签章）： 　　　　年　月　日	
主管税务机关意见		（签章） 　　　　年　月　日	
认定机关意见		（签章） 　　　　年　月　日	

纳税人应当向其机构所在地主管税务机关申请一般纳税人资格认定。一般纳税人资格认定的权限，在县（市、区）国家税务局或者同级别的税务分局（以下称认定机关）。主管税务机关应当在一般纳税人《税务登记证》副本"资格认定"栏内加盖"增值税一般纳税人"戳记。纳税人自认定机关认定为一般纳税人的次月起（新开业纳税人自主管税务

机关受理申请的当月起），按照一般纳税人的规定计算应纳税额，并按照规定领购、使用增值税专用发票。除国家税务总局另有规定外，纳税人一经认定为一般纳税人后，不得转为小规模纳税人。主管税务机关可以在一定期限内对新认定为一般纳税人的小型商贸批发企业和其他一般纳税人实行纳税辅导期管理。

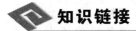 **知识链接**

我国税收管理体制

税收管理体制是在各级国家机构之间划分税权的制度。税收管理权限，包括税收立法权、税收法律法规的解释权、税种的开征或停征权、税目和税率的调整权、税收的加征和减免权等。如果按大类划分，可以简单地将税收管理权限划分为税收立法权和税收执法权两类。

一、税收立法权的划分

税收立法权是制定、修改、解释或废止税收法律、法规、规章和规范性文件的权力。我国税收立法权划分的现状是：

1. 中央税、中央与地方共享税以及全国统一实行的地方税的立法权集中在中央，以保证中央政令统一，维护全国统一市场和企业平等竞争。其中，中央税是指维护国家权益、实施宏观调控所必需的税种，具体包括消费税、关税、车辆购置税、海关代征的增值税和消费税等。中央和地方共享税是指同经济发展直接相关的主要税种，具体包括增值税、企业所得税、个人所得税、资源税、证券交易印花税。地方税具体包括营业税、资源税、土地增值税、印花税、城市维护建设税、城镇土地使用税、房产税、车船使用税等。

2. 依法赋予地方适当的地方税收立法权。各地根据自己特有的税源开征新的税种，促进地方经济的发展。这样，既有利于地方因地制宜地发挥当地的经济优势，同时便于同国际税收惯例对接。

二、税收执法权的划分

根据国务院关于实行分税制财政管理体制的决定，按税种划分中央和地方的收入。将维护国家权益、实施宏观调控所必需的税种划为中央税；将同国民经济发展直接相关的主要税种划为中央与地方共享税；将适合地方征管的税种划为地方税，并充实地方税税种，增加地方税收收入。对中央税，其税收管理权由国务院及其税务主管部门（财政部和国家税务总局）掌握，由中央税务机构负责征收；对地方税，其管理权由地方人民政府及其税务主管部门掌握，由地方税务机构负责征收；对中央与地方共享税，其管理权限按中央和地方政府各自的收入归属划分，由中央税务机构负责征收，共享税中地方分享的部分，由中央税务机构直接划入地方金库。

三、税收征收管理范围划分

随着农、牧业税的取消和耕地占用税和契税征管职能由地方财政部门划转到地方税务部门（2009年12月31日前），我国的税收分别由税务、海关负责征收管理。

（1）国家税务局系统负责征收和管理的项目有：增值税，消费税，车辆购置税，铁道部门、各银行总行、各保险总公司集中缴纳的营业税、所得税、城市维护建设税，中央企业缴纳的所得税，中央与地方所属企业、事业单位组成的联营企业、股份制企业缴纳的所得税，地方银行、非银行金融企业缴纳的所得税，海洋石油企业缴纳的所得税、资源税，外商投资企业和外国企业所得税，证券交易税（开征之前为对证券交易征收的印花税），个人所得税中对储蓄存款利息所得征收的部分，中央税的滞纳金、补税、罚款。

（2）地方税务局系统负责征收和管理的项目有：营业税，城市维护建设税（不包括上述由国家税务局系统负责征收管理的部分），地方国有企业、集体企业、私营企业缴纳的所得税、个人所得税（不包括对银行储蓄存款利息所得征收的部分），资源税，城镇土地使用税，耕地占用税，土地增值税，房产税，车船税，印花税，契税，屠宰税，筵席税，地方税的滞纳金、补税、罚款。

（3）海关系统负责征收和管理的项目有：关税、行李和邮递物品进口税。此外，负责代征进出口环节的增值税和消费税。

1.2.2　账证管理

账簿是纳税人、扣缴义务人连续地记录其各种经济业务的账册或簿籍。凭证是纳税人用来记录经济业务，明确经济责任，并据以登记账簿的书面证明。账簿、凭证管理是继税务登记之后的纳税会计的又一项重要工作。

1.账簿、凭证的设置

（1）账簿的设置

账簿是指总账、明细账、日记账以及其他辅助性账簿。总账、日记账应当采用订本式。从事生产、经营的纳税人应当自领取营业执照或者发生纳税义务之日起 15 日内设置账簿。扣缴义务人应当自税收法律、行政法规规定的扣缴义务发生之日起 10 日内，按照所代扣、代收的税种，分别设置代扣代缴、代收代缴税款账簿。

生产经营规模小又确无建账能力的纳税人，可以聘请经批准从事会计代理记账业务的专业机构或者经税务机关认可的财会人员代为建账和办理账务；聘请上述机构或者人员有实际困难的，经县以上税务机关批准，可以按照税务机关的规定，建立收支凭证粘贴簿、进货销货登记簿或者使用税控装置。

纳税人建立的会计电算化系统应当符合国家有关规定，并能正确、完整核算其收入或者所得。纳税人使用计算机记账的，应当在使用前将会计电算化系统的会计核算软件、使用说明书及有关资料报送主管税务机关备案。纳税人、扣缴义务人会计制度健全，能够通过计算机正确、完整计算其收入和所得或者代扣代缴、代收代缴税款情况的，其计算机输出的完整的书面会计记录，可视同会计账簿。

纳税人、扣缴义务人会计制度不健全，不能通过计算机正确、完整计算其收入和所得或者代扣代缴、代收代缴税款情况的，应当建立总账及与纳税或者代扣代缴、代收代缴税款有关的其他账簿。

企业会计工作中，涉及税收业务核算的会计账户主要有"应交税费"、"营业税金及附加"、"所得税费用"、"递延所得税资产"、"递延所得税负债"、"以前年度损益调整"、"营业外收入"、"其他应收款——应收出口退税款"等账户。

①"应交税费"账户。本账户核算企业按照税法规定计算应缴纳的各种税费，包括增值税、消费税、营业税、所得税、资源税、土地增值税、城市维护建设税、房产税、城镇土地使用税、车船税、教育费附加等。企业不需要预计缴纳的税金，如契税、印花税、耕地占用税、车辆购置税等，不在本账户核算。

本账户按照"应交税费"的税种进行明细核算，其中增值税设 3 个二级明细账户（应交增值税、未交增值税、增值税检查调整），其他各税种各设一个二级明细账户。

②"营业税金及附加"账户。本账户核算企业经营活动发生的营业税、消费税、城市维护建设税、资源税和教育费附加等相关税费。企业按规定计算确定的与经营活动相关的税费，计入本账户借方，企业收到返还的消费税、营业税等记入本账户的贷方，期末余额转入"本年利润"账户。房产税、车船税、城镇土地使用税、印花税在"管理费用"账户核算。

③"所得税费用"账户。本账户核算企业根据所得税会计准则确认的应从当期利润总额中扣除的所得税费用。本账户应按"当期所得税费用"、"递延所得税费用"进行明细核算。期末，应将本账户的余额转入"本年利润"账户。与"应交税费——应交所得税"的金额必须按税法规定计算不同，所得税费用按会计准则计算确认。

④"递延所得税资产"账户。本账户核算企业根据所得税准则确认的可抵扣暂时性差异产生的所得税资产。根据税法规定可用以后年度税前利润弥补的亏损产生的所得税资产，也在本账户核算。本账户应当按照可抵扣暂时性差异等项目进行明细核算。

⑤"递延所得税负债"账户。本账户核算企业根据所得税准则确认的应纳税暂时性差异产生的所得税负债。本账户应当按照应纳税暂时性差异项目进行明细核算。

⑥"以前年度损益调整"账户。本账户核算企业本年度发生的调整以前年度损益的事项以及本年度发现的重要前期差错更正涉及调整以前年度损益的事项。企业在资产负债表日至财务报告批准报告日之间发生的需要调整报告年度损益的事项，也在本账户核算。

⑦"营业外收入"账户。本账户核算企业实际收到即征即退、先征后退、先征税后返还的增值税或直接减免的增值税。

⑧"其他应收款—应收出口退税款"账户。本账户借方反映出口企业销售出口货物后，按规定向税务机关办理"免、抵、退"税申报，所计算得出的应退税额，贷方反映实际收到的出口货物的应退税额。

（2）凭证的设置

所有纳税人和扣缴义务人都必须根据合法、有效的凭证进行账务处理。纳税会计凭证是记载纳税人有关纳税活动，具有法律效力并据以登记账簿的书面文件。主要有应纳税凭证、完税凭证、减免凭证、特种会计凭证。

①应纳税凭证。应纳税凭证是确定本期应纳、已纳和未纳税费以及是否正确计算应纳税额的记账依据，包括纳税申报表、扣缴个人所得税报告表、定额税款通知书、预缴税款通知单、支付个人收入明细表等。

②完税凭证。完税凭证是纳税人实际上缴税款的原始会计凭证。包括税收缴款书、代扣代缴税款凭证、税收罚款收据、税收收入退还书、出口产品完税分割单、印花税销售凭证等。纳税人采用电子缴税方式的，以开户行开具的"电子缴税付款凭证"作为完税单据，进行会计核算。进出口货物缴纳的关税，应以海关填发的"海关进出口关税专用缴款书"作为纳税人的完税凭证，进行会计处理。

税收缴款书是纳税人直接向银行缴纳，向银行汇总缴纳各项税款、基金、附加、滞纳金、罚款时使用的一种征缴凭证。税收缴款书分为通用税收缴款书和专用税收缴款书两类。通用税收缴款书及其规范填写（见表1-8）。

表 1-8　　　　　　　　　　中华人民共和国税收缴款书

填发日期：　　年　　月　　日　　　　　　　　　　征收机关：　　　税务局　　所

缴款单位（人）	代　码		预算科目	编码	
	全　称			名称	
	开户银行			级次	
	账　号			收款国库	

| 税款所属时期　年　月　日至　月　日 | | | | | 税款限缴日期　年　月　日 | | | | | | | | | |

品目名称	课税数量	计税金额或销售收入	税率或单位税额	已缴或扣除额	实　缴　税　额										
					亿	千	百	十	万	千	百	十	元	角	分

| 金额合计（大写）　亿　仟　佰　拾　万　仟　佰　拾　元　角　分 | | | | | | | | | | | | | | | |

| 缴款单位（人）（盖章）经办人（章） | 税务机关（盖章）填票人（章） | 上列款项已收妥并划转收款单位账户　　国库（银行）盖章　　　年　月　日 | 备注： |

③减免凭证。减免凭证是享受减免税的纳税人在减免税期间，发生纳税义务后，向税务机关填报的，用于确定实际减征、免征税额的一种凭证。

④特种会计凭证。增值税专用发票是纳税会计的特种会计凭证。它是记载销货方纳税义务和购货方抵扣税款的合法凭证。

账簿、会计凭证和报表，应当使用中文。民族自治地方可以同时使用当地通用的一种民族文字。外商投资企业和外国企业可以同时使用一种外国文字。

凡从事生产经营的纳税人必须将所采用的财务、会计制度和具体的财务、会计处理办法，按税务机关的规定，自领取税务登记证件之日起 15 日内，及时报送主管税务机关备案。

当从事生产经营纳税人、扣缴义务人所使用的财务会计制度和具体的财务、会计处理办法与国务院和财政部、国家税务总局有关税收方面的规定相抵触时，纳税人、扣缴义务人必须按照国务院制定的税收法规的规定或者财政部、国家税务总局制定的有关税收的规定计缴税款。

从事生产经营的纳税人、扣缴义务人必须按照国务院财政、税务主管部门规定的保管期限保管账簿、记账凭证、完税凭证及其他有关资料。账簿、记账凭证、报表、完税凭证、发票、出口凭证以及其他有关涉税资料不得伪造、变造或者擅自损毁。账簿、记账凭证、报表、完税凭证、发票、出口凭证以及其他有关涉税资料的保管期限，除有特殊规定外，应当保存 10 年。

2.发票领购与管理

发票是指一切单位和个人在购销商品、提供劳务或接受劳务、服务以及从事其他经营活动,所提供给对方的收付款的书面证明,是财务收支的法定凭证,是会计核算的原始依据,也是审计机关、税务机关执法检查的重要依据。根据发票管理的要求,发票保管分为税务机关保管和用票单位、个人保管两个层次,都必须建立严格的发票保管制度。包括:专人保管制度;专库保管制度;专账登记制度;保管交接制度;定期盘点制度。

发票缴销包括发票收缴和发票销毁。发票收缴是指用票单位和个人按照规定向税务机关上缴已经使用或者未使用的发票;发票销毁是指由税务机关统一将自己或者他人已使用或者未使用的发票进行销毁。发票收缴与发票销毁既有联系又有区别,发票销毁首先必须收缴;但收缴的发票不一定都要销毁,一般都要按照法律法规保存一定时期后才能销毁。发票分为普通发票和增值税专用发票。

(1)普通发票领购与管理

①普通发票的领购。纳税人需要使用普通发票的,必须向主管税务机关领购,领购时须提供以下证件或资料:领购普通发票的书面申请;提供经办人身份证明、税务登记证或其他有关证件;经主管税务机关审核发给的,并留有财务印章或发票专用章的印模的发票领购簿、税务 IC 卡。普通发票实行批量供应、交旧购新或验旧购新方式供应。在领购普通发票时,需按发售发票的税务机关规定交纳工本费。临时到外地从事经营活动的,凭所在地税务机关的证明,向经营地税务机关申请领购经营地发票。用票单位因发生转业、改组、合并、联营、迁移、停业、破产以及改变隶属税务关系时,按规定需要缴销或变换发票的,应在规定期限内向原购买发票的税务机关办理发票的缴销、变换手续,一律不准私自处理。

②普通发票开具、使用、取得的管理。单位、个人在购销商品、提供或者接受经营服务以及从事其他经营活动中,应当按照规定开具、使用、取得发票。销货方按规定填开发票;购买方按规定索取发票;纳税人进行电子商务必须开具或取得发票;发票要全联一次填写;发票不得跨省、直辖市、自治区使用;开具发票要加盖财务印章或发票专用章;开具发票后,如发生销货退回需开红字发票的,必须收回原发票并注明"作废"字样或取得对方有效证明;发生销售折让的,在收回原发票并证明"作废"后,重新开具发票。

(2)增值税专用发票领购与管理

专用发票是增值税一般纳税人(简称一般纳税人)销售货物、提供应税劳务或应税服务开具的发票,是购买方支付增值税额并可按照增值税有关规定据以抵扣增值税进项税额的凭证。一般纳税人应通过增值税防伪税控系统(简称防伪税控系统)使用专用发票。包括领购、开具、缴销、认证纸质专用发票及其相应的数据电文。

防伪税控系统是指经国务院统一推行的,使用专用设备和通用设备、运用数字密码和电子存储技术管理专用发票的计算机管理系统。专用设备,是指金税卡、IC 卡、读卡器和其他设备。通用设备,是指计算机、打印机、扫描器具和其他设备。

专用发票由基本联次或者基本联次附加其他联次构成,基本联次为三联:第一联,发票联;第二联,抵扣联;第三联,记账联。发票联,作为购买方核算采购成本和增值税进项税额的记账凭证;抵扣联,作为购买方报送主管税务机关认证和留存备查的凭证;记账联,作为销售方核算销售收入和增值税销项税额的记账凭证。其他联次用途,由一般纳税人自行确定。(见表 1-9)

表 1-9　　　　　　　　　　增值税专用发票　　　　　　　　No. 00315468

发票联　　　　　　开票日期

购货单位	名　　　称：					密码区	
	纳税人识别号：						
	地　址、电　话：						
	开户行及账号：						

货物或应税劳务名称合计	规格型号	单位	数量	单价	金额	税率	税额

价税合计(大写)		（小写）

销货单位	名　　　称：		备注
	纳税人识别号：		
	地　址、电　话：		
	开户行及账号：		

收款人：　　　　　复核：　　　　　开票人：　　　　　销货单位：

　　增值税专用发票兼具销货方纳税义务和购货方进项税额的合法证明,增值税专用发票像链条一样,将一种货物从最初生产到最终消费之间的各个环节连接起来,按专用发票上注明的税额,逐环节计税,逐环节扣税,把税款从一个经营环节传递到下一个经营环节,直到把商品、劳务或服务供应给最终消费者的各个环节的纳税人连接在一起,形成了增值税自身的制约机制。

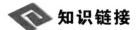 **知识链接**

网络发票管理办法

　　第一条　为加强普通发票管理,保障国家税收收入,规范网络发票的开具和使用,根据《中华人民共和国发票管理办法》规定,制定本办法。

　　第二条　在中华人民共和国境内使用网络发票管理系统开具发票的单位和个人办理网络发票管理系统的开户登记、网上领取发票手续、在线开具、传输、查验和缴销等事项,适用本办法。

　　第三条　本办法所称网络发票是指符合国家税务总局统一标准并通过国家税务总局及省、自治区、直辖市国家税务局、地方税务局公布的网络发票管理系统开具的发票。

　　国家积极推广使用网络发票管理系统开具发票。

　　第四条　税务机关应加强网络发票的管理,确保网络发票的安全、唯一、便利,并提供便捷的网络发票信息查询渠道;应通过应用网络发票数据分析,提高信息管税水平。

　　第五条　税务机关应根据开具发票的单位和个人的经营情况,核定其在线开具网络发票的种类、行业类别、开票限额等内容。

　　开具发票的单位和个人需要变更网络发票核定内容的,可向税务机关提出书面申请,经税务机关确认,予以变更。

第六条 开具发票的单位和个人开具网络发票应登录网络发票管理系统,如实完整填写发票的相关内容及数据,确认保存后打印发票。

开具发票的单位和个人在线开具的网络发票,经系统自动保存数据后即完成开票信息的确认、查验。

第七条 单位和个人取得网络发票时,应及时查询验证网络发票信息的真实性、完整性,对不符合规定的发票,不得作为财务报销凭证,任何单位和个人有权拒收。

第八条 开具发票的单位和个人需要开具红字发票的,必须收回原网络发票全部联次或取得受票方出具的有效证明,通过网络发票管理系统开具金额为负数的红字网络发票。

第九条 开具发票的单位和个人作废开具的网络发票,应收回原网络发票全部联次,注明"作废",并在网络发票管理系统中进行发票作废处理。

第十条 开具发票的单位和个人应当在办理变更或者注销税务登记的同时,办理网络发票管理系统的用户变更、注销手续并缴销空白发票。

第十一条 税务机关根据发票管理的需要,可以按照国家税务总局的规定委托其他单位通过网络发票管理系统代开网络发票。

税务机关应当与受托代开发票的单位签订协议,明确代开网络发票的种类、对象、内容和相关责任等内容。

第十二条 开具发票的单位和个人必须如实在线开具网络发票,不得利用网络发票进行转借、转让、虚开发票及其他违法活动。

第十三条 开具发票的单位和个人在网络出现故障,无法在线开具发票时,可离线开具发票。

开具发票后,不得改动开票信息,并于 48 小时内上传开票信息。

第十四条 开具发票的单位和个人违反本办法规定的,按照《中华人民共和国发票管理办法》有关规定处理。

第十五条 省以上税务机关在确保网络发票电子信息正确生成、可靠存储、查询验证、安全唯一等条件的情况下,可以试行电子发票。

第十六条 本办法自 2013 年 4 月 1 日起施行。

①专用发票开票限额。专用发票实行最高开票限额管理。最高开票限额是指单份专用发票开具的销售额合计数不得达到的上限额度。最高开票限额由一般纳税人申请,税务机关依法审批。最高开票限额为十万元及以下的,由区县级税务机关审批;最高开票限额为一百万元的,由地市级税务机关审批;最高开票限额为一千万元及以上的,由省级税务机关审批。防伪税控系统的具体发行工作由区县级税务机关负责。税务机关审批最高开票限额应进行实地核查。批准使用最高开票限额为十万元及以下的,由区县级税务机关派人实地核查;批准使用最高开票限额为一百万元的,由地市级税务机关派人实地核查;批准使用最高开票限额为一千万元及以上的,由地市级税务机关派人实地核查后将核查资料报省级税务机关审核。

一般纳税人申请最高开票限额时,需填报《最高开票限额申请表》(见表 1-10)。

表 1-10　　　　　　　　　最高开票限额申请表

申请事项 （由企业填写）	企业名称		税务登记代码	
	地址		联系电话	
	申请最高 开票限额	□一亿元　□一千万元　□一百万元 □十万元　□一万元　□一千元 （请在选择数额前的□内打"√"）		
	经办人（签字）： 　　　年　　月　　日		企业（印章）： 　　　　　　　　年　　月　　日	
区县级税务 机关意见	批准最高开票限额： 经办人（签字）：　　　批准人（签字）：　　　税务机关（印章） 　　年　　月　　日　　　年　　月　　日　　　年　　月　　日			
地市级税务 机关意见	批准最高开票限额： 经办人（签字）：　　　批准人（签字）：　　　税务机关（印章） 　　年　　月　　日　　　年　　月　　日　　　年　　月　　日			
省级税务 机关意见	批准最高开票限额： 经办人（签字）：　　　批准人（签字）：　　　税务机关（印章） 　　年　　月　　日　　　年　　月　　日　　　年　　月　　日			

②专用发票初始发行。初始发行是指主管税务机关将一般纳税人的企业名称、税务登记代码、开票限额、购票限量、购票人员姓名、密码、开票机数量及国家税务总局规定的其他信息载入空白金税卡和IC卡的行为。一般纳税人领购专用设备后，凭《最高开票限额申请表》《发票领购簿》到主管税务机关办理初始发行。一般纳税人发生税务登记代码信息变化，应向主管税务机关申请注销发行，发生其他信息变化，应向主管税务机关申请变更发行。

③专用发票领购。一般纳税人凭《发票领购簿》、IC卡和经办人身份证明领购专用发票。一般纳税人有下列情形之一的，不得领购开具专用发票：A.会计核算不健全，不能向税务机关准确提供增值税销项税额、进项税额、应纳税额数据及其他有关增值税税务资料的。B.有《税收征管法》规定的税收违法行为，拒不接受税务机关处理的。C.有下列行为之一，经税务机关责令限期改正而仍未改正的：虚开增值税专用发票；私自印制专用发票；向税务机关以外的单位和个人买取专用发票；借用他人专用发票；未按专用发票开具要求的规定开具专用发票；未按规定保管专用发票和专用设备（未设专人保管专用发票和专用设备；未按税务机关要求存放专用发票和专用设备；未将认证相符的专用发票抵扣联、《认证结果通知书》和《认证结果清单》装订成册；未经税务机关查验，擅自销毁专用发票基本联次。）；未按规定申请办理防伪税控系统变更发行；未按规定接受税务机关检查。有上列情形的，如已领购专用发票，主管税务机关应暂扣其结存的专用发票和IC卡。

④专用发票开具。一般纳税人销售货物、提供应税劳务或应税服务，应当向索取增值税专用发票的购买方开具增值税专用发票，并在增值税专用发票上分别注明销售额和销项税额。增值税小规模纳税人（简称小规模纳税人）需要开具专用发票的，可向主管税务机关申请代开。属于下列情形之一的，不得开具增值税专用发票：A.向消费者个人销售货物、提供应税劳务或应税服务的；B.销售货物、提供应税劳务或应税服务适用免税规定的；C.小规模纳税人销售货物、提供应税劳务或应税服务的。

专用发票应按下列要求开具:项目齐全,与实际交易相符;字迹清楚,不得压线、错格;发票联和抵扣联加盖财务专用章或者发票专用章;按照增值税纳税义务的发生时间开具。对不符合上列要求的专用发票,购买方有权拒收。

一般纳税人销售货物、提供应税劳务或应税服务可汇总开具专用发票。汇总开具专用发票的,同时使用防伪税控系统开具《销售货物或者提供应税劳务清单》(见表1-11),并加盖财务专用章或者发票专用章。

表 1-11　　　　　　　销售货物、提供应税劳务或应税服务清单

购买方名称:

销售方名称:

所属增值税专用发票代码:　　　　　号码:　　　　　　　　共　页　第　页

序号	货物(劳务、服务)名称	规格型号	单位	数量	单价	金额	税率	税额
备注								

填开日期:　　　年　　月　　日

⑤专用发票使用。一般纳税人取得专用发票后,发生销货退回、开票有误等情形但不符合作废条件的,或者因销货部分退回及发生销售折让的,购买方应向主管税务机关填报《开具红字增值税专用发票申请单》(见表1-12)。

表 1-12　　　　　　　开具红字增值税专用发票申请单　　　　　　No.

销售方	名　称		购买方	名　称	
	税务登记代码			税务登记代码	

开具红字专用发票内容	货物(劳务)名称	单价	数量	金额	税额
	合计	——			

说明	对应蓝字专用发票抵扣增值税销项税额情况: 已抵扣□ 未抵扣□ 纳税人识别号认证不符□ 专用发票代码、号码认证不符□ 对应蓝字专用发票密码区内打印的代码:_____ 号码:_____ 开具红字专用发票理由:

申明:我单位提供的《申请单》内容真实,否则将承担相关法律责任。

购买方经办人:　　　　　购买方名称(印章):_____

　　　　　　　　　　　　　　　　　　　　　　　　　年　　月　　日

《申请单》所对应的蓝字专用发票应经税务机关认证。经认证结果为"认证相符"并且已经抵扣增值税进项税额的,一般纳税人在填报《申请单》时不填写相对应的蓝字专用发票信息。经认证结果为"纳税人识别号认证不符"、"专用发票代码、号码认证不符"的,一般纳税人在填报《申请单》时应填写相对应的蓝字专用发票信息。《申请单》应加盖一般纳税人财务专用章。

主管税务机关对一般纳税人填报的《申请单》进行审核后,出具《开具红字增值税专用发票通知单》(见表1-13)。《通知单》应与《申请单》一一对应。《通知单》应加盖主管税务机关印章。《通知单》应按月依次装订成册,并比照专用发票保管规定管理。

购买方必须暂依《通知单》所列增值税税额从当期进项税额中转出,未抵扣增值税进项税额的可列入当期进项税额,待取得销售方开具的红字专用发票后,与留存的《通知单》一并作为记账凭证。属于经认证结果为"纳税人识别号认证不符"、"专用发票代码、号码认证不符"的,不作进项税额转出。销售方凭购买方提供的《通知单》开具红字专用发票,在防伪税控系统中以销项负数开具。红字专用发票应与《通知单》一一对应。

表1-13　　　　　　　　　开具红字增值税专用发票通知单

填开日期:　　年　月　日　　　　　　　　　　　　　　　　　　　　No.

销售方	名　称		购买方	名　称	
	税务登记代码			税务登记代码	

开具红字发票内容	货物(劳务)名称	单价	数量	金额	税额
	合计	——	——		

说明	需要作进项税额转出□ 不需要作进项税额转出□ 纳税人识别号认证不符□ 专用发票代码、号码认证不符□ 对应蓝字专用发票密码区内打印的代码:_____ 号码:_____ 开具红字专用发票理由:

经办人:　　　　负责人:　　　　主管税务机关名称(印章):_____

⑥专用发票作废。一般纳税人在开具专用发票当月,发生销货退回、开票有误等情形,收到退回的发票联、抵扣联符合作废条件的,按作废处理;开票时发现有误的,可即时作废。

作废专用发票须在防伪税控系统中将相应的数据电文按"作废"处理,在纸质专用发票(含未打印的专用发票)各联次上注明"作废"字样,全联次留存。同时具有下列情形的,为作废条件:A.收到退回的发票联、抵扣联时间未超过销售方开票当月;B.销售方未抄税并且未记账;C.购买方未认证或者认证结果为"纳税人识别号认证不符"、"专用发票代码、号码认证不符"。

⑦抄税和报税。抄税是报税前用IC卡或者IC卡和软盘抄取开票数据电文。报税是纳税人持IC卡或者IC卡和软盘向税务机关报送开票数据电文。因IC卡、软盘质量等

问题无法报税的,应更换 IC 卡、软盘。因硬盘损坏、更换金税卡等原因不能正常报税的,应提供已开具未向税务机关报税的专用发票记账联原件或者复印件,由主管税务机关补采开票数据。

一般纳税人开具专用发票应在增值税纳税申报期内向主管税务机关报税,在申报所属月份内可分次向主管税务机关报税。

⑧专用发票缴销。专用发票的缴销是指主管税务机关在纸质专用发票监制章处按"V"字剪角作废,同时作废相应的专用发票数据电文。被缴销的纸质专用发票应退还纳税人。

一般纳税人注销税务登记或者转为小规模纳税人,应将专用设备和结存未用的纸质专用发票送交主管税务机关。主管税务机关应缴销其专用发票,并按有关安全管理的要求处理专用设备。

⑨专用发票认证。认证是税务机关通过防伪税控系统对专用发票所列数据的识别、确认。认证相符是指纳税人识别号无误,专用发票所列密文解译后与明文一致。无法认证是指专用发票所列密文或者明文不能辨认,无法产生认证结果。纳税人识别号认证不符是指专用发票所列购买方纳税人识别号有误。专用发票代码、号码认证不符是指专用发票所列密文解译后与明文的代码或者号码不一致。重复认证是指已经认证相符的同一张专用发票再次认证。密文有误是指专用发票所列密文无法解译。

用于抵扣增值税进项税额的专用发票应经税务机关认证相符(国家税务总局另有规定的除外)。认证相符的专用发票应作为购买方的记账凭证,不得退还销售方。专用发票抵扣联无法认证的,可使用专用发票发票联到主管税务机关认证。专用发票发票联复印件留存备查。

经认证,有下列情形之一的,不得作为增值税进项税额的抵扣凭证,税务机关退还原件,购买方可要求销售方重新开具专用发票:A. 无法认证;B. 纳税人识别号认证不符;C. 专用发票代码、号码认证不符。

经认证,有下列情形之一的,暂不得作为增值税进项税额的抵扣凭证,税务机关扣留原件,查明原因,分别情况进行处理:A. 重复认证;B. 密文有误;C. 认证不符(认证不符是指纳税人识别号有误,或者专用发票所列密文解译后与明文不一致。此认证不符不含纳税人识别号认证不符,专用发票代码、号码认证不符。);D. 列为失控专用发票(列为失控专用发票是指认证时的专用发票已被登记为失控专用发票)。

⑩专用发票丢失。一般纳税人丢失已开具专用发票的发票联和抵扣联,如果丢失前已认证相符的,购买方凭销售方提供的相应专用发票记账联复印件及销售方所在地主管税务机关出具的《丢失增值税专用发票已报税证明单》(见表 1-14),经购买方主管税务机关审核同意后,可作为增值税进项税额的抵扣凭证;如果丢失前未认证的,购买方凭销售方提供的相应专用发票记账联复印件到主管税务机关进行认证,认证相符的凭该专用发票记账联复印件及销售方所在地主管税务机关出具的《丢失增值税专用发票已报税证明单》,经购买方主管税务机关审核同意后,可作为增值税进项税额的抵扣凭证。一般纳税人丢失已开具专用发票的抵扣联,如果丢失前已认证相符的,可使用专用发票发票联复印件留存备查;如果丢失前未认证的,可使用专用发票发票联到主管税务机关认证,专用发票发票联复印件留存备查。

一般纳税人丢失已开具专用发票的发票联,可将专用发票抵扣联作为记账凭证,专用发票抵扣联复印件留存备查。

（3）税控管理

税控管理是指税务机关利用税控装置对纳税人的生产经营情况进行监督和管理,以保障国家税收收入,防止税款流失,提高税收征管工作效率,降低征收成本的各项活动的总称。纳税人应当按照规定安装、使用税控装置,不得损毁或者擅自改变税控装置。不能按照规定安装、使用税控装置,或者损毁或者擅自改动税控装置的,由税务机关责令限期改正,可以处以2 000元以下的罚款;情节严重的,处2 000元以上1万元以下的罚款。

表 1-14　　　　　　　　丢失增值税专用发票已报税证明单　　　　　　　　No.

销售方	名　称		购买方	名　称	
	税务登记代码			税务登记代码	

丢失增值税专用发票	发票代码	发票号码	货物(劳务)名称	单价	数量	金额	税额

报税及纳税申报情况	报税时间: 纳税申报时间: 经办人:　　　　　负责人:　　　　主管税务机关名称(印章):＿＿＿＿＿ 　　　　　　　　　　　　　　　　　年　　月　　日
备注	

（4）其他有关规定

一般纳税人销售自己使用过的固定资产,适用按简易办法依4%征收率减半征收增值税政策的,应开具普通发票,不得开具增值税专用发票。小规模纳税人销售自己使用过的固定资产,应开具普通发票,不得由税务机关代开增值税专用发票。纳税人销售旧货,应开具普通发票,不得自行开具或者由税务机关代开增值税专用发票。

1.2.3　税款征收及纳税申报

1.税款征收

税款征收是税务机关进行税收征收管理工作中的中心环节,企业的纳税会计人员必须了解税收征管的有关制度。

（1）税款征收的方式

税款征收方式是指税务机关根据各税种的不同特点、征纳双方的具体条件而确定的计算征收税款的方法和形式。税款征收的方式主要有查账征收、查定征收、查验征收、定期定额征收、委托代征税款、邮寄纳税等方式。

①查账征收。查账征收是指税务机关按照纳税人提供的账表所反映的经营情况,依照适用税率计算缴纳税款的方式。这种方式一般适用于财务会计制度较为健全,能够认

真履行纳税义务的纳税单位。

②查定征收。查定征收是指税务机关根据纳税人的从业人员、生产设备、采用原材料等因素,对其产制的应税产品查实核定产量、销售额并据以征收税款的方式。这种方式一般适用于账册不够健全,但是能够控制原材料或进销货的纳税单位。

③查验征收。查验征收是指税务机关对纳税人应税商品,通过查验数量,按市场一般销售单价计算其销售收入并据以征税的方式。这种方式一般适用于经营品种比较单一、经营地点、时间和商品来源不固定的纳税单位。

④定期定额征收。定期定额征收是指税务机关通过典型调查,逐户确定营业额和所得额并据以征税的方式。这种方式一般适用于无完整考核依据的小型纳税单位。

⑤委托代征税款。委托代征税款是指税务机关委托代征人以税务机关的名义征收税款,并将税款缴入国库的方式。这种方式一般适用于小额、零散税源的征收。

⑥邮寄纳税。邮寄纳税是一种新的纳税方式。这种方式主要适用于那些有能力按期纳税,但采用其他方式纳税又不方便的纳税人。

⑦其他方式。除上述几种外,还有"三自"纳税和自报核缴等征收方式。"三自"纳税,是经税务机关批准,纳税人根据税法规定,自行计算应纳税款、自行填写缴款书、自行按期到银行缴纳税款的一种纳税方式。自报核缴,是纳税人向税务机关报送纳税申报表,经税务机关审核,核定应纳税额,填发缴款书,纳税人凭其到银行缴纳税款的方式。

(2)税款征收制度

①代扣代缴、代收代缴税款制度。税法规定的扣缴义务人必须依法履行代扣、代收税款义务。如果不履行义务,就要承担法律责任。扣缴义务人代扣、代收税款,只限于法律、行政法规规定的范围,并依照法律、行政法规规定的征收标准执行。对法律、法规没有规定代扣、代收的,扣缴义务人不能超越范围代扣、代收税款,扣缴义务人也不得提高或降低标准代扣、代收税款。代扣、代收税款手续费只能由县(市)以上税务机关统一办理退库手续,不得在征收税款过程中坐支。扣缴义务人必须填写代扣代缴、代收代缴税款报告表(表1-15),一份扣缴义务人留存,一份报税务机关,一份留税务机关做税收会计凭证。

②延期缴纳税款制度。纳税人和扣缴义务人必须在税法规定的期限内缴纳、解缴税款。纳税人因有特殊困难,不能按期缴纳税款的,经省、自治区、直辖市国家税务局、地方税务局批准,可以延期缴纳税款,但最长不得超过3个月。特殊困难的主要内容:一是因不可抗力,导致纳税人发生较大损失,正常生产经营活动受到较大影响的;二是当期货币资金在扣除应付职工工资、社会保险费后,不足以缴纳税款的。所谓"当期货币资金",是指纳税人申请延期缴纳税款之日的资金余额,其中不含国家法律和行政法规明确规定企业不可动用的资金;"应付职工工资"是指当期计提数。

纳税人在申请延期缴纳税款时应当注意以下几个问题:在规定期限内提出书面申请填写延期申报申请核准表(表1-16)。纳税人需要延期缴纳税款的,应当在缴纳税款期限届满前提出申请,并报送下列材料:申请延期缴纳税款报告,当期货币资金余额情况及所有银行存款账户的对账单,资产负债表,应付职工工资和社会保险费等税务机关要求提供的支出预算。税务机关应当自收到申请延期缴纳税款报告之日起20日内作出批准或者不予批准的决定;不予批准的,从缴纳税款期限届满之次日起加收滞纳金。延期期限最长不得超过 3 个月,同一笔税款不得滚动审批。批准延期内免予加收带纳金。

表 1-15　　　　　　　　　　代扣代缴、代收代缴税款报告表

扣缴义务人识别号

扣缴义务人名称:(公章)　　　填表日期:　　　年　　月　　日　　　　　金额单位:元(列至角分)

纳税人名称	纳税人识别号	税种	税目	税款所属期	计税依据		税率或单位税额	应扣缴税款	实扣缴税款	实解缴税款	扣税凭证字号
				年月至年月	课税数量	计税收入(所得)					
		合计									
扣缴义务人声明:　此扣缴报告表是根据国家税收法律、法规的规定填报的,我确定它是真实的、可靠的、完整的。	经办人(签章)				会计主管(签章)			扣缴单位(或法定代表人)(签章)			

以下由税务机关填写

受理人		受理日期		受理税务机关(签章)	

表 1-16　　　　　　　　　　延期申报申请核准表

纳税人识别号			纳税人(扣缴义务人)名　称	
申请延期申报税种	税款所属时期	规定申报期限	申请延期申报的期　限	
申请延期申报的理由				
经办人:　　　　　　法定代表人(负责人):　　　　　　纳税人(签章)　　　年　月　日　　　　　年　月　日　　　　　　年　月　日				

（续表）

以下由税务机关填写				
核准延期申报期限：　　　　　　年　　月　　日前				
预缴税款 核定方式	□上期实际缴纳税额		□税务机关核定税额	
预缴税种	税　目	税款所属时期	上期实际 缴纳税额	核定预缴税额
经办人：　　　　　　　　负责人：　　　　　　　　　　　税务机关（签章） 　　年　月　日　　　　　　年　　月　　日　　　　　　年　　月　　日				

③税收滞纳金征收制度。纳税人未按照规定期限缴纳税款的,扣缴义务人未按照规定期限解缴税款的,税务机关除责令限期缴纳外,从滞纳税款之日起,按日加收滞纳税款万分之五的滞纳金。加收滞纳金的起止时间为法律、行政法规规定或者税务机关依照法律、行政法规的规定确定的税款缴纳期限届满次日起至纳税人、扣缴义务人实际缴纳或者解缴税款之日止。

④减免税收制度。纳税人申请减免税,应向主管税务机关提出书面申请,填写纳税人减免税申请审批表(见表1-17),并按规定附送有关资料。减免税分为报批类减免税和备案类减免税。报批类减免税是指应由税务机关审批的减免税项目;备案类减免税是指取消审批手续的减免税项目和不需税务机关审批的减免税项目。纳税人申请报批类减免税的,应当在政策规定的减免税期限内,向主管税务机关提出书面申请,并报送以下资料:减免税申请报告,列明减免税理由、依据、范围、期限、数量、金额等;财务会计报表、纳税申报表;有关部门出具的证明材料;税务机关要求提供的其他资料。纳税人同时从事减免项目与非减免项目的,应分别核算,独立计算减免项目的计税依据以及减免税额度。不能分别核算的,不能享受减免税;核算不清的,由税务机关按合理方法核定。纳税人依法可以享受减免税待遇,但未享受而多缴税款的,凡属于无明确规定需经税务机关审批或没有规定申请期限的,纳税人可以在《征管法》规定的期限内申请减免税,要求退还多缴的税款,但不加算银行同期存款利息。纳税人可以向主管税务机关申请减免税,也可以直接向有权审批的税务机关申请。由纳税人所在地主管税务机关受理,应当由上级税务机关审批的减免税申请,主管税务机关应当自受理申请之日起10个工作日内直接上报有权审批的上级税务机关。减免税批复未下达前,纳税人应按规定办理申报缴纳税款。纳税人享受减税、免税的条件发生变化时,应当自发生变化之日起15日内向税务机关报告,经税务机关审核后,停止其减税、免税;对不报告的,又不再符合减税、免税条件

的,税务机关有权追回已减免的税款。减税、免税期满,纳税人应当自期满次日起恢复纳税。纳税人已享受减免税的,应当纳入正常申报,进行减免税申报,纳税人享受减免税到期的,应当申报缴纳税款。

表 1-17　　　　　　　　　　纳税人减免税申请审批表

纳税人识别号:

纳税人名称:

企业基本情况	生产经营地址				
	办税人员		联系电话		邮政编码	
	登记注册类型		开业时间		生产经营期限	
	生产经营范围				

	第一次获利时间	享受减免税优惠		
		税种	期限	减免幅度/额度/减免后实际征收率

欠税情况			
税种	税额	税款所属时期	欠税原因

减免税情况	申请理由:				
	减免税种:			减免原因:	
	减免种类	适用税率	减免幅度/额度/减免后实际征收率	起始时间	终止时间
	(签章)　法定代表人(负责人):　　　经办人:　　　年　月　日				

以下由税务机关填写

主管税务机关:

减免依据是否合法:

减免幅(额)度是否合理:　　　　　　　　　(公章)

负责人:　　　　　经办人:　　　年　月　日

上级税务机关:	上级税务机关:
负责人:　　　(公章)	负责人:　　　(公章)
经办人:　　年　月　日	经办人:　　年　月　日

⑤税额核定和税收调整制度。纳税人(包括单位纳税人和个人纳税人)有下列情形

之一的,税务机关有权核定其应纳税额:依照法律、行政法规的规定可以不设置账簿的;依照法律、行政法规的规定应当设置但未设置账簿的;擅自销毁账簿或者拒不提供纳税资料的;虽设置账簿,但账目混乱或者成本资料、收入凭证、费用凭证残缺不全,难以查账的;发生纳税义务,未按照规定的期限办理纳税申报,经税务机关责令限期申报,逾期仍不申报的;纳税人申报的计税依据明显偏低,又无正当理由的。纳税人对税务机关采取规定的方法核定的应纳税额有异议的,应当提供相关证据,经税务机关认定后,调整应纳税额。

税收调整制度主要指的是关联企业的税收调整制度。企业或者外国企业在中国境内设立的从事生产经营的机构、场所与其关联企业之间的业务往来,应当按照独立企业之间的业务往来收取或者支付价款、费用;不按照独立企业之间的业务往来收取或者支付价款、费用,而减少其应纳税的收入或者所得额的,税务机关有权进行合理调整。

⑥未办理税务登记的从事生产、经营的纳税人,以及临时从事经营纳税人的税款征收制度。税务机关对未办理税务登记的从事生产经营的纳税人及临时从事经营的纳税人,执行如下程序:

A.核定应纳税额。要按一定的标准,尽可能合理地确定其应纳税额。

B.责令缴纳。税务机关核定应纳税额后,应责令纳税人按核定的税款缴纳税款。

C.扣押商品、货物。对经税务机关责令缴纳而不缴纳税款的纳税人,税务机关可以扣押其价值相当于应纳税款的商品、货物。纳税人应当自扣押之日起15日内缴纳税款。对扣押的鲜活、易腐烂变质或者易失效的商品、货物,税务机关根据被扣押物品的保质期,可以缩短前款规定的扣押期限。

D.解除扣押或者拍卖、变卖所扣押的商品、货物。扣押后缴纳应纳税款的,税务机关必须立即解除扣押,并归还所扣押的商品、货物。

E.抵缴税款。税务机关拍卖或者变卖所扣押的商品、货物后,拍卖或者变卖所得抵缴税款。

⑦税收保全措施。税收保全措施是指税务机关对可能由于纳税人的行为或者某种客观原因,致使以后税款的征收不能保证或难以保证的案件,采取限制纳税人处理或转移商品、货物或其他财产的措施。税务机关采取税收保全措施的前提是,从事生产经营的纳税人有逃避纳税义务行为的。当符合下列两个条件时,税务机应当对纳税人采取税收保全措施:

一是纳税人有逃避纳税义务的行为。逃避纳税义务的行为的最终目的是不缴或少缴税款,其采取的方法主要是转移、隐匿可以用来缴纳税款的资金或实物。

二是必须是在规定的纳税期之前和责令限期缴纳应纳税款的限期内。如果纳税期和责令缴纳应纳税款的限期届满,纳税人又没有缴纳应纳税款的,税务机关可以按规定采取强制执行措施,就无所谓税收保全了。

税务机关采取税收保全措施的法定程序:

A. 责令纳税人提前缴纳税款。税务机关有根据认为从事生产、经营的纳税人有逃避纳税义务行为的,可以在规定的纳税期之前,责令限期缴纳应纳税款。可以采取税收保全措施的纳税人仅限于从事生产经营的纳税人,不包括非从事生产经营的纳税人,也不包括扣缴义务人和纳税担保人。

B. 责成纳税人提供纳税担保。在限期内,纳税人有明显转移、隐匿应纳税的商品、货物以及其他财产或者应纳税的收入迹象的,税务机关可以责成纳税人提供纳税担保。纳税担保是纳税人为按时足额履行纳税义务而向税务机关作出的保证。纳税担保人是指在中国境内具有纳税担保能力的公民、法人或其他经济组织。国家机关不得作为纳税担保人。纳税担保人同意为纳税人提供纳税担保的,填写纳税担保书,写明担保对象、担保范围、担保期限和担保责任以及其他有关事项。担保书须经纳税人、纳税担保人和税务机关签字盖章后方为有效。纳税人以其所拥有的未设置抵押权的财产作纳税担保的,应当填写作为纳税担保的财产清单,并写明担保财产的价值以及其他有关事项。纳税担保清单须经纳税人和税务机关签字盖章后方为有效。

C. 冻结纳税人的存款。纳税人不能提供纳税担保的,经县以上税务局(分局)局长批准,书面通知纳税人开户银行或者其他金融机构冻结纳税人的金额相当于应纳税款的存款。

D. 查封、扣押纳税人的商品、货物或其他财产。纳税人在开户银行或其他金融机构中没有存款,或者税务机关无法掌握其存款情况的,税务机关可以扣押、查封纳税人的价值相当于应纳税款的商品、货物或其他财产。个人及其所扶养家属维持生活必需的住房和用品,不在税收保全措施的范围之内。个人所扶养家属是指与纳税人共同居住生活的配偶、直系亲属以及无生活来源并由纳税人扶养的其他亲属。生活必需的住房和用品不包括机动车辆、金银饰品、古玩字画、豪华住宅或者一处以外的住房。税务机关对单价5 000万元以下的其他生活用品,不采取税收保全措施和强制执行措施。

税收保全的终止有两种情况:一是纳税人在规定的期限内缴纳了应纳税款的,税务机关必须立即解除税收保全措施;二是纳税人超过规定的期限仍不缴纳税款的,经税务局(分局)局长批准,终止保全措施,转入强制执行措施。

⑧税收强制执行措施。税收强制执行措施是指当事人不履行法律、行政法规规定的义务,有关国家机关采用法定的强制手段,强迫当事人履行义务的行为。强制执行措施的适用范围仅限于未按照规定的期限缴纳或者解缴税款,经责令限期缴纳,逾期仍未缴纳的从事生产经营的纳税人。需要强调的是,采取强制执行措施适用于扣缴义务人、纳税担保人,采取税收保全措施时则不适用。

采取税收强制执行措施的程序:

A. 税款的强制征收(扣缴税款)。纳税人、扣缴义务人、纳税担保人在规定的期限内未缴纳或者解缴税款或者提供担保的,经主管税务机关责令限期缴纳,逾期仍未缴纳的,经县以上税务局(分局)局长批准,书面通知其开户银行或者其他金融机构,从其存款中扣缴税款。在扣缴税款的同时,主管税务机关应按照《征管法》的规定,可以处以不缴或者少缴的税款50%以上5倍以下的罚款。

B. 扣押、查封、拍卖或者变卖,以拍卖或者变卖所得抵缴税款。按照《征管法》的规定,扣押、查封、拍卖或者变卖等行为具有连续性,即扣押、查封后,不再给纳税人自动履行纳税义务的期间,税务机关可以直接拍卖或者变卖其价值相当于应纳税款的商品、货物或者其他财产,以拍卖或者变卖所得抵缴税款。对纳税人已缴纳税款,但拒不缴纳滞纳金的,税务机关可以单独对纳税人应缴未缴的滞纳金采取强制执行措施。

⑨欠税清缴制度。欠税是指纳税人未按照规定期限缴纳税款,扣缴义务人未按照规定期限解缴税款的行为。从事生产经营的纳税人、扣缴义务人未按照规定的期限缴纳或者解缴税款的,纳税担保人未按照规定的期限缴纳所担保的税款的,由税务机关发出限期缴纳税款通知书,责令缴纳或者解缴税款的最长期限不得超过 15 日。欠缴税款的纳税人及其法定代表需要出境的,应当在出境前向税务机关结清应纳税款或者提供担保。未结清税款,又不提供担保的,税务机关可以通知出境管理机关阻止其出境。纳税人有合并、分立情形的,应当向税务机关报告,并依法缴清税款。纳税人合并时未缴清税款的,应当由合并后的纳税人继续履行未履行的纳税义务;纳税人分立时未缴清税款的,分立后的纳税人对未履行的纳税义务应当承担连带责任。欠缴税款数额在 5 万元以上的纳税人,在处分其不动产或者大额资产之前,应当向税务机关报告。税务机关可以对欠缴税款的纳税人行使代位权、撤销权,即对纳税人的到期债权等财产权利,税务机关可以依法向第三者追索以抵缴税款。如果欠税的纳税人,怠于行使其到期的债权,怠于收回其到期的资产、款项等,税务机关可以向人民法院请求以自己的名义代为行使债权。

⑩税款的退还和追征制度。

A.税款的退还。税款退还的前提是纳税人已经缴纳了超过应纳税额的税款。

税款退还的范围包括:技术差错和结算性质的退税;为加强对收入的管理,规定纳税人先按应纳税额如数缴纳入库,经核实后再从中退还应退的部分。退还的方式有:税务机关发现后立即退还;纳税人发现后申请退还。

退还的时限有:纳税人发现的,可以自结算缴纳税款之日起 3 年内要求退还,填写退(抵)税申请审批表(见表 1-18)。税务机关发现的多缴税款,无论多长时间,都应当退还给纳税人。税务机关发现纳税人多缴税款的,应当自发现之日起 10 日内办理退还手续;纳税人发现多缴税款,要求退还的,税务机关应当自接到纳税人退还申请之日起 30 日内查实并办理退还手续。

B.税款的追征。因税务机关责任,致使纳税人、扣缴义务人未缴或者少缴税款的,税务机关在 3 年内可要求纳税人、扣缴义务人补缴税款,但是不得加收滞纳金。因纳税人、扣缴义务人计算等失误,未缴或者少缴税款的,税务机关在 3 年内可以追征税款、滞纳金;有特殊情况的追征期可以延长到 5 年。其补缴和追征税款的期限,应自纳税人、扣缴义务人应缴未缴或少缴税款之日起计算。对偷税、抗税、骗税的,税务机关追征其未缴或者少缴的税款、滞纳金或者所编取的税款,不受税法规定期限的限制,应无限期追征。

特殊情况是指纳税人或者扣缴义务人因计算错误等失误,未缴或者少缴、未扣或者少扣、未收或者少收税款,累计数额在 10 万元以上的。

表 1-18   **退(抵)税申请审批表**

纳税人识别号：   纳税人名称：

退税类型：   申请退还方式：

税种：   申请退税额：

序号	征收品目	品目名称	税票号码	税款所属期起	税款所属期止	税额
1						
2						
3						
4						
5						
退 税 原 因						
（公章） 法定代表人： 经办人： 年　月　日						
主管税务机关审核意见： 核准退税税种： 核准退税幅度： 核准退税期限： 核准退税方式： 负责人： 经办人： （公章） 主管局长： 年　月　日						

市级税务机关意见：
负责人：   经办人：
              （公章）
            年　月　日
	省级税务机关意见：
	负责人： 经办人：
	（公章）
	              年　月　日

2.纳税申报

纳税申报是纳税人按照税法规定的期限和内容,向税务机关提交有关纳税事项书面报告的法律行为,是纳税人履行纳税义务、界定纳税人法律责任的主要依据,是税务机关税收管理信息的主要来源和税务管理的重要制度。

(1)纳税申报的对象

纳税申报的对象为纳税人和扣缴义务人。纳税人在纳税期内没有应纳税款的,也应当按照规定办理纳税申报。纳税人享受减税、免税待遇的,在减税、免税期间应当按照规定办理纳税申报。

(2)纳税申报的内容

纳税申报的内容主要在各税种的纳税申报表和代扣代缴、代收代缴税款报告表中体现，还有的是随纳税申报表附报的财务报表和有关纳税资料中体现。纳税人和扣缴义务人的纳税申报和代扣代缴、代收代缴税款报告的主要内容包括：税种、税目，应纳税项目或者应代扣代缴、代收代缴税款项目，计税依据，扣除项目及标准，适用税率或者单位税额，应退税项目及税额、应减免税项目及税额，应纳税额或者应代扣代缴、代收代缴税额，税款所属期限、延期缴纳税款、欠税、滞纳金等。

（3）纳税申报的期限

纳税人和扣缴义务人都必须按照法定的期限办理纳税申报。申报期限有两种：一种是法律、行政法规明确规定的；另一种是税务机关按照法律、行政法规的原则规定，结合纳税人生产经营的实际情况及其所应缴纳的税种等相关问题予以确定的。两种期限具有同等的法律效力。

（4）纳税申报的要求

纳税人办理纳税申报时，应当如实填写纳税申报表，并根据不同的情况相应报送下列有关证件、资料：财务会计报表及其说明材料；与纳税有关的合同、协议书及凭证；税控装置的电子报税资料；外出经营活动税收管理证明和异地完税凭证；境内或者境外公证机构出具的有关证明文件；税务机关规定应当报送的其他有关证件、资料；扣缴义务人办理代扣代缴、代收代缴税款报告时，应当如实填写代扣代缴、代收代缴税款报告表，并报送代扣代缴、代收代缴税款的合法凭证以及税务机关规定的其他有关证件、资料。

（5）纳税申报的方式

纳税人、扣缴义务人可以直接到税务机关办理纳税申报或者报送代扣代缴、代收代缴税款报告表，也可以按照规定采取邮寄、数据电文或者其他方式办理上述申报、报送事项。"目前，纳税申报的形式主要有以下三种方式：

①直接申报。直接申报是指纳税人自行到税务机关办理纳税申报。这是一种传统申报方式。

②邮寄申报。邮寄申报是指经税务机关批准的纳税人使用统一规定的纳税申报特快专递专用信封，通过邮政部门办理交寄手续，并向邮政部门索取收据作为申报凭据的方式。纳税人采取邮寄方式办理纳税申报的，应当使用统一的纳税申报专用信封，并以邮政部门收据作为申报凭据。邮寄申报以寄出的邮戳日期为实际申报日期。

③数据电文。数据电文是指经税务机关确定的电话语音、电子数据交换和网络传输等电子方式等等。例如目前纳税人的网上申报，就是数据电文申报方式的一种形式。纳税人采取电子方式办理纳税申报的，应当按照税务机关规定的期限和要求保存有关资料，并定期书面报送主管税务机关。纳税人、扣缴义务人采取数据电文方式办理纳税申报的，其申报日期以税务机关计算机网络系统收到该数据电文的时间为准。

④其他方式。除上述方式外，实行定期定额缴纳税款的纳税人，可以实行简易申报、简并征期等申报纳税方式。"简易申报"是指实行定期定额缴纳税款的纳税人在法律、行政法规规定的期限内或税务机关依据法规的规定确定的期限内缴纳税款的，税务机关可以视同申报；"简并征期"是指实行定期定额缴纳税款的纳税人，经税务机关批准，可以采取将纳税期限合并为按季、半年、年的方式缴纳税款。

（6）延期申报管理

延期申报是指纳税人、扣缴义务人不能按照税法规定的期限办理纳税申报或扣缴税款报告。纳税人因有特殊情况，不能按期进行纳税申报的，经县以上税务机关核准，可以延期申报。但应当在规定的期限内向税务机关提出书面延期申请，经税务机关核准，在核准的期限内办理。如纳税人、扣缴义务人因不可抗力,不能按期办理纳税申报或者报送代扣代缴、代收代缴税款报告表的,可以延期办理,但应当在不可抗力情形消除后立即向税务机关报告。

经核准延期办理纳税申报的,应当在纳税期内按照上期实际缴纳的税额或者税务机关核定的税额预缴税款,并在核准的延期内办理纳税结算。

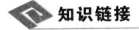 **知识链接**

我国现行税收制度

实体法和程序法的法律制度构成了我国现行税法体系。

一、实体法

(一)按征税对象性质分类

1.流转税类。流转税是指以商品、劳务或服务买卖的流转额为征税对象征收的各种税。包括增值税、消费税、营业税、关税。

2.资源税类。资源税是以各种应税自然资源为征税对象征收的各种税。包括资源税、城镇土地使用税。

3.所得税类。所得税是指以所得额为征税对象征收的各种税。包括企业所得税、个人所得税。

4.行为特定目的的税类。特定目的的税是指为了达到某种特定目的,对特定对象和特定行为征收的一种税,包括车辆购置税、土地增值税、耕地占用税、城市维护建设税、印花税。

5.财产税类。财产税是指以纳税人拥有或支配的财产为征税对象征收的各种税,包括房产税、车船税、契税。

(二)按计税依据分类

1.从价税。从价税是以征税对象的价值、价格、金额为标准,按一定百分比(税率)计征的税种,如增值税、营业税、个人所得税、房产税等。

2.从量税。从量税是以征税对象的一定数量单位(重量、件数、容积、面积、长度等)为标准,采用固定单位税额征收的税种,如资源税、车船税、城镇土地使用税等。

(三)按税收与价格关系分类

1.价内税。价内税就是税金包含在商品价格中,作为价格构成部分的税种,如我国现行的消费税和营业税。

2.价外税。价外税是指税金不包含在商品价格之中,价税分列的税种,如增值税。

(四)按税收管理权限和收入归属分类

1.中央税。中央税是指由中央政府负责征收管理,收入归中央政府支配使用的税种,由国家税务局征收管理,如消费税、关税等。

2.地方税。地方税是指由地方政府负责征收管理,收入归地方政府支配使用的税种,由地方税务局征收管理,如城市维护建设税、城镇土地使用税等。

3.中央地方共享税。中央地方共享税是指由中央和地方政府共同负责征收管理,收入由中央政府和地方政府按一定比例分享的税种,如增值税,中央分享75%,地方分享25%。

（五）按税收负担能否转嫁分类

1.直接税。直接税是指纳税义务人同时是税收的实际负担人，纳税人不能或不便于把税收负担转嫁给别人的税种，如各种所得税、房产税等。直接税的纳税人不仅在表面上有纳税义务，而且实际上也是税收承担者，即纳税人与负税人一致。

2.间接税。间接税是指纳税义务人不是税收的实际负担人，纳税义务人能够通过提高价格或提高收费标准等方法把税收负担转嫁给别人的税种，如关税、消费税、营业税、增值税等。间接税的纳税人虽然表面上负有纳税义务，但实际上已将自己的税款加于所销售商品的价格上而由消费者负担或用其他方式转嫁给别人，即纳税人与负税人不一致。

二、程序法

程序法是税收征收管理所适用的法律制度，是按照税收管理机关的不同而分别规定的：

1.由税务机关负责征收的税种的征收管理，按照全国人大常委会发布实施的《税收征收管理法》执行；

2.由海关机关负责征收的税种的征收管理，按照《海关法》及《进出口关税条例》等有关规定执行。

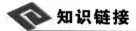 知识链接

企业纳税的工作流程

1.依法取得营业资质

企业要想成为合法经营的纳税人，首先要取得合法营业执照。为此，企业的创始人要制定企业的章程，并凭企业的章程向工商行政管理部门提出企业注册申请，按照工商行政管理部门的要求验资、验经营场所、核名、刻章（包括合同专用章、现金收讫章、现金付讫章、转账收讫章、转账付讫章、发票专用章）并缴纳相应的验资费、验场地费、核名费、刻章费和登记管理费后，由受理的工商行政管理部门发给营业执照、营业执照副本、银行开户许可单、税务登记通知单、申请代码通知单和刻章通知单（企业的公章、财务专用章、法人名章必须凭此通知到指定的公安机关刻取）。

2.申请取得企业代码

企业凭营业执照副本和申请代码通知单向技术监督局提交代码申请，技术监督局在核实企业的注册资本、经营地点、经营范围、法人身份等信息资料并交费后，发给企业代码证及副本。

3.办理银行开户

企业凭营业执照副本、代码证副本和银行开户许可单到企业自己选定的商业银行办理基本账户、一般账户、临时账户、专用账户的开户手续，银行在审核企业提交的有关证件和印章预留单（包括企业的公章、法人名章、财务专用章）后，准予企业开户，确定账号。企业在向银行账户中存放一定的资金后，就可以向开户银行购买相应的现金支票、转账支票及其他银行结算票据。

4.办理税务登记

企业凭营业执照副本、代码证副本、税务登记通知单、银行开户许可单和开户银行核定的各银行账号向主管税务机关办理税务登记。

5. 办理出口许可证和出口退税证

有出口业务的企业应凭营业执照副本、税务登记副本到对外经贸行政管理部门办理出口许可证，具有出口许可的企业在发生出口业务后，如果按照国家的税收政策应该享受出口退税优惠政策的，应凭出口许可证、营业执照副本、税务登记副本等到主管税务机关指定的税务机关办理出口退税证。

6. 根据发生的经济业务开具和管理发票，并做好相应涉税的账务处理

企业取得和开具的发票都应作为最重要的原始凭证，编制记账凭证，及时、准确地核算各种业务的发生情况和相应的应交税金情况。

7. 按期办理纳税申报和缴纳税款

企业在纳税义务发生后，应按照国家税收法律、法规和规章具体规定的纳税地点、纳税方式、纳税时间向主管税务机关按次或按期办理纳税申报，并及时缴纳应交税款。办理纳税申报后缴纳税款确有困难的企业，经主管税务机关批准可以延期缴纳税款，但按规定要承担相应的滞纳金惩罚。取得出口退税资格的企业在出口业务发生后，凭出口退税证、出口报关单、外汇结算单等向颁发出口退税证的税务机关申请出口退税。

8. 纳税自查和税务检查

企业为了规避纳税风险，必须跟踪和关注税收法律、法规和规章的变化情况，经常对自身的纳税情况进行检查，一旦发现有不妥之处，应及早按税收政策规定进行调账和补税。在税务机关组织的专项检查、重点检查、特殊检查和一般检查中，企业应与税务机关密切配合和沟通，及时、完整地提供税务检查所需的资料和凭证、账簿、报表。

项目二

增值税的核算

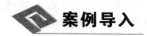 **案例导入**

甲有限公司(简称甲公司)为生产企业,增值税一般纳税人,税率为17%,按月缴纳增值税,具有自营出口资格,退税税率为13%。企业工商登记号是370000018065446,注册资本 3 000 万人民币,开户银行是中国工商银行济南市工业北路支行,账号是0101020304,税务登记号是370102000000003,公司联系电话是0531－81831221,公司地址是山东省济南市工业北路 78 号。

公司 2014 年 8 月增值税留抵税额为 5 512 元。存货采用实际成本计价,包装物单独核算。9 月公司发生如下业务:

(1)1 日,向庚公司销售 X 产品一批,合同金额 120 万元,1 日庚公司预付 60 万元,约定 5 日发货,开出增值税专用发票,注明销售额 102 万元,增值税 17.34 万元,代垫运费 1 000 元,运费发票开给购货方,庚公司收到货票后补齐余款 594 400 元。

(2)2 日向小规模纳税人辛公司出售 A 材料 2 000 千克,价款 58 500 元,同时收取用本公司车辆送货上门运费 117 元,开具普通发票,未单独核算,取得转账支票一张,款项存入银行。

(3)4 日,向壬公司销售 Y 产品一批,产品销售价格 150 万元,由于对方购买数量较多,按 8 折进行销售,实际售价为 120 万元,该产品成本 42 万元,已发货。合同规定,分 3 次付清货款,付款时间分别是 9 月 10 日、10 月 10 日、11 月 10 日,如在合同规定付款日期之后 10 日内付款给予 2% 销售的折扣,之后付款没有折扣。对于于 9 月 10 日支付第一笔货款,企业开出增值税专用发票,在发票上的"金额"栏分别注明销售额 50 万元,折扣额 10 万元,实际收取 40 万元,增值税 6.8 万元。折扣额按应收款项计算。

(4)5 日,上月销售 X 产品退回,金额 39.6 万元,应退增值税 6.732 万元,公司开出红字专用发票,并以银行存款支付退款。

(5)7 日,销售 X 产品一批,开出增值税发票,注明销售额 50.4 万元,增值税 8.568 万元,随同产品出售包装物价税合计 1.053 万元,另收取包装箱押金 2 万元(期限 3 个月),收到转账支票存入银行。

(6)8 日将一批 Y 产品用于工程建设,实际成本 12 万元,税务机关按纳税人最近时期同类货物的平均销售价格核定的计税价格为 16 万元,未开发票。

(7)10 日,将价值 32 万元的 Y 产品无偿捐赠给某希望工程,开出增值税专用发票,税务机关核定计税价格为 40 万元。

(8)12 日,机修车间对外提供劳务开具普通发票,价税合计 2.34 万元。

(9)13 日,上月委托某商城代销的商品已销售,收到代销清单,销售 Z 产品一批,开出增值税发票,注明销售额 60 万元,增值税 10.2 万元,商城收取 5%手续费,其余收到转账支票存入银行。

(10)11 日,企业出售一台 2007 年 9 月 1 日购入的 A 设备,设备原价为 234 000 元已提折旧 117 000 元,未计提减值准备,售价 104 000 元,开具普通发票;还出售 2010 年 9 月 1 日购入的 B 设备原价为 150 000 元(增值税进项税额 22 500 元已抵扣),已计提折旧 80 000 元,增值税专用发票开具设备售价 100 000 元,增值税 17 000 元。

(11)14 日,购入 A 材料 10 万千克,单价 10 元/千克,增值税 17 万元;支付运费3 000元,增值税 330 元,材料入库,货款以银行存款支付。专用发票已认证,可申报抵扣。

(12)16 日,从外省癸公司购入 B、C 材料,其中 B 材料 16 万千克,单价 8 元/千克,增值税 217 600 元,运费 6 000 元,增值税 660 元,材料尚未到达,货款以银行存款支付。专用发票月末尚未认证。C 材料 3 万千克,单价 4 元/千克,材料已到达,并验收入库,尚未收到专用发票等结算凭证,货款尚未支付。

(13)18 日,外购设备 1 台,取得增值税专用发票,注明价款 20 万元,增值税 3.4 万元,发生运费 6 000 元,增值税 660 元。专用发票已认证,可申报抵扣。设备投入使用,款项以银行存款支付。

(14)20 日,直接向农场收购农产品,税务机关批准的收购凭证注明用现金支票支付价款 20 万元,农产品验收入库。

(15)21 日,本月 16 日从外省甲公司购入 B 材料验收入库,专用发票已认证。

(16)23 日,委托乙加工厂加工非应税消费品 D 材料,材料上月发出,本月用转账支票支付加工费 4 000 元,增值税 680 元,取得增值税专用发票,并进行了认证。

(17)25 日,从小规模纳税人购入包装箱一批,取得普通发票注明价款 7 020 元,货物验收入库,款项以银行存款支付。

(18)28 日,将价值 16 万元的上月已抵扣进项税的外购材料用于修缮车间房屋。

(19)31 日,月末盘点,发现上月购进 A 材料 6 000 千克被盗,金额 53 700 元,上月均认证并申报抵扣,经批准做营业外支出处理。

(20)31 日当月进料加工免税进口料件的组成计税价格 100 万元,以银行存款支付,本月出口货物销售额折合人民币 200 万元,已办理出口收汇核销手续,货款收到存入银行。

如果你是甲公司的税务会计,应如何计算该公司 9 月应缴纳的增值税? 如何进行账务处理? 如何进行增值税纳税申报和缴纳? 如何进行购进货物专用发票的认证工作? 通过本项目学习,可以明确增值税两类纳税人的基本规定、应纳税额的计算、会计账务处理及纳税申报等内容,完成增值税纳税申报工作任务。

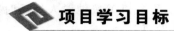 **项目学习目标**

知识目标

- 熟悉增值税纳税人、扣缴义务人的规定;
- 熟悉增值税税率及征收率的规定;
- 熟悉增值税免税项目的规定;
- 熟悉进口货物增值税应纳税额的计算;
- 熟悉增值税纳税检查的方法;
- 熟悉纳税义务发生时间、纳税期限、纳税地点;
- 掌握增值税小规模纳税人和一般纳税人认定标准;
- 掌握增值税征税范围的一般规定、特殊规定;
- 掌握增值税销项税额的计算;
- 掌握准予从销项税额中抵扣的进项税额、不得从销项税额中抵扣的进项税额及进行税额转出的规定;
- 掌握增值税一般纳税人应纳税额的计算方法;
- 掌握简易办法征收增值税应纳税额的计算方法;
- 掌握免抵退税的计算方法;
- 掌握一般纳税人增值税的会计核算方法及账务处理;
- 掌握小规模纳税人的会计核算方法及账务处理;
- 掌握增值税错账调整的账务处理。

能力目标

- 能够准确判断哪些业务应缴纳增值税;
- 能够准确进行增值税一般纳税人应纳税额的计算和账务处理;
- 能够准确进行增值税小规模纳税人应纳税额的计算和账务处理;
- 能够准确进行出口退税额的计算和会计处理,熟练办理出口退税业务;
- 能够准确而完整地填制增值税一般纳税人纳税申报表及附表,及时进行纳税申报;
- 能够准确而完整地填制增值税小规模纳税人纳税申报表,及时进行纳税申报。

 **项目分解**

任务 2.1 增值税认知 → 任务 2.2 增值税一般纳税人的会计核算及纳税申报 → 任务 2.3 增值税小规模纳税人的会计核算及纳税申报

任务 2.1　增值税认知

2.1.1　纳税人的确定

在我国境内销售货物、提供应税劳务(加工、修理修配劳务)、进口货物及提供应税服务(提供交通运输业、邮政业和部分现代服务业服务)的单位和个人为增值税纳税人。单位是指企业、行政单位、事业单位、军事单位、社会团体及其他单位。个人是指个体工商户和其他个人。单位以承包、承租、挂靠方式经营的,承包人、承租人、挂靠人(以下称承包人)以发包人、出租人、被挂靠人(以下称发包人)名义对外经营并由发包人承担相关法律责任的,以该发包人为纳税人。否则,以承包人为纳税人。两个或者两个以上的纳税人,经财政部和国家税务总局批准可以视为一个纳税人合并纳税。

我国增值税对纳税人实行分类管理,按纳税人的年计税销售额和会计核算状况将纳税人划分为一般纳税人和小规模纳税人。

1. 小规模纳税人

小规模纳税人是指年销售额在规定标准以下,并且会计核算不健全,不能按规定报送有关税务资料的增值税纳税人。会计核算不健全是指不能正确核算增值税的销项税额、进项税额和应纳税额。小规模纳税人的认定标准为:

(1)从事货物生产或者提供应税劳务的纳税人,以及以从事货物生产、提供应税服务或应税劳务为主,并兼营货物批发或者零售的纳税人,年应征增值税销售额(简称应税销售额)在50万元以下(含本数,下同)的。

(2)提供应税服务年应税销售额为500万元以下的。

(3)除以上规定以外的纳税人,年应税销售额在80万元以下的。

以从事货物生产或者提供应税劳务为主,是指纳税人的年货物生产、提供应税服务或应税劳务的销售额占年应税销售额的比重在50%以上。

(4)境内销售货物或者提供加工、修理修配劳务年应税销售额超过小规模纳税人标准的其他个人按小规模纳税人纳税;非企业性单位、不经常发生应税行为的企业可选择按小规模纳税人纳税。

(5)提供应税服务年销售额超过规定标准的其他个人不属于一般纳税人;不经常提供应税服务的非企业性单位、企业和个体工商户可选择按照小规模纳税人纳税。

2. 一般纳税人

一般纳税人是指年应征增值税销售额(简称年应税销售额,包括一个公历年度内的全部应税销售额),超过小规模纳税人标准的企业和企业性单位。小规模纳税人会计核算健全,能够提供准确税务资料的,可以向主管税务机关申请一般纳税人资格认定,成为一般纳税人。会计核算健全是指能够按照国家统一的会计制度规定设置账簿,根据合法、有效凭证核算。

符合一般纳税人条件的纳税人应当向主管税务机关申请一般纳税人资格认定。除国家税务总局另有规定外,一经认定为一般纳税人后,不得转为小规模纳税人。

3.扣缴义务人

中华人民共和国境外的单位或者个人在境内提供应税劳务、应税服务,在境内未设有经营机构的,以其境内代理人为扣缴义务人;在境内没有代理人的,以购买方为扣缴义务人。

2.1.2　征税范围的确定

1.征税范围的一般规定

增值税征税范围包括在中华人民共和国境内销售货物、提供加工、修理修配劳务、进口货物及提供应税服务。

(1)销售货物。销售货物是指有偿转让货物的所有权。有偿是指从购买方取得货币、实物或其他经济利益。货物包括所有的有形动产,也包括电力、热力和气体在内。

(2)加工劳务。加工劳务是指受托加工货物,即由委托方提供原料及主要材料,受托方按照委托方的要求制造货物并收取加工费的劳务。

(3)修理修配劳务。修理修配劳务是指受托对损伤和丧失功能的货物进行修复,使其恢复原状和功能的劳务。

(4)进口货物。进口货物是指纳税人从我国境外进口所生产、制造的应税货物。

(5)应税服务。应税服务是指有偿提供陆路运输服务、水路运输服务、航空运输服务、管道运输服务、邮政普遍服务、邮政特殊服务和其他邮政服务、研发和技术服务、信息技术服务、文化创意服务、物流辅助服务、有形动产租赁服务、鉴证咨询服务、广播影视服务。但不包括非营业活动中提供的应税服务。

2.征税范围的特殊规定

(1)属于征税范围的特殊项目

①货物期货(包括商品期货和贵金属期货),应当征收增值税,在期货的实物交割环节纳税。

②银行销售金银的业务,应当征收增值税。

③典当业的死当物品销售业务和寄售业代委托人销售寄售物品的业务,均应征收增值税。

(2)属于征税范围的特殊行为

①视同销售行为。单位或者个体工商户的下列行为,视同销售货物:将货物交付其他单位或者个人代销;销售代销货物;设有两个以上机构并实行统一核算的纳税人,将货物从一个机构移送其他机构用于销售,但相关机构设在同一县(市)的除外;将自产或者委托加工的货物用于非增值税应税项目;将自产、委托加工的货物用于集体福利或者个人消费;将自产、委托加工或者购进的货物作为投资,提供给其他单位或者个体工商户;将自产、委托加工或者购进的货物分配给股东或者投资者;将自产、委托加工或者购进的货物无偿赠送其他单位或者个人。

②视同提供应税服务。向其他单位或者个人无偿提供交通运输业、邮政业和部分现

代服务业服务,但以公益活动为目的或者以社会公众为对象的除外;财政部和国家税务总局规定的其他情形。

③混合销售行为。一项销售行为如果既涉及货物又涉及非增值税应税劳务,为混合销售行为。

④兼营非增值税应税劳务行为。纳税人兼营非增值税应税劳务是指纳税人的经营范围既包括销售货物和应税劳务,又包括提供非增值税应税劳务。

(3)不征增值税项目

①航空运输企业提供的旅客利用里程积分兑换的航空运输服务,不征收增值税。

②航空运输企业根据国家指令无偿提供的航空运输服务,属于以公益活动为目的的服务,不征收增值税。

③航空运输企业的应征增值税销售额不包括代收的机场建设费和代售其他航空运输企业客票而代收转付的价款。

④航空运输企业已售票但未提供航空运输服务取得的逾期票证收入,不属于增值税应税收入,不征收增值税。

2.1.3 税率及征收率

1.税率

(1)销售货物的税率

①一般纳税人销售或者进口货物,除规定的13%税率、零税率货物外,税率为17%。

②一般纳税人销售或者进口下列货物,税率为13%:粮食、食用植物油;自来水、暖气、冷气、热水、煤气、石油液化气、天然气、沼气、居民用煤炭制品;图书、报纸、杂志;饲料、化肥、农药、农机、农膜;国务院规定的其他货物。如:农产品;音像制品;电子出版物;二甲醚;食用盐。

③纳税人出口货物,税率为零;但是,国务院另有规定的除外。

(2)提供应税劳务的税率

纳税人提供加工、修理修配劳务,税率为17%。

(3)提供应税服务的税率

①提供有形动产租赁服务,税率为17%。

②提供交通运输业服务、邮政业服务,税率为11%。

③提供现代服务业服务(有形动产租赁服务除外),税率为6%。

④应税服务适用增值税零税率和免税政策的规定:

A.中华人民共和国境内(以下称境内)的单位和个人提供的国际运输服务、向境外单位提供的研发服务和设计服务,适用增值税零税率。

国际运输服务是指:在境内载运旅客或者货物出境;在境外载运旅客或者货物入境;在境外载运旅客或者货物。向境外单位提供的设计服务,不包括对境内不动产提供的设计服务。

B.境内的单位和个人提供的往返香港、澳门、台湾的交通运输服务以及在香港、澳门、台湾提供的交通运输服务(以下称港澳台运输服务),适用增值税零税率。

C.境内的单位和个人提供期租、程租和湿租服务,如果租赁的交通运输工具用于国际运输服务和港澳台运输服务,不适用增值税零税率,由承租方按规定申请适用零税率。

境内的单位和个人提供适用零税率的应税服务,如果属于适用增值税一般计税方法的,实行免抵退税办法,退税率为规定适用的增值税税率;如果属于适用简易计税方法的,实行免征增值税办法。外贸企业兼营适用零税率应税服务的,统一实行免退税办法。

境内的单位和个人提供适用零税率应税服务的,可以放弃适用零税率,选择免税或按规定缴纳增值税。放弃适用零税率后,36个月内不得再申请适用零税率。

境内的单位和个人提供适用零税率的应税服务,按月向主管退税的税务机关申报办理增值税免抵退税或免税手续。具体管理办法由国家税务总局和财政部另行制定。

2.征收率

(1)小规模纳税人增值税征收率为3%。小规模纳税人(除其他个人外,下同)销售自己使用过的固定资产,减按2%征收率征收增值税。小规模纳税人销售自己使用过的除固定资产以外的物品,应按3%的征收率征收增值税。

(2)一般纳税人销售自己使用过的属于《增值税暂行条例》规定不得抵扣且未抵扣进项税额的固定资产,按简易办法依4%征收率减半征收增值税。一般纳税人销售旧货,按照简易办法依照4%征收率减半征收增值税。一般纳税人销售税法规定的自产货物,可选择按照简易办法依照6%征收率计算缴纳增值税。

(3)一般纳税人销售货物属于下列情形之一的,暂按简易办法依照4%征收率计算缴纳增值税:寄售商店代销寄售物品(包括居民个人寄售的物品在内);典当业销售死当物品;经国务院或国务院授权机关批准的免税商店零售的免税品。

(4)对属于一般纳税人的自来水公司销售自来水按简易办法依照6%征收率征收增值税。

(5)下列项目按照简易办法依照6%征收率计算缴纳增值税:县级及县级以下小型水力发电单位生产的电力;建筑用和生产建筑材料所用的砂、土、石料;以自己采掘的砂、土、石料或其他矿物连续生产的砖、瓦、石灰(不含粘土实心砖、瓦);用微生物、微生物代谢产物、动物毒素、人或动物的血液或组织制成的生物制品;商品混凝土(仅限于以水泥为原料生产的水泥混凝土)。

2.1.4　减免优惠

1.免税项目

(1)农业生产者销售的自产农产品。

(2)避孕药品和用具。

(3)古旧图书。

(4)直接用于科学研究、科学试验和教学的进口仪器、设备。

(5)外国政府、国际组织无偿援助的进口物资和设备。

(6)由残疾人的组织直接进口供残疾人专用的物品。

(7)销售的自己使用过的物品。

(8)对从事蔬菜批发、零售的纳税人销售的蔬菜。

（9）对从事农产品批发、零售的纳税人销售的部分鲜活肉蛋产品。

（10）个人转让著作权。

（11）残疾人个人提供应税服务。

（12）航空公司提供飞机播洒农药服务。

（13）纳税人提供技术转让、技术开发和与之相关的技术咨询、技术服务。

（14）符合条件的节能服务公司实施合同能源管理项目中提供的应税服务。

（15）台湾航运公司从事海峡两岸海上和空中直航业务在大陆取得的运输收入。

（16）美国 ABS 船级社在非营利宗旨不变、中国船级社在美国享受同等免税待遇的前提下，在中国境内提供的船检服务。

（17）随军家属就业。

①为安置随军家属就业而新开办的企业，自领取税务登记证之日起，其提供的应税服务 3 年内免征增值税。享受税收优惠政策的企业，随军家属必须占企业总人数的 60%（含）以上，并有军（含）以上政治和后勤机关出具的证明。

②从事个体经营的随军家属，自领取税务登记证之日起，其提供的应税服务 3 年内免征增值税。

（18）军队转业干部就业。

①从事个体经营的军队转业干部，经主管税务机关批准，自领取税务登记证之日起，其提供的应税服务 3 年内免征增值税。

②为安置自主择业的军队转业干部就业而新开办的企业，凡安置自主择业的军队转业干部占企业总人数 60%（含）以上的，经主管税务机关批准，自领取税务登记证之日起，其提供的应税服务 3 年内免征增值税。

（19）城镇退役士兵就业。

①为安置自谋职业的城镇退役士兵就业而新办的服务型企业当年新安置自谋职业的城镇退役士兵达到职工总数 30% 以上，并与其签订 1 年以上期限劳动合同的，经县级以上民政部门认定、税务机关审核，其提供的应税服务（除广告服务外）3 年内免征增值税。

②自谋职业的城镇退役士兵从事个体经营的，自领取税务登记证之日起，其提供的应税服务（除广告服务外）3 年内免征增值税。

（20）境内的单位和个人提供的下列应税服务免征增值税，但财政部和国家税务总局规定适用零税率的除外：

①工程、矿产资源在境外的工程勘察勘探服务；

②会议展览地点在境外的会议展览服务；

③存储地点在境外的仓储服务；

④标的物在境外使用的有形动产租赁服务；

⑤在境外提供的广播影视节目（作品）的发行、播映服务；

⑥符合国际运输服务规定但没取得相关许可证的国际运输服务；

⑦符合境内的单位和个人提供的往返香港、澳门、台湾的交通运输服务以及在香港、澳门、台湾提供的交通运输服务规定但没取得相关许可证的港澳台运输服务；

⑧向境外单位提供的下列应税服务：A.技术转让服务、技术咨询服务、合同能源管理服务、软件服务、电路设计及测试服务、信息系统服务、业务流程管理服务、商标著作权转让服务、知识产权服务、物流辅助服务（仓储服务除外）、认证服务、鉴证服务、咨询服务、广播影视节目（作品）制作服务、期租服务、程租服务、湿租服务。但不包括：合同标的物在境内的合同能源管理服务，对境内货物或不动产的认证服务、鉴证服务和咨询服务。B.广告投放地在境外的广告服务。

2.起征点的规定

增值税起征点的适用范围限于个人。增值税起征点不适用于认定为一般纳税人的个体工商户。增值税起征点的幅度规定如下：

（1）按期纳税的，为月销售额 5 000～20 000 元（含本数）；

（2）按次纳税的，为每次（日）销售额 300～500 元（含本数）。

销售额是指小规模纳税人的销售额。小规模纳税人的销售额不包括其应纳税额。起征点的调整由财政部和国家税务总局规定。省、自治区、直辖市财政厅（局）和国家税务局应当在规定的幅度内，根据实际情况确定本地区适用的起征点，并报财政部和国家税务总局备案。

3.先征后返或即征即退

先征后返是指税务机关正常将增值税征收入库，然后由财政机关按税收政策规定审核并全额或依照一定比例返还企业所缴入库的增值税。

即征即退是指财政部门委托税务机关将应征的增值税征收入库后，即时退还。

纳税人兼营免税、减税项目的，应当分别核算免税、减税项目的销售额；未分别核算的，不得免税、减税。纳税人适用免税、减税规定的，可以放弃免税、减税，依照规定缴纳增值税。放弃免税、减税后，36 个月内不得再申请免税、减税。纳税人提供应税服务同时适用免税和零税率规定的，优先适用零税率。

2.1.5 征收管理

1.纳税义务发生时间

增值税纳税义务的发生时间，是纳税人发生应税行为应当承担纳税义务的发生时间。一般规定，纳税人销售货物、提供应税劳务及提供应税服务，其纳税义务发生时间为收讫销售款或者取得索取销售款凭据的当天；先开具发票的，为开具发票的当天；进口货物，为报关进口的当天；增值税扣缴义务发生时间为纳税人增值税纳税义务发生的当天。具体规定：

（1）采取直接收款方式销售货物，不论货物是否发出，均为收到销售款或者取得索取销售款凭据的当天。

（2）采取托收承付和委托银行收款方式销售货物，为发出货物并办妥托收手续的当天。

（3）采取赊销和分期收款方式销售货物，为书面合同约定的收款日期的当天，无书面合同的或者书面合同没有约定收款日期的，为货物发出的当天。

（4）采取预收货款方式销售货物，为货物发出的当天，但生产销售工期超过 12 个月的大型机械设备、船舶、飞机等货物,为收到预收款或者书面合同约定的收款日期的当天。

(5)委托其他纳税人代销货物,为收到代销单位的代销清单或者收到全部或者部分货款的当天。未收到代销清单及货款的,为发出代销货物满180天的当天。

(6)销售应税劳务,为提供劳务同时收讫销售款或者取得索取销售款的凭据的当天。

(7)提供应税服务,为书面合同确定的付款日期;未签订书面合同或者书面合同未确定付款日期的,为应税服务完成的当天。纳税人提供有形动产租赁服务采取预收款方式的,其纳税义务发生时间为收到预收款的当天。

(8)纳税人发生视同销售货物行为,其纳税义务发生的时间为货物移送的当天。

(9)纳税人发生视同提供应税劳务或应税服务的,其纳税义务发生时间为应税劳务或应税服务完成的当天。

2.纳税期限

纳税人发生增值税纳税义务后,应在规定的纳税期内缴纳税款。增值税的纳税期限分别为1日、3日、5日、10日、15日、1个月或者1个季度。纳税人的具体纳税期限,由主管税务机关根据纳税人应纳税额的大小分别核定;以1个季度为纳税期限的规定适用于小规模纳税人以及财政部和国家税务总局规定的其他纳税人。不能按照固定期限纳税的,可以按次纳税。

纳税人以1个月或者1个季度为1个纳税期的,自期满之日起15日内申报纳税;以1日、3日、5日、10日或者15日为1个纳税期的,自期满之日起5日内预缴税款,于次月1日起15日内申报纳税并结清上月应纳税款。

纳税人出口货物适用退(免)税规定的,应当向海关办理出口手续,凭出口报关单等有关凭证,在规定的出口退(免)税申报期内按月向主管税务机关申报办理。

出口货物办理退税后发生退货或者退关的或出口业务办理退税后发生服务终止的,纳税人应当依法补缴已退的款。

3.纳税地点

(1)固定业户应当向其机构所在地的主管税务机关申报纳税。总机构和分支机构不在同一县(市)的,应当分别向各自所在地的主管税务机关申报纳税;经国务院财政、税务主管部门或者其授权的财政、税务机关批准,可以由总机构汇总向总机构所在地的主管税务机关申报纳税。

(2)固定业户到外县(市)销售货物、提供应税劳务或应税服务,应当向其机构所在地的主管税务机关申请开具外出经营活动税收管理证明,并向其机构所在地的主管税务机关申报纳税;未开具证明的,应当向销售地或者劳务发生地的主管税务机关申报纳税;未向销售地或者劳务发生地的主管税务机关申报纳税的,由其机构所在地的主管税务机关补征税款。

(3)非固定业户销售货物、提供应税劳务或应税服务,应当向销售地、劳务发生地或应税服务发生地的主管税务机关申报纳税;未向销售地、劳务发生地或应税服务发生地的主管税务机关申报纳税的,由其机构所在地或者居住地的主管税务机关补征税款。

(4)进口货物,应当向报关地海关申报纳税。

(5)扣缴义务人应当向其机构所在地或者居住地的主管税务机关申报缴纳其扣缴的税款。

任务 **2.2** 增值税一般纳税人的会计核算及纳税申报

2.2.1 账户设置

为了正确反映和核算增值税有关纳税事项,在"应交税费"账户下专门设置"应交增值税"和"未交增值税"两个二级账户;辅导期管理的一般纳税人应在"应交税费"账户下增设"待抵扣进项税额"明细账户。

1."应交税费——应交增值税"账户

该账户用来核算纳税人当期发生的增值税的计提缴纳情况,并下设"进项税额"、"已交税金"、"减免税款"、"出口抵减内销产品应纳税额"、"转出未交增值税"、"销项税额"、"出口退税"、"进项税额转出"、"转出多交增值税"9 个三级账户(见表 2-1)。

表 2-1 应交税费——应交增值税

略	借　方					贷　方					借或贷	余额
	合计	进项税额	已交税金	减免税款	出口抵减内销应纳税额	转出未交增值税	合计	销项税额	出口退税	进项税额转出	转出多交增值税		

(1)"进项税额"。记录企业购入货物或接受应税劳务和应税服务而支付的、准予从销项税额中抵扣的增值税额。企业购入货物或接受应税劳务和应税服务支付的进项税额,用蓝字登记;退回所购入货物或接受应税劳务和应税服务支付的进项税额用红字登记在借方。

(2)"已交税金"。记录企业本期应交而实际已交的增值税额。企业已交纳的增值税额,用蓝字登记;退回多交的增值税额用红字登记。

(3)"减免税款"。记录该企业按规定抵减的增值税应纳税额,包括允许在增值税应纳税额中全额抵减的初次购买增值税税控系统专用设备支付的费用以及缴纳的技术维护费。按规定,直接减免的增值税用蓝字登记,冲销直接减免的增值税用红字登记。

(4)"出口抵减内销应纳税额"。记录企业按免抵退税规定计算的直接出口或者委托外贸企业代理出口的货物的进项税额抵减内销的应纳税额及向境外单位提供适用增值税零税率应税服务的当期应免抵税额。

(5)"转出未交增值税"。记录企业月末转出应交未交的增值税。企业转出当月发生的应交未交的增值税额用蓝字登记。作此转账后,"应交税费——应交增值税"的期末余额不再包括当期应交未交增值税额。

（6）"销项税额"。记录企业销售货物、提供应税劳务或提供应税服务应收取的增值税税额,发生时用蓝字登记在贷方,销货退回或销售折让、发生服务终止或按规定可以实行差额征税、按照税法规定允许扣减的增值税额应冲减销项税额,用红字或负数登记在贷方。

（7）"出口退税"。记录企业出口适用零税率的货物或向境外提供适用增值税零税率的应税服务,按规定计算的当期免抵退税额或按规定直接计算的应收出口退税额;若办理退税后,又发生退货或者退关或发生服务终止而补交已退的税款,用红字或负数登记。

（8）"进项税额转出"。记录由于各类原因而不应从销项税额中抵扣,按规定转出的进项税额,发生时用蓝字登记在贷方。

（9）"转出多交增值税"。记录企业月末转出多交的增值税。企业转出当月发生的多交的增值税额用蓝字登记。作此转账后,"应交税费——应交增值税"期末余额不再包含多交增值税税额。

期末结账前,无论是借方余额（多交增值税）还是贷方余额（未交增值税）,都应转入"应交税费——未交增值税"二级账户,结转后本二级账户无余额。

2."应交税费——未交增值税"账户

该账户用来核算纳税人以前各期发生的增值税的缴纳情况,一般纳税人月末转入的应交未交增值税额,转入多交的增值税均在本明细账户核算。其中前期未交增值税记在贷方,前期多交增值税记在借方,本期实际缴纳前期应交增值税记在借方,期末余额可能在借方,也可能在贷方,贷方余额表示前期结余的未交增值税,借方余额表示前期结余的多交增值税。

3."应交税费——待抵扣进项税额"账户

该账户核算一般纳税人按税法规定不符合抵扣条件,暂不予在本期申报抵扣的进项税额。

增值税会计核算的依据主要有"增值税纳税申报表"、"税款缴款书"、增值税专用发票、海关进口增值税专用缴款书、税控机动车销售统一发票、农产品收购发票和销售发票、铁路运输费用结算单。

2.2.2　会计核算

一般纳税人销售货物、提供应税劳务及提供应税服务,其应纳增值税税额为当期销项税额抵扣当期进项税额后的余额。当期销项税额小于当期进项税额不足抵扣时,其不足部分可以结转下期继续抵扣。计算公式为:

$$应纳税额＝当期销项税额－当期进项税额－上期留抵的税额$$

1.销项税额的核算

（1）一般销售行为销项税额的核算

销项税额是指一般纳税人销售货物、提供应税劳务或提供应税服务,按照销售额和相应的税率计算的应向购买方收取的增值税税额。其计算公式为:

$$销项税额＝销售额×税率$$

公式中,销售额是指纳税人销售货物、提供应税劳务或提供应税服务时向购买方收

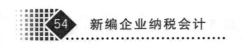

取的全部价款和价外费用。向购买方收取的价款中不包括收取的销项税额。如果是含增值税销售额,需要进行换算:

$$不含税销售额 = \frac{含税销售额}{税率}$$

价外费用,包括价外向购买方收取的手续费、补贴、基金、集资费、返还利润、奖励费、违约金、滞纳金、延期付款利息、赔偿金、代收款项、代垫款项、包装费、包装物租金、储备费、优质费、运输装卸费以及其他各种性质的价外收费。但下列项目不包括在内:

①受托加工应征消费税的消费品所代收代缴的消费税。

②同时符合以下条件的代垫运输费用:承运部门的运输费用发票开具给购买方的;纳税人将该项发票转交给购买方的。

③同时符合以下条件代为收取的政府性基金或者行政事业性收费:国务院或者财政部批准设立的政府性基金,由国务院或者省级人民政府及其财政、价格主管部门批准设立的行政事业性收费;取得开具省级以上财政部门印制的财政票据;所收款项全额上缴财政。

④销售货物的同时代办保险等而向购买方收取的保险费,以及向购买方收取的代购买方缴纳的车辆购置税、车辆牌照费。向购买方收取的价外费用应视为含税收入,在征税时换算成不含税收入再并入销售额。

经中国人民银行、商务部、银监会批准从事融资租赁业务的纳税人提供有形动产融资租赁服务,以取得的全部价款和价外费用(包括残值)扣除由出租方承担的有形动产的贷款利息(包括外汇借款和人民币借款利息)、关税、进口环节消费税、安装费、保险费的余额为销售额。纳税人从全部价款和价外费用中扣除价款,应当取得符合法律、行政法规和国家税务总局有关规定的有效凭证。否则,不得扣除。

纳税人销售货物、提供应税劳务或提供应税服务,开具增值税专用发票后,发生销售退回或提供应税劳务、应税服务中止、折让、开票有误等情形的,应当按照国家税务总局的规定开具红字增值税专用发票;未按照规定开具红字增值税专用发票的,不得按扣减销项税额或者销售额。

企业应按已收或应收的合同或协议价款,加上应收取的增值税额,借记"银行存款"、"应收账款"、"应收票据"等账户,按确定的收入金额,贷记"主营业务收入"、"其他业务收入"等账户,按应收取的增值税额,贷记"应交税费——应交增值税(销项税额)"账户。

【案例导入(1)】

增值税发票上注明的销售额是不含税销售额,不需换算。

应税销售额 = 1 020 000(元)

销项税额 = 1 020 000×17% = 173 400(元)

1 日收到预收款:

借:银行存款　　　　　　　　　　　　　　　　　　600 000

　　贷:预收账款——庚公司　　　　　　　　　　　　　　　600 000

5 日发货:

借:预收账款——庚公司　　　　　　　　　　　　　1 194 400

　　贷:应交税费——应交增值税(销项税额)　　　　　　　173 400

　　　　主营业务收入　　　　　　　　　　　　　　　　　1 020 000

　　　　银行存款　　　　　　　　　　　　　　　　　　　　1 000

收到余款时：

借：银行存款   594 400

 贷：预收账款——庚公司   594 400

（2）混合销售行为和兼营销售行为销项税额的核算

①混合销售行为。从事货物的生产、批发或者零售的企业、企业性单位和个体工商户（除销售自产货物并同时提供建筑业劳务的行为和财政部、国家税务总局规定的其他情形外）的混合销售行为，视为销售货物，应当缴纳增值税；其他单位和个人的混合销售行为，视为销售非增值税应税劳务，不缴纳增值税。

非增值税应税劳务，是指属于应缴营业税的劳务。

从事货物的生产、批发或者零售的企业、企业性单位和个体工商户，包括以从事货物的生产、批发或者零售为主，并兼营非增值税应税劳务的单位和个体工商户在内。

纳税人的下列混合销售行为，应当分别核算货物的销售额和非增值税应税劳务的营业额，并根据其销售货物的销售额计算缴纳增值税，非增值税应税劳务的营业额不缴纳增值税；未分别核算的，由主管税务机关核定其货物的销售额：A.销售自产货物并同时提供建筑业劳务的行为；B.财政部、国家税务总局规定的其他情形。混合销售行为的销售额为货物的销售额与非增值税应税劳务营业额的合计。

企业如果销售应税货物、应税劳务或应税服务的同时涉及到非应税劳务时，应将非应税劳务收入额作为混合收入，一并缴纳增值税。在会计处理上，借记"银行存款"、"库存现金"、"应收账款"等账户，贷记"主营业务收入"、"其他业务收入"、"应交税费——应交增值税（销项税额）"账户。

②兼营营业税应税项目。纳税人兼营营业税应税项目的，应分别核算货物、应税劳务或应税服务的销售额和营业税应税项目的营业额；未分别核算的，由主管税务机关核定货物、应税劳务或应税服务的销售额和营业税应税项目的营业额。

③纳税人兼有不同税率或者征收率的销售货物、应税劳务或者应税服务。纳税人兼有不同税率或者征收率的销售货物、应税劳务或者应税服务的，应当分别核算适用不同税率或征收率的销售额，未分别核算销售额的，按照以下方法适用税率或征收率：

A.兼有不同税率的销售货物、应税劳务或者应税服务的，从高适用税率。

B.兼有不同征收率的销售货物、提供加工修理修配劳务或者应税服务的，从高适用征收率。

C.兼有不同税率和征收率的销售货物、提供加工修理修配劳务或者应税服务的，从高适用税率。

【案例导入（2）】

用本公司车辆送货上门运费117元属兼有不同税率的销售货物、应税服务的，未单独核算，从高适用税率，计算增值税销项税。向小规模纳税人辛公司出售材料销售额和运费均为含税销售额，需换算为不含税销售额：

$$应税销售额 = \frac{58\ 500 + 117}{1 + 17\%} = 50\ 100（元）$$

销项税额 = $50\ 100 \times 17\% = 8\ 517$（元）

借：银行存款   58 617

 贷：其他业务收入   50 100

  应交税费——应交增值税（销项税额）   8 517

（3）特殊业务销项税额的核算

①折扣销售、销售折扣和销售折让方式销售货物或服务

折扣销售。纳税人采取折扣方式销售货物、提供应税劳务或提供应税服务,销售额和折扣额在同一张发票上的"金额"栏分别注明的,可按折扣后的销售额确定销售商品收入并计算增值税销项税。如果将折扣额另开发票或未在同一张发票"金额"栏注明折扣额,而仅在发票的"备注"栏注明折扣额的,不论其在财务上如何处理,均不得从销售额中减除折扣额。

注意:折扣销售仅限于货物价格的折扣,如果销货者将自产、委托加工和购买的货物用于实物折扣的,则该实物款额不能从货物销售额中减除,且该实物应按增值税条例"视同销售货物"中的"赠送他人"计算征收增值税。

销售折扣。销售折扣又称现金折扣,是指销货方在销售货物、提供应税劳务或提供应税服务后,为了鼓励购货方及早偿还货款,而协议许诺给予购货方的一种折扣优待(如:10 天内付款,货款折扣 2％;20 天内付款,折扣 1％;30 天内全价付款)。现金折扣发生在销货、提供应税劳务或提供应税服务之后,是一种融资性质的理财费用,因此,计算增值税时销售折扣不得从销售额中减除。应当按照实际销售金额确定收入,并计算增值税销项税,现金折扣在实际发生时计入财务费用。

销售折让。销售折让是指货物销售后,由于其品种、质量等原因购货方未予退货,但销货方需给予购货方的一种价格折让。销售折让与销售折扣相比较,虽然都是在货物销售后发生的,但因为销售折让是由于货物的品种和质量引起销售额的减少。对于销售折让,企业应分别不同情况进行处理:已确认收入的售出商品发生销售折让的,通常应当在发生时冲减当期销售商品收入,但是,已确认收入的销售折让属于资产负债表日后事项的,应当按照有关资产负债表日后事项的相关规定进行处理。

【案例导入(3)】

销售额和折扣额在同一张发票上的"金额"栏分别注明的,可按折扣后的销售额征收增值税。销售折扣发生在销货之后,是一种融资性质的理财费用,因此,销售折扣不得从销售额中减除。

销项税额＝400 000×17％＝68 000(元)

发出商品时:

借:发出商品	420 000	
贷:库存商品——Y 产品		420 000

第一次收款:

借:银行存款	458 640	
财务费用	9 360	
贷:应交税费——应交增值税(销项税额)		68 000
主营业务收入		400 000
借:主营业务成本	140 000	
贷:发出商品		140 000

②销售退回或服务中止

销售退回是指企业售出的商品由于质量、品种不符合要求等原因而发生的退货。一

般纳税人因销售货物退回,应开具红字专用发票,销售方应根据红字专用发票开具的增值税额从发生销售货物退回当期的销项税额中扣减;购货方应根据红字专用发票开具的增值税额从发生购进货物退出当期的进项税额中扣减。服务中止是指纳税人提供的适用一般计税方法计税的应税服务,因服务中止而退还给购买方的增值税额,应当从当期的销项税额中扣减。

对于销售退回,企业应分别不同情况进行会计处理:

对于未确认收入的售出商品发生销售退回的,企业应按已记入"发出商品"科目的商品成本金额,借记"库存商品"账户,贷记"发出商品"账户。

对于已确认收入的售出商品发生退回的,企业一般应在发生时冲减当期销售商品收入,同时冲减当期销售商品成本。如该项销售退回已发生现金折扣的,应同时调整相关财务费用的金额;如该项销售退回允许扣减增值税额的,应同时调整"应交税费——应交增值税(销项税额)"账户的相应金额。

已确认收入的售出商品发生的销售退回属于资产负债表日后事项的,应当按照有关资产负债表日后事项的相关规定进行会计处理。

发生销售退回或服务中止,借记"应交税费——应交增值税(销项税额)"、"主营业务收入"、"其他业务收入"等账户,贷记"应收账款"、"应收票据"、"银行存款"等账户

【案例导入(4)】

根据红字专用发票开具的增值税额,从当期的销项税额中扣减。

销项税额=-67 320(元)

借:银行存款　　　　　　　　　　　　　　　463 320(红字)
　贷:主营业务收入　　　　　　　　　　　　396 000(红字)
　　　应交税费—应交增值税(销项税额)　　　　67 320(红字)

③以旧换新方式销售货物

采取以旧换新方式销售货物的,应按新货物的同期销售价格确定销售额,不得扣减旧货物的收购价格。对金银首饰以旧换新业务,可以按销售方实际收取的不含增值税的全部价款征收增值税。

在会计处理上,按扣除回收旧货物应收或实收价税合计,借记"银行存款"、"应收账款"、"应收票据"账户,按回收的旧货物价款,借记"原材料"账户,按新货物正常对外销售不含税价款计提增值税销项税额,贷记"应交税费——应交增值税(销项税额)"账户。

【例2-1】　某公司(一般纳税人,增值税税率为17%)在促销活动中,推出以旧换新销售电视机业务,共销售电视机400台,每台电视机销售含税价为3 510元,采取以旧换新方式回收一台电视机付货款300元后,每台电视机实收价款3 210元。

该公司的账务处理:

电视机不含税销售收入=3 510÷(1+17%)×400=1 200 000(元)

销项税额=1 200 000×17%=204 000(元)

借:银行存款　　　　　　　　　　　　　　　1 284 000
　原材料　　　　　　　　　　　　　　　　120 000
　贷:主营业务收入　　　　　　　　　　　1 200 000
　　　应交税费——应交增值税(销项税额)　　204 000

④还本方式销售货物

还本销售是指销货方按与购货方达成的协议或合同,在货物销售给购货方后的指定时间一次或分次将购货方原购进货物时所支付的款项返还给购货方的促销行为。采取还本销售方式销售货物,其销售额就是货物的销售价格,不得从销售额中减除还本支出。

⑤采取以物易物方式销售货物

以物易物是一种较为特殊的购销活动,是指购销双方不是以货币结算,而是以同等价款的货物相互结算,实现货物购销的一种方式。以物易物双方都应作购销处理,以各自发出的货物核算销售额并计算销项税额,以各自收到的货物按规定核算购货额并计算进项税额。

⑥出租出借包装物押金

销售货物收取的包装物押金,如果单独记账核算,时间在1年以内,又未过期的,不并入销售额征税。因逾期(1年为限)未收回包装物不再退还的押金,应并入销售额征税。

注意:逾期包装物押金为含税收入,需换算成不含税价再并入销售额;征税税率为所包装货物适用税率。啤酒、黄酒以外的其他酒类产品收取的押金,无论是否逾期,销售时一律并入销售额征税。啤酒、黄酒及其他货物包装物按是否逾期处理。合同规定一年以内,超过企业规定期限,没返还包装物,单独核算者,做销售处理,计算增值税。合同规定超过一年,一年以上没返还包装物,即逾期,一般做销售处理,计算增值税。

纳税人无论是单独出售包装物还是随货出售单独计价包装物,都应在反映包装物销售收入的同时,反映包装物的销项税额,借记"应收账款"、"银行存款"等账户,贷记"其他业务收入"、"应交税费——应交增值税(销项税额)"账户。如果纳税人出租出借包装物,租金收入记"其他业务收入"账户,不缴纳增值税,缴纳营业税,如果出租出借包装物收取的逾期一年未退的押金、逾期未收回出租出借包装物没收的押金以及加收的押金,都应作为计税销售额反映包装物押金的销项税额,借记"其他应付款——存入保证金"账户,贷记"应交税费——应交增值税(销项税额)"账户。

【案例导入(5)】

随同产品出售包装物,单独核算者,做销售处理,换算为不含税销售额:

不含税销售额=10 530÷(1+17%)=9 000(元)

包装物销项税额=9 000×17%=1 530(元)

包装物押金没逾期不交增值税

销项税额=85 680+1 530=87 210(元)

借:银行存款　　　　　　　　　　　　　　　　　620 210
　　贷:主营业务收入　　　　　　　　　　　　　　504 000
　　　　其他业务收入　　　　　　　　　　　　　　　9 000
　　　　应交税费——应交增值税(销项税额)　　　 87 210
　　　　其他应付款　　　　　　　　　　　　　　　 20 000

⑦视同销售行为

视同销售货物行为应于货物移送使用时按视同销售处理,按应税货物正常市场销售的公允价值作为计税销售额,计算增值税销项税额。视同销售行为价格明显偏低并无正当理由或者视同销售货物行为而无销售额者,按下列顺序确定销售额:A.纳税人最近时期同类货物的平均销售价格确定;B.其他纳税人最近时期同类货物的平均销售价格确定;C.组成计税价格确定。

纳税人提供应税服务的价格明显偏低或者偏高且不具有合理商业目的的,或者发生视同提供应税服务而无销售额的,主管税务机关有权按照下列顺序确定销售额:A.按照纳税人最近时期提供同类应税服务的平均价格确定;B.按照其他纳税人最近时期提供同类应税服务的平均价格确定;C.按照组成计税价格确定。组成计税价格的公式为:

$$组成计税价格＝成本×(1＋成本利润率)$$

公式中的成本是指:销售自产货物的为实际生产成本,销售外购货物的实际采购成本,提供应税服务成本。公式中货物的成本利润率为10%。如果是属于应征消费税的货物,其组成计税价格中应加计消费税额,成本利润率按消费税有关规定加以确定。应税服务的成本利润率,由国家税务总局规定。

A.纳税人如果将应税货物用于非应税项目(在建工程、应交消费税的固定资产等)、免税项目、集体福利和个人消费,除了用于发放职工实物工资外,按应税货物的账面价值加上相关税款后的数额,借记"生产成本"、"制造费用"、"在建工程"、"应付职工薪酬"、"其他应付款"、"销售费用"等账户,按照应税货物的账面余额,贷记"原材料"、"库存商品"、"周转材料"等账户,按计算的增值税销项税额,贷记"应交税费——应交增值税(销项税额)"账户。应税货物用于发放职工实物工资应确认收入和成本。

【案例导入(6)】

将自产产品用于工程建设,按税务机关核定的计税价格160 000元计算增值税销项税额

销项税额＝160 000 ×17％＝27 200(元)

借:在建工程 147 200
　　贷:库存商品——Y产品 120 000
　　　　应交税费——应交增值税(销项税额) 27 200

B.纳税人将应税货物用于对外投资、分配股利时,借记"长期股权投资"、"交易性金融资产"、"持有至到期投资"、"应付股利"等账户,贷记"主营业务收入"、"其他业务收入"和"应交税费——应交增值税(销项税额)"账户;同时,借记"主营业务成本"、"其他业务成本"账户,贷记"库存商品"、"周转材料"、"原材料"等账户。

【例2-2】 某公司以其自产A产成品对外投资入股,组建股份有限公司,该批产成品账面成本为180 000元,并已计提存货跌价准备10 000元,正常对外销售不含税售价为200 000元;用自产的B产品发放实物股利,该产品成本为1 200 000元,正常对外销售的不含税售价为2 000 000元。

该公司的账务处理:

①以其自产A产成品对外投资入股

借:长期股权投资 234 000
　　贷:主营业务收入 200 000
　　　　应交税费——应交增值税(销项税额) 34 000

同时:

借:主营业务成本 170 000
　　存货跌价准备 10 000
　　贷:库存商品 180 000

②用自产的B产品发放实物股利

借:应付股利 2 340 000
　贷:主营业务收入 2 000 000
　　应交税费——应交增值税(销项税额) 340 000

同时:

借:主营业务成本 1 200 000
　贷:库存商品 1 200 000

C. 纳税人将应税货物用于对外捐赠,无论是公益性捐赠还是非公益性捐赠,均应于货物移送时按视同销售处理,按其正常对外销售的市场公允价值计提增值税销项税额,贷记"应交税费——应交增值税(销项税额)"账户;按对外捐赠货物的账面余额,贷记"库存商品"等账户;按对外捐赠货物的账面成本与相关税费之和,借记"营业外支出"账户。

【案例导入(7)】

将自己生产的产品无偿对外捐赠,属视同销售,按税务机关核定价格计算增值税销项税。

销项税额=400 000×17%=68 000(元)

借:营业外支出 388 000
　贷:库存商品——Y产品 320 000
　　应交税费——应交增值税(销项税额) 68 000

D. 视同提供应税服务应提取的销项税额,借记"营业外支出"、"应付利润"等账户,贷记"应交税费——应交增值税(销项税额)"账户。如:9月1日某律师事务所安排两名律师参加某企业家沙龙,免费提供资产重组相关业务法律咨询服务4小时。9月5日,该律师事务所安排三名律师参加"学雷锋"日活动,在市民广场进行免费法律咨询服务3小时。(该律师事务所民事业务咨询服务价格为800元/小时·人)。3日免费提供资产重组业务法律咨询,按最近时期提供同类应税服务的平均价格计算销项税额为:(2×4×800)÷(1+6%)×6%=362.26(元)。

相关会计处理:

借:营业外支出 362.26
　贷:应交税费——应交增值税(销项税额) 362.26

5日为以社会公众为对象的服务活动,不属于视同提供应税服务。

(4)对外提供应税劳务、应税服务销项税额的核算

企业对外提供应税劳务、应税服务,应按已收或应收的合同或协议价款,加上应收取的增值税额,借记"银行存款"、"应收账款"、"应收票据"等账户,按确定的收入金额,贷记"主营业务收入"、"其他业务收入"等账户,按应收取的增值税额,贷记"应交税费——应交增值税(销项税额)"账户。

【案例导入(8)】

机修车间对外提供劳务开具普通发票上的金额为价税合计金额,换算为不含税金额。

应税销售额=23 400÷1.17=20 000(元)

销项税额=20 000×17%=3 400(元)

借:银行存款　　　　　　　　　　　　　　　　　　　　　　　　23 400
　　贷:主营业务收入　　　　　　　　　　　　　　　　　　　　　20 000
　　　　应交税费——应交增值税(销项税额)　　　　　　　　　　3 400

(5)委托代销和受托代销商品销项税额的核算

委托代销商品亦称"托售商品",是"受托代销商品"的对称。企业委托其他单位代为销售的商品。委托方和受托方应先签订协议,确定委托代销的商品品种、价格、代销方式、代销手续费标准和结算办法等,明确双方的经济利益和经济责任。由于代销商品所有权上的风险和报酬并未转移给受托方,因此,委托方在将商品交付给受托方时不确认收入,但需单独设置"委托代销商品"账户,在商品发出时,将发出商品的实际成本转入本账户的借方。当受托方将商品实际销售后,应向委托方出具代销清单。委托方在收到代销清单时,按协议价格确认收入,同时结转销售成本,贷记本账户。本账户期末余额列示在资产负债表"存货"项目。委托方向受托方支付的代销手续费,作为商品流通费用,计入营业费用。在双方均为增值税一般纳税人的条件下,其增值税处理方法主要有二种:

A.视同买断方式。由委托方和受托方签订协议,委托方按协议价收取所代销的货款,实际售价可由受托方自定,实际售价与协议价之间的差额归受托方所有的销售方式。在这种销售方式下,受托方将代销商品加价出售,与委托方按协议价结算,不再另外收取手续费。委托方应在发出商品时开具增值税专用发票并确认收入,以专用发票上注明的税额确认销项税额;受托方以委托方所开具的增值税专用发票上注明的税额确认进项税额,但其销项税额应按实际售价与增值税税率的乘积计算得出,并开具相应税额的增值税专用发票。也就是说,如果受托方将代销商品加价出售,仍与委托方按原协议价结算,以商品差价作为经营报酬,则此差价构成了代销商品的手续费,对此差价(不包括增值税)仍应再征营业税。可见,对这部分差价收入不仅要征收增值税还要征收营业税。

【例2-3】　某甲公司委托乙商场销售商品一批,生产成本为320 000元,产品适用的增值税税率为17%,合同约定该批商品市场售价由乙商场自定,甲公司与乙商场约定含税结算价为468 000元。乙商场将该批商品按含税售价538 200元出售后,开来代销清单,并结清全部代理款项468 000元。

甲公司的账务处理:

①发出代理销售货物时

借:发出商品　　　　　　　　　　　　　　　　　　　　　　　　320 000
　　贷:库存商品　　　　　　　　　　　　　　　　　　　　　　320 000

②收到代销清单时

借:应收账款——乙商场　　　　　　　　　　　　　　　　　　　468 000
　　贷:主营业务收入　　　　　　　　　　　　　　　　　　　　400 000
　　　　应交税费——应交增值税(销项税额)　　　　　　　　　　68 000

同时:

借:主营业务成本　　　　　　　　　　　　　　　　　　　　　　320 000
　　贷:发出商品　　　　　　　　　　　　　　　　　　　　　　320 000

③结算货款时

借:银行存款   468 000

  贷:应收账款——乙商场   468 000

乙商场的账务处理:

①收到代销货物时

借:受托代销商品   400 000

  贷:受托代销商品款   400 000

②代销货物销售后

借:银行存款   538 200

  贷:主营业务收入   460 000

    应交税费——应交增值税(销项税额)   78 200

同时:

借:主营业务成本   400 000

  贷:受托代销商品   400 000

③开出代销清单并收到委托方开出增值税专用发票时

借:受托代销商品款   400 000

  应交税费——应交增值税(进项税额)   68 000

  贷:应付账款——甲公司   468 000

④支付货款

借:应付账款——甲公司   468 000

  贷:银行存款   468 000

  B. 支付手续费方式。委托方和受托方签订合同或协议,委托方根据合同或协议约定向受托方计算支付代销手续费,受托方按照合同或协议规定的价格销售代销商品的销售方式。在这种方式下,委托方在收到受托方的代销清单当天开具增值税专用发票,以专用发票上注明的税额确认销项税额;受托方以委托方所开具的增值税专用发票上注明的税额确认进项税额。由于受托方按委托方规定的价格销售,必然导致同一业务的销项税额与进项税额相等,一般情况下,受托方交纳的增值税额为零。同时,对受托方收取的手续费收入应作为向委托方提供的劳务报酬并交纳营业税。

  【例 2-4】 如果【例 2-3】乙商场必需按含税价 468 000 元销售商品,甲公司按售价的 5%支付乙商场手续费则:

甲公司的账务处理:

①发出代理销售货物时

借:委托代销商品   320 000

  贷:库存商品   320 000

②收到代销清单时

借:应收账款——乙商场   448 000

  销售费用   20 000

  贷:主营业务收入   400 000

    应交税费——应交增值税(销项税额)   68 000

同时:

借:主营业务成本   320 000

```
        贷:委托代销商品                                    320 000
   ③结算货款时
   借:银行存款                                          448 000
        贷:应收账款——乙商场                                448 000
   乙商场的账务处理:
   ①收到代销货物时
   借:受托代销商品                                      468 000
        贷:受托代销商品款                                  468 000
   ②代销货物销售后
   借:银行存款                                          468 000
        贷:应付账款——甲公司                              400 000
           应交税费——应交增值税(销项税额)                 68 000
   ③向甲公司开出代销清单并收到甲公司开具的增值税专用发票时
   借:应交税费——应交增值税(进项税额)                  68 000
        贷:应付账款——甲公司                               68 000
   同时:
   借:受托代销商品款                                    468 000
        贷:受托代销商品                                    468 000
   ④计提代销手续费时
   借:应付账款——甲公司                                  20 000
        贷:其他业务收入——代购代销收入                      20 000
   ⑤支付货款
   借:应付账款——甲公司                                  448 000
        贷:银行存款                                        448 000
```

【案例导入(9)】

```
   借:银行存款                                          672 000
      销售费用                                           30 000
        贷:主营业务收入                                   600 000
           应交税费——应交增值税(销项税额)                102 000
```

(6)销售使用过固定资产应纳增值税的核算

纳税人出售自己使用过的购进时记入增值税进项税的固定资产,按照适用税率征收增值税。

$$销售额＝含税销售额÷(1＋17\%)$$
$$销项税额＝销售额×17\%$$

纳税人出售自己使用过的购进时未记入增值税进项税的固定资产,按照4%征收率减半征收增值税。

$$销售额＝含税销售额÷(1＋4\%)$$
$$应纳税额＝销售额×4\%÷2$$

【案例导入(10)】

A设备2007年7月1日购入时增值税计入了固定资产原值,没抵扣进项税,销售时按照4%征收率减半征收增值税。

应税销售额＝104 000÷(1＋4%)＝100 000(元)

应纳税额＝100 000×4%÷2＝2 000(元)

A 设备账务处理：

①转入清理

借:固定资产清理	117 000	
累计折旧	117 000	
贷:固定资产		234 000

②收到价款时

借:银行存款	104 000	
贷:固定资产清理		104 000

③计算增值税

借:固定资产清理	2 000	
贷:应交税费——应交增值税		2 000

④结转固定资产清理

借:营业外支出	15 000	
贷:固定资产清理		15 000

B 设备 2010 年 7 月 1 日购入时进项税已抵扣,销售时按 17%计算增值税销项税。

销项税额＝100 000×17%＝17 000(元)

B 设备账务处理：

①转入清理

借:固定资产清理	70 000	
累计折旧	80 000	
贷:固定资产		150 000

②收到价款时

借:银行存款	117 000	
贷:固定资产清理		100 000
应交税费——应交增值税(销项税额)		17 000

③结转固定资产清理

借:固定资产清理	30 000	
贷:营业外收入		30 000

2.进项税额的核算

进项税额是指纳税人购进货物或者接受加工修理修配劳务和应税服务,支付或者负担的增值税税额。

(1)准予从销项税额中抵扣的进项税额

①从销售方或者提供方取得的增值税专用发票(含货物运输业增值税专用发票、税控机动车销售统一发票,下同)上注明的增值税额。

一般纳税人国内采购的货物或接受的应税劳务和应税服务,取得增值税专用发票(不含小规模纳税人代开的货运增值税专用发票),按发票注明增值税税额进行,借记"应交税费——应交增值税(进项税额)"账户,按照专用发票上记载的应计入采购成本的金额,借记"材料采购"、"在途物资"、"原材料"、"库存商品"、"周转材料"、"管理费用"、"制造费用"、"销售费用"、"营业费用"、"固定资产"、"主营业务成本"、"其他业务成本"、"委托加工物资"等账户,按照应付或实际支付的金额,贷记"应付账款"、"应付票据"、"预付账款"、"银行存款"、"其他货币资金"等账户。如果购进应税货物并取得合法扣税凭证后,发生退货或进货折扣、折让,应在冲减取得应税货物采购成本的同时,冲减抵扣的进项税额,根据对方开具的红字专用发票上的增值税税额,以红字借记"应交税费——应交增值税(进项税额)"账户,同时,以红字借记"原材料"、"库存商品"、"周转材料"、"生产成本"、"制造费用"等账户,以红字贷记"银行存款"、"应付账款"、"应付票据"、"其他应付款"等账户。

②从海关取得的海关进口增值税专用缴款书上注明的增值税额。

纳税人进口货物,按照组成计税价格和规定的税率计算应纳税额。组成计税价格和应纳税额计算公式:

$$组成计税价格＝关税完税价格＋关税＋消费税$$
$$应纳税额＝组成计税价格×税率$$

实行海关进口增值税专用缴款书(以下简称海关缴款书)"先比对后抵扣"管理办法的增值税一般纳税人取得的海关缴款书,应在开具之日起180日内向主管税务机关报送《海关完税凭证抵扣清单》(包括纸质资料和电子数据)申请稽核比对(自2009年4月1日起在河北省、河南省、广东省和深圳市试行"先比对后抵扣"的管理办法)。

未实行海关缴款书"先比对后抵扣"管理办法的增值税一般纳税人取得的海关缴款书,应在开具之日起180日后的第一个纳税申报期结束以前,向主管税务机关申报抵扣进项税额。

一般纳税人进口货物或接受境外单位或者个人提供的应税服务,按照海关提供的海关进口增值税专用缴款书上注明的增值税额或中华人民共和国税收通用缴款书上注明的增值税额抵扣,借记"应交税费——应交增值税(进项税额)"账户,按照进口货物的实际采购成本,借记"材料采购"、"在途物资"、"原材料"、"库存商品"、"周转材料"等账户,按照应付或实际支付的金额,贷记"应付账款"、"银行存款"、"其他货币资金"等账户。

③购进农产品,除取得增值税专用发票或者海关进口增值税专用缴款书外,按照农产品收购发票或者销售发票上注明的农产品买价按13％的扣除率计算的进项税。

农产品买价包括纳税人购进农产品,在农产品收购发票或者销售发票上注明的价款和按规定缴纳的烟叶税。烟叶收购金额包括纳税人支付给烟叶销售者的烟叶收购价款和价外补贴,价外补贴统一暂按烟叶收购价款的10％计算。烟叶收购单位应将价外补贴与烟叶收购价格在同一张农产品收购发票或者销售发票上分别注明,否则,价外补贴不得计算增值税进项税额进行抵扣。烟叶税实行比例税率,税率为20％。计算公式如下:

一般农产品收购:　　　　$$进项税额＝买价×扣除率$$
烟叶收购:准予抵扣的进项税额＝(烟叶收购金额＋烟叶税税额)×扣除率
$$烟叶税的应纳税额＝烟叶收购金额×20％$$
$$烟叶收购金额＝烟叶收购价款×(1＋价外补贴)$$

纳税人购进农产品时,应按购入农产品的买价和规定的扣除率计算的进项税额,借记"应交税费——应交增值税(进项税额)"账户;按购进农产品的实际成本数额,借记"材料采购"、"在途物资"、"原材料"、"库存商品"等账户;按照应付或实际支付的金额,贷记"应付账款"、"银行存款"、"库存现金"等账户。

④接受境外单位或者个人提供的应税服务,从税务机关或者境内代理人取得的解缴税款的中华人民共和国税收缴款凭证(以下称税收缴款凭证)上注明的增值税额。

【案例导入(11)】

允许抵扣的进项税＝170 000＋330＝170 330(元)

借：原材料——A 材料	1 003 000
应交税费——应交增值税(进项税额)	170 330
贷：银行存款	1 173 330

【案例导入(13)】

允许抵扣的进项税＝34 000＋660＝34 660(元)(2014 年之后支付的运费按专用发票抵扣进项税)

借：固定资产——在用设备	206 000
应交税费——应交增值税(进项税额)	34 660
贷：银行存款	240 660

【案例导入(14)】

向农民收购农产品可按照农产品收购发票或者销售发票上注明的农产品买价按13%的扣除率计算进项税。

允许抵扣的进项税＝200 000×13%＝26 000(元)

借：原材料	174 000
应交税费——应交增值税(进项税额)	26 000
贷：银行存款	200 000

【案例导入(15)】

允许抵扣的进项税＝218 260(元)

借：原材料——B 材料	1 286 000
应交税费——应交增值税(进项税额)	218 260
贷：在途物资——B 材料	1 286 000
应交税费——待扣进项税额	218 260

【案例导入(16)】

委托加工材料支付的加工费 4 000 元,取得增值税专用发票,并进行了认证,允许抵扣进项税 680 元。

借：委托加工物资——D 材料	4 000
应交税费——应交增值税(进项税额)	680
贷：银行存款	4 680

⑤一般纳税人(辅导期)国内采购的货物或接受的应税劳务和应税服务,已经取得的增值税扣税凭证,按税法规定不符合抵扣条件,暂不予在本期申报抵扣的进项税额,借记"应交税费——待抵扣进项税额"账户,应计入采购成本的金额,借记"在途物资"、"材料采购"、"商品采购"、"原材料"、"制造费用"、"管理费用"、"营业费用"、"固定资产"、"主营业务成本"、"其他业务成本"等账户,按照应付或实际支付的金额,贷记"应付账款"、"应付票据"、"银行存款"等账户。收到税务机关告知的稽核比对结果通知书及其明细清单后,按稽核比对结果通知书及其明细清单注明的稽核相符、允许抵扣的进项税额,借记"应交税费——应交增值税(进项税额)"账户,贷记"应交税费——待抵扣进项税额"账户。

【案例导入(12)】

等专用发票和运费发票认证后再申报抵扣。

B材料待抵扣的进项税＝217 600＋660＝218 260(元)

材料成本＝160 000×8＋6 000＝1 286 000(元)

借:在途物资——B材料	1 286 000
应交税费——待抵扣进项税额	218 260
贷:银行存款	1 504 260

C材料先按合同暂估入帐:

| 借:原材料——C材料 | 120 000 |
| 贷:应付账款——甲公司 | 120 000 |

⑥一般纳税人首次购入增值税税控系统专用设备,按实际支付或应付的金额,借记"固定资产"账户,贷记"银行存款"、"应付账款"等账户。按规定抵减的增值税应纳税额,借记"应交税费——应交增值税(减免税款)"账户,贷记"递延收益"科目。按期计提折旧,借记"管理费用"等账户,贷记"累计折旧"账户;同时,借记"递延收益"账户,贷记"管理费用"等账户。

一般纳税人发生技术维护费,按实际支付或应付的金额,借记"管理费用"等账户,贷记"银行存款"等账户。按规定抵减的增值税应纳税额,借记"应交税费——应交增值税(减免税款)"账户,贷记"管理费用"等账户。

⑦一般纳税人辅导期国内采购的货物或接受的应税劳务和应税服务,已经取得的增值税扣税凭证,按税法规定不符合抵扣条件,暂不予在本期申报抵扣的进项税额,借记"应交税费——待抵扣进项税额"账户,应计入采购成本的金额,借记"材料采购"、"商品采购"、"原材料"、"制造费用"、"管理费用"、"营业费用"、"固定资产"、"主营业务成本"、"其他业务成本"等账户,按照应付或实际支付的金额,贷记"应付账款"、"应付票据"、"银行存款"等账户。收到税务机关告知的稽核比对结果通知书及其明细清单后,按稽核比对结果通知书及其明细清单注明的稽核相符、允许抵扣的进项税额,借记"应交税费——应交增值税(进项税额)",贷记"应交税费——待抵扣进项税额"。

(2)不得从销项税额中抵扣的进项税额

纳税人取得的增值税扣税凭证不符合法律、行政法规或者国家税务总局有关规定的,其进项税额不得从销项税额中抵扣。增值税扣税凭证是指增值税专用发票、海关进口增值税专用缴款书、农产品收购发票、农产品销售发票和税收缴款凭证。纳税人凭税收缴款凭证抵扣进项税额的,应当具备书面合同、付款证明和境外单位的对账单或者发票。资料不全的,其进项税额不得从销项税额中抵扣。下列项目的进项税额不得从销项税额中抵扣:

①用于适用简易计税方法计税项目、非增值税应税项目、免征增值税项目、集体福利或者个人消费的购进货物、接受加工修理修配劳务或者应税服务。其中涉及的固定资产、专利技术、非专利技术、商誉、商标、著作权、有形动产租赁,仅指专用于上述项目的固定资产、专利技术、非专利技术、商誉、商标、著作权、有形动产租赁。

②非正常损失的购进货物及相关的加工修理修配劳务和交通运输业服务。

③非正常损失的在产品、产成品所耗用的购进货物(不包括固定资产)、加工修理修配劳务或者交通运输业服务。

④接受的旅客运输服务。

非增值税应税项目是指非增值税应税劳务、转让无形资产(专利技术、非专利技术、商誉、商标、著作权除外)、销售不动产以及不动产在建工程。非增值税应税劳务是指《应税服务范围注释》所列项目以外的营业税应税劳务。不动产是指不能移动或者移动后会引起性质、形状改变的财产,包括建筑物、构筑物和其他土地附着物。纳税人新建、改建、扩建、修缮、装饰不动产均属于不动产在建工程。个人消费包括纳税人的交际应酬消费。固定资产是指使用期限超过 12 个月的机器、机械、运输工具以及其他与生产经营有关的设备、工具、器具等。非正常损失是指因管理不善造成被盗、丢失、霉烂变质的损失,以及被执法部门依法没收或者强令自行销毁的货物。

⑤有下列情形之一者,应当按照销售额和增值税税率计算应纳税额,不得抵扣进项税额,也不得使用增值税专用发票:一般纳税人会计核算不健全,或者不能够提供准确税务资料的;除年应税销售额超过小规模纳税人标准的其他个人按小规模纳税人纳税;非企业性单位、不经常发生应税行为的企业可选择按小规模纳税人纳税外,纳税人销售额超过小规模纳税人标准,未申请办理一般纳税人认定手续的。

适用一般计税方法的纳税人,兼营简易计税方法计税项目、非增值税应税劳务、免征增值税项目而无法划分不得抵扣的进项税额,按照下列公式计算不得抵扣的进项税额:

不得抵扣的进项税额＝当期无法划分的全部进项税额×(当期简易计税方法计税项目销售额＋非增值税应税劳务营业额＋免征增值税项目销售额)÷(当期全部销售额＋当期全部营业额)

凡是不能抵扣进项税的购进货物、劳务、服务所含的增值税,应直接计入有关货物及劳务的成本之中,即借记"原材料"、"库存商品"、"材料采购"、"周转材料"、"固定资产"、"在建工程"、"工程物资"等账户,贷记"银行存款"、"其他货币资金"、"应付账款"、"应付票据"等账户。

【案例导入(17)】

从小规模纳税人取得的普通发票,不能抵扣进项税,将含的增值税记入包装箱成本。

借:周转材料——包装物　　　　　　　　　　　7 020
　　贷:银行存款　　　　　　　　　　　　　　　　　　　7 020

(3)进项税额转出

已抵扣进项税额的购进货物、接受加工修理修配劳务或者应税服务,发生不得从销项税额中抵扣情形(简易计税方法计税项目、非增值税应税劳务、免征增值税项目除外)的,应当将该进项税额从当期进项税额中扣减;无法确定该进项税额的,按照当期实际成本计算应扣减的进项税额。发生服务中止、购进货物退出、折让而收回的增值税额,应当从当期的进项税额中扣减。进项税额转出的会计核算通过"应交税费——应交增值税(进项税额转出)账户核算。

纳税人购进的应税货物,已于取得时将其所负担的增值税税额作为进项税额登记入账,如果将应税货物改变用途,应将该部分进项税额从已登记的进项税额中转出,借记"在建工程"、"工程物资"、"生产成本"、"制造费用"、"其他业务成本"、"应付职工薪酬"等账户,贷记"应交税费——应交增值税(进项税额转出)"账户。

【案例导入(18)】

上月已抵扣进项税的外购材料用于修缮车间,属于改变用途,应将进项税转出。

进项税转出＝160 000×17％＝27 200(元)

借:在建工程　　　　　　　　　　　　　　　187 200
　　贷:原材料——A 材料　　　　　　　　　　　　160 000
　　　　应交税费——应交增值税(进项税转出)　　　　27 200

【案例导入(19)】

非正常损失的购进货物的进项税如果已经抵扣,应做进项税转出处理。

含税运费＝9 300÷(1－7%)＝10 000(元)

应转出运费进项税＝10 000×7%＝700(元)

原材料转出运费进项税＝53 700×17%＝9 129(元)

共转出进项税＝9 129＋700＝9 829(元)

借:待处理财产损溢——待处理流动资产损溢　　　　　　　　62 829

　　贷:原材料——A 材料　　　　　　　　　　　　　　　　53 700

　　　　应交税费——应交增值税(进项税额转出)　　　　　　 9 129

3.出口货物退免税的核算

(1)出口退(免)税的办法

适用增值税退(免)税政策的出口货物劳务,按照下列规定实行增值税免抵退税或免退税办法。

①免抵退税办法。生产企业出口自产货物、视同自产货物、对外提供加工修理修配劳务及向境外单位提供适用零税率的应税服务,以及列名生产企业出口非自产货物,免征增值税,相应的进项税额抵减应纳增值税额(不包括适用增值税即征即退、先征后退政策的应纳增值税额),未抵减完的部分予以退还。

②免退税办法。不具有生产能力的出口企业(以下称外贸企业)或其他单位出口货物劳务,免征增值税,相应的进项税额予以退还。

(2)出口货物退税率

①除财政部和国家税务总局根据国务院决定而明确的增值税出口退税率(以下称退税率)外,出口货物的退税率为其适用税率。退税率有调整的,除另有规定外,其执行时间以货物(包括被加工修理修配的货物)出口货物报关单(出口退税专用)上注明的出口日期为准。

②退税率的特殊规定:外贸企业购进按简易办法征税的出口货物、从小规模纳税人购进的出口货物,其退税率分别为简易办法实际执行的征收率、小规模纳税人征收率。上述出口货物取得增值税专用发票的,退税率按照增值税专用发票上的税率和出口货物退税率孰低的原则确定。出口企业委托加工修理修配货物,其加工修理修配费用的退税率,为出口货物的退税率。中标机电产品、出口企业向海关报关进入特殊区域销售给特殊区域内生产企业生产耗用的列名原材料(以下称列名原材料)、输入特殊区域的水电气,其退税率为适用税率。如果国家调整列名原材料的退税率,列名原材料应当自调整之日起按调整后的退税率执行。海洋工程结构物退税率适用15%或17%。

适用不同退税率的货物劳务,应分开报关、核算并申报退(免)税,未分开报关、核算或划分不清的,从低适用退税率。

(3)退(免)税的计税依据

出口货物劳务的增值税退(免)税的计税依据,按出口货物劳务的出口发票(外销发票)、其他普通发票或购进出口货物劳务的增值税专用发票、海关进口增值税专用缴款书确定。

①生产企业出口货物劳务(进料加工复出口货物除外)增值税退(免)税的计税依据,为出口货物劳务的实际离岸价(FOB)。实际离岸价应以出口发票上的离岸价为准,但如

果出口发票不能反映实际离岸价,主管税务机关有权予以核定。

②生产企业进料加工复出口货物增值税退(免)税的计税依据,按出口货物的离岸价(FOB)扣除出口货物所含的海关保税进口料件的金额后确定。

③生产企业国内购进无进项税额且不计提进项税额的免税原材料加工后出口的货物的计税依据,按出口货物的离岸价(FOB)扣除出口货物所含的国内购进免税原材料的金额后确定。

④外贸企业出口货物(委托加工修理修配货物除外)增值税退(免)税的计税依据,为购进出口货物的增值税专用发票注明的金额或海关进口增值税专用缴款书注明的完税价格。

⑤外贸企业出口委托加工修理修配货物增值税退(免)税的计税依据,为加工修理修配费用增值税专用发票注明的金额。外贸企业应将加工修理修配使用的原材料(进料加工海关保税进口料件除外)作价销售给受托加工修理修配的生产企业,受托加工修理修配的生产企业应将原材料成本并入加工修理修配费用开具发票。

⑥出口进项税额未计算抵扣的已使用过的设备增值税退(免)税的计税依据,按下列公式确定:

退(免)税计税依据=增值税专用发票上的金额或海关进口增值税专用

缴款书注明的完税价格×已使用过的设备固定资产净值÷已使用过的设备原值

已使用过的设备固定资产净值=已使用过的设备原值-已使用过的设备已提累计折旧

已使用过的设备是指出口企业根据财务会计制度已经计提折旧的固定资产。

⑦免税品经营企业销售的货物增值税退(免)税的计税依据,为购进货物的增值税专用发票注明的金额或海关进口增值税专用缴款书注明的完税价格。

⑧中标机电产品增值税退(免)税的计税依据,生产企业为销售机电产品的普通发票注明的金额,外贸企业为购进货物的增值税专用发票注明的金额或海关进口增值税专用缴款书注明的完税价格。

⑨生产企业向海上石油天然气开采企业销售的自产的海洋工程结构物增值税退(免)税的计税依据,为销售海洋工程结构物的普通发票注明的金额。

⑩输入特殊区域的水电气增值税退(免)税的计税依据,为作为购买方的特殊区域内生产企业购进水(包括蒸汽)、电力、燃气的增值税专用发票注明的金额。

(4)"免抵退税"法出口货物退免税的核算

实行免、抵、退税管理办法的"免"税,是指对生产企业出口的自产货物,免征本企业生产销售环节增值税;"抵"税,是指生产企业出口自产货物所耗用的原材料、零部件、燃料、动力等所含应予退还的进项税额,抵顶内销货物的应纳税额;"退"税是指生产企业出口的自产货物在当月内应抵顶的进项税额大于应纳税额时,对未抵顶完的部分予以退税。

①当期应纳税额的计算

当期应纳税额=当期内销货物的销项税额-(当期进项税额-当期免抵退税不得免征和抵扣税额)-上期留抵税额

其中:

当期免抵退税不得免征和抵扣税额=出口货物离岸价×外汇人民币牌价×(出口货物征税率-出口货物退税率)-免抵退税不得免征和抵扣税额的抵减额

免抵退税不得免征和抵扣税额抵减额=免税购进原材料价格×(出口货物征税率-

出口货物退税率）

免税购进原材料包括从国内购进免税原材料和进料加工免税进口料件。

进料加工免税进口料件的组成计税价格＝货物到岸价＋海关实征关税＋消费税

②免抵退税额的计算

免抵退税额＝出口货物离岸价×外汇人民币牌价×出口货物退税率－免抵退税额抵减额

其中：

$$免抵退税抵减额＝免税购进原材料价格×出口货物退税率$$

③当期应退税额和免抵税额的计算：

A. 如当期期末留抵税额≤当期免抵退税额，则：

$$当期应退税额＝当期期末留抵税额$$

$$当期免抵税额＝当期免抵退税额－当期应退税额$$

B. 如当期期末留抵税额＞当期免抵退税额，则：

$$当期应退税额＝当期免抵退税额$$

$$当期免抵税额＝0$$

当期期末留抵税额根据当期《增值税纳税申报表》中"期末留抵税额"确定。

实行"免、抵、退"办法办理出口退税的生产企业，直接出口和委托外贸企业代理出口的货物，在出口销售环节免征增值税，并按规定的退税率计算出口货物的退税额抵减内销产品应纳税额。免抵退税不得免征和抵扣税额，借记"主营业务成本"账户，贷记"应交税费——应交增值税（进项税额转出）"账户，按规定的退税率计算出口货物抵减内销产品的应纳税额，借记"应交税费——应交增值税（出口抵减内销应纳税额）"账户，贷记"应交税费——应交增值税（出口退税）"账户；对确因出口比重过大，在规定期限内不足抵减的，不足部分可按有关规定给予退税，借记"其他应收款——应收退税款（增值税出口退税）"账户，贷记"应交税费——应交增值税（出口退税）"账户。

一般纳税人向境外单位提供适用零税率的应税服务，不计算应税服务销售额应缴纳的增值税。凭有关单证向税务机关申报办理该项出口服务的免抵退税。按税务机关批准的免抵税额借记"应交税费——应交增值税（出口抵减内销应纳税额）"，按应退税额借记"其他应收款——应收退税款（增值税出口退税）"等账户，按免抵退税额贷记"应交税费——应交增值税（出口退税）"账户。

收到退回的税款时，借记"银行存款"科目，贷记"其他应收款——应收退税款（增值税出口退税）"科目。办理退税后发生退关或服务中止补交已退回税款的，用红字或负数登记。

【案例导入(20)】

根据【案例导入(1-19)】计算：

当期允许抵扣的进项税合计＝170 330＋34 660＋26 000＋218 260＋680

＝449 930(元)

当期销项税额合计＝173 400＋8 517＋68 000＋87 210＋27 200－68 000＋3 400＋102 000＋17 000－67 320＝487 407(元)

当期进项税转出合计＝27 200＋9 129＝36 329(元)

上期留抵的税额＝5 512(元)

免抵退税不得免征和抵扣税额抵减额＝1 000 000×(17%－13%)＝40 000(元)

免抵退税不得免征和抵扣税额＝2 000 000×(17%－13%)－40 000＝40 000(元)

当期应纳税额＝487 407＋2 000－(449 930－36 329－40 000)－ 5 512＝110 294(元)

出口货物"免、抵、退"税额的抵减额＝1 000 000×13％＝130 000(元)

出口货物"免、抵、退"税额＝2 000 000×13％－130 000＝130 000(元)

当期应纳税额≥0,则当期应退税额＝0

当期免抵税额＝当期免抵退税额－当期应退税额＝130 000－0＝130 000(元)

①购进进料加工免税进口料件时：

借：原材料　　　　　　　　　　　　　　　　　　　1 000 000

　　贷：银行存款　　　　　　　　　　　　　　　　　　　1 000 000

②实现出口销售时：

借：银行存款　　　　　　　　　　　　　　　　　　2 000 000

　　贷：主营业务收入　　　　　　　　　　　　　　　　　2 000 000

③结转不得抵扣税额：

借：主营业务成本　　　　　　　　　　　　　　　　40 000

　　贷：应交税费—应交增值税(进项税转出)　　　　　　　40 000

④出口货物抵减内销产品的应纳税额：

借：应交税费——应交增值税(出口抵减内销应纳税额)　130 000

　　贷：应交税费——应交增值税(出口退税)　　　　　　　130 000

(5)"免退税"法出口退税的核算

外贸企业出口货物劳务增值税免退税,依下列公式计算：

①外贸企业出口委托加工修理修配货物以外的货物：

$$增值税应退税额＝增值税退(免)税计税依据×出口货物退税率$$

②外贸企业出口委托加工修理修配货物：

出口委托加工修理修配货物的增值税应退税额＝委托加工修理修配的增值税退(免)税计税依据×出口货物退税率

外贸企业出口货物所获得的增值税退税款,在账务处理上,应冲减相应的"进项税额"或"已交税金",而且不并入利润征收企业所得税。计算应退增值税税额时,借记"其他应收款"账户,贷记"应交税费——应交增值税(出口退税)"账户；计算不予退还的增值税税额时,借记"主营业务成本"账户,贷记"应交税费——应交增值税(进项税额转出)"账户；实际收到出口货物退回的增值税时,借记"银行存款"账户,贷记"其他应收款"账户。

【例2-5】 某外贸公司拥有进出口经营权,该公司从国内一公司购进一批家电产品用于出口,取得增值税专用发票,内列家电货款100万元、增值税税额17万元,价税款以银行存款付讫。该批所购家电产品本期全部出口,离岸价为15万美元,当日市场汇率为100美元＝620人民币元,申请退税的单证齐全。该家电产品出口退税率为13％。

该外贸公司的账务处理：

①购进时：

借：库存商品　　　　　　　　　　　　　　　　　　1 000 000

　　应交税费——应交增值税(进项税额)　　　　　　170 000

　　贷：银行存款　　　　　　　　　　　　　　　　　　　1 170 000

②申报出口退税时：

应退增值税税额＝1 000 000×13％＝130 000(元)

出口货物不予退税的税额＝1 000 000×(17％－13％)＝40 000(元)

借：其他应收款——应退增值税　　　　　　　　　　　　130 000

　　贷：应交税费——应交增值税（出口退税）　　　　　　　130 000

同时：

借：主营业务成本　　　　　　　　　　　　　　　　　　40 000

　　贷：应交税费——应交增值税（进项税额转出）　　　　　40 000

③收到增值税退税款时：

借：银行存款　　　　　　　　　　　　　　　　　　　130 000

　　贷：其他应收款——应退增值税　　　　　　　　　　　130 000

4.进项税额不足抵扣的处理

由于增值税实行购进扣税法,有时企业当期购进的货物很多,在计算应纳税额时会出现当期销项税额小于当期进项税额不足抵扣的情况,根据税法规定,当期进项税额不足抵扣的部分可以结转下期继续抵扣。

5.代扣代缴增值税的核算

境外单位或者个人在境内提供应税劳务或应税服务,在境内未设有经营机构的,扣缴义务人按照下列公式计算应扣缴税额：

$$应扣缴税额 = \frac{接受方支付的价款}{1+税率} \times 税率$$

代扣增值税税款时,借记"应交税费——应交增值税（进项税额）"账户,贷记"银行存款"等账户。

6.上缴增值税的处理

月份终了,纳税人应根据"应交税费——应交增值税"明细账户各专栏本期发生额,计算企业当期应缴纳的增值税额,并在规定期限内申报缴纳。

企业计算出当月应交而未交的增值税,借记"应交税费——应交增值税（转出未交增值税）"账户,贷记"应交税费——未交增值税"账户;当月多交的增值税,借记"应交税费——未交增值税"账户,贷记"应交税费——应交增值税（转出多交增值税）"账户。经过结转后,月份终了,"应交税费——应交增值税"账户的余额,反映企业尚未抵扣的增值税。

企业当月交纳当月的增值税,通过"应交税费——应交增值税（已交税金）"账户,当月交纳以前各期未交的增值税,通过"应交税费——未交增值税"账户核算。

根据【案例导入20】的计算,甲有限公司6月应交增值税110 294元,转入未交增值税明细账户：

借：应交税费——应交增值税（转出未交增值税）　　　110 294

　　贷：应交税费——未交增值税　　　　　　　　　　　110 294

如果10月15号之前缴纳9月份的增值税则：

借：应交税费——未交增值税　　　　　　　　　　　　110 294

　　贷：银行存款　　　　　　　　　　　　　　　　　　110 294

2.2.3　按简易计税方法的核算

1.适用的范围

(1)"2.1.3 税率及征收率"中,按照简易办法计算缴纳增值税情形。

(2)一般纳税人提供的公共交通运输服务,可以选择按照简易计税方法计算缴纳增值税。公共交通运输服务,包括轮客渡、公交客运、轨道交通(含地铁、城市轻轨)、出租车、长途客运、班车。其中,班车,是指按固定路线、固定时间运营并在固定站点停靠的运送旅客的陆路运输。

(3)一般纳税人,营改增实施之日前购进或者自制的有形动产为标的物提供的经营租赁服务,可以选择适用简易计税方法计算缴纳增值税。

一般纳税人兼有销售货物、提供加工修理修配劳务或应税服务的,凡未规定可以选择按照简易计税方法计算缴纳增值税的,其全部销售额应一并按照一般计税方法计算缴纳增值税。

2.应纳税额的计算

简易计税方法的应纳税额是指按照销售额和增值税征收率计算的增值税额,不得抵扣进项税额。纳税人提供的适用简易计税方法销售货物或提供应税服务,因货物退回、服务中止或者折让而退还给接受方的销售额,应当从当期销售额中扣减。扣减当期销售额后仍有余额造成多缴的税款,可以从以后的应纳税额中扣减。应纳税额计算公式:

$$应纳税额 = 销售额 \times 征收率$$

简易计税方法的销售额不包括其应纳税额,纳税人采用销售额和应纳税额合并定价方法的,按照下列公式计算销售额:

$$销售额 = \frac{含税销售额}{1 + 征收率}$$

一般纳税人销售自己使用过的物品和旧货,按下列公式确定销售额和应纳税额:

$$销售额 = \frac{含税销售额}{1 + 4\%}$$

$$应纳税额 = \frac{销售额 \times 4\%}{2}$$

3.会计核算

对外销售货物或提供应税服务时,按含税销售额,借记"应收账款"、"应收票据"、"预收账款"、"银行存款"、"库存现金"等账户,贷记"应交税费——未交增值税"、"主营业务收入"、"其他业务收入"等账户。

一般纳税人适用简易计税方法,发生视同销售或视同提供应税服务应缴纳的增值税额,借记"在建工程"、"应付职工薪酬"、"营业外支出"、"应付利息"等账户,贷记"应交税费——未交增值税"账户。

2.2.4　检查调账

增值税检查调账是指将纳税检查过程中税务机关查出的错误纳税问题,依据税法、税务行政法规和财务会计制度、会计准则的规定,调整为正确账项的过程。

1.增值税检查调账的方法

增值税检查调账的方法一律采用追溯调账法。即对某项交易或事项变更会计政策时,如同该交易或事项初次发生时就开始采用新的会计政策,并以此对相关项目进行调整的方法。

在追溯调账法下,应计算会计政策变更的累计影响数,并调整期初留存收益,会计报表的相关项目也随之调整,为此,追溯调账法应按以下步骤进行:

(1)计算会计政策变更的累计影响数,会计政策变更的累计影响数是指因变更会计政策所导致的对净损益的累计影响,以及由此导致的对利润分配及未分配利润的累计影响金额。计算上,会计政策变更累计影响数等于按变更后的应有金额与现有金额之间的差额。

(2)相关的账务调整。

(3)调整会计报表的相关项目。

(4)会计报表附注说明。

2.错账调整的会计处理

对增值税检查时,查出的调增或调减增值税税额,应通过"应交税费——增值税检查调整"专户进行核算。该账户属于负债性质,用来专门核算在增值税检查中查出的以前各期应补、应退的增值税税额,借方登记检查调减的销项税额、检查调增的进项税额、检查调减的进项税额转出及检查调减的小规模纳税企业应交增值税税额,贷方登记检查调增的销项税额、检查调减的进项税额、检查调增的进项税额转出及检查调增的小规模纳税企业应交增值税税额,余额可能在借方,也可能在贷方,但期末应对其余额按如下办法进行处理:

(1)若余额在借方,全部视同留抵进项税额,按借方余额数,借记"应交税费——应交增值税(进项税额)"账户,贷记"应交税费——增值税检查调整"账户。

(2)若余额在贷方,且"应交税费——应交增值税"账户无余额,按贷方余额数,借记"应交税费——增值税检查调整"账户,贷记"应交税费——未交增值税"账户。

(3)若本账户余额在贷方,"应交税费——应交增值税"账户有借方余额且等于或大于这个贷方余额,按贷方余额数,借记"应交税费——增值税检查调整"账户,贷记"应交税费——应交增值税"账户。

(4)若本账户余额在贷方,"应交税费——应交增值税"账户有借方余额但小于这个贷方余额,应将这两个账户的余额冲出,其差额贷记"应交税费——未交增值税"账户。

对错账调整进行会计处理时注意:

(1)财务决算报表编制之前发现增值税纳税错误,在调账时,不论是损益性账户还是非损益性账户,一律按正常的会计核算程序采用红字调整法、补充调整法、综合调整法对相关账户予以调整。

(2)本月检查本年以前月份发生的纳税错误,在调账时,凡是涉及到损益性账户的,一律用"本年利润"账户进行调整,凡是不涉及损益性账户的,一律按正常会计差错调整相关账户。但涉及到增值税的,一律通过"应交税费——增值税检查调整"专户进行调整。

(3)本月检查以前年度发生的纳税错误,在调账时,凡是涉及到损益性账户的,一律通过"以前年度损益调整"账户进行调整;凡不涉及损益性账户的,一律按正常会计差错调整相关账户。涉及到增值税的,也应通过"应交税费——增值税检查调整"专户进行调整。

【例 2-6】 2014 年 2 月税务机关对某公司检查时发现,公司上一年在建工程领用生产原材料一批,该批原材料账面成本为 400 000 元,公司记账为:"借:在建工程 400 000,贷:原材料 400 000";公司 1 月份以账面成本为 500 000 元,市场正常不含税售价为 600 000 元的产品发放已宣告的现金股利公司原记账为:"借:应付股利 500 000,贷:库存商品 500 000",公司适用所得税税率为 25%,适用的增值税税率为 17%。

该公司的账务处理:

(1)上一年在建工程领用生产原材料检查后调账如下

借:在建工程 68 000

　　贷:应交税费——增值税检查调整 68 000

同时:

借:以前年度损益调整　　　　　　　　　　　　　　　6 800

　　贷:应交税费——应交城市维护建设税　　　　　　　　　　4 760

　　　　　　　　——应交教育费附加　　　　　　　　　　　　2 040

(2)1 月产品发放已宣告的现金股利检查后调账如下

借:应付股利　　　　　　　　　　　　　　　　　202 000

　　贷:本年利润　　　　　　　　　　　　　　　　　　100 000

　　　　应交税费——增值税检查调整　　　　　　　　　　102 000

同时:

借:本年利润　　　　　　　　　　　　　　　　　10 200

　　贷:应交税费——应交城市维护建设税　　　　　　　　　7 140

　　　　　　　　——应交教育费附加　　　　　　　　　　　3 060

(其他账项调整见企业所得税和会计差错更正)

2.2.5　纳税申报

凡增值税一般纳税人(以下简称纳税人)不论当期是否发生应税行为,均应按规定进行纳税申报。根据【案例导入(1-20)】的计算填写增值税纳税申报表(适用于增值税一般纳税人)(见表 2-2)及《增值税纳税申报表附列资料》(见表 2-3、表 2-4、表 2-5、表 2-6),假设填表日期是 10 月 6 日。

表 2-2 　　　　　　　　　　**增值税纳税申报表**

(适用于增值税一般纳税人)

税款所属时间:自 2014 年 9 月 1 日至 2014 年 9 月 30 日　填表日期:2014 年 10 月 6 日

金额单位:元至角分

纳税人识别号:　　　　　　　所属行业:　　　　　纳税编码:

纳税人名称	甲公司(公章)	法定代表人姓名		注册地址		营业地址	
开户银行及账号		企业登记注册类型			电话号码		

	项目	栏次	一般货物及劳务和应税服务		即征即退货物及劳务和应税服务	
			本月数	本年累计	本月数	本年累计
销售额	(一)按适用税率征税货物及劳务销售额	1	2867000			
	其中:应税货物销售额	2	2 847 000			
	应税劳务销售额	3	20 000			
	纳税检查调整的销售额	4	0			
	(二)按简易征收办法征税货物销售额	5	100 000			
	其中:纳税检查调整的销售额	6	0			
	(三)免、抵、退办法出口货物销售额	7	2 000 000			
	(四)免税货物及劳务销售额	8	0			
	其中:免税货物销售额	9	0			
	免税劳务销售额	10	0			

（续表）

税款计算	销项税额	11	487 407			
	进项税额	12	449 930			
	上期留抵税额	13	5 512			
	进项税额转出	14	76 329			
	免抵退货物应退税额	15	0			
	按适用税率计算的纳税检查应补缴税额	16	0			
	应抵扣税额合计	17＝12＋13－14 －15＋16	379 113			
	实际抵扣税额	18（如 17＜11，则为 17，否则为 11）	379 113			
	按适应税率计算的应纳税额	19＝11－18	108 294			
	期末留抵税额	20＝17－18	0			
	简易征收办法计算的应纳税额	21	2 000			
	按简易征收办法计算的纳税检查应补缴税额	22	0			
	应纳税额减征额	23	0			
	应纳税额合计	24＝19＋21－23	110 294			
税款缴纳	期初未缴税额（多缴为负数）	25	0			
	实收出口开具专用缴款书退税额	26				
	本期已缴税额	27＝28＋29＋30＋31	0			
	①分次预缴税额	28	0			
	②出口开具专用缴款书预缴税额	29	0			
	③本期缴纳上期应纳税额	30	0			
	④本期缴纳欠缴税额	31	0			
	期末未缴税额（多缴为负数）	32＝24＋25＋26－27	110 294			
	其中：欠缴税额（≥0）	33＝25＋26－27				
	本期应补（退）税额	34＝24－28－29	110 294			
	即征即退实际退税额	35				
	期初未缴查补税额	36				
	本期入库查补税额	37				
	期末未缴查补税额	38＝16＋22＋36－37				

授权声明	如果你已委托代理人申报，请填写下列资料： 为代理一切税务事宜，现授权 （地址）　　　　　为本纳税人的代理申报人，任何与本申报表有关的往来文件，都可寄予此人。 授权人签字：	申报人声明	此纳税申报表是根据《中华人民共和国增值税暂行条例》的规定填报的，我相信它是真实的、可靠的、完整的。 声明人签字：

以下由税务机关填写：

收到日期：　　　　　接收人：　　　　　主管税务机关盖章：

表 2-3

增值税纳税申报表附列资料（一）

（本期销售情况明细）

税款所属时间：2014 年 9 月 1 日至 2014 年 9 月 30 日

纳税人名称：（公章）　　　　　　　　　金额单位：元（列至角分）

项目		序号	开具增值税专用发票		开具其他发票		未开具发票		纳税检查调整		合计			本期应税服务扣除金额	扣除后	
			销售额	销项(应纳)税额	销售额	销项(应纳)税额	销售额	销项(应纳)税额	销售额	销项(应纳)税额	销售额	销项(应纳)税额	价税合计	本期实际扣除金额	含税(免税)销售额	销项(应纳)税额
一、一般计税方法计税 全部征税项目	17%税率的货物及加工修理修配劳务	1	2 637 000	448 290	70 000	11 900	160 000	27 200			2 867 000	487 407	—	—	—	—
	17%税率的有形动产租赁服务	2														
	13%税率	3														
	11%税率	4														
	6%税率	5														
其中即征即退项目	即征即退货物及加工修理修配劳务	6							—	—	—	—	—			
	即征即退应税劳务	7							—	—	—	—	—			
二、简易计税方法计税 全部征税项目	6%征收率	8														
	5%征收率	9														
	4%征收率	10			100 000	2 000					100 000	2 000				
	3%征收率的货物及加工修理修配劳务	11														
	3%征收率的应税服务	12														
	预征率 %	13														
其中即征即退项目	即征即退货物及加工修理修配劳务	14							—	—	—	—	—			
	即征即退应税服务	15							—	—	—	—	—			
三、免抵退税	货物及加工修理修配劳务	16	2 000 000	—							—	—	—	—	—	—
	应税服务	17	—	—							—	—	—	—	—	—
四、免税	货物及加工修理修配劳务	18	—	—							—	—	—	—	—	—
	应税服务	19	—	—							—	—	—	—	—	—

表 2-4

增值税纳税申报表附列资料(表二)

(本期进项税额明细)

税款所属时间:2014 年 9 月

纳税人名称:(公章)　　　　　　　填表日期:2014 年 10 月 6 日　　　　　　金额单位:元至角分

一、申报抵扣的进项税额

项　目	栏次	份数	金额	税额
(一)认证相符的防伪税控增值税专用发票	1=2+3	7	2 499 000	423 930
其中:本期认证相符且本期申报抵扣	2	7	2 499 000	423 930
前期认证相符且本期申报抵扣	3			
(二)其他扣税凭证	4=5+6+7+8	4	200 000	26 000
其中:海关进口增值税专用缴款书	5			
农产品收购发票或者销售发票	6	1	200 000	26 000
代扣代缴税收通用缴款书	7			
运输费用结算单据	8			
	9	—	—	—
	10	—	—	—
(三)外贸企业进项税额抵扣证明	11	—	—	—
当期申报抵扣进项税额合计	12	7=1+4	2 498 000	449 930

二、进项税额转出额

项　目	栏次	份数	金额	税额
本期进项税转出额	13=14 至 23 之和		213 700	76 329
其中:免税项目用	14			
非应税项目用、集体福利、个人消费	15		160 000	27 200
非正常损失	16		53 700	9 129
按简易征收办法征税项目用	17			
免、抵、退税办法出口货物不得抵扣进项	18			40 000
纳税检查调减进项税额	19			
红字专用发票通知单注明的进项税额	20			
上期留抵税额抵减欠税	21			
上期留抵税额退税	22			
其他应作进项税额转出的情形	23			

三、待抵扣进项税额

（续表）

项　目	栏次	份数	金额	税额
（一）认证相符的防伪税控增值税专用发票	24	—	—	—
期初已认证相符但未申报抵扣	25			
本期认证相符且本期未申报抵扣	26			
期末已认证相符但未申报抵扣	27			
其中:按照税法规定不允许抵扣	28			
（二）其他扣税凭证	29=30至33之和			
其中:海关进口增值税专用缴款书	30			
农产品收购发票或者销售发票	31			
代扣代缴税收通用缴款书	32			
运输费用结算单据	33			
	34			
	35	—	—	—
	36	—	—	—

四、其他

项　目	栏次	份数	金额	税额
本期认证相符的全部防伪税控增值税专用发票	35			
代扣代缴税额	36	—	—	—

表 2-5　　　　　**增值税纳税申报表附列资料(三)**

（应税服务扣除项目明细）

税款所属时间：　　年　月　日至　年　月　日

纳税人名称:(公章)　　　　　　　　　　　　　金额单位:元(列至角分)

项目及栏次	本期应税服务价税合计额（免税销售额）	应税服务扣除项目				
		期初余额	本期发生额	本期应扣除金额	本期实际扣除金额	期末余额
	1	2	3	4=2+3	5(5≤1且5≤4)	6=4-5
17%税率的有形动产租赁服务						
11%税率的应税服务						
6%税率的应税服务						
3%征收率的应税服务						
免抵退税的应税服务						
免税的应税服务						

表 2-6　　　　　　　　　固定资产进项税额抵扣情况表

纳税人识别号：　　　　　　　　　　　　纳税人名称：　　甲有限公司（公章）

填表日期：2014 年 10 月 6 日　　　　　　　　　金额单位：元（列至角分）

项目	当期申报抵扣的固定资产进项税额	当期申报抵扣的固定资产进项税额累计
增值税专用发票	34 660	34 660
海关进口增值税专用缴款书		
合计	34 660	34 660

注：本表一式二份，一份纳税人留存，一份主管税务机关留存。

任务 2.3　增值税小规模纳税人的会计核算及纳税申报

2.3.1　账户设置

小规模纳税人，不实行税款抵扣办法。主要通过设置"应交税费——应交增值税"账户进行，对外销售应税货物、提供应税劳务或提供应税服务，按计税销售额和规定的征收率计算出应交增值税时记贷方，实际缴纳应交增值税时记借方，期末余额在贷方，表示已经发生但尚未缴纳的增值税余额。

增值税会计核算的依据主要有"增值税纳税申报表"、"税款缴款书"、税务机关代开的增值税专用发票、销售发票、购货发票等。

2.3.2　会计核算

1.购进货物、接受应税劳务或应税服务支付增值税的核算

小规模纳税人在购进货物、接受应税劳务或提供应税服务时，所支付的增值税税额，应直接计入有关货物、劳务或服务的成本之中，即借记"原材料"、"库存商品"、"材料采购"、"周转材料"、"固定资产"、"在建工程"、"工程物资"等账户，贷记"银行存款"、"其他货币资金"、"应付账款"、"应付票据"等账户。

小规模纳税人初次购入增值税税控系统专用设备，按实际支付或应付的金额，借记"固定资产"账户，贷记"银行存款"、"应付账款"等账户。按规定抵减的增值税应纳税额，借记"应交税费——应交增值税"账户，贷记"递延收益"账户。按期计提折旧，借记"管理费用"等账户，贷记"累计折旧"账户；同时，借记"递延收益"账户，贷记"管理费用"等账户。

小规模纳税人发生技术维护费，按实际支付或应付的金额，借记"管理费用"等账户，贷记"银行存款"等账户。按规定抵减的增值税应纳税额，借记"应交税费——应交增值税"账户，贷记"管理费用"等账户。

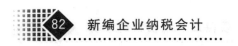

2.销售货物、提供应税劳务或提供应税服务发生增值税的核算

（1）小规模纳税人对外销售货物、提供应税劳务或提供应税服务时，按确认的收入和按规定收取的增值税额，借记"应收账款"、"应收票据"、"预收账款"、"银行存款"、"库存现金"等账户，按规定收取的增值税额，贷记"应交税费——应交增值税"，按确认的收入，贷记"主营业务收入"、"其他业务收入"等账户。

小规模纳税人销售货物、应税劳务或提供应税服务，按照取得的销售额和增值税的征收率计算应纳的增值税税额。应纳税额的计算公式为：

$$销售额=\frac{含税销售额}{1+征收率}$$

$$应纳税额=销售额×征收率$$

（2）小规模纳税人销售自己使用过的固定资产和旧货，按下列公式确定销售额和应纳税额：

$$销售额=\frac{含税销售额}{1+3\%}$$

$$应纳税额=销售额×2\%$$

2.3.3　纳税申报

小规模纳税人纳税申报填制小规模纳税人表（见表2-7、表2-8），实际缴纳增值税时，借记"应交税费——应交增值税"账户，贷记"银行存款"等账户。收到退回多交的增值税税款时，作相反的会计分录。

【例3-1】 某增值税小规模纳税人，2013年9月购入生产所用原材料，取得批发商开具的增值税专用发票，内列货款10 000元、增值税税额300元，材料验收入库，款项以转账支票付讫；销售本企业生产的产品，取得含税销售收入20 600元，货款尚未收到，该产品成本为15 000元；该企业下月初缴纳本月增值税。

该小规模纳税人的账务处理：

（1）购入生产所用原材料所含增值税300元计入原材料成本

借：原材料　　　　　　　　　　　　　　　　　　　10 300

　　贷：银行存款　　　　　　　　　　　　　　　　　　　10 300

（2）销售本企业生产的产品应纳增值税=20 600÷（1+3%）×3%=600（元）

借：应收账款　　　　　　　　　　　　　　　　　　　20 600

　　贷：主营业务收入　　　　　　　　　　　　　　　　　　20 000

　　　　应交税费——应交增值税　　　　　　　　　　　　　600

同时：

借：主营业务成本　　　　　　　　　　　　　　　　　15 000

　　贷：库存商品　　　　　　　　　　　　　　　　　　　15 000

（3）下月初缴纳增值税时，填制小规模纳税人表（见表2-7）

借：应交税费——应交增值税　　　　　　　　　　　　600

　　贷：银行存款　　　　　　　　　　　　　　　　　　　600

表 2-7　　　　　　　　　增值税纳税申报表(适用于小规模纳税人)

纳税人识别号：

税款所属期：2013 年 9 月 1 日至 2013 年 9 月 30 日　　　　　　填表日期：2013 年 10 月 6 日

纳税人名称(公章)：　　　　　　　　　　　　　　　　　　　　金额单位：元(列至角分)

	项目	栏次	本期数	本年累计
一、计税依据	(一)应征增值税不含税销售额	1	20 000.00	
	其中：税务机关代开的增值税专用发票不含税销售额	2		
	税控器具开具的普通发票不含税销售额	3		
	(二)销售使用过的应税固定资产不含税销售额	4(4≥5)	——	——
	其中：税控器具开具的普通发票不含税销售额(不填写)	5		
	(三)免税销售额	6(6≥7)		
	其中：税控器具开具的普通发票销售额	7		
二、税款计算	(四)出口免税销售额	8(8≥9)		
	其中：税控器具开具的普通发票销售额	9		
	本期应纳税额	10	600.00	
	本期应纳税额减征额	11		
	应纳税额合计	12＝10－11	600.00	
	本期预缴税额	13	0	——
	本期应补(退)税额	14＝12－13	600.00	——

纳税人或代理人声明： 　　此纳税申报表是根据国家税收法律的规定填报的，我确定它是真实的、可靠的、完整的。	如纳税人填报，由纳税人填写以下各栏： 办税人员(签章)：　　　　　　　财务负责人(签章)： 法定代表人(签章)：　　　　　　　联系电话： 如委托代理人填报，由代理人填写以下各栏： 代理人名称：　　经办人(签章)：　　　　联系电话： 代理人(公章)：
受理人：　　　　受理日期：　　年　　月　　日　　　　受理税务机关(签章)：	

注：本表为 A3 竖式一式三份，一份纳税人留存，一份主管税务机关留存、一份征收部门留存。

表 2-8　　　　　增值税纳税申报表(适用于增值税小规模纳税人)附列资料

税款所属期：　　年　月　日至　　年　月　日　　　　　填表日期：　　年　月　日

纳税人名称(公章)：　　　　　　　　　　　　　　　　金额单位:元(列至角分)

应税服务扣除额计算			
期初余额	本期发生额	本期扣除额	期末余额
1	2	3(3≤1+2之和,且 3≤5)	4=1+2-3
应税服务计税销售额计算			
全部含税收入	本期扣除额	含税销售额	不含税销售额
5	6=3	7=5-6	8=7÷1.03

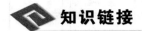 **知识链接**

应税服务范围注释

一、交通运输业

交通运输业,是指使用运输工具将货物或者旅客送达目的地,使其空间位置得到转移的业务活动。包括陆路运输服务、水路运输服务、航空运输服务和管道运输服务。

(一)陆路运输服务

陆路运输服务,是指通过陆路(地上或者地下)运送货物或者旅客的运输业务活动,包括铁路运输和其他陆路运输。

1.铁路运输服务,是指通过铁路运送货物或者旅客的运输业务活动。

2.其他陆路运输服务,是指铁路运输以外的陆路运输业务活动。包括公路运输、缆车运输、索道运输、地铁运输、城市轻轨运输等。

出租车公司向使用本公司自有出租车的出租车司机收取的管理费用,按陆路运输服务征收增值税。

(二)水路运输服务

水路运输服务,是指通过江、河、湖、川等天然、人工水道或者海洋航道运送货物或者旅客的运输业务活动。

远洋运输的程租、期租业务,属于水路运输服务。

程租业务,是指远洋运输企业为租船人完成某一特定航次的运输任务并收取租赁费的业务。

期租业务,是指远洋运输企业将配备有操作人员的船舶承租给他人使用一定期限,承租期内听候承租方调遣,不论是否经营,均按天向承租方收取租赁费,发生的固定费用均由船东负担的业务。

(三)航空运输服务

航空运输服务,是指通过空中航线运送货物或者旅客的运输业务活动。

航空运输的湿租业务,属于航空运输服务。

湿租业务,是指航空运输企业将配备有机组人员的飞机承租给他人使用一定期限,承租期内听候承租方调遣,不论是否经营,均按一定标准向承租方收取租赁费,发生的固定费用均由承租方承担的业务。

航天运输服务,按照航空运输服务征收增值税。

航天运输服务,是指利用火箭等载体将卫星、空间探测器等空间飞行器发射到空间轨道的业务活动。

(四)管道运输服务

管道运输服务,是指通过管道设施输送气体、液体、固体物质的运输业务活动。

二、邮政业

邮政业,是指中国邮政集团公司及其所属邮政企业提供邮件寄递、邮政汇兑、机要通信和邮政代理等邮政基本服务的业务活动。包括邮政普遍服务、邮政特殊服务和其他邮政服务。

(一)邮政普遍服务

邮政普遍服务,是指函件、包裹等邮件寄递,以及邮票发行、报刊发行和邮政汇兑等业务活动。

函件,是指信函、印刷品、邮资封片卡、无名址函件和邮政小包等。

包裹,是指按照封装上的名址递送给特定个人或者单位的独立封装的物品,其重量不超过五十千克,任何一边的尺寸不超过一百五十厘米,长、宽、高合计不超过三百厘米。

(二)邮政特殊服务

邮政特殊服务,是指义务兵平常信函、机要通信、盲人读物和革命烈士遗物的寄递等业务活动。

(三)其他邮政服务

其他邮政服务,是指邮册等邮品销售、邮政代理等业务活动。

三、部分现代服务业

部分现代服务业,是指围绕制造业、文化产业、现代物流产业等提供技术性、知识性服务的业务活动。包括研发和技术服务、信息技术服务、文化创意服务、物流辅助服务、有形动产租赁服务、鉴证咨询服务、广播影视服务。

(一)研发和技术服务

研发和技术服务,包括研发服务、技术转让服务、技术咨询服务、合同能源管理服务、工程勘察勘探服务。

1.研发服务,是指就新技术、新产品、新工艺或者新材料及其系统进行研究与试验开发的业务活动。

2.技术转让服务,是指转让专利或者非专利技术的所有权或者使用权的业务活动。

3.技术咨询服务,是指对特定技术项目提供可行性论证、技术预测、专题技术调查、分析评价报告和专业知识咨询等业务活动。

4.合同能源管理服务,是指节能服务公司与用能单位以契约形式约定节能目标,节能服务公司提供必要的服务,用能单位以节能效果为依据支付节能服务公司的投入及其合理报酬的业务活动。

5.工程勘察勘探服务,是指在采矿、工程施工以前,对地形、地质构造、地下资源蕴藏情况进行实地调查的业务活动。

（二）信息技术服务

信息技术服务，是指利用计算机、通信网络等技术对信息进行生产、收集、处理、加工、存储、运输、检索和利用，并提供信息服务的业务活动。包括软件服务、电路设计及测试服务、信息系统服务和业务流程管理服务。

1.软件服务，是指提供软件开发服务、软件咨询服务、软件维护服务、软件测试服务的业务行为。

2.电路设计及测试服务，是指提供集成电路和电子电路产品设计、测试及相关技术支持服务的业务行为。

3.信息系统服务，是指提供信息系统集成、网络管理、桌面管理与维护、信息系统应用、基础信息技术管理平台整合、信息技术基础设施管理、数据中心、托管中心、安全服务的业务行为。包括网站对非自有的网络游戏提供的网络运营服务。

4.业务流程管理服务，是指依托计算机信息技术提供的人力资源管理、财务经济管理、金融支付服务、内部数据分析、呼叫中心和电子商务平台等服务的业务活动。

（三）文化创意服务

文化创意服务，包括设计服务、商标和著作权转让服务、知识产权服务、广告服务和会议展览服务。

1.设计服务，是指把计划、规划、设想通过视觉、文字等形式传递出来的业务活动。包括工业设计、造型设计、服装设计、环境设计、平面设计、包装设计、动漫设计、展示设计、网站设计、机械设计、工程设计、广告设计、创意策划、文印晒图等。

2.商标和著作权转让服务，是指转让商标、商誉和著作权的业务活动。

3.知识产权服务，是指处理知识产权事务的业务活动。包括对专利、商标、著作权、软件、集成电路布图设计的代理、登记、鉴定、评估、认证、咨询、检索服务。

4.广告服务，是指利用图书、报纸、杂志、广播、电视、电影、幻灯、路牌、招贴、橱窗、霓虹灯、灯箱、互联网等各种形式为客户的商品、经营服务项目、文体节目或者通告、声明等委托事项进行宣传和提供相关服务的业务活动。包括广告代理和广告的发布、播映、宣传、展示等。

5.会议展览服务，是指为商品流通、促销、展示、经贸洽谈、民间交流、企业沟通、国际往来等举办或者组织安排的各类展览和会议的业务活动。

（四）物流辅助服务

物流辅助服务，包括航空服务、港口码头服务、货运客运场站服务、打捞救助服务、货物运输代理服务、代理报关服务、仓储服务和装卸搬运服务。

1.航空服务，包括航空地面服务和通用航空服务。

航空地面服务，是指航空公司、飞机场、民航管理局、航站等向在我国境内航行或者在我国境内机场停留的境内外飞机或者其他飞行器提供的导航等劳务性地面服务的业务活动。包括旅客安全检查服务、停机坪管理服务、机场候机厅管理服务、飞机清洗消毒服务、空中飞行管理服务、飞机起降服务、飞行通讯服务、地面信号服务、飞机安全服务、飞机跑道管理服务、空中交通管理服务等。

通用航空服务,是指为专业工作提供飞行服务的业务活动,包括航空摄影,航空测量,航空勘探,航空护林,航空吊挂播洒,航空降雨等。

2.港口码头服务,是指港务船舶调度服务、船舶通讯服务、航道管理服务、航道疏浚服务、灯塔管理服务、航标管理服务、船舶引航服务、理货服务、系解缆服务、停泊和移泊服务、海上船舶溢油清除服务、水上交通管理服务、船只专业清洗消毒检测服务和防止船只漏油服务等为船只提供服务的业务活动。港口设施经营人收取的港口设施保安费按照"港口码头服务"征收增值税。

3.货运客运场站服务,是指货运客运场站(不包括铁路运输)提供的货物配载服务、运输组织服务、中转换乘服务、车辆调度服务、票务服务和车辆停放服务等业务活动。

4.打捞救助服务,是指提供船舶人员救助、船舶财产救助、水上救助和沉船沉物打捞服务的业务活动。

5.货物运输代理服务,是指接受货物收货人、发货人、船舶所有人、船舶承租人或船舶经营人的委托,以委托人的名义或者以自己的名义,在不直接提供货物运输服务的情况下,为委托人办理货物运输、船舶进出港口、联系安排引航、靠泊、装卸等货物和船舶代理相关业务手续的业务活动。

6.代理报关服务,是指接受进出口货物的收、发货人委托,代为办理报关手续的业务活动。

7.仓储服务,是指利用仓库、货场或者其他场所代客贮放、保管货物的业务活动。

8.装卸搬运服务,是指使用装卸搬运工具或人力、畜力将货物在运输工具之间、装卸现场之间或者运输工具与装卸现场之间进行装卸和搬运的业务活动。

(五)有形动产租赁服务

有形动产租赁,包括有形动产融资租赁和有形动产经营性租赁。

1.有形动产融资租赁,是指具有融资性质和所有权转移特点的有形动产租赁业务活动。即出租人根据承租人所要求的规格、型号、性能等条件购入有形动产并租赁给承租人,合同期内设备所有权属于出租人,承租人只拥有使用权,合同期满付清租金后,承租人有权按照残值购入有形动产,以拥有其所有权。不论出租人是否将有形动产残值销售给承租人,均属于融资租赁。

2.有形动产经营性租赁,是指在约定时间内将物品、设备等有形动产转让他人使用且租赁物所有权不变更的业务活动。

远洋运输的光租业务、航空运输的干租业务,属于有形动产经营性租赁。

光租业务,是指远洋运输企业将船舶在约定的时间内出租给他人使用,不配备操作人员,不承担运输过程中发生的各项费用,只收取固定租赁费的业务活动。

干租业务,是指航空运输企业将飞机在约定的时间内出租给他人使用,不配备机组人员,不承担运输过程中发生的各项费用,只收取固定租赁费的业务活动。

(六)鉴证咨询服务

鉴证咨询服务,包括认证服务、鉴证服务和咨询服务。

1.认证服务,是指具有专业资质的单位利用检测、检验、计量等技术,证明产品、服务、管理体系符合相关技术规范、相关技术规范的强制性要求或者标准的业务活动。

2.鉴证服务，是指具有专业资质的单位，为委托方的经济活动及有关资料进行鉴证，发表具有证明力的意见的业务活动。包括会计鉴证、税务鉴证、法律鉴证、工程造价鉴证、资产评估、环境评估、房地产土地评估、建筑图纸审核、医疗事故鉴定等。

3.咨询服务，是指提供和策划财务、税收、法律、内部管理、业务运作和流程管理等信息或者建议的业务活动。代理记账按照"咨询服务"征收增值税。

（七）广播影视服务

广播影视服务，包括广播影视节目（作品）的制作服务、发行服务和播映（含放映，下同）服务。

1.广播影视节目（作品）制作服务，是指进行专题（特别节目）、专栏、综艺、体育、动画片、广播剧、电视剧、电影等广播影视节目和作品制作的服务。具体包括与广播影视节目和作品相关的策划、采编、拍摄、录音、音视频文字图片素材制作、场景布置、后期的剪辑、翻译（编译）、字幕制作、片头、片尾、片花制作、特效制作、影片修复、编目和确权等业务活动。

2.广播影视节目（作品）发行服务，是指以分账、买断、委托、代理等方式，向影院、电台、电视台、网站等单位和个人发行广播影视节目（作品）以及转让体育赛事等活动的报道及播映权的业务活动。

3.广播影视节目（作品）播映服务，是指在影院、剧院、录像厅及其他场所播映广播影视节目（作品），以及通过电台、电视台、卫星通信、互联网、有线电视等无线或有线装置播映广播影视节目（作品）的业务活动。

四、提供应税服务，是指有偿提供应税服务，但不包括非营业活动中提供的应税服务。有偿，是指取得货币、货物或者其他经济利益。非营业活动，是指：

（一）非企业性单位按照法律和行政法规的规定，为履行国家行政管理和公共服务职能收取政府性基金或者行政事业性收费的活动。

（二）单位或者个体工商户聘用的员工为本单位或者雇主提供应税服务。

（三）单位或者个体工商户为员工提供应税服务。

（四）财政部和国家税务总局规定的其他情形。

五、在境内提供应税服务，是指应税服务提供方或者接受方在境内。下列情形不属于在境内提供应税服务：

（一）境外单位或者个人向境内单位或者个人提供完全在境外消费的应税服务。

（二）境外单位或者个人向境内单位或者个人出租完全在境外使用的有形动产。

（三）财政部和国家税务总局规定的其他情形。

六、纳税人提供免征增值税的技术转让、技术开发和与之相关的技术咨询、技术服务。技术转让，是指转让者将其拥有的专利和非专利技术的所有权或者使用权有偿转让他人的行为；技术开发，是指开发者接受他人委托，就新技术、新产品、新工艺或者新材料及其系统进行研究开发的行为；技术咨询，是指就特定技术项目提供可行性论证、技术预测、专题技术调查、分析评价报告等。与技术转让、技术开发相关的技术咨询、技术服务，是指转让方（或受托方）根据技术转让或开发合同的规定，为帮助受让方（或委托方）掌握所转让（或委托开发）的技术，而提供的技术咨询、技术服务业务，且这部分技术咨询、服务的价款与技术转让（或开发）的价款应当开在同一张发票上。

项目三

消费税的核算

案例导入

乙股份有限责任公司(简称乙公司)是具有进出口经营权的生产企业,增值税一般纳税人,增值税税率为17%,税务登记号为:370702732627934。下设3个非独立核算的分公司,A分公司是化妆品生产企业,B分公司为酒厂,生产啤酒、白酒等酒类产品,C分公司为外贸企业,主营进出口业务,具有卷烟经营权。化妆品成本利润率为5%,白酒成本利润率10%。乙公司2013年9月发生如下业务(假设增值税专用发票均认证):

1. A分公司库存作为原材料的外购化妆品月初余额70万元,9月发生如下业务:

(1)5日,向某大型商场销售化妆品一批,开具增值税专用发票,取得不含增值税销售额60万元,增值税额10.2万元,收到商业汇票一张,票面金额70.2万元。

(2)10日,向某单位销售化妆品一批,开具普通发票,价税合计9.36万元,办妥托收手续。

(3)14日,收到10日销售化妆品款及随同化妆品销售单独计价包装物不含税收入5 000元,已存银行。

(4)15日,上年销售化妆品的包装物,截至9月14日已逾期,未收回,没收押金2.34万元。

(5)16日,将自产化妆品一批用于职工福利,化妆品生产成本为1.2万元,无同类产品售价。

(6)18日,以账面价值2万元的化妆品(最高售价2.5万元,加权平均售价为2.4万元),换取甲公司账面价值为1.9万元,公允价值2.5万元的原材料,收到甲公司增值税专用发票,注明增值税4 250元。

(7)20日,与债权人乙公司签订债务重组协议,协议规定X公司以账面成本8万元的化妆品,抵付前欠乙公司的货款12万元,向乙公司开出增值税专用发票(化妆品不含税市场售价为最高售价10万元,加权平均售价9.5万元)。

(8)30日,本月生产化妆品领用外购化妆品原材料60万元,连续生产应税消费品,外购时已纳消费税允许抵扣。

(9)31日,委托外协单位加工化妆品半成品,按加工合同要求,拨付原材料费10万元,支付加工费3万元,支付受托方垫付辅料费1万元,受托方无同类新产品,加工完毕收回后用于继续生产化妆品,款项均以转账支票付讫。

2. B分公司9月发生的业务:

(1)3日,对外销售啤酒1 000吨,每吨出厂价格2 800元(不含增值税),款项收到存入银行。

(2)5日,销售粮食白酒100吨,取得不含增值税的销售额300万元,款项收到存入银行。

(3)10日,将生产的啤酒10吨,无偿提供给啤酒节,该啤酒的成本为每吨2 000元,同类产品每吨出厂价格2 800元(不含增值税)。

(4)20日,自产特制白酒2 000千克,用于厂庆活动,每千克白酒生产成本24元,无同类产品售价。

(5)28日,进口啤酒1 000吨(单位税额250元),进口完税价格折合人民币每吨4 000元,关税税率20%,进口后准备在国内销售,款项均以转账支票付讫。

(6)29日,进口粮食白酒10吨,作为生产白酒的原材料,关税完税价80万元,关税税率30%,款项均以转账支票付讫。

(7)税务机关在对上月纳税情况进行检查时发现,B公司所产的每箱账面生产成本为180元,每箱正常对外销售含税售价为353.6元的滋补酒50箱共300千克,换取生产所需原材料粮食白酒一批,取得对方开具的增值税专用发票,内列货款15 000元,增值税2 550元。该公司会计处理:

借:原材料　　　　　　　　　　　　　　　　　　　　　　　6 450
　　应交税费——应交增值税(进项税额)　　　　　　　　　　2 550
　　贷:库存商品　　　　　　　　　　　　　　　　　　　　　　　　9 000

3. C分公司9月发生的业务:

(1)6日,从国外进口一辆小轿车,作为非生产用固定资产,报关时海关核定关税完税价为16.6万元,关税税额为19.92万元,该小轿车的消费税税率为5%,款项均以转账支票付讫。

(2)21日,进口卷烟320箱(每箱250条,每条200支),支付买价200万元,支付到达我国海关前的运输费用12万元,保险费8万元,进口卷烟的关税税率为20%,款项均以转账支票付讫,准备进口后对外销售。

(3)25日,对某零售单位批发销售21日进口的卷烟200箱,每箱2万元,款项已收到,并开具增值税专用发票。

(4)28日,从某化妆品厂购入化妆品一批,增值税专用发票注明价款500万元,增值税85万元。外贸公司将该批化妆品销往国外,离岸价为90万美元,当天外汇牌价中间价为1美元=6.10人民币元,并按规定申报办理消费税退税。消费税税率为30%,增值税退税率为11%。

如果你是乙公司的税务会计,应如何计算乙公司9月份应缴纳的消费税,如何进行账务处理和纳税申报？通过本项目学习,可以明确消费税的基本规定、应纳税额的计算及账务处理和纳税申报等内容,完成消费税纳税申报工作任务。

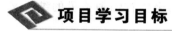

项目学习目标

知识目标

- 理解消费税的概念特征;
- 熟悉消费税的征税范围、税目及税率;
- 掌握消费税应纳税额的计算及账务处理;
- 掌握消费税出口退税的计算。

能力目标

- 准确判断哪些业务应缴纳消费税,并能根据相关业务准确计算消费税应纳税额;
- 准确进行消费税会计核算;
- 准确而完整地填写消费税纳税申报表。

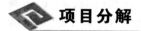

项目分解

任务 3.1 消费税认知 → 任务 3.2 消费税的会计核算 → 任务 3.3 消费税的纳税申报

任务 3.1 消费税认知

3.1.1 纳税人和纳税环节的确定

1. 纳税人

在中华人民共和国境内生产、委托加工和进口规定的消费品的单位和个人,以及国务院确定的销售规定的消费品的其他单位和个人,为消费税的纳税人,应当缴纳消费税。单位是指企业、行政单位、事业单位、军事单位、社会团体及其他单位。个人是指个体工商户及其他个人。在中华人民共和国境内是指生产、委托加工和进口属于应当缴纳消费税的消费品(以下简称应税消费品)的起运地或者所在地在境内。

2. 纳税环节

消费税属于价内税并在指定环节一次性缴纳,其他环节不再重复征收。

(1)生产环节。生产企业生产的应税消费品除了直接对外销售计征消费税外,纳税人将生产的应税消费品换取生产资料、消费资料、投资入股、偿还债务,以及用于连续生产应税消费品以外的其他方面都应缴纳消费税。

(2)委托加工环节。委托加工的应税消费品,除受托方为个人外,由受托方在向委托方交货时代收代缴税款。委托个人加工的应税消费品,由委托方收回后缴纳消费税。

（3）进口环节。进口的应税消费品，于报关进口时纳税。

（4）批发环节。卷烟批发环节加征一道消费税。

（5）零售环节。从事金银首饰零售业务的单位和个人，为金银首饰消费税的纳税义务人。

3.1.2　征税范围的确定

消费税征税范围主要包括烟，酒及酒精，鞭炮、焰火，化妆品，贵重首饰和珠宝玉石，高尔夫球及球具，高档手表，小汽车，摩托车，游艇，成品油，实木地板，木制一次性筷子，汽车轮胎等 14 个税目，有的税目还进一步划分为若干子目。

1.烟

凡是以烟叶为原料加工生产的产品，不论使用何种辅料，均属于本税目的征收范围。具体包括卷烟（进口卷烟、白包卷烟、手工卷烟和未经国务院批准纳入计划的企业及个人生产的卷烟）、雪茄烟和烟丝。

2.酒及酒精

酒是酒精度在 1 度以上的各种酒类饮料。酒类包括粮食白酒、薯类白酒、黄酒、啤酒和其他酒。酒精又名乙醇，是指用蒸馏或合成方法生产的酒精度在 95 度以上的无色透明液体。酒精包括各种工业酒精、医用酒精和食用酒精。对无醇啤酒、啤酒源、菠萝啤酒和果酒比照啤酒征税。对饮食业、商业、娱乐业举办的啤酒屋（啤酒坊）利用啤酒生产设备生产的啤酒，应当征收消费税。按照国家标准调味料酒属于调味品，不属于配置酒和泡制酒，对调味料酒不征收消费税。

3.化妆品

化妆品是日常生活中用于修饰美化人体表面的用品。分为美容、修饰类（香水、香水精、香粉、口红、指甲油、胭脂、眉笔、唇笔、蓝眼油、眼睫毛和成套化妆品等）和高档护肤类。

舞台、戏剧、影视演员化妆用的上妆油、卸装油、油彩，不属于该税目的征收范围。

4.贵重首饰和珠宝玉石

凡以金、银、白金、宝石、珍珠、钻石、翡翠、珊瑚、玛瑙等高贵稀有物质以及其他金属、人造宝石等制作的各种纯金银首饰及镶嵌首饰和经采掘、打磨、加工的各种珠宝玉石。

对出国人员免税商店销售的金银首饰征收消费税。

5.鞭炮、焰火

鞭炮、焰火是以火药、烟火剂制成的爆炸品或烟火喷射品。具体包括喷火、旋转、旋转升空、火箭、吐珠、线香、小礼花、烟雾、造型玩具、爆竹、摩擦炮、组合烟花、礼花弹等。

体育比赛中用的发令纸、鞭炮药引线不按本税目征税。

6.成品油

成品油是指由天然或人造石油经脱盐、初馏、催化裂化、调和而成的易燃易爆、挥发性强的液体产品，具体包括汽油、柴油、石脑油、溶剂油、航空煤油、润滑油和燃料油。

7.汽车轮胎

汽车轮胎是指用于各种汽车、挂车、专用车和其他机动车上的内、外轮胎。具体包括轻型乘用汽车轮胎,重型及公共汽车、无轨电车轮胎,矿山、建筑车辆用轮胎,特种车辆用轮胎,摩托车轮胎,各种挂车用轮胎,工程车轮胎,其他机动车轮胎,但不包括农用拖拉机、收割机、手扶拖拉机专用轮胎。子午线轮胎、翻新轮胎不征收消费税。

8.摩托车

摩托车是由动力装置驱动的,具有两个或三个车轮的车辆,具体包括两轮车、三轮车和正三轮车。但对最大设计车速不超过每小时 50 公里,发动机气缸总工作容量不超过 50 毫升的三轮摩托车不征收消费税。

9.小汽车

小汽车是指由动力驱动,具有四个或四个以上车轮的非轨道承载的车辆。包括乘用车和中轻型商用客车。对于购进乘用车或中轻型商用客车整车改装生产的汽车应按规定征收消费税。对于企业购进货车或厢式货车改装生产的商务车、卫星通讯车等专用汽车不属于消费税征税范围,不征收消费税。电动车、沙滩车、雪地车、卡丁车、高尔夫车不属于消费税征税范围,不征收消费税。

10.高尔夫球及球具

高尔夫球和球具是指从事高尔夫运动所需的各种专用装备,包括高尔夫球、高尔夫球杆及高尔夫球包(袋)等。高尔夫球杆的杆头、杆身和握把属于本税目征税范围。

11.高档手表

高档手表是指销售价格(不含增值税)每只在 10 000 元(含 10 000 元)以上的各类手表。

12.游艇

游艇是指长度大于 8 米小于 90 米,船体由玻璃钢、钢、铝合金、塑料等多种材料制作,可以在水上移动的水上浮载体。按照动力划分,游艇分为无动力艇、帆艇和机动艇。本税目征收范围包括艇身长度大于 8 米(含)小于 90 米(含),内置发动机,可以在水上移动,一般为私人或团体购置,主要用于水上运动和休闲娱乐等非牟利活动的各类机动艇。

13.木制一次性筷子

木制一次性筷子又称卫生筷子,是指以木材为原料,经过锯段、浸泡、旋切、刨切、烘干、筛选、打磨、倒角、包装等环节加工而成的各类一次性使用的筷子。

14.实木地板

实木地板是指以木材为原料,经锯割、干燥、刨光、截断、开榫、涂漆等工序加工而成的块状或条状的地面装饰材料,包括各类规格的实木地板、实木指接地板、实木复合地板以及用于装饰墙壁、天棚的侧端面的榫、槽的实木装饰板。

3.1.3 税率

多数应税消费品实行比例税率计征消费税,最高税率为 56%,最低税率为 1%;对成品油和黄酒、啤酒等实行定额税率计征消费税;对卷烟、白酒实行定额税率与比例税率复合计征消费税。现行消费税税目税率(税额)如表 3-1 所示。

表 3-1　　　　　　　　　　　消费税税目税率(税额)表

税目		征税范围	定额税率	比例税率
一、烟	1.卷烟(生产环节)	(1)甲类卷烟:每标准条(200 支,下同)调拨价在 70 元(含 70 元,不含增值税)以上;	0.6 元/条	56%
		乙类卷烟:每标准条(200 支,下同)调拨价在 70 元以下	0.6 元/条	36%
	2.卷烟(批发环节)			5%
	3.雪茄烟			36%
	4.烟丝			30%
二、酒及酒精	1.白酒		0.5 元/500 克	20%
	3.啤酒(含果啤)	(1)甲类啤酒:每吨出厂价(含包装物及包装物押金)在 3000 元以上的(含 3000 元,不含增值税)	250 元/吨	
		(2)乙类啤酒:每吨出厂价在 3000 元以下的	220 元/吨	
	4.黄酒		240 元/吨	
	5.其他酒			10%
	6.酒精			5%
三、化妆品		包括成套化妆品、高档护肤类化妆品		30%
四、贵重首饰及珠宝玉石	1.金银首饰、铂金首饰和钻石及钻石饰品(零售环节)			5%
	2.其他贵重首饰及珠宝玉石			10%
五、鞭炮、焰火				15%
六、成品油	1.汽油(每吨=1388 升)	(1)含铅汽油	1.4 元/升	
		(2)无铅汽油	1.0 元/升	
	2.柴油(每吨=1176 升)		0.8 元/升	
	3.航空煤油		0.8 元/升	
	4.石脑油		1.0 元/升	
	5.溶剂油		1.0 元/升	
	6.润滑油		1.0 元/升	
	7.燃料油		0.8 元/升	

税目		征税范围	定额税率	比例税率
七、汽车轮胎				3%
八、摩托车		1.气缸容量（排气量，下同）在250毫升（含250毫升）以下的		3%
		2.气缸容量在250毫升以上的		10%
九、小汽车	1.乘用车	(1)气缸容量（排气量，下同）在1.0升（含1.0升）以下的		1%
		(2)气缸容量在1.0升以上至1.5升（含1.5升）的		3%
		(3)气缸容量在1.5升以上至2.0升（含2.0升）的		5%
		(4)气缸容量在2.0升以上至2.5升（含2.5升）的		9%
		(5)气缸容量在2.5升以上至3.0升（含3.0升）的		12%
		(6)气缸容量在3.0升以上至4.0升（含4.0升）的		25%
		(7)气缸容量在4.0升以上的		40%
	2.中轻型商用客车			5%
十、高尔夫球及球具				10%
十一、高档手表				20%
十二、游艇				10%
十三、木制一次性筷子				5%
十四、实木地板				5%

在消费税税率运用中应注意以下几个具体问题：

（1）对纳税人兼营不同税率的应税消费品，应当分别核算其销售额或销售数量。未分核算销售额或销售数量的，或者将不同税率的应税消费品组成成套消费品销售的，从高适用税率征收。

（2）对白包卷烟、手工卷烟、自产自用没有同牌号规格调拨价格的卷烟、委托加工没有同牌号规格调拨价格的卷烟、未经国务院批准纳入计划的企业和个人生产的卷烟，除按定额税率征收外，一律按56%的比例税率征收。

（3）消费税税目、税率（税额）的调整由国务院确定，地方无权调整。

3.1.4　征收管理

1.纳税义务发生时间

（1）纳税人生产的应税消费品，于纳税人销售时纳税。按不同的销售结算方式分别为：

①采取赊销和分期收款结算方式的，为书面合同约定的收款日期的当天，书面合同没有约定收款日期或者无书面合同的，为发出应税消费品的当天；

②采取预收货款结算方式的，为发出应税消费品的当天；

③采取托收承付和委托银行收款方式的，为发出应税消费品并办妥托收手续的当天；

④采取其他结算方式的，为收讫销售款或者取得索取销售款凭据的当天。

（2）纳税人自产自用的应税消费品，用于连续生产应税消费品的，不纳税；用于其他方面的，于移送使用时纳税。

（3）纳税人委托加工应税消费品的，为纳税人提货的当天。

（4）纳税人进口应税消费品的，于报关进口时纳税。

（5）从事卷烟批发业务的单位和个人纳税义务发生时间为纳税人收讫销售款或者取得索取销售款凭据的当天。

（6）纳税人零售的金银首饰，其纳税义务发生时间为收讫销货款或取得索取销货凭证的当天；用于馈赠、赞助、集资、广告、样品、职工福利、奖励等方面的金银首饰，其纳税义务发生时间为移送的当天；带料加工、翻新改制的金银首饰，其纳税义务发生时间为受托方交货的当天。

2.纳税期限

消费税的纳税期限分别为 1 日、3 日、5 日、10 日、15 日、1 个月或者 1 个季度。纳税人的具体纳税期限，由主管税务机关根据纳税人应纳税额的大小分别核定；不能按照固定期限纳税的，可以按次纳税。

纳税人以 1 个月或者 1 个季度为 1 个纳税期的，自期满之日起 15 日内申报纳税；以 1 日、3 日、5 日、10 日或者 15 日为 1 个纳税期的，自期满之日起 5 日内预缴税款，于次月 1 日起 15 日内申报纳税并结清上月应纳税款。

纳税人进口应税消费品，应当自海关填发海关进口消费税专用缴款书之日起 15 日内缴纳税款。

3.纳税地点

（1）纳税人销售的应税消费品，以及自产自用的应税消费品，除国务院财政、税务主管部门另有规定外，应当向纳税人机构所在地或者居住地的主管税务机关申报纳税。

纳税人到外县（市）销售或者委托外县（市）代销自产应税消费品的，于应税消费品销售后，向机构所在地或者居住地主管税务机关申报纳税。

纳税人的总机构与分支机构不在同一县（市）的，应当分别向各自机构所在地的主管税务机关申报纳税；经财政部、国家税务总局或者其授权的财政、税务机关批准，可以由总机构汇总向总机构所在地的主管税务机关申报纳税。

纳税人销售的应税消费品，如因质量等原因由购买者退回时，经机构所在地或者居住地主管税务机关审核批准后，可退还已缴纳的消费税税款。

（2）委托加工的应税消费品，除受托方为个人外，由受托方向机构所在地或者居住地的主管税务机关解缴消费税税款。委托个人加工的应税消费品,由委托方向其机构所在地或者居住地主管税务机关申报纳税。

（3）进口应税消费品的消费税,由海关代征。由进口人或者其代理人向报关地海关申报纳税。

任务 3.2　消费税的会计核算

3.2.1　账户设置

为了正确反映和核算消费税有关纳税事项,纳税人应在"应交税费"账户下设置"应交消费税"二级账户。该账户专门用来核算企业应交消费税的发生和缴纳情况,贷方登记应交消费税税额,借方登记已交消费税税额和待抵扣的消费税税额,期末贷方余额反应尚未缴纳的消费税税额,期末借方余额反映企业多缴或待抵扣的消费税税额。与之相对应的会计账户有"营业税金及附加"、"其他业务成本"、"长期股权投资"、"在建工程"、"营业外支出"、"应付职工薪酬"等账户。

消费税会计核算的依据主要有"消费税纳税申报表"、"税款缴款书",销货发票(增值税专用发票和普通发票)可作为消费税会计核算原始凭证。

3.2.2　生产环节应纳消费税的核算

1.直接对外销售应税消费品的核算

生产环节销售应税消费品计提应交消费税时,借记"营业税金及附加"账户,贷记"应交税费——应交消费税"账户;实际缴纳消费税时,借记"应交税费——应交消费税"账户,贷记"银行存款"账户。

（1）从价定率办法

消费税的征税范围中的多数消费品是采用从价定率办法计算消费税。在从价定率计算方法下,应纳税额的计算取决于应税消费品的销售额和适用税率两个因素。其基本计算公式为:

$$应纳税额＝销售额×比例税率$$

①销售额的确定。销售额是纳税人销售应税消费品向购买方收取的全部价款和价外费用。价外费用是指价外向购买方收取的手续费、补贴、基金、集资费、返还利润、奖励费、违约金、滞纳金、延期付款利息、赔偿金、代收款项、代垫款项、包装费、包装物租金、储备费、优质费、运输装卸费以及其他各种性质的价外收费。但下列三个项目不包括在内:A.同时符合承运部门的运输费用发票开具给购买方的、纳税人将该项发票转交给购买方的这两个条件的代垫运输费用。B.同时符合以三个下条件代为收取的政府性基金或者行政事业性收费:第一,由国务院或者财政部批准设立的政府性基金,由国务院或者省级人民政府及其财政、价格主管部门批准设立的行政事业性收费;第二,收取时开具省级以上财政部门印制的财政票据;第三,所收款项全额上缴财政。C.销售货物的同时代办保险等而向购买方收取的保险费,以及向购买方收取的代购买方缴纳的车辆购置税、车辆

牌照费。

②含增值税销售额的换算。销售额不包括应向购货方收取的增值税税款。如果纳税人应税消费品的销售额中未扣除增值税税款或者因不得开具增值税专用发票而发生价款和增值税税款合并收取的,在计算消费税时,应当换算为不含增值税税款的销售额。其换算公式为:

$$应税消费品的销售额 = \frac{含增值税的销售额}{1 + 增值税税率或征收率}$$

③组成计税价格。如果纳税人销售的应税消费品销售价格明显偏低、又无正当理由的,税务机关有权按核定的组成计税价格重新确定计税销售额,其公式为:

$$组成计税价格 = \frac{成本 + 利润}{1 - 比例税率} = \frac{成本 \times (1 + 成本利润率)}{1 - 比例税率}$$

式中,成本是指应税消费品的产品生产成本,利润是指根据应税消费品的全国平均成本利润率计算的利润。平均成本利润率(见表3-2)。

应税消费品计税价格的核定权限规定如下:第一,甲类卷烟和粮食白酒的计税价格由国家税务总局核定;第二,其他应税消费品的计税价格由国家税务总局所属税务分局核定;第三,进口的应税消费品的计税价格由海关核定。

④纳税人销售的应税消费品,以人民币以外的货币结算销售额的,其销售额的人民币折合率可以选择销售额发生的当天或者当月1日的人民币汇率中间价。纳税人应在事先确定采用何种折合率,确定后1年内不得变更。

表3-2   全国平均成本利润率

序号	对象	成本利润率	序号	对象	成本利润率
1	卷烟	10%	11	高尔夫球及球具	10%
2	雪茄烟	5%	12	高档手表	20%
3	烟丝	5%	13	实木地板	5%
4	粮食白酒	10%	14	木制一次性筷子	5%
5	薯类白酒	5%	15	摩托车	6%
6	其他酒	5%	16	乘用车	8%
7	酒精	5%	17	中轻型商用客车	5%
8	化妆品	5%	18	游艇	10%
9	贵重首饰及珠宝玉石	6%	19	汽车轮胎	5%
10	鞭炮、焰火	5%	20	不征收消费税的货物	10%

【案例导入 1-(1)】

A分公司销售化妆品的应税销售额 = 600 000(元)

借:应收票据   702 000
　　贷:主营业务收入   600 000
　　　　应交税费——应交增值税(销项税额)   102 000

应纳消费税税额 = 600 000 × 30% = 180 000(元)

借:营业税金及附加   180 000
　　贷:应交税费——应交消费税   180 000

【案例导入 1-(2)】

A 分公司销售化妆品的应税销售额＝93 600÷(1＋17％)＝80 000(元)

借:应收账款　　　　　　　　　　　　　　　　　93 600
　　贷:主营业务收入　　　　　　　　　　　　　　　80 000
　　　　应交税费——应交增值税(销项税额)　　　　13 600

应纳消费税税额＝80 000×30％＝24 000(元)

借:营业税金及附加　　　　　　　　　　　　　　24 000
　　贷:应交税费——应交消费税　　　　　　　　　24 000

(2)从量定额办法

消费税的征税范围的黄酒、啤酒、成品油等应税消费品采取从量定额办法计算消费税。应纳税额的计算取决于应税消费品的销售数量和单位税额两个因素。其基本计算公式为:

$$应纳税额＝销售数量×定额税率$$

销售数量为应税消费品的实际销售数量。

计算应纳税额时要注意计量单位的换算标准:

啤酒 1 吨＝988 升　　　　黄酒 1 吨＝962 升　　　　汽油 1 吨＝1 388 升
柴油 1 吨＝1 176 升　　　石脑油 1 吨＝1 385 升　　溶剂油 1 吨＝1 282 升
润滑油 1 吨＝126 升　　　燃料油 1 吨＝1 015 升　　航空煤油 1 吨＝1 246 升

【案例导入 2-(1)】

啤酒销售额＝1 000×2 800＝2 800 000(元)

应纳增值税销项税额＝2 800 000×17％＝476 000(元)

借:银行存款　　　　　　　　　　　　　　　　3 276 000
　　贷:主营业务收入　　　　　　　　　　　　　2 800 000
　　　　应交税费——应交增值税(销项税额)　　　476 000

销售啤酒应纳消费税税额＝1 000×220＝220 000(元)

借:营业税金及附加　　　　　　　　　　　　　220 000
　　贷:应交税费——应交消费税　　　　　　　　220 000

(3)复合计税办法

消费税的征税范围的卷烟、白酒采用复合计税方法。其计算公式为:

$$应纳税额＝销售额×比例税率＋销售数量×定额税率$$

公式中的销售额与从价计征的规定相同,公式中的销售数量为应税消费品的实际销售数量。

【案例导入 2-(2)】

B 分公司销售粮食白酒应纳增值税销项税＝3 000 000×17％＝510 000(元)

借:银行存款　　　　　　　　　　　　　　　　3 510 000
　　贷:主营业务收入　　　　　　　　　　　　　3 000 000
　　　　应交税费——应交增值税(销项税额)　　　510 000

销售白酒应纳消费税税额＝100×2 000×0.5＋3 000 000×20％＝700 000(元)

借:营业税金及附加　　　　　　　　　　　　　700 000
　　贷:应交税费——应交消费税　　　　　　　　700 000

2. 包装物的核算

应税消费品连同包装物销售的,无论包装物是否单独计价以及在会计上如何核算,均应并入应税消费品的销售额中缴纳消费税。如果包装物不作价随同产品销售,而是收取押金,此项押金不应并入应税消费品的销售额中征税。但对因逾期未收回的包装物不再退还的或者已收取的时间超过一年的押金,应并入应税消费品的销售额,按照应税消费品的适用税率缴纳消费税。对既作价随同应税消费品销售,又另外收取押金的包装物的押金,凡纳税人在规定的期限内没有退还的,均应并入应税消费品的销售额,按照应税消费品的适用税率缴纳消费税。对生产企业销售酒类产品,除啤酒、黄酒以外的其他酒类产品收取的押金,无论是否逾期,销售时一律并入销售额征税。

(1)随同消费品出售单独计价包装物的核算

随同消费品出售单独计价的包装物,其收入贷记"其他业务收入"账户,按规定应缴纳的消费税,借记"营业税金及附加"账户,贷记"应交税费——应交消费税"账户,同时结转包装物的成本。

【案例导入 1-(3)】

随同化妆品销售单独计价包装物应计算增值税和消费税。

应纳增值税销项税额 $= 5\ 000 \times 17\% = 850$(元)

应纳消费税税额 $= 5\ 000 \times 30\% = 1\ 500$(元)

借:银行存款	99 450
贷:应收账款	93 600
其他业务收入	5 000
应交税费——应交增值税(销项税额)	850
借:营业税金及附加	1 500
贷:应交税费——应交消费税	1 500

(2)出租、出借包装物逾期押金的核算

纳税人出租、出借包装物逾期未退还的包装物押金,应从"其他应付款"账户转入"其他业务收入"账户,并按照应缴纳的消费税,借记"营业税金及附加"账户,贷记"应交税费——应交消费税"账户。

【案例导入 1-(4)】

逾期未收回的包装物押金应计算增值税和消费税。

应纳增值税销项税额 $= 23\ 400 \div (1 + 17\%) \times 17\% = 3\ 400$(元)

应纳消费税税额 $= 23\ 400 \div (1 + 17\%) \times 30\% = 6\ 000$(元)

借:其他应付款	23 400
贷:其他业务收入	20 000
应交税费——应交增值税(销项税额)	3 400
借:营业税金及附加	6 000
贷:应交税费——应交消费税	6 000

3. 自产自用应税消费品的核算

所谓自产自用是指纳税人生产应税消费品后,不是用于直接对外销售,而是用于自己连续生产应税消费品,或用于其他方面。如果纳税人用于连续生产应税消费品,在自产自用环节不征收消费税;如果纳税人用于其他方面,一律于移送使用时,按视同销售缴纳消费税。用于其他方面包括用于本企业连续生产非应税消费品,在建工程,管理部门、非生产机构,提供劳务,馈赠、赞助、集资、广告、样品、职工福利、奖励等方面。

纳税人自产自用的应税消费品,用于其他方面的,按照纳税人生产的同类消费品的销售价格计算纳税;没有同类消费品销售价格的,按照组成计税价格计算纳税。

同类消费品的销售价格是指纳税人或者代收代缴义务人当月销售的同类消费品的销售价格,如果当月同类消费品各期销售价格高低不同,应按销售数量加权平均计算。但销售的应税消费品有下列情况之一的,不得列入加权平均计算:销售价格明显偏低并无正当理由的;无销售价格的。如果当月无销售或者当月未完结,应按照同类消费品上月或者最近月份的销售价格计算纳税。

纳税人将自产自用应税消费品用于在建工程、或直接转为固定资产时,借记"在建工程"、"固定资产"账户;用于管理部门、非生产机构、广告、样品时,借记"管理费用"、"销售费用"等账户;用于连续生产非应税消费品、提供劳务时,借记"生产成本"、"制造费用"、"劳务成本"等账户;用于馈赠、赞助、集资时,借记"营业外支出"等账户;按计算的增值税和消费税,贷记"应交税费——应交消费税"、"应交税费——应交增值税(销项税额)"账户,按移送货物成本,贷记"库存商品"账户;纳税人将自产自用应税消费品用于职工福利、奖励时,借记"应付职工薪酬——非货币性福利"账户,贷记"主营业务收入"、"应交税费——应交增值税(销项税额)"账户,同时借记"营业税金及附加"账户,贷记"应交税费——应交消费税"账户,并结转成本。

(1)从价定率办法

有同类消费品销售价格的,其计算公式:

$$应纳税额=同类应税消费品单位销售价格×自产自用数量×适用税率$$

没有同类消费品销售价格的,按组成计税价格,其计算公式:

$$组成计税价格=\frac{成本+利润}{1-比例税率}=成本×\frac{1+成本利润率}{1-比例税率}$$

$$应纳税额=组成计税价格×比例税率$$

公式中的成本是指应税消费品的产品生产成本;利润是指国家税务总局根据应税消费品的全国平均成本利润率计算的利润。

【案例导入 1-(5)】

将自产化妆品一批用于职工福利,自产自用化妆品没有同类产品售价,按照组成计税价格计算纳税。

组成计税价格=[12 000×(1+5%)]÷(1-30%)=18 000(元)

应纳消费税税额=18 000×30%=5 400(元)

应纳增值税销项税额=18 000×17%=3 060(元)

借:应付职工薪酬	21 060	
贷:主营业务收入		18 000
应交税费——应交增值税(销项税额)		3 060

同时:

借:营业税金及附加	5 400	
贷:应交税费——应交消费税		5 400

结转成本:

借:主营业务成本	12 000	
贷:库存商品		12 000

（2）从量定额办法

实行从量定额办法计征消费税的，其计算公式：

$$应纳税额＝自产自用数量×定额税率$$

【案例导入 2-(3)】

B 分公司将生产的啤酒 10 吨提供给啤酒节，同类产品出厂售价是每吨 2 800 元，则消费税单位税额为 220 元/吨。

啤酒的成本＝10×2 000＝20 000（元）

计税销售额＝10×2 800＝28 000（元）

应纳增值税销项税额＝28 000×17％＝4 760（元）

应纳消费税税额＝10×220＝2 200（元）

借：营业外支出　　　　　　　　　　　　　　　　26 960

　　贷：应交税费——应交消费税　　　　　　　　　　　2 200

　　　　应交税费——应交增值税（销项税额）　　　　　4 760

　　　　库存商品　　　　　　　　　　　　　　　　20 000

（3）复合计税办法

有同类消费品销售价格的，其计算公式：

$$应纳税额＝同类应税消费品单位销售价格×自产自用数量×$$
$$适用税率＋自产自用数量×定额税率$$

没有同类消费品销售价格的按纳税的组成计税价格，其计算公式：

$$组成计税价格＝\frac{成本＋利润＋自产自用数量×定额税率}{1－比例税率}$$

$$＝\frac{成本×(1＋成本利润率)＋自产自用数量×定额税率}{1－比例税率}$$

$$应纳税额＝组成计税价格×比例税率＋自产自用数量×定额税率$$

【案例导入 2-(4)】

特制白酒用于厂庆的，无同类产品售价，从价计征的部分按组成的计税价格计税。

组成计税价格＝[2 000×24×(1＋10％)＋2 000×2×0.5]÷(1－20％)＝68 500（元）

白酒的成本＝2 000×24＝48 000（元）

应纳消费税税额＝2 000×2×0.5＋68 500×20％＝15 700（元）

应纳增值税销项税额＝68 500×17％＝11 645（元）

借：管理费用　　　　　　　　　　　　　　　　75 345

　　贷：应交税费——应交消费税　　　　　　　　　　15 700

　　　　应交税费——应交增值税（销项税额）　　　　11 645

　　　　库存商品　　　　　　　　　　　　　　　　48 000

4. 自产应税消费品用于换取生产资料和消费资料、投资入股和抵偿债务的核算

纳税人生产的应税消费品用于换取生产资料和消费资料、投资入股和抵偿债务等方面，应当以纳税人同类应税消费品的最高销售价格作为计税依据计算消费税。

（1）用于换取生产资料和消费资料

纳税人生产的应税消费品用于换取生产资料和消费资料属于非货币性资产交换，换入资产可抵扣的进项税，借记"应交税费——应交增值税（进项税额）"账户，换出消费品，按规定计算的应交消费税和增值税，贷记"应交税费——应交消费税"、"应交税费——应交增值税（销项税额）"账户，借记"原材料"、"管理费用"等账户。其他账务处理按非货币性资产交换的处理办法。

【案例导入 1-(6)】

公司以化妆品换取原材料,应按同类应税消费品的最高销售价格作为计税依据计算消费税,以同类应税消费品的平均售价作为增值税的计税依据。

应纳消费税税额＝25 000×30％＝7 500(元)

增值税进项税税额＝4 250(元)

应纳增值税销项税税额＝24 000×17％＝4 080(元)

借:原材料——乙材料	23 830	
应交税费——应交增值税(进项税额)	4 250	
贷:主营业务收入		24 000
应交税费——应交增值税(销项税额)		4 080
借:营业税金及附加	7 500	
贷:应交税费——应交消费税		7 500

同时:

| 借:主营业务成本 | 20 000 | |
| 　贷:库存商品 | | 20 000 |

(2)用于投资入股

纳税人生产的应税消费品用于投资入股,按长期股权投资的处理办法,借记"长期股权投资"等账户,贷记"主营业务收入"、"应交税费——应交增值税(销项税额)"账户,同时借记"营业税金及附加"账户,贷记"应交税费——应交消费税"账户,并结转成本。

(3)用于抵偿债务

纳税人生产的应税消费品用于抵偿债务,按应付账款余额,借记"应付账款"等账户,贷记"主营业务收入"、"应交税费——应交增值税(销项税额)"账户,按其差额贷记"营业外收入"账户或借记"营业外支出"账户,同时借记"营业税金及附加"账户,贷记"应交税费——应交消费税"账户,并结转成本。

【案例导入 1-(7)】

化妆品抵债应按同类应税消费品的最高销售价格作为计税依据计算消费税,以同类应税消费品的平均售价作为增值税的计税依据。

应纳增值税销项税额＝95 000×17％＝16 150(元)

应纳消费税税额＝100 000×30％＝30 000(元)

借:应付账款	120 000	
贷:主营业务收入		95 000
应交税费——应交增值税(销项税额)		16 150
营业外收入		8 850

同时:

| 借:营业税金及附加 | 30 000 | |
| 　贷:应交税费——应交消费税 | | 30 000 |

结转成本:

| 借:主营业务成本 | 80 000 | |
| 　贷:库存商品 | | 80 000 |

5.外购应税消费品已纳消费税扣除的计算

对应税消费品计算消费税,由于某些应税消费品是用外购已缴纳的应税消费品连续生产出来的,在对这些连续生产出来的应税消费品计算征税时,按当期生产领用数量计算准予扣除外购的应税消费品已纳的消费税税款。其扣除范围为:

(1)外购已税烟丝生产的卷烟;

(2)外购已税化妆品生产的化妆品;

(3)外购已税珠宝玉石生产的贵重首饰及珠宝玉石;

(4)外购已税鞭炮焰火生产的鞭炮焰火;

(5)外购已税汽车轮胎(内胎和外胎)生产的汽车轮胎;

(6)外购已税摩托车生产的摩托车(如用外购两轮摩托车改装三轮摩托车);

(7)外购已税杆头、杆身和握把为原料生产的高尔夫球杆;

(8)外购已税木制一次性筷子为原料生产的木制一次性筷子;

(9)外购已税实木地板为原料生产的实木地板;

(10)外购已税石脑油为原料生产的应税消费品;

(11)外购已税润滑油为原料生产的润滑油。

上述当期准予扣除外购应税消费品已纳消费税税款的计算公式是:

当期准予扣除外购应税消费品已纳税款=当期准予扣除外购应税消费品的买价×外购应税消费品适用税率

当期准予扣除外购应税消费品的买价=期初库存的外购应税消费品的买价+当期购进外购应税消费品的买价-期末库存的外购应税消费品的买价

外购已税消费品的买价是指购货发票上注明的销售额(不含增值税)。需要说明的是:

①对于在零售环节缴纳消费税的金银首饰(含镶嵌首饰)、钻石及钻石饰品已纳消费税不得扣除。

②对自己不生产应税消费品,而只是购进后再销售应税消费品的工业企业,其销售的化妆品、鞭炮焰火和珠宝玉石,凡不能构成最终消费品直接进入消费品市场,而需进一步生产加工的,应当征收消费税,同时允许扣除上述外购应税消费品的已纳税款。

③允许扣除已纳税款的应税消费品只限于从工业企业购进的应税消费品和进口环节已缴纳消费税的应税消费品,对从境内商业企业购进应税消费品的已纳税款一律不得扣除。

④卷烟消费税在生产和批发两个环节征收后,批发企业在计算纳税时不得扣除已含的生产环节的消费税税款。

外购应税消费品时和其他原材料采购的处理相同,在领用时按允许扣除的消费税,借记"应交税费——应交消费税"账户,贷记"原材料"账户,其差额借记"生产成本"账户。

【案例导入 1-(8)】

当月准予扣除的外购化妆品买价=600 000(元)

当月准予扣除的外购化妆品已纳消费税=600 000×30%=180 000(元)

借:生产成本　　　　　　　　　　　　　　　　　　420 000

　　应交税费——应纳消费税　　　　　　　　　　　180 000

　　贷:原材料　　　　　　　　　　　　　　　　　　　　600 000

3.2.3　委托加工环节应纳消费税的核算

委托加工应税消费品是指由委托方提供原料和主要材料,受托方只收取加工费和代垫部分辅助材料加工的应税消费品。对于由受托方提供原材料生产的应税消费品,或者受托方先将原材料卖给委托方,然后再接受加工的应税消费品,以及由受托方以委托方名义购进原材料生产的应税消费品,不论在财务上是否作销售处理,都不得作为委托加工应税消费品,而应当按照销售自制应税消费品缴纳消费税。

委托加工的应税消费品,除受托方为个人外,由受托方在向委托方交货时代收代缴税款。

委托个人加工的应税消费品,由委托方收回后缴纳消费税。

委托方将收回的应税消费品,以不高于受托方的计税价格出售的,为直接出售,不再缴纳消费税;委托方以高于受托方的计税价格出售的,不属于直接出售,需按照规定申报缴纳消费税,在计税时准予扣除受托方已代收代缴的消费税;用于连续生产应税消费品的,所纳税款准予按规定抵扣。

1.计税依据的确定

委托加工的应税消费品,按照受托方同类消费品的销售价格计算纳税;没有同类消费品销售价格的,按照组成计税价格计算纳税。

同类消费品的销售价格是指纳税人或代收代缴义务人当月销售的同类消费品的销售价格。如果当月同类消费品各期销售价格高低不同,应按销售数量加权平均计算。但销售的应税消费品有下列情况之一的,不得列入加权平均计算:(1)销售价格明显偏低又无正当理由的;(2)无销售价格的。如果当月无销售或者当月未完结,应按照同类消费品上月或最近月份的销售价格计算纳税。

受托方没有代收代缴消费税的,委托方应补交税款,补税的计税依据为:已直接销售的,按销售额计税;未销售或不能直接销售的(如收回后用于连续生产等),按组成计税价格计税。

2.应纳税额的计算

(1)从价定率办法

受托方有同类消费品销售价格的,其计算公式:

$$应纳税额＝同类应税消费品单位销售价格×委托加工数量×适用税率$$

受托方没有同类消费品销售价格的,按照组成计税价格,其计算公式:

$$组成计税价格＝\frac{材料成本＋加工费}{1－比例税率}$$

$$应纳税额＝组成计税价格×比例税率$$

(2)从量定额办法

实行从量定额计算纳税的,其计算公式为:

$$应纳税额＝委托加工数量×定额税率$$

(3)复合计税办法

受托方有同类消费品销售价格的,其计算公式:

$$应纳税额＝同类应税消费品单位销售价格×委托加工数量×适用税率＋$$
$$委托加工数量×定额税率$$

受托方没有同类消费品销售价格的,按照组成计税价格,其计算公式:

$$组成计税价格=\frac{材料成本+加工费+委托加工数量×定额税率}{1-比例税率}$$

$$应纳税额=组成计税价格×比例税率+委托加工数量×定额税率$$

上式中,材料成本是指委托方所提供加工材料的实际成本。委托加工应税消费品的纳税人,必须在委托加工合同上如实注明(或以其他方式提供)材料成本,凡未提供材料成本的,受托方所在地主管税务机关有权核定其材料成本。加工费是指受托方加工应税消费品向委托方所收取的全部费用(包括代垫辅助材料的实际成本,不包括增值税)。

3.已纳税款的扣除

委托方收回应税消费品准予按照规定从连续生产的应税消费品应纳消费税税额中抵扣的消费税,可按当期生产领用数量从当期应纳消费税税额中扣除,其扣税范围为:

(1)以委托加工收回的已税烟丝为原料生产的卷烟;

(2)以委托加工收回的已税化妆品为原料生产的化妆品;

(3)以委托加工收回的已税珠宝玉石为原料生产的贵重首饰及珠宝玉石;

(4)以委托加工收回的已税鞭炮焰火为原料生产的鞭炮焰火;

(5)以委托加工收回的已税汽车轮胎生产的汽车轮胎;

(6)以委托加工收回的已税摩托车生产的摩托车;

(7)以委托加工收回的已税杆头、杆身和握把为原料生产的高尔夫球杆;

(8)以委托加工收回的已税木制一次性筷子为原料生产的木制一次性筷子;

(9)以委托加工收回的已税实木地板为原料生产的实木地板;

(10)以委托加工收回的已税石脑油为原料生产的应税消费品;

(11)以委托加工收回的已税润滑油为原料生产的润滑油。

当期准予扣除的委托加工应税消费品已纳税款=期初库存的委托加工应税消费品已纳税款+当期收回的委托加工应税消费品已纳税款-期末库存的委托加工应税消费品已纳税款

纳税人用委托加工收回的已税珠宝玉石生产的改在零售环节征收消费税的金银首饰,在计税时一律不得扣除已税珠宝玉石的已纳税款。

4.会计核算

企业委托外单位加工应税消费品,按发出原材料实际成本,借记"委托加工物资"账户,贷记"原材料"、"库存商品"等账户;支付加工费、运杂费等,借记"委托加工物资"账户,贷记"银行存款"等账户;如果应税消费品收回后以不高于受托方的计税价格直接销售,不再征收消费税的,按受托方代收代交的消费税,借记"委托加工物资"账户;如果应税消费品收回后用于继续加工应税消费品或以高于受托方的计税价格出售的,按受托方代收代交的消费税,借记"应交税费——应交消费税"账户,贷记"应付账款"、"银行存款"等账户,该消费税可以抵扣。

受托方收到代缴的消费税款时,借记"银行存款"等账户,贷记"应交税费——应交消费税"账户,实际缴纳时做相反的会计处理。

【案例导入 1-(9)】

发出材料时：

借：委托加工物资　　　　　　　　　　　　　　　　　　100 000

　　贷：原材料　　　　　　　　　　　　　　　　　　　　　　　　100 000

支付加工费和税金时：

支付加工费应纳增值税税额＝(30 000＋10 000)×17％＝6 800(元)

受托方代收代缴的消费税税额＝(100 000＋10 000＋30 000)÷(1－30％)×30％＝60 000(元)

借：委托加工物资　　　　　　　　　　　　　　　　　　40 000

　　应交税费——应交增值税(进项税额)　　　　　　　　6 800

　　应交税费——应交消费税　　　　　　　　　　　　　60 000

　　贷：银行存款　　　　　　　　　　　　　　　　　　　　　106 800

加工收回入库时：

借：原材料　　　　　　　　　　　　　　　　　　　　　140 000

　　贷：委托加工物资　　　　　　　　　　　　　　　　　　　　140 000

3.2.4　进口环节应纳消费税的核算

进口的应税消费品，应在进口时由进口者交纳消费税。交纳的消费税应计入进口应税消费品的成本。企业应按应税消费品的成本连同消费税，借记"固定资产""材料采购"、"库存商品"等账户，按支付的准予抵扣的增值税，借记"应交税费——应交增值税(进项税额)"账户，贷记"应付账款"、"银行存款"等账户。

纳税人进口的应税消费品，按照组成计税价格计算消费税。进口卷烟组成计税价格的计算比进口一般货物组成计税价格的计算多了一步适用税率的确定。

1.进口一般货物应纳消费税的核算

进口一般货物应纳消费税的计算公式如下：

(1)从价定率办法

$$组成计税价格＝\frac{关税完税价格＋关税}{1－消费税比例税率}$$

$$应纳税额＝组成计税价格×消费税比例税率$$

(2)从量定额办法

$$应纳税额＝进口应税消费品数量×消费税定额税率$$

(3)复合计税办法

$$组成计税价格＝\frac{关税完税价格＋关税＋进口数量×消费税定额税率}{1－消费税比例税率}$$

$$应纳税额＝组成计税价格×消费税比例税率＋进口数量×消费税定额税率$$

【案例导入 3-(1)】

组成的计税价格＝(166 000＋199 200)÷(1－5％)＝384 421.05(元)

应纳消费税税额＝384 421.05×5％＝19 221.05(元)

应纳增值税税额＝384 421.05×17％＝65 351.58(元)

进口小轿车为非生产用,其增值税从2013年8月1日起不再记入固定资产的成本,可以抵扣增值税进项税额。

借:固定资产　　　　　　　　　　　　　　　　　　384 421.05

　　应交税费——应交增值税(进项税额)　　　　　 65 351.58

　　贷:银行存款　　　　　　　　　　　　　　　　　　　 449 772.63

【案例导入2-(5)】

应纳消费税税额＝1 000×250＝250 000(元)

组成的计税价格＝1 000×4 000＋1 000×4 000×20％＋250 000＝5 050 000(元)

应交增值税税额＝5 050 000×17％＝858 500(元)

进口啤酒作为库存商品对外销售,如果增值税税款缴款书已认证,可以作为进项税抵扣。

借:库存商品　　　　　　　　　　　　　　　　　　5 050 000

　　应交税费——应交增值税(进项税额)　　　　　　 858 500

　　贷:银行存款　　　　　　　　　　　　　　　　　　　 5 908 500

【案例导入2-(6)】

应纳关税＝800 000×30％＝240 000(元)

组成计税价格＝(800 000＋240 000＋10×1 000×2×0.5)÷(1－20％)＝1 312 500(元)

应纳消费税税额＝1 312 500×20％＋10×1 000×2×0.5＝272 500(元)

应纳增值税税额＝1 312 500×17％＝223 125(元)

进口粮食白酒作为原材料对外销售,如果增值税税款缴款书已认证,可以作为进项税抵扣。外购粮食白酒作为原材料已纳消费税不能抵扣。

材料采购成本＝800 000＋240 000＋272 500＝1 312 500(元)

借:材料采购　　　　　　　　　　　　　　　　　　1 312 500

　　应交税费——应交增值税(进项税额)　　　　　　 223 125

　　贷:银行存款　　　　　　　　　　　　　　　　　　　 1 535 625

2.进口卷烟应纳消费税的核算

进口卷烟应纳消费税的计算步骤如下:

第一步,计算每标准条组成计税价格

$$每标准条组成计税价格＝\frac{每条关税完税价格＋每条关税＋每条消费税定额税}{1－消费税税率}$$

消费税定额税率为:每标准条(200支)0.6元,消费税税率固定为36％。

第二步,确定卷烟适用税率

每标准条组成计税价格≥70元,适用比例税率56％;每标准条组成计税价格<70元,适用比例税率36％。

第三步,计算应纳消费税

应纳消费税税额＝组成计税价格×消费税比例税率＋进口数量×消费税定额税率

【案例导入 3-(2)】

关税完税价＝2 000 000＋120 000＋80 000＝2 200 000(元)

每条进口卷烟完税价＝2 200 000÷(320×250)＝27.5(元)

每条进口卷烟关税＝27.5×20%＝5.5(元)

每条进口卷烟消费税税适用比例税率的价格(组成计税价格)＝[27.5＋5.5＋0.6]÷(1-36%)＝52.5(元)

单条卷烟价格小于70元,适用消费税税率为36%。

进口卷烟应缴纳的消费税＝320×250×52.5×36%＋320×250×0.6＝1 560 000(元)

进口环节应缴纳的增值税＝320×250×52.5×17%＝714 000(元)

卷烟的入库成本＝2 200 000＋2 200 000×20%＋1 560 000＝4 200 000(元)

每箱卷烟的成本＝4 200 000÷320＝13 125(元)

借:库存商品	4 200 000	
应交税费——应交增值税(进项税额)	714 000	
贷:银行存款		4 914 000

3.2.5　批发环节应纳消费税的核算

从事卷烟批发业务的单位和个人为卷烟批发环节消费税的纳税义务人。纳税人销售给纳税人以外的单位和个人的卷烟于销售时纳税。纳税人之间销售的卷烟不缴纳消费税。征收范围为纳税人批发销售的所有牌号规格的卷烟。计税依据为纳税人批发卷烟的销售额(不含增值税)。纳税人应将卷烟销售额与其他商品销售额分开核算,未分开核算的,一并征收消费税。卷烟消费税在生产环节征收后,批发企业在计算纳税时不得扣除已含的生产环节的消费税税款。计算应纳的消费税,借记"营业税金及附加"账户,贷记"应交税费——应交消费税"账户,并结转成本。

【案例导入 3-(3)】

批发卷烟应纳消费税税额＝200×20 000×5%＝200 000(元)

应纳增值税销项税额＝200×20 000×17%＝680 000(元)

借:银行存款	4 680 000	
贷:主营业务收入		4 000 000
应交税费——应交增值税(销项税额)		680 000
借:营业税金及附加	200 000	
贷:应交税费——应交消费税		200 000

批发卷烟的成本＝200×13 125＝2 625 000

借:主营业务成本	2 625 000	
贷:库存商品		2 625 000

3.2.6　零售环节应纳消费税的核算

纳税人销售金银首饰,其计税依据为不含增值税的销售额。如果纳税人销售金银首

饰的销售额中未扣除增值税税款,在计算消费税时,应换算为不含增值税税款的销售额。其计算公式为:

$$金银首饰的销售额=\frac{含增值税的销售额}{1+增值税税率或征收率}$$

金银首饰连同包装物销售的,无论包装是否单独计价,也无论会计上如何核算,均应并入金银首饰的销售额,计征消费税。

带料加工的金银首饰,应按受托方销售同类金银首饰的销售价格确定计税依据征收消费税。没有同类金银首饰销售价格的,按照组成计税价格计算纳税。其计算公式为:

$$组成计税价格=\frac{材料成本+加工费}{1-金银首饰消费税税率}$$

纳税人采用以旧换新(含翻新改制)方式销售的金银首饰,应按实际收取的不含增值税的全部价款确定计税依据征收消费税。

生产、批发、零售单位用于馈赠、赞助、集资、广告、样品、职工福利、奖励等方面的金银首饰,应按纳税人销售同类金银首饰的销售价格确定计税依据征收消费税;没有同类金银首饰销售价格的,按照组成计税价格计算纳税。其计算公式为:

$$组成计税价格=\frac{购进原价×(1+利润率)}{1-金银首饰消费税税率}$$

纳税人为生产企业时,公式中的“购进原价”为生产成本。公式中的“利润率”一律定为6%。

对销售金银首饰,又销售非金银首饰的生产经营单位,应分别核算销售额。凡划分不清或不能分别核算的,在生产环节销售的,一律从高适应税率征收消费税;在零售环节销售的,一律按金银首饰征收消费税。

用已税珠宝玉石生产的在零售环节纳税的镶嵌首饰,在计税时一律不得扣除买价或已纳的消费税税款。

计算应纳的消费税,借记“营业税金及附加”账户,贷记“应交税费——应交消费税”账户,并结转成本。

3.2.7　出口应税消费品退免税的核算

1.适用范围

(1)出口企业出口或视同出口适用增值税退(免)税的货物,免征消费税,如果属于购进出口的货物,退还前一环节对其已征的消费税。

(2)出口企业出口或视同出口适用增值税免税政策的货物,免征消费税,但不退还其以前环节已征的消费税,且不允许在内销应税消费品应纳消费税款中抵扣。

(3)出口企业出口或视同出口适用增值税征税政策的货物,应按规定缴纳消费税,不退还其以前环节已征的消费税,且不允许在内销应税消费品应纳消费税款中抵扣。

2.消费税退税的计税依据

出口货物的消费税应退税额的计税依据,按购进出口货物的消费税专用缴款书和海关进口消费税专用缴款书确定。属于从价定率计征消费税的,为已征且未在内销应税消费品应纳税额中抵扣的购进出口货物金额;属于从量定额计征消费税的,为已征且未在内销应税消费品应纳税额中抵扣的购进出口货物数量;属于复合计征消费税的,按从价定率和从量定额的计税依据分别确定。

3.消费税退税的计算

$$消费税应退税额=从价定率计征消费税的退税计税依据×比例税率+$$
$$从量定额计征消费税的退税计税依据×定额税率$$

生产企业直接出口自产应税消费品时,按规定予以直接免税,不计算应缴消费税;免税后发生退货或退关的,也可以暂不办理补税,待其转为国内销售时,再申报缴纳消费税。

生产企业将应税消费品销售给外贸企业,由外贸企业自营出口的,按先征后退办法进行核算。即外贸企业从生产企业购入应税消费品时,先缴纳消费税,在产品报关出口后,再申请出口退税;退税后若发生退货或退关,应及时补交消费税。

4.出口应税消费品退免税的会计核算

企业如果享受国家出口退还消费税政策,计提应收出口退税时,借记"其他应收款"账户,贷记"主营业务成本"账户,实际收到出口退税时,借记"银行存款"账户,贷记"其他应收款"账户。但如果外贸企业委托其他外贸企业出口应税消费品,计提应退消费税时,借记"应收账款"账户,贷记"应交税费——应交消费税"账户;实际收到受托方退回出口消费税时,借记"银行存款"账户,贷记"应收账款"账户。而受托出口的外贸企业收到税务部门退回的消费税时,借记"银行存款"账户,贷记"应付账款"账户。

【案例导入 3-(4)】

该企业应应退消费税税款为:

应退消费税=5 000 000×30%=1 500 000(元)

应退增值税=5 000 000×11%=550 000(元)

购入化妆品验收入库时

借:库存商品	5 000 000	
应交税费——应交增值税(进项税额)	850 000	
贷:银行存款		5 850 000

化妆品报关出口时

借:银行存款	5 490 000	
贷:主营业务收入		5 490 000

结转销售成本时

借:主营业务成本	5 000 000	
贷:库存商品		5 000 000

不得抵扣或退税税额,调整出口成本:850 000-550 000=300 000(元)

借:主营业务成本	300 000	
贷:应交税费——应交增值税(进项税额转出)		300 000

申请退税时

借:其他应收款	2 050 000	
贷:应交税费——应交增值税(出口退税)		550 000

　　　主营业务成本　　　　　　　　　　　　　　　　　　　　1 500 000
　　收到出口退税时
　　　借:银行存款　　　　　　　　　　　　　　　　　　　　2 050 000
　　　　贷:其他应收款　　　　　　　　　　　　　　　　　　　　2 050 000

3.2.8　检查调整

1.当期发生的消费税业务检查的账务调整

对税务检查中发现当期有应计未计或少计的消费税,企业必须作账务调整。补税时借计"营业税金及附加"账户,贷记"应交税费——应交消费税"账户。并相应调整"本年利润"、"应交税费——应交城市维护建设税"、"应交税费——应交教育费附加"等账户。

【案例导入 2-(7)】

原材料增加:15 000－6 450＝8 550(元)

应补增值税销项税额＝50×353.6÷(1+17%)×17%＝2 568.89(元)

应补消费税＝50×353.6÷(1+17%)×10%＝1 511.11(元)

检查后调账如下:

　　借:营业税金及附加　　　　　　　　　　　　　　　　　1 511.11
　　　　贷:应交税费——应交消费税　　　　　　　　　　　　　　1 511.11
　　借:原材料　　　　　　　　　　　　　　　　　　　　　8 550.00
　　　主营业务成本　　　　　　　　　　　　　　　　　　9 000.00
　　　营业外支出　　　　　　　　　　　　　　　　　　　　130.00
　　　　贷:主营业务收入　　　　　　　　　　　　　　　　　15 111.11
　　　　　应交税费——应交增值税(销项税额)　　　　　　　　2 568.89

2.以前各期发生的消费税业务检查的账务调整

对税务检查中发现以往各期有应计未计或少计的消费税,企业也必须作账务调整。补税时借记"营业税金及附加"账户,贷记"应交税费——应交消费税"账户。并通过"以前年度损益调整"账户调整"利润分配"账户,同时调整相关的账户。(账项调整见会计差错更正)

任务 3.3　消费税的纳税申报

消费税的纳税人无论有无发生消费税的纳税义务,均应在次月 1 日至 15 日内向主管税务机关办理消费税的纳税申报,并填制《消费税纳税申报表》(见表 3-3~表 3-8)。

【案例导入 1 纳税申报表填制】

化妆品应纳消费税税额＝180 000+24 000+1 500+6 000+5 400+7 500+30 000
　　　　　　　　　　＝254 400(元)

准予扣除的外购化妆品已纳消费税税额＝180 000(元)

准予扣除的委托加工化妆品受托方代收代缴的消费税税额＝60 000(元)

本期应补(退)消费税税额＝254 400－180 000－60 000＝14 400(元)

见其他应税消费品消费税纳税申报表(表3-7)、本期准予扣除税额计算表(表3-8)。

【案例导入2 纳税申报表填制】

啤酒应纳消费税税额＝220 000＋2 200＝222 200(元)

粮食白酒应纳消费税税额＝700 000＋15 700＝715 700(元)

应缴前期应纳消费税税额＝1 511.11(元)

本期应补(退)消费税税额＝222 200＋715 700＋1 511.11＝939 411.11(元)

见酒及酒精消费税纳税申报表(表3-4)

表3-3

表3-3-1

烟类应税消费品消费税纳税申报表

税款所属期： 年 月 日至 年 月 日

纳税人名称(公章)： 纳税人识别号：

填表日期： 年 月 日 单位：卷烟万支、雪茄烟支、烟丝千克；金额单位：元(列至角分)

项目 应税 消费品名称	适用税率		销售数量	销售额	应纳税额
	定额税率	比例税率			
卷烟	30元/万支	56%			
卷烟	30元/万支	36%			
雪茄烟		36%			
烟丝		30%			
合计					

本期准予扣除税额：	**声明** 　　此纳税申报表是根据国家税收法律的规定填报的，我确定它是真实的、可靠的、完整的。
本期减(免)税额：	经办人(签章)：
期初未缴税额：	财务负责人(签章)： 　　联系电话：
本期缴纳前期应纳税额：	(如果你已委托代理人申报，请填写) 　　　　　　　　　**授权声明**
本期预缴税额：	为代理一切税务事宜，现授权_____(地址)_____为本纳税人的代理申报人，任何与
本期应补(退)税额：	本申报表有关的往来文件，都可寄予此人。
期末未缴税额：	授权人签章：

以下由税务机关填写

受理人(签章)： 受理日期： 年 月 日 受理税务机关(章)：

表 3-3-2　　　　　　　　　**卷烟消费税纳税申报表(批发)**

税款所属期：　年　月　日至　年　月　日

纳税人名称(公章)：　　　　　　　　　纳税人识别号：

填表日期：　年　月　日

单位:卷烟万支、金额单位:元(列至角分)

项目　　应税消费品名称	适用税率	销售数量	销售额	应纳税额
卷烟	5%			
合计	5%			

期初未缴税额：	**声明**　　此纳税申报表是根据国家税收法律的规定填报的,我确定它是真实的、可靠的、完整的。
本期缴纳前期应纳税额：	经办人(签章)： 财务负责人(签章)： 联系电话：
本期预缴税额：	(如果你已委托代理人申报,请填写)授权声明
本期应补(退)税额：	为代理一切税务事宜,现授权_____(地址)_____为本纳税人的代理申报人,任何与本申报表有关的往来文件,都可寄予此人。
期末未缴税额：	授权人签章：

以下由税务机关填写

受理人(签章)：　　　　受理日期：　年　月　日　　　　受理税务机关(章)：

表 3-4　　　　　　　　　**酒及酒精消费税纳税申报表**

税款所属期:2013 年 9 月 1 日至 2013 年 9 月 30 日

纳税人名称(公章)：

纳税人识别号:37070244078130005089

填表日期:2013 年 10 月 10 日

金额单位:元(列至角分)

项目　　应税消费品名称	适用税率		销售数量	销售额	应纳税额
	定额税率	比例税率			
粮食白酒	0.5 元/斤	20%	204 000	3 068 500	715 700
薯类白酒	0.5 元/斤	20%			
啤酒	250 元/吨	——			
啤酒	220 元/吨	——	1 010		222 200
黄酒	240 元/吨				
其他酒	——	10%			
酒精	——	5%			
合计	——	——	——	——	937 900

（续表）

本期准予抵减税额：0	声明
	此纳税申报表是根据国家税收法律的规定填报的，我确定它是真实的、可靠的、完整的。
本期减（免）税额：0	经办人（签章）： 　　　财务负责人（签章）： 　　　联系电话：
期初未缴税额：0	
本期缴纳前期应纳税额：1 511.11	（如果你已委托代理人申报，请填写） 　　　　授权声明
本期预缴税额：0	为代理一切税务事宜，现授权_____ _____（地址）_____为本纳税人的代
本期应补（退）税额：939 411.11	理申报人，任何与本申报表有关的往来文件，都可寄予此人。
期末未缴税额：939 411.11	授权人签章：

以下由税务机关填写

受理人（签章）：　　　受理日期：　年　月　日　　　受理税务机关（章）：

表 3-5　　　　　　　　　　　**成品油消费税纳税申报表**

税款所属期：　年　月　日至　年　月　日

纳税人名称（公章）：　　　纳税人识别号：

填表日期：　年　月　日　　　　　　　　计量单位：升；金额单位：元（列至角分）

项目 应税消费品名称	适用税率（元/升）	销售数量	应纳税额
含铅汽油	1.4		
无铅汽油	1		
柴油	0.8		
石脑油	1		
溶剂油	1		
润滑油	1		
燃料油	0.8		
航空煤油	0.8	——	
合计	——		

（续表）

本期减（免）税额：	声明
期初留抵税额：	此纳税申报表是根据国家税收法律的规定填报的，我确定它是真实的、可靠的、完整的。
本期准予扣除税额：	
本期应抵扣税额：	声明人签字：
期初未缴税额：	
期末留抵税额：	
本期实际抵扣税额：	（如果你已委托代理人申报，请填写）
本期缴纳前期应纳税额：	授权声明
本期预缴税额：	为代理一切税务事宜，现授权＿＿
本期应补（退）税额：	＿＿＿＿＿＿．（地址）为本纳税人的代理申报人，任何与本申报表有关的往来文件，都可寄予此人。
期末未缴税额：	

以下由税务机关填写　　　　　　授权人签字：

受理人（签字）：　　受理日期：　年　月　日　　　　受理税务机关（公章）：

表 3-6　　　　　　　　　　　　**小汽车消费税纳税申报表**

税款所属期：　　年　月　日至　年　月　日

纳税人名称（公章）：　　　　　　　　　　纳税人识别号：

填表日期：　年　月　日　　　　　　　　　　　　单位：辆、元（列至角分）

项目 应税 消费品名称		适用税率	销售数量	销售额	应纳税额
乘用车	气缸容量≤1.0升	1％			
	1.0升＜气缸容量≤1.5升	3％			
	1.5升＜气缸容量≤2.0升	5％			
	2.0升＜气缸容量≤2.5升	9％			
	2.5升＜气缸容量≤3.0升	12％			
	3.0升＜气缸容量≤4.0升	25％			
	气缸容量＞4.0升	40％			
中轻型商用客车		5％			
合计		——	——	——	

（续表）

本期准予扣除税额：	声明 　　此纳税申报表是根据国家税收法律的规定填报的,我确定它是真实的、可靠的、完整的。
本期减(免)税额：	
期初未缴税额：	经办人(签章)： 财务负责人(签章)： 联系电话：
本期缴纳前期应纳税额：	(如果你已委托代理人申报,请填写) 　　　　　授权声明
本期预缴税额：	为代理一切税务事宜,现授权_____ _____(地址)为本纳税人的代理申报人,
本期应补(退)税额：	任何与本申报表有关的往来文件,都可寄予此人。
期末未缴税额：	授权人签章：

以下由税务机关填写

受理人(签章)：　　　　　受理日期：　　年　　月　　日　　　　受理税务机关(章)：

表 3-7　　　　　　　　　**其他应税消费品消费税纳税申报表**

税款所属期：　2013 年 9 月 1 日 至 2013 年 9 月 30 日

纳税人名称(公章)：

纳税人识别号：37070244078130005089

填表日期：2013 年 10 月 10 日　　　　　　　　　　　　金额单位：元(列至角分)

项目 应税 消费品名称	适用税率	销售数量	销售额	应纳税额
化妆品	30%		848 000	254 400
合计	——			

本期准予抵减税额：240 000	声明
	此纳税申报表是根据国家税收法律的规定填报的,我确定它是真实的、可靠的、完整的。
本期减(免)税额：0	经办人(签章)：
期初未缴税额：0	财务负责人(签章)： 联系电话：

（续表）

本期缴纳前期应纳税额：0	（如果你已委托代理人申报，请填写） 授权声明 为代理一切税务事宜，现授权 _____
本期预缴税额：0	
本期应补（退）税额：14 400	____（地址）_____为本纳税人的 代理申报人，任何与本申报表有关的往来 文件，都可寄予此人。
期末未缴税额：14 400	授权人签章：

以下由税务机关填写

受理人（签章）：   受理日期： 年 月 日   受理税务机关（章）：

表 3-8   **本期准予扣除税额计算表**

税款所属期：2013 年 9 月 1 日至 2013 年 9 月 30 日

纳税人名称（公章）：   纳税人识别号：37070244078130005089

填表日期：2013 年 10 月 10 日   金额单位：元（列至角分）

项目 / 应税消费品名称		化妆品			合计
当期准予扣除的委托加工应税消费品已纳税款计算	期初库存委托加工应税消费品已纳税款				——
	当期收回委托加工应税消费品已纳税款	60 000			——
	期末库存委托加工应税消费品已纳税款				——
	当期准予扣除委托加工应税消费品已纳税款				
当期准予扣除的外购应税消费品已纳税款计算	期初库存外购应税消费品买价	700 000			——
	当期购进应税消费品买价	0			——
	期末库存外购应税消费品买价	100 000			——
	外购应税消费品适用税率	30%			——
	当期准予扣除外购应税消费品已纳税款	180 000			
本期准予扣除税款合计		240 000			

营业税的核算

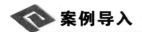 **案例导入**

以下企业均为营业税纳税人,假设业务中收取的款项均已收到并存入银行。

1. 某建筑公司 9 月发生以下业务:(1)承建一项住宅工程建设,本月预收工程款 4 000 万元;(2)签订一项装修工程收到工程款 800 万元,其中 200 万元支付给转包的装修公司;(3)自建楼房一栋竣工,建筑安装总成本 8 000 万元,将其 40% 售给另一单位,其余自用,总售价 14 000 万元,本月预收 10 000 万元,其余款项于 12 月交纳。(当地营业税成本利润率为 10%)。

2. 某银行第二季度发生如下业务:(1)共吸收存款 1000 万元,取得贷款利息 100 万元,办理结算业务手续费收入 60 万元;(2)购入 A 债券,购入价 100 万元,B 债券购入价 160 万元,共支付相关费用和税金 2.6 万元;当季又将债券卖出,A 债券售出价 110 万元,B 债券售出价 156 万元,共支付相关费用和税金 2.66 万元。

3. 某保险公司 9 月取得如下收入(1)取得财产保险收入 360 万元;(2)储金业务收入 40 万元,月初储金余额 10 000 万元,月末储金余额 14 000 万元。中国人民银行公布一年期存款利率为 2%。

4. 某电信局 9 月份取得电话机安装收入 60 万元,出售移动电话收入 40 万元,取得话费收入 80 万元,代办电信工程收入 100 万元。

5. 某歌舞团 9 月连续在某文化活动中心进行商业演出,取得门票收入 100 万元,付给文化活动中心 40 万元场地租赁费。

6. 某歌厅 9 月门票收入为 120 万元,台位费收入 60 万元,相关的烟酒和饮料费收入 40 万元,适用的税率为 10%。

7. 某旅游公司 9 月组织 1 000 人的旅游团去某地旅游,每人收取的旅游费为 6 000 元。旅行中该旅游公司为每人支付交通费 1 500 元,住宿费 1 200 元,餐费 700 元,门票等费用 600 元。

8. 某房地产开发企业,9 月共出售商品房 1 万平方米,取得价款 6 000 万元;委托建筑商为职工建设一幢住宅楼竣工,建筑面积 5 千平方米,成本共计 1 500 万元,按成本价出售,取得价款 1 500 万元,当地税务机关认为价格偏低,应按组成计税价格计算营业税。当地的成本利润率为 40%。

如果你是上述单位的纳税会计,应如何计算各单位应纳营业税,如何进行账务处理和纳税申报?通过本项目学习,可以明确营业税的基本规定、应纳税额的计算及账务处理和纳税申报等内容,完成营业税纳税申报工作任务。

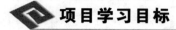**项目学习目标**

知识目标
- 理解营业税的概念特征;
- 熟悉营业税的征税范围、税目及税率;
- 掌握营业税应纳税额的计算及账务处理。

能力目标
- 准确判断哪些业务应缴纳营业税,并能根据相关业务准确计算营业税应纳税额;
- 准确进行营业税会计核算;
- 准确而完整地填写营业税纳税申报表。

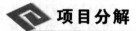**项目分解**

任务 4.1 营业税认知→任务 4.2 营业税的会计核算→任务 4.3 营业税的纳税申报

任务 4.1　营业税认知

4.1.1　纳税人和扣缴义务人的确定

1.纳税人

(1)一般规定

营业税的纳税人是在中华人民共和国境内提供除征收增值税外的应税劳务、转让无形资产或者销售不动产的单位和个人。

单位是指企业、行政单位、事业单位、军事单位、社会团体及其他单位;个人指个体工商户和其他个人。

提供应税劳务、转让无形资产或者销售不动产是指有偿提供规定的劳务、有偿转让无形资产或者有偿转让不动产所有权的行为(以下称应税行为)。但单位或者个体工商户聘用的员工为本单位或者雇主提供规定的劳务,不包括在内。有偿是指取得货币、货物或者其他经济利益。负有营业税纳税义务的单位为发生应税行为并收取货币、货物或者其他经济利益的单位,但不包括单位依法不需要办理税务登记的内设机构。

提供应税劳务在中华人民共和国境内是在中华人民共和国境内(以下简称境内)提

供规定的劳务、转让无形资产或者销售不动产,是指提供或者接受规定劳务的单位或者个人在境内、所转让的无形资产(不含土地使用权)的接受单位或者个人在境内、所转让或者出租土地使用权的土地在境内、所销售或者出租的不动产在境内。

(2)具体规定

单位以承包、承租、挂靠方式经营的,承包人、承租人、挂靠人(以下统称承包人)发生应税行为,承包人以发包人、出租人、被挂靠人(以下统称发包人)名义对外经营并由发包人承担相关法律责任的,以发包人为纳税人;否则以承包人为纳税人。

2.扣缴义务人

(1)中华人民共和国境外的单位或者个人在境内提供应税劳务、转让无形资产或者销售不动产,在境内未设有经营机构的,以其境内代理人为扣缴义务人;在境内没有代理人的,以受让方或者购买方为扣缴义务人。

(2)非居民企业在中国境内发生营业税应税行为,在境内设立经营机构的,自行申报缴纳营业税,在境内未设立经营机构的,以其代理人为扣缴义务人;没有代理人的,以发包方、劳务受让方或者购买方为扣缴义务人。

(3)国务院财政、税务主管部门规定的其他扣缴义务人。

4.1.2　征税范围的确定

营业税的征税范围包括提供应税劳务、转让无形资产或者销售不动产。提供应税劳务是指提供建筑、金融保险、邮电通信、文化体育、娱乐及服务(征收增值税的部分现代服务业除外)等劳务。

1.一般规定

(1)建筑业。建筑业是指建筑安装工程作业等。其征税对象包括建筑、安装、修缮、装饰及其他工程作业。

建筑是指新建、改建、扩建。各种建筑物、构筑物的工程作业,包括与建筑物相连的各种设备或支柱、操作平台的安装或装设的工程作业,以及各种窑炉和金属结构工程作业在内。但自建自用建筑物,其自建行为不是建筑业税目的征税范围。出租或投资入股的自建建筑物,也不是建筑业的征税范围。

安装是指生产设备、动力设备、起重设备、运输设备、传动设备、医疗实验设备及其他各种设备的装配、安置工程作业,包括与设备相连的工作台、梯子、栏杆的装设工程作业和被安装设备的绝缘、防腐、保温、油漆等工程作业。

修缮是指对建筑物、构筑物进行修补、加固、养护、改善,使之恢复原来的使用价值或延长其使用期限的工程作业。

装饰是指对建筑物、构筑物进行修饰,使之美观或具有特定用途的工程作业。

其他工程作业是指除建筑、安装、修缮、装饰工程作业以外的各种工程作业,如代办电信工程、水利工程、道路修建、疏浚、钻井(打井)、拆除建筑物、平整土地、搭脚手架、爆破等工程作业。

管道煤气集资费(初装费)业务。管道煤气集资费(初装费),是用于管道煤气工程建设和技术改造,在报装环节一次性向用户收取的费用。按照"建筑业"税目缴纳营业税。

有线电视安装费,是指有线电视台为用户安装有线电视接收装置,一次性向用户收取的安装费，也称之为"初装费"。按照"建筑业"税目缴纳营业税。

纳税人受托进行建筑物拆除、平整土地并代委托方向原土地使用权人支付拆迁补偿费的过程中，其提供建筑物拆除、平整土地劳务取得的收入应按照"建筑业"税目缴纳营业税。

（2）金融保险业。金融保险业是指经营金融、保险的业务。其征税对象包括金融、保险。

①金融业。金融是指经营货币资金融通活动的业务，包括贷款、金融商品转让、信托业和其他金融业务。

贷款是指将资金有偿贷与他人使用（包括以贴现、押汇方式）的业务。以货币资金投资但收取固定利润或保底利润的行为，也属于这里所称的贷款业务。包括一般贷款（自有资金贷款、信托贷款、典当、票据贴现等）、转贷外汇。人民银行对金融机构的贷款业务不征收营业税，人民银行对企业的贷款或委托金融机构贷款的业务应当征收营业税。

金融商品转让是指转让外汇、有价证券或非货物期货或其他金融商品的所有权行为。

信托业务指受托代他人经营金融活动的业务，包括委托业务、代理业务、咨询业务等，即金融经纪业务，但不包括信托贷款。

其他金融业务是上列各项业务以外的金融业务，如银行结算等。

对金融机构当期实际收到的结算罚款、罚息、加息等收入应并入营业额中征收营业税。

对金融机构办理贴现、押汇业务按"其他金融业务"征收营业税。金融机构从事再贴现、转贴现业务取得的收入，属于金融机构往来，暂不征收营业税。

金融机构在提供金融劳务的同时，销售账单凭证、支票等属于应征收营业税的混合销售行为，应将此项销售收入并入营业额中征收营业税。

金融机构提供金融保险业劳务时代收的邮电费也应并入营业额中征收营业税。

存款或购入金融商品行为，以及金银买卖业务，不征收营业税；对金融机构的出纳长款收入，不征收营业税。

②保险业。保险是指将通过契约形式集中起来的资金，用以补偿被保险人的经济利益的活动。

保险企业取得的追偿款不征收营业税。追偿款，是指发生保险事故后，保险公司按照保险合同的约定向被保险人支付赔款，并从被保险人处取得对保险标的价款进行追偿的权利而追回的价款。

（3）电信业。电信是指用各种电传设备传输电信号而传递信息的业务，包括电报、电传、电话、电话机安装、电信物品销售及其他电信业务。电信业务，包括基础电信业务和增值电信业务。

基础电信业务是指提供公共网络基础设施、公共数据传送和基本语音通信服务的业务，具体包括固定网国内长途及本地电话业务、移动通信业务、卫星通信业务、因特网及其他数据传送业务、网络元素出租出售业务、电信设备及电路的出租业务、网络接入及网络托管业务，国际通信基础设施国际电信业务、无线寻呼业务和转售的基础电信业务。

增值电信业务是指利用公共网络基础设施提供的电信与信息服务的业务，具体包括固定电话网增值电信业务、移动电话网增值电信业务、卫星网增值电信业务、因特网增值电信业务、其他数据传送网络增值电信业务等服务。

单位和个人从事快递业务按"邮电通信业"税目征收营业税。

（4）文化体育业。文化体育业是指经营文化、体育活动的业务，包括文化业和体育业。

文化业是指经营文化活动的业务，包括表演、播映、经营游览场所和各种展览、培训活动，举办文学、艺术、科技讲座、讲演、报告会，图书馆的图书和资料的借阅业务等。

体育业是指举办各种体育比赛和为体育比赛或体育活动提供场所的业务。

（5）娱乐业。娱乐业是指为娱乐活动提供场所和服务的业务，包括经营歌厅、舞厅、卡拉 OK 歌舞厅、音乐茶座、台球、高尔夫球、保龄球场、网吧、游艺场等娱乐场所，以及娱乐场所为顾客进行娱乐活动提供服务的业务。娱乐场所为顾客提供的饮食服务及其他各种服务也按照娱乐业征税。

（6）服务业。服务业是指利用设备、工具、场所、信息或技能为社会提供服务的业务，包括代理业、旅店业、饮食业、旅游业、仓储业、租赁业和其他服务业（征收增值税的除外）。

对围绕制造业、文化产业、现代物流产业等提供技术性、知识性服务的业务活动（包括研发和技术服务、信息技术服务、文化创意服务、物流辅助服务、有形动产租赁服务、鉴证咨询服务、广播影视服务）征收增值税，不征收营业税。

福利彩票机构发行销售福利彩票取得的收入不征收营业税。对福利彩票机构以外的代销单位销售福利彩票取得的手续费收入应按规定征收营业税。

对社保基金投资管理人、社保基金托管人从事社保基金管理活动取得的收入，依照税法的规定征收营业税。

单位和个人在旅游景点经营索道取得的收入按"服务业"税目"旅游业"项目征收营业税。对单位和个人在旅游景区经营旅游游船、观光电梯、观光电车、景区环保客运车所取得的收入应按"服务业——旅游业"征收营业税。

交通部门有偿转让高速公路收费权行为，属于营业征收范围，应按"服务业"税目中的"租赁"项目征收营业税。

随汽车销售提供的汽车按揭服务和代办服务业务征收增值税，单独提供按揭、代办服务业务，并不销售汽车的，应征收营业税。

纳税人受托进行建筑物拆除、平整土地并代委托方向原土地使用权人支付拆迁补偿费的过程中，其代委托方向原土地使用权人支付拆迁补偿费的行为属于"服务业——代理业"行为，应缴纳营业税。

教育部考试中心及其直属单位与行业主管部门（或协会）、海外教育考试机构和各省级教育机构（简称合作单位）合作开展考试的业务，实质是从事代理业务，按照现行营业税政策规定，按照"服务业—代理业"税目计算缴纳营业税。

（7）转让无形资产。转让无形资产是指转让无形资产的所有权或使用权的行为，包括转让土地使用权、转让在建项目、出租电影拷贝、转让自然资源使用权等。转让专利技术、非专利技术、商誉、商标、著作权征收增值税，不征收营业税。

电影发行单位以出租电影拷贝形式将电影拷贝播映权在一定限期内转让给电影放

映单位的行为按"转让无形资产"税目征收营业税。

在建项目是指立项建设但尚未完工的房地产项目或其他建设项目。单位和个人转让在建项目时,不管是否办理立项人和土地使用人的更名手续,其实质是发生了转让不动产所有权或土地使用权的行为。对于转让已完成土地前期开发或正在进行土地前期开发,但尚未进入施工阶段的在建项目,按"转让无形资产"税目中"转让土地使用权"项目征收营业税。

土地整理储备供应中心(包括土地交易中心)转让土地使用权取得的收入按"转让无形资产"税目中"转让土地使用权"项目征收营业税。

拥有无形资产所有权的单位或个人(简称所有权人)授权或许可他人(简称受托方)向第三者转让所有权人的无形资产时,如受托方以所有权人的名义向第三者转让无形资产,转让过程中产生的权利和义务由所有权人承担,对所有权人应按照受托方向第三者收取的全部转让费依"转让无形资产"税目征收营业税,对受托方取得的佣金或手续费等价款按照"服务业"税目中的"代理"项目征收营业税;如受托方以自己的名义向第三者转让无形资产,转让过程中产生的权利和义务均由受托方承担,对所有权人向受托方收取的全部转让费和受托方向第三者收取的全部转让费,均按照"转让无形资产"税目征收营业税。

土地所有者出让土地使用权和土地使用者将土地使用权还给土地所有者的行为,不征收营业税。

(8)销售不动产。销售不动产是指有偿转让不动产所有权的行为,包括销售建筑物或构筑物和销售其他土地附着物。在销售不动产时连同不动产所占土地的使用权一并转让的行为,比照销售不动产征收营业税。

以不动产投资入股,参与接受投资方的利润分配、共同承担投资风险的行为,不征收营业税。在投资后转让其股权的也不征收营业税。

转让已进入建筑物施工阶段的在建项目,按"销售不动产"税目征收营业税。

2.特殊规定

(1)视同发生应税行为

纳税人有下列情形之一的,视同发生应税行为:

①单位或者个人将不动产或者土地使用权无偿赠送其他单位或者个人;

②单位或者个人自己新建(简称自建)建筑物后销售,其所发生的自建行为;

③财政部、国家税务总局规定的其他情形。

(2)混合销售行为

一项销售行为如果既涉及营业税应税劳务又涉及销售货物、增值税应税劳务和应税服务,为混合销售行为。纳税人的下列混合销售行为,应当分别核算应税劳务的营业额和货物的销售额,其应税劳务的营业额缴纳营业税,货物销售额不缴纳营业税;未分别核算的,由主管税务机关核定其应税劳务的营业额:①提供建筑业劳务的同时销售自产货物的行为;②财政部、国家税务总局规定的其他情形。除以上的规定外,从事货物的生产、批发、零售或者应税服务的企业、企业性单位和个体工商户的混合销售行为,视为销售货物,不缴纳营业税;其他单位和个人的混合销售行为,视为提供应税劳务,缴纳营业税。

(3)兼营应税行为

纳税人兼有不同税目的应当缴纳营业税的劳务(简称应税劳务)、转让无形资产或者销售不动产,应当分别核算不同税目的营业额、转让额、销售额(以下统称营业额);未分别核算营业额的,从高适用税率。

纳税人兼营营业税应税劳务和销售货物、提供增值税应税劳务或应税服务的,应当分别核算营业税应税劳务和销售货物、提供增值税应税劳务或应税服务的销售额,营业税应税劳务营业额缴纳营业税,销售货物、提供增值税应税劳务或应税服务销售额不缴纳营业税;未分别核算的,由主管税务机关核定其营业税应税劳务营业额。

4.1.3 税率

表 4-1   营业税税目税率表

序号	税目	税率
1	建筑业	3%
2	金融保险业	5%
3	电信业	3%
4	文化体育业	3%
5	服务业	5%
6	转让无形资产	5%
7	销售不动产	5%
8	娱乐业	5%～20%

营业税税目、税率的调整由国务院决定;纳税人经营娱乐业具体适用的税率,由省、自治区、直辖市人民政府在本条例规定的幅度内决定。

4.1.4 减免优惠

1.起征点的惠优

营业税起征点是指纳税人营业额合计达到的起征点。纳税人营业额未达到国务院财政、税务主管部门规定的营业税起征点的,免征营业税;达到起征点的,依照规定全额计算缴纳营业税。营业税起征点的适用范围限于个人。

自 2011 年 11 月 1 日起营业税起征点的幅度规定如下:

(1)按期纳税的,为月营业额 5 000～20 000 元;

(2)按次纳税的,为每次(日)营业额 300～500 元。

省、自治区、直辖市财政厅(局)、税务局应当在规定的幅度内,根据实际情况确定本地区适用的起征点,并报财政部、国家税务总局备案。

2.减免税优惠

(1)法定减免

《营业税暂行条例》规定免征营业税项目:

①托儿所、幼儿园、养老院、残疾人福利机构提供的育养服务,婚姻介绍,殡葬服务;

②残疾人员个人提供的劳务;

③医院、诊所和其他医疗机构提供的医疗服务;

④学校和其他教育机构提供的教育劳务,学生勤工俭学提供的劳务;

⑤农业机耕、排灌、病虫害防治、植物保护、农牧保险以及相关技术培训业务,家禽、牲畜、水生动物的配种和疾病防治;

⑥纪念馆、博物馆、文化馆、文物保护单位管理机构、美术馆、展览馆、书画院、图书馆举办文化活动的门票收入,宗教场所举办文化、宗教活动的门票收入;

⑦境内保险机构为出口货物提供的保险产品。

残疾人员个人提供的劳务是指残疾人员本人为社会提供的劳务。

学校和其他教育机构是指普通学校以及经地、市级以上人民政府或者同级政府的教育行政部门批准成立、国家承认其学员学历的各类学校。

农业机耕是指在农业、林业、牧业中使用农业机械进行耕作(包括耕耘、种植、收割、脱粒、植物保护等)的业务;排灌是指对农田进行灌溉或排涝的业务;病虫害防治是指从事农业、林业、牧业、渔业的病虫害测报和防治的业务;农牧保险是指为种植业、养殖业、牧业种植和饲养的动植物提供保险的业务;相关技术培训是指与农业机耕、排灌、病虫害防治、植物保护业务相关以及为使农民获得农牧保险知识的技术培训业务;家禽、牲畜、水生动物的配种和疾病防治业务的免税范围,包括与该项劳务有关的提供药品和医疗用具的业务。纪念馆、博物馆、文化馆、文物保护单位管理机构、美术馆、展览馆、书画院、图书馆举办文化活动是指这些单位在自己的场所举办的属于文化体育业税目征税范围的文化活动。其门票收入是指销售第一道门票的收入。宗教场所举办文化、宗教活动的门票收入是指寺院、宫观、清真寺和教堂举办文化、宗教活动销售门票的收入。出口货物提供的保险产品,包括出口货物保险和出口信用保险。

(2)政策性减免

除"(1)"规定外,营业税的免税、减税项目由国务院规定。任何地区、部门均不得规定免税、减税项目。其他减免营业税项目有:

①对个人(包括个体工商户及其他个人)从事外汇、有价证券、非货物期货和其他金融商品买卖业务取得的收入暂免征收营业税。

②担保机构从事中小企业信用担保或再担保业务取得的收入(不含信用评级、咨询、培训等收入)三年内免征营业税,免税时间自担保机构向主管税务机关办理免税手续之日起计算。

③对境内单位或者个人在境外提供建筑业、文化体育业(除播映)劳务暂免征收营业税。对境外单位或者个人在境外向境内单位或者个人提供的文化体育业(除播映),娱乐业,服务业中的旅店业、饮食业、仓储业,以及其他服务业中的沐浴、理发、洗染、裱画、誊写、镌刻、复印、打包劳务,不征收营业税。

④同时满足以下条件的行政事业性收费和政府性基金暂免征收营业税:A.由国务院或者财政部批准设立的政府性基金,由国务院或者省级人民政府及其财政、价格主管部门批准设立的行政事业性收费和政府性基金;B.收取时开具省级以上(含省级)财政部门统一印制或监制的财政票据;C.所收款项全额上缴财政。

凡不同时符合上述三个条件,且属于营业税征税范围的行政事业性收费或政府性基金应照章征收营业税。

⑤纳税人在资产重组过程中,通过合并、分立、出售、置换等方式,将全部或者部分实物资产以及与其相关联的债权、债务和劳动力一并转让给其他单位和个人的行为,不属于营业税征收范围,其中涉及的不动产、土地使用权转让,不征收营业税。

⑥个人无偿赠与不动产、土地使用权,属于下列情形之一的,暂免征收营业税:A. 离婚财产分割;B. 无偿赠与配偶、父母、子女、祖父母、外祖父母、孙子女、外孙子女、兄弟姐妹;C. 无偿赠与对其承担直接抚养或者赡养义务的抚养人或者赡养人;D. 房屋产权所有人死亡,依法取得房屋产权的法定继承人、遗嘱继承人或者受遗赠人。

⑦2011 年 1 月 27 日起个人将购买不足 5 年的住房对外销售的,全额征收营业税;个人将购买超过 5 年(含 5 年)的非普通住房对外销售的,按照其销售收入减去购买房屋的价款后的差额征收营业税;个人将购买超过 5 年(含 5 年)的普通住房对外销售的,免征营业税。

⑧对个人出租住房,不区分用途,在 3% 税率的基础上减半征收营业税。对廉租住房经营管理单位按照政府规定价格、向规定保障对象出租廉租住房的租金收入,免征营业税。对经营公租房所取得的租金收入,免征营业税。

⑨保险公司开展的一年期以上返还性人身保险业务的保费收入免征营业税。返还性人身保险业务是指保期一年以上(包括一年期),到期返还本利的普通人寿保险、养老金保险、健康保险。

⑩将土地使用权转让给农业生产者用于农业生产,免征营业税。

⑪社会团体按财政部门或民政部门规定标准收取的会费,不征收营业税。

⑫对从原高校后勤管理部门剥离出来而成立的进行独立核算并有法人资格的高校后勤经济实体,经营学生公寓和教师公寓及为高校教学提供后勤服务而获得的租金和服务性收入,免征营业税;但利用学生公寓或教师公寓等高校后勤服务设施向社会人员提供服务而获得的租金和其他各种服务性收入,应按现行规定计征营业税。

⑬对社会性投资建立的为高校学生提供住宿服务并按高教系统统一收费标准收取租金的学生公寓,其取得的租金收入,免征营业税;但利用学生公寓向社会人员提供住宿服务而取得的租金收入,应按现行规定计征营业税。

对设置在校园内的实行社会化管理和独立核算的食堂,向师生提供餐饮服务获得的收入,免征营业税;向社会提供餐饮服务获得的收入,应按现行规定计征营业税。

⑭对住房公积金管理中心用住房公积金在指定的委托银行发放个人住房贷款取得的收入,免征营业税。

⑮县级以上地方人民政府或自然资源行政主管部门出让、转让或收回自然资源使用权的行为,不征收营业税。

纳税人兼营免税、减税项目的,应当单独核算免税、减税项目的营业额;未单独核算营业额的,不得免税、减税。

4.1.5 征收管理

1.纳税义务发生时间

(1)基本规定

营业税纳税义务发生时间为纳税人提供应税劳务、转让无形资产或者销售不动产并收讫营业收入款项或者取得索取营业收入款项凭据的当天。国务院财政、税务主管部门另有规定的,从其规定。

营业税扣缴义务发生时间为纳税人营业税纳税义务发生的当天。

营业收入款项是指纳税人应税行为发生过程中或者完成后收取的款项。取得索取营业收入款项凭据的当天,为书面合同确定的付款日期的当天;未签订书面合同或者书面合同未确定付款日期的,为应税行为完成的当天。

(2)具体规定

纳税人转让土地使用权或者销售不动产,采取预收款方式的,其纳税义务发生时间为收到预收款的当天。

纳税人提供建筑业或者租赁业劳务,采取预收款方式的,其纳税义务发生时间为收到预收款的当天。

纳税人将不动产或者土地使用权无偿赠送其他单位或者个人的,其纳税义务发生时间为不动产所有权、土地使用权转移的当天。

纳税人发生自建行为的,其纳税义务发生时间为销售自建建筑物的时间。

2.纳税期限

营业税的纳税期限分别为 5 日、10 日、15 日、1 个月或者 1 个季度。纳税人的具体纳税期限,由主管税务机关根据纳税人应纳税额的大小分别核定;不能按照固定期限纳税的,可以按次纳税。

纳税人以 1 个月或者 1 个季度为一个纳税期的,自期满之日起 15 日内申报纳税;以 5 日、10 日或者 15 日为一个纳税期的,自期满之日起 5 日内预缴税款,于次月 1 日起 15 日内申报纳税并结清上月应纳税款。

银行、财务公司、信托投资公司、信用社、外国企业常驻代表机构的纳税期限为 1 个季度。自纳税期满之日起 10 日内申报纳税。其他纳税人(如典当行)从事金融业务,应按月申报纳税。

保险业的纳税期限为 1 个月。

扣缴义务人解缴税款期限,比照上述规定执行。

3.纳税地点

(1)纳税人提供应税劳务应当向其机构所在地或者居住地的主管税务机关申报纳税。但是,纳税人提供的建筑业劳务以及国务院财政、税务主管部门规定的其他应税劳务,应当向应税劳务发生地的主管税务机关申报纳税。

(2)纳税人转让无形资产应当向其机构所在地或者居住地的主管税务机关申报纳税。但是,纳税人转让、出租土地使用权,应当向土地所在地的主管税务机关申报纳税。

(3)纳税人销售、出租不动产应当向不动产所在地的主管税务机关申报纳税。

(4)扣缴义务人应当向其机构所在地或者居住地的主管税务机关申报缴纳其扣缴的税款。

纳税人应当向应税劳务发生地、土地或者不动产所在地的主管税务机关申报纳税而自应当申报纳税之月起超过 6 个月没有申报纳税的,由其机构所在地或者居住地的主管税务机关补征税款。

任务 **4.2** 营业税的会计核算

4.2.1 账户设置

为了正确反映和核算营业税有关纳税事项,纳税人应在"应交税费"账户下设置"应交营业税"二级账户。该账户专门用来核算企业应交营业税的发生和缴纳情况,贷方登记应交营业税税额、代扣代缴营业税税额以及收到退回的营业税,借方登记已交营业税税额、补交的营业税以及结转追回的营业税,期末贷方余额反应尚未缴纳的营业税税额,期末借方余额反映企业多缴的营业税税额。与之相对应的会计账户有"营业税金及附加"、"主营业务收入"、"其他业务收入"、"固定资产清理"、"其他应付款"等账户。

营业税会计核算的依据主要有"营业税纳税申报表"、"税款缴款书",发票和营业收入报告单可作为营业税会计核算原始凭证。

4.2.2 应纳税额的计算

1.计算公式

纳税人提供应税劳务、转让无形资产或者销售不动产,按照营业额和规定的税率计算应纳税额。应纳税额计算公式:

$$应纳税额＝营业额×税率$$

营业税纳税人购置税控收款机,经主管税务机关审核批准后,可凭购进税控收款机取得的增值税专用发票,按照发票上注明的增值税税额,抵免当期应纳营业税税额,或者按照购进税控收款机取得的普通发票上注明的价款,依照下列公式计算可抵免税额。

$$可抵免税额＝\frac{价款}{1＋17\%}×17\%$$

2.营业额的基本规定

纳税人的营业额为纳税人提供应税劳务、转让无形资产或者销售不动产收取的全部价款和价外费用。

价外费用,包括收取的手续费、补贴、基金、集资费、返还利润、奖励费、违约金、滞纳金、延期付款利息、赔偿金、代收款项、代垫款项、罚息及其他各种性质的价外收费,但不包括同时符合以下条件代为收取的政府性基金或者行政事业性收费:

(1)由国务院或者财政部批准设立的政府性基金,由国务院或省级人民政府及其财政、价格主管部门批准设立的行政事业性收费;

(2)收取时开具省级以上财政部门印制的财政票据;

(3)所收款项全额上缴财政。

营业额以人民币计算。纳税人以人民币以外的货币结算营业额的,其营业额的人民币折合率可以选择营业额发生的当天或者当月1日的人民币汇率中间价。纳税人应当在事先确定采用何种折合率,确定后1年内不得变更。

纳税人的营业额计算缴纳营业税后因发生退款减除营业额的,应当退还已缴纳营业税税款或者从纳税人以后的应缴纳营业税税额中减除。

纳税人发生应税行为,如果将价款与折扣额在同一张发票上注明的,以折扣后的价款为营业额;如果将折扣额另开发票的,不论其在财务上如何处理,均不得从营业额中扣除。

纳税人提供应税劳务、转让无形资产和销售不动产时,因受让方违约而从受让方取得的赔偿金收入,应并入营业额中征收营业税。

纳税人因财务会计核算办法改变将已缴纳过营业税的预收性质的价款逐期转为营业收入时,允许从营业额中减除。

3.营业额的核定方法

纳税人提供应税劳务、转让无形资产或者销售不动产的价格明显偏低并无正当理由的或纳税人有视同发生应税行为而无营业额的,税务机关按下列顺序确定其营业额:

(1)按纳税人最近时期发生同类应税行为的平均价格核定;

(2)按其他纳税人最近时期发生同类应税行为的平均价格核定;

(3)按下列公式核定:

$$营业额=\frac{营业成本或者工程成本\times(1+成本利润率)}{1-营业税税率}$$

公式中的成本利润率,由省、自治区、直辖市税务局确定。

4.2.3　提供应税劳务的核算

提供应税劳务是指提供建筑、金融保险、邮电通信、文化体育、娱乐及服务等劳务。

1.建筑业

建筑业的营业额为承包建筑、安装、修缮、装饰和其他工程作业所取得的营业收入,包括全部价款和价外费用。

除提供建筑业劳务的同时销售自产货物的行为确认为混合销售外,纳税人提供建筑业劳务(不含装饰劳务)的,其营业额应当包括工程所用原材料、设备及其他物资和动力价款在内,但不包括建设方提供的设备的价款。

纳税人将建筑工程分包给其他单位的,以其取得的全部价款和价外费用扣除其支付给其他单位的分包款后的余额为营业额。

纳税人自建自用的房屋不纳税;如纳税人将自建的房屋对外销售(包括个人自建自用住房销售),其自建行为应按建筑业缴纳营业税,再按销售不动产征收营业税。自建行为是指纳税人自己建造房屋的行为。

企业取得工程款项或确认收入时,借记"银行存款"、"应收账款"等账户,按应确认的收入,贷记"主营业务收入"等账户,应支付给分包单位的工程款,贷记"应付账款"账户;计算应纳营业税时,借记"营业税金及附加"账户,贷记"应交税费——应交营业税"账户。

【案例导入1】

(1)纳税人提供建筑业或者租赁业劳务,采取预收款方式的,其纳税义务发生时间为收到预收款的当天。

预收工程款时：

借：银行存款　　　　　　　　　　　　　　　　　40 000 000

　　贷：主营业务收入　　　　　　　　　　　　　　　40 000 000

计算营业税时：

计税营业额＝40 000 000（元）

应纳营业税税额＝40 000 000×3％＝1 200 000（元）

借：营业税金及附加　　　　　　　　　　　　　　　1 200 000

　　贷：应交税费——应交营业税　　　　　　　　　　1 200 000

（2）纳税人将建筑工程分包给其他单位的，以其取得的全部价款和价外费用扣除其支付给其他单位的分包款后的余额为营业额。

收取工程款时：

借：银行存款　　　　　　　　　　　　　　　　　8 000 000

　　贷：主营业务收入　　　　　　　　　　　　　　　6 000 000

　　　　应付账款——应付分包款　　　　　　　　　　2 000 000

计算营业税时：

计税营业额＝8 000 000－2 000 000＝6 000 000（元）

应纳营业税税额＝6 000 000×3％＝180 000（元）

借：营业税金及附加　　　　　　　　　　　　　　　180 000

　　贷：应交税费——应交营业税　　　　　　　　　　180 000

如果代扣代缴营业税：

代扣代缴分包工程营业税税额＝2 000 000×3％＝60 000（元）

借：应付账款——应付分包款　　　　　　　　　　　60 000

　　贷：应交税费——应交营业税　　　　　　　　　　60 000

2．金融业

（1）贷款业务

一般贷款业务的营业额为贷款的利息收入（包括各种加息和罚息）。外汇转贷，按取得的收入全额征收营业税。

（2）金融商品转让业务

金融企业（包括银行和非银行金融机构）从事外汇、有价证券、期货等金融商品买卖业务，以卖出价减去买入价后的余额为营业额。外汇、有价证券、期货等金融商品买卖业务是指纳税人从事的外汇、有价证券、非货物期货和其他金融商品买卖业务。买入价是指购进原价，不包括购进过程中支付的各种费用和税金，依照财务会计制度规定，以股票、债券的购入价减去股票、债券持有期间取得的股票、债券红利收入的余额确定。卖出价是指卖出原价，不得扣除卖出过程中支付的各种费用和税金。

非金融机构从事外汇、有价证券、期货等金融商品买卖业务，以卖出价减去买入价后的余额为营业额。货物期货不缴纳营业税。对个人（包括个体工商户及其他个人）从事外汇、有价证券、非货物期货和其他金融商品买卖业务取得的收入暂免征收营业税。

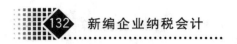

（3）金融经纪业务和其他金融业务

金融经纪业务和其他金融业务（中间业务）营业额为手续费（佣金）类的全部收入。金融企业从事受托收款业务，如代收电话费、水电煤气费、信息费、学杂费、寻呼费、社保统筹费、交通违章罚款、税款等，以全部收入减去支付给委托方价款后的余额为营业额。

（金融业务会计核算见《银行会计》）

【案例导入2】

（1）银行吸收存款不属于营业收入，不纳税。

计税营业额＝1 000 000＋600 000＝1 600 000（元）

（2）金融商品买卖业务，以卖出价减去买入价后的余额为营业额。

计税营业额＝（1 100 000－1 000 000）＋（1 560 000－1 600 000）＝60 000（元）

该银行第一季度应纳营业税税额＝（1 600 000＋60 000）×5％＝83 000（元）

借：营业税金及附加　　　　　　　　　　　　　　　　　83 000

　　贷：应交税费——应交营业税　　　　　　　　　　　　　　83 000

（其他业务的账务处理略）

3.保险业

办理初保业务营业额为纳税人经营保险业务向对方收取的全部价款，即向被保险人收取的全部保险费。

储金业务的营业额，以纳税人在纳税期内的储金平均余额乘以人民银行公布的一年期存款利率折算的月利率计算。储金业务是指保险公司在办理保险业务时，不是直接向投保人收取保费，而是向投保人收取一定数额的到期应返还的资金（称为储金），以储金产生的收益作为保费收入的业务。储金平均余额为纳税期期初储金余额与期末余额之和乘以50％。按规定计算储金业务营业额后，在计算保险企业其他业务营业额时，应相应从"保费收入"账户营业收入中扣除储金业务的保费收入。纳税人将收取的储金加以运用取得的收入，凡属于营业税征税范围的，应按有关规定征收营业税。

保险企业已征收过营业税的应收未收保费，凡在财务会计制度规定的核算期限内未收回的，允许从营业额中减除。在会计核算期限以后收回的已冲减的应收未收保费，再并入当期营业额中。

保险企业开展无赔偿奖励业务的，以向投保人实际收取的保费为营业额。

中华人民共和国境内的保险人将其承保的以境内标的物为保险标的的保险业务向境外再保险人办理分保的，以全部保费收入减去分保保费后的余额为营业额。境外再保险人应就其分保收入承担营业税纳税义务，并由境内保险人扣缴境外再保险人应缴纳的营业税税款。

企业确认的原保险合同保费收入，借记"应收保费"、"银行存款"等账户，贷记"保费收入"账户。确认的再保险合同分保费收入，借记"应收分保账款"账户，贷记"保费收入"账户。企业应收投保人储金或投资本金时，借记"应收保户储金"账户，贷记"保户储金"账户。收到投保人储金或投资本金时，借记"银行存款"等账户，贷记"应收保户储金"账户。计算应纳营业税时，借记"营业税金及附加"账户，贷记"应交税费——应交营业税"账户。

【案例导入3】

收到保费收入时：

借：银行存款　　　　　　　　　　　　　　　　　　　　3 600 000

　　贷：保费收入　　　　　　　　　　　　　　　　　　　　3 600 000

财产保险收入应纳营业税税额＝3 600 000×5％＝180 000（元）

储金业务应纳营业税税额＝［(100 000 000＋140 000 000)÷2×2％］÷12×5％＝10 000（元）

保险公司9月份应纳营业税税额＝180 000＋10 000＝190 000（元）

借：营业税金及附加　　　　　　　　　　　　　　　　　　190 000

　　贷：应交税费——应交营业税　　　　　　　　　　　　　190 000

(其他业务的账务处理略)

4.电信业

电信部门以集中受理方式为集团客户提供跨省的出租电路业务，由受理地区的电信部门按取得的全部价款减除分割给参与提供跨省电信业务的电信部门的价款后的差额为营业额计征营业税；对参与提供跨省电信业务的电信部门，按各自取得的全部价款为营业额计征营业税。

电信单位销售的各种有价电话卡，由于其计费系统只能按有价电话卡面值出账并按有价电话卡面值确认收入，不能直接在销售发票上注明折扣折让额，以按面值确认的收入减去当期财务会计上体现的销售折扣折让后的余额为营业额。

企业收取价款时，借记"银行存款"等账户，按应确认的收入，贷记"主营业务收入"、"其他业务收入"等账户，应支付给其他单位的款项，贷记"其他应付款"等账户；计算应纳营业税时，借记："营业税金及附加"账户，贷记"应交税费——应交营业税"账户。

【案例导入4】

计税营业额＝600 000＋400 000＋800 000＝1 800 000（元）

取得收入时：

借：银行存款　　　　　　　　　　　　　　　　　　　　1 800 000

　　贷：主营业务收入　　　　　　　　　　　　　　　　　　1 800 000

计算营业税时：

应纳营业税税额＝1 800 000×3％＝54 000（元）

借：营业税金及附加　　　　　　　　　　　　　　　　　　54 000

　　贷：应交税费——应交营业税　　　　　　　　　　　　　54 000

代办电信工程应按建筑业征收营业税，计税营业额为1 000 000元。

取得收入时：

借：银行存款　　　　　　　　　　　　　　　　　　　　1 000 000

　　贷：其他业务收入　　　　　　　　　　　　　　　　　　1 000 000

计算营业税时：

应纳营业税税额＝1 000 000×3％＝30 000（元）

借：营业税金及附加　　　　　　　　　　　　　　　　　　30 000

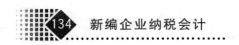

　　贷:应交税费——应交营业税　　　　　　　　　　　　　　30 000

5.文化体育业

　　文化体育业的营业额就是纳税人经营文化体育业取得的全部收入,包括演出收入、播映收入、其他文化收入、经营游览场所收入和体育收入。

　　单位或个人进行演出,以全部票价收入或者包场收入减去付给提供演出场所的单位、演出公司或经纪人的费用后的余额为计税营业额。

　　企业取得款项时,借记"银行存款"等账户,按应确认的收入,贷记"主营业务收入"等账户,支付给其他单位的款项,贷记"其他应付款"等账户;计算应纳营业税时,借记:"营业税金及附加"账户,贷记"应交税费——应交营业税"账户。

　　【案例导入5】

　　取得收入时:

　　借:银行存款　　　　　　　　　　　　　　　　　　1 000 000

　　　　贷:主营业务收入　　　　　　　　　　　　　　　　600 000

　　　　　　其他应付款——文化活动中心　　　　　　　　400 000

　　计算营业税时:

　　歌舞团计税营业额＝1 000 000－400 000＝600 000(元)

　　歌舞团应纳营业税税额＝600 000×3％＝18 000(元)

　　借:营业税金及附加　　　　　　　　　　　　　　　18 000

　　　　贷:应交税费——应交营业税　　　　　　　　　　　18 000

6.娱乐业

　　娱乐业的营业额为经营娱乐业收取的全部价款和价外费用,包括门票收费、台位费、点歌费、烟酒、饮料、茶水、鲜花、小吃等收费及经营娱乐业的其他各项收费。

　　企业取得款项时,借记"银行存款"等账户,按应确认的收入,贷记"主营业务收入"等账户;计算应纳营业税时,借记:"营业税金及附加"账户,贷记"应交税费——应交营业税"账户。

　　【案例导入6】

　　取得收入时:

　　计税营业额＝1 200 000＋600 000＋400 000＝2 200 000(元)

　　借:银行存款　　　　　　　　　　　　　　　　　　2 200 000

　　　　贷:主营业务收入　　　　　　　　　　　　　　　　2 200 000

　　计算营业税时:

　　应纳营业税税额＝2 200 000×10％＝220 000(元)

　　借:营业税金及附加　　　　　　　　　　　　　　　220 000

　　　　贷:应交税费——应交营业税　　　　　　　　　　　220 000

7.服务业

　　(1)代理业以纳税人从事代理业务向委托方实际收取的报酬为营业额。

　　(2)电脑福利彩票投注点以代销福利彩票取得的手续费收入为营业额。

　　(3)纳税人受托进行建筑物拆除、平整土地并代委托方向原土地使用权人支付拆迁补偿费的过程中,其代委托方向原土地使用权人支付拆迁补偿费的行为,应以提供代理劳务取得的全部收入减去其代委托方支付的拆迁补偿费后的余额为营业额。

(4)教育部考试中心及其直属单位与行业主管部门(或协会)、海外教育考试机构和各省级教育机构(简称合作单位)合作开展考试的业务,应以其全部收入减去支付给合作单位的合作费后的余额为营业额。

(5)拍卖行以向委托方收取的手续费为营业额。

(6)纳税人从事旅游业务的,以其取得的全部价款和价外费用扣除替旅游者支付给其他单位或者个人的住宿费、餐费、交通费、旅游景点门票和支付给其他接团旅游企业的旅游费后的余额为营业额。

(7)从事物业管理的单位,以与物业管理有关的全部收入减去代业主支付的水、电、燃气以及代承租者支付的水、电、燃气、房屋租金等价款后的余额为营业额。

(8)劳务公司接受用工单位的委托,为其安排劳动力,凡用工单位将其应支付给劳动力的工资和为劳动力上交的社会保险(包括养老保险金、医疗保险、失业保险、工伤保险等,下同)以及住房公积金统一交给劳务公司代为发放或办理的,以劳务公司从用工单位收取的全部价款减去代收转付给劳动力的工资和为劳动力办理社会保险及住房公积金后的余额为营业额。

企业取得款项时,借记"银行存款"等账户,按应确认的收入,贷记"主营业务收入"等账户;计算应纳营业税时,借记:"营业税金及附加"账户,贷记"应交税费——应交营业税"账户。

【案例导入7】

取得收入时:

借:银行存款 6 000 000
　　贷:主营业务收入 6 000 000

旅行中支付费用＝1 500＋1 200＋700＋600＝4 000(元)

借:主营业务成本 4 000 000
　　贷:银行存款 4 000 000

计算营业税时:

旅游公司计税营业额＝(6 000－4 000)×1 000＝2 000 000(元)

旅游公司应纳营业税税额＝2 000 000×5%＝100 000(元)

借:营业税金及附加 100 000
　　贷:应交税费——应交营业税 100 000

4.2.4 销售不动产和转让无形资产的核算

单位和个人销售或转让其购置的不动产或受让的土地使用权,以全部收入减去不动产或土地使用权的购置或受让原价后的余额为营业额。单位和个人销售或转让抵债所得的不动产、土地使用权的,以全部收入减去抵债时该项不动产或土地使用权作价后的余额为营业额。

1.销售不动产的核算

(1)房地产开发企业销售不动产的核算

房地产开发企业的主营业务是开发、销售商品房及其他土地附着物等不动产。房地产开发企业销售或预售不动产时,借记"银行存款"、"应收账款"等账户,贷记"主营业务收入"账户;计算缴纳的营业税时,借记"营业税金及附加"账户,贷记"应交税费——应交营业税"账户。

【案例导入8】

企业出售商品房时:

借:银行存款　　　　　　　　　　　　　　　60 000 000

　　贷:主营业务收入　　　　　　　　　　　　　　　60 000 000

向职工出售住宅楼时:

借:银行存款　　　　　　　　　　　　　　　15 000 000

　　贷:主营业务收入　　　　　　　　　　　　　　　15 000 000

计算营业税时:

出售商品房计税营业额＝60 000 000(元)

职工住宅楼计税营业额＝15 000 000×(1＋40%)/(1－5%)＝22 105 263.16(元)

销售房产应纳营业税税额＝(60 000 000＋22 105 263.16)×5%＝4 105 263.16(元)

借:营业税金及附加　　　　　　　　　　　　4 105 263.16

　　贷:应交税费——应交营业税　　　　　　　　　　4 105 263.16

(2)非房地产开发企业销售不动产的核算

非房地产开发企业销售不动产是指企业出售已作为固定资产入账管理的房屋、建筑物以及土地附着物,是企业对现有固定资产的处理。销售时通过"固定资产清理"账户核算,计算营业税时,借记"固定资产清理"账户,贷记"应交税费——应交营业税"账户。

【案例导入1-(3)】

建筑企业自建不动产完工入账时:

借:固定资产　　　　　　　　　　　　　　　80 000 000

　　贷:在建工程　　　　　　　　　　　　　　　　80 000 000

自建房屋出售时:

借:银行存款　　　　　　　　　　　　　　　100 000 000

　　应收账款　　　　　　　　　　　　　　　40 000 000

　　贷:固定资产清理　　　　　　　　　　　　　　140 000 000

借:固定资产清理　　　　　　　　　　　　　32 000 000

　　贷:固定资产　　　　　　　　　　　　　　　　32 000 000

建筑企业自建不动产自用部分不纳营业税,自建不动产出售部分应按建筑业和销售不动产两个税目计算营业税。

建筑业计税营业额＝工程成本×(1＋成本利润率)÷(1－营业税税率)

　　　　　　　　＝[80 000 000×40%×(1＋10%)]÷(1－3%)

　　　　　　　　＝36 288 659.79(元)

建筑业应纳营业税税额＝36 288 659.79×3%＝1 088 659.79(元)

销售不动产应纳营业税税额＝140 000 000×5%＝7 000 000(元)

借:固定资产清理　　　　　　　　　　　　　　　　8 088 659.79
　贷:应交税费——应交营业税　　　　　　　　　　　　　　8 088 659.79
结转固定资产清理账户:
借:固定资产清理　　　　　　　　　　　　　　　　99 911 340.21
　贷:营业外收入　　　　　　　　　　　　　　　　　　　99 911 340.21

2.转让无形资产的核算

由于企业转让无形资产的使用权属于出租无形资产,按取得的租金收入,借记"银行存款"等账户,贷记"其他业务收入"账户;计算营业税时,应借记"营业税金及附加"账户,贷记"应交税费——应交营业税"账户;按月摊销时,借记"其他业务成本"、"管理费用"账户,贷记"累计摊销"账户。

4.2.5　检查调整

对企业当期发生的营业税业务检查中发现的应计未计或少计的营业税,企业必须作账务调整。补税时借计"营业税金及附加"账户,贷记"应交税费——应交营业税"账户。并相应调整"本年利润"、"应交税费——应交城市维护建设税"、"应交税费——应交教育费附加"等账户。

对税务检查中发现以前各期有应计未计或少计的营业税,企业也必须作账务调整。补税时借记"营业税金及附加"账户,贷记"应交税费——应交营业税"账户。并通过"以前年度损益调整"账户调整"利润分配"账户,同时调整相关的账户。(账项调整见会计差错更正)

任务 4.3　营业税的纳税申报

营业税纳税人无论当期有无营业额,均应按规定及时办理纳税申报,并如实填写《营业税纳税申报表》(见表 4-2～表 4-6)。

【案例导入 1 纳税申报表填制】

建筑工程计税营业额＝40 000 000(元)

应纳营业税税额＝40 000 000×3％＝1 200 000(元)

装修工程计税营业额＝8 000 000－2 000 000＝6 000 000(元)

应纳营业税税额＝6 000 000×3％＝180 000(元)

代扣分包工程营业税税额＝2 000 000×3％＝60 000(元)

自建销售建筑业应纳营业税税额＝36 288 659.79×3％＝1 088 659.79(元)

自建销售不动产应纳营业税税额＝140 000 000×5％＝7 000 000(元)

见建筑业营业税纳税申报表(表 4-2)

【案例导入 3-8】纳税申报表的填写由学生完成

表 4-2

建筑业营业税纳税申报表
(适用于建筑业营业税纳税人)

纳税人识别号:

纳税人名称(公章):

税款所属时间:自 2013 年 9 月 1 日至 2013 年 9 月 30 日　　填表日期:2013 年 10 月 05 日

金额单位:元(列至角分)

申报项目	应税项目	应税收入	应税减除项目金额 小计	支付给分包人(转包人)工程价款 小计	减除设备价款	其他减除项目金额	应税营业额	免税收入	税率(%)	本期税款计算 小计	本期应纳税额	免(减)税额	期初欠缴税额	前期多缴税额	本期已缴税额 小计	已缴本期应纳税额	本期已扣缴税额	本期已缴欠缴税额	税款缴纳 小计	本期应缴税额	本期期末应缴欠缴税额
1	2	3	4=5+7 / 6+7	5	6	7	8=3-4	9	10	11=12+13	12=(8-9)×10	13=9×10	14	15	16=17+18+19	17	18	19	20=21+22	21=17-18 / 17-18	22=14-19 / 15-19
本地提供建筑业应税劳务申报项 建筑		40 000 000					40 000 000		3	1 200 000	1 200 000								1 200 000	1200 000	
安装																					
修缮																					
装饰		8000 000	2 000 000	2 000 000			6 000 000		3	180 000	180 000								180 000	180 000	
其他工程作业																					
自建行为		36 288 659.79					36 288 659.79		3	1 088 659.79	1 088 659.79								1 088 659.79	1 088 659.79	
销售不动产		1400 000 00					140 000 000		5	7 000 000	7 000 000								7 000 000	7 000 000	
合计		222 288 659.79					222 288 659.79			9 468 659.79	9 468 659.79								9 468 659.79	9 468 659.79	
代扣代缴项目		2 000 000					2 000 000		3	60 000	60 000								60 000	60 000	
总计		224 288 659.79					224 288 659.79			9 528 659.79	9 528 659.79								9 528 659.79	9 528 659.79	
异地提供建筑业应税劳务申报项 建筑																					
安装																					
修缮																					
装饰																					
其他工程作业																					
自建行为																					
合计																					
代扣代缴项目																					
总计																					

以下由税务机关填写:

受理人:　　　　　　受理日期:

受理税务机关(签章):

年　　月　　日

表 4-3   **金融保险营业税纳税申报表**

纳税人识别号：

填表日期： 年 月 日   金额单位：元（列至角分）

纳税人名称								税款所属时间：自 年 月 日至 年 月 日			
经营项目	营业额						税率	本期			
	应税全部收入	应税减除项目额	应税营业额	免税全部收入	免税减除项目额	免税营业额		应纳税额	免（减）税额	已纳税额	应补（退）税额
1	2	3	4＝2－3	5	6	7＝5－6	8	9＝4×8	10＝7×8	11	12＝9－11
一般贷款											
外汇转贷											
买卖股票											
买卖债券											
买卖外汇											
买卖其他金融商品											
金融经纪业务和其他金融业务											
保险业务											
储金业务											
其他											
以上合计											
代扣代缴税款											
金融机构往来收入											
投资损益											

如纳税人填报，由纳税人填写以下各栏 备注				如委托代理人填报，由代理人填写以下各栏			
会计主管： （签章）	法人代表或单位负责人： （签章）		代理人名称			代理人 （签章）
			代理人地址			
			经办人		电话		
以下由税务机关填写							
收到申报表日期			接收人				

表 4-4

服务业营业税纳税申报表

(适用于服务业营业税纳税人)

纳税人识别号：

纳税人名称(公章)：

税款所属时间：自 年 月 日 至 年 月 日　　　填表日期： 年 月 日

金额单位：元(列至角分)

应税项目	营业额					本期税款计算				税款缴纳				
	应税收入	应税项目减除金额	应税营业额	免税收入	税率(%)	小计	本期应纳税款	免(减)税款	期初欠缴税款	前期多缴税额	本期已缴税额		本期应缴税额计算	
											小计	已缴本期应纳税额	本期已缴欠缴税额	小计	本期期末应缴税额	本期期末应缴欠缴税额
	1	2	3	4=2-3	5	6	7=8+9	8=(4-5)×6	9=5×6	10	11	12=13+14	13	14	15=16+17	16=8-13	17=10-11-14
旅店业																	
饮食业																	
旅游业																	
租赁业																	
合计																	

以下由税务机关填写：

受理人：　　　　　　　　受理日期：　　　年　　月　　日　　　受理税务机关(签章)：

表 4-5

娱乐业营业税纳税申报表
（适用于娱乐业营业税纳税人）

纳税人识别号：
纳税人名称（公章）：
税款所属时间：自 年 月 日 至 年 月 日

填表日期：年 月 日

金额单位：元（列至角分）

应税项目	营业额				税率（%）	本期税款计算					税款缴纳				本期应缴税额计算	
	应税收入	应税减除项目金额	应税营业额	免税收入		小计	本期应纳税额	免（减）税额	期初欠缴税额	前期多缴税额	小计	本期已缴税额			小计	本期期末应缴欠税额
												已缴本期应纳税额	本期已缴欠缴税额		本期期末应缴税额	
1	2	3	4=2-3	5	6	7=8+9	8=(4-5)×6	9=5×6	10	11	12=13+14	13	14	15=16+17	16=8-13	17=10-11-14
歌厅																
舞厅																
卡拉OK歌舞厅	夜总会															
	练歌房															
	恋歌房															
酒吧																
音乐茶座																
高尔夫球																
台球、保龄球																
游艺场																
网吧																
其他																
合计																

以下由税务机关填写：
受理人： 受理日期：

受理税务机关（签章）：

年 月 日

表 4-6

营业税纳税申报表

（适用于查账征收的营业税纳税人）

纳税人识别号：
纳税人名称（公章）：
税款所属时间：自　年　月　日　至　年　月　日　　　填表日期：年　月　日

金额单位：元（列至角至分）

税目	营业额			免税收入	税率(%)	本期税款计算			期初欠缴税额	前期多缴税额	税款缴纳				本期应缴税额计算		
	应税收入	应税减除项目金额	应税营业额			本期已缴税额					本期已缴税额						本期期末应缴欠缴税额
						小计	本期应纳税额	免(减)税额			小计	已缴本期应纳税额	本期已缴欠缴税额	本期已缴扣缴税额	小计	本期期末应缴税额	本期期末欠缴税额
	1	2	4=2-3	5	6	7=8+9	8=(4-5)×6	9=5×6	10	11	12=13+14+15	13	14	15	16=17+18	17=8-13-14	18=10-11-15 11-15
交通运输业																	
建筑业																	
邮电通信业																	
服务业																	
娱乐业																	
金融保险业																	
文化体育业																	
销售不动产																	
转让无形资产																	
合　计																	
代扣代缴项目																	
总　计																	

纳税人或代理人声明：
此纳税申报表是根据国家税收法律的规定填报的，我确定它是真实的、可靠的、完整的。

办税人员（签章）　　财务负责人（签章）　　法定代表人（签章）

代理人名称：　　　　　　　　　　　　　联系电话：

代理人（公章）

如纳税人填报，由纳税人填写以下各栏：

如委托代理人填报，由代理人填写以下各栏：
联系电话：

以下由税务机关填写：

受理人：

经办人（签章）　　　　　　　　受理税务机关（签章）

受理日期：　　年　月　日

项目五

关税的核算

 **案例导入**

1.丙股份有限公司为增值税一般纳税人,具有进出口经营权,企业主营铜芯合金丝的生产销售。税务登记号为:37070000000000123。2013年10月公司有关进出口业务如下:

(1)2日从美国进口铜板10吨作原材料,进口申报价格为FOB30 000美元,运费2 000美元,支付保险费1 600元人民币。当日的外汇牌价为1美元=6.20人民币元。经青岛海关审定符合进口的有关规定,关税税率为15%,海关代征增值税税率为17%。货物已验收入库,款项已支付。7日公司向海关缴纳了关税、增值税,并取得了完税凭证。

(2)6日,向日本出口一批铜芯合金丝,国内港口FOB价格折合人民币6 500 000元,关税税率为30%。海关于10月6日填发关税税款缴款书,由于公司资金周转困难10月30日才一次交清税款,被海关罚款28 000元,并责令缴纳关税滞纳金,出口货物销货款尚未收到。

(3)15日,企业根据同外商签订的加工装配和补偿贸易合同引进一台设备,设备安装后作为生产设备。FOB离岸价为370 000美元,支付国外运费30 000美元,保险费20 000元人民币,设备的进口关税税率为30%。进口报关当日的外汇牌价为1美元=6.20人民币元。10月28日公司向海关缴纳了相关税款,并取得了完税凭证。

2.甲外贸公司是增值税一般纳税人,主要从事自营和代理进出口商品贸易,2013年10月发生以下业务:

(1)5日,本公司从美国自营进口某品牌啤酒600箱,每箱24瓶,每瓶550毫升,每箱的CIF价格为800美元,进口报关当日的外汇牌价为1美元=6.25人民币元,进口关税税率为3元/升,消费税率为250元/吨。15日公司向海关缴纳了关税、增值税,并取得了完税凭证,货款已支付。

(2)10日,本公司自营进口广播级录像机5台作为公司的办公设备,每台价格2 800美元,共支付运费、保险费等150美元,报关时进口报关当日的外汇牌价为1美元=6.25人民币元。(关税税率:当每台价格不高于2 000美元时,执行36%的单一从价税。当每台价格高于2 000美元时,每台征收5 480元的从量税,再加上3%的从价税)。15日缴纳进口环节关税和增值税,当日录像机运到公司,计入固定资产账户,价款未支付。

(3)15日,接受乙公司委托进口商品一批,进口商品款2 200 000元人民币已汇入公司存款户。该进口商品到达我国口岸的CIF价格为240 000美元,进口关税税率为20%,报关当日的外汇牌价为1美元=6.20人民币元,代理手续费按货价2%收取,18日缴纳进口环节关税和增值税,当日商品运达乙公司,双方办理结算。

(4)20日,代理戊公司出口一批应交关税的商品。我国口岸FOB价折合人民币为360 000元,出口关税税率为20%,手续费为10 800元。21日缴纳关税,取得完税凭证,双方已办理结算。

如果你是上述单位的纳税会计,负责进出口货物的报关,应如何计算进出口货物应纳的进口关税、出口关税及海关代征代缴的增值税、消费税? 如何进行账务处理和税款缴纳? 关税缴款书如何填报? 通过本项目学习,可以明确关税的基本规定、应纳税额的计算及缴纳、关税的账务处理等内容,完成关税纳税申报任务。

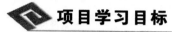 **项目学习目标**

知识目标

- 了解关税的概念和分类、纳税人、征税范围的规定;
- 熟悉关税税则、税率、关税的退还、补征及减免政策;
- 熟悉关税的纳税地点、纳税期限等规定;
- 掌握关税完税价格的确定及应纳关税的计算;
- 掌握关税的会计核算方法。

能力目标

- 能够准确进行关税税额的计算;
- 能够准确而完整地填制关税专用缴款书;
- 能够准确对进出口业务进行会计核算。

 **项目分解**

任务5.1关税认知→任务5.2关税的会计核算

任务 5.1 关税认知

关税是海关依法对进出境货物、物品征收的一种税。所谓"境"指关境,又称"海关境域"或"关税领域",是国家《海关法》全面实施的领域。在通常情况下,一国关境与国境是一致的,包括国家全部的领土、领海、领空。但当某一国家在国境内设立了自由港、自由贸易区等,这些区域就进出口关税而言处在关境之外,这时,该国家的关境小于国境,如我国,香港和澳门保持自由港地位,为我国单独的关税地区,即单独关境区。单独关境区是不完全适用该国海关法律、法规或实施单独海关管理制度的区域。当几个国家结成关税同盟,组成一个共同的关境,实施统一的关税法令和统一的对外税则,这些国家彼此之间货物进出国境不征收关税,只对来自或运往其他国家的货物进出共同关境时征收关税,这些国家的关境大于国境,如欧洲联盟。

关税一般分为进口关税、出口关税和过境关税。我国目前对进出境货物征收的关税分为进口关税和出口关税两类。进口关税是指海关对外国输入本国关境的货物、物品征收的一种关税。出口关税是对输出本国关境的货物征收的一种关税,目前主要是一些发展中国家征收出口关税,我国仅对少数货物征收出口关税。

我国关税是以《中华人民共和国海关法》《中华人民共和国进出口关税条例》《中华人民共和国海关进出口税则》和《中华人民共和国海关入境旅客行李物品和个人邮递物品征收进口税办法》为基本法规,由负责关税政策制定和征收管理的主管部门依据基本法规拟定的管理办法和实施细则为主要内容。

5.1.1　征税范围的确定

关税征税范围是指国家准许进出境货物、物品。货物是指贸易性商品;物品是指入境旅客随身携带的行李物品、个人邮递物品、各种运输工具上的服务人员携带进口的自用物品、馈赠物品以及其他方式进境的个人物品。

5.1.2　纳税人的确定

进口货物的收货人、出口货物的发货人、进出境物品的所有人,是关税的纳税义务人。进出口货物的收、发货人是依法取得对外贸易经营权,并进口或者出口货物的法人或者其他社会团体。进出境物品的所有人包括该物品的所有人和推定为所有人的人。一般情况下,对于携带进境的物品,推定其携带人为所有人;对分离运输的行李,推定相应的进出境旅客为所有人;对以邮递方式进境的物品,推定其收件人为所有人;以邮递或其他运输方式出境的物品,推定其寄件人或托运人为所有人。

5.1.3　税率

关税的税率分为进口关税税率、出口关税税率和特别关税。

1.进口关税税率

我国进口关税税率设有最惠国税率、协定税率、特惠税率、普通税率、关税配额税率。对进口货物在一定期限内可以实行暂定税率。

(1)最惠国税率。原产于共同适用最惠国待遇条款的世界贸易组织成员的进口货物,原产于与中华人民共和国签订含有相互给予最惠国待遇条款的双边贸易协定的国家或者地区的进口货物,以及原产于中华人民共和国境内的进口货物,适用最惠国税率。

(2)协定税率。原产于与中华人民共和国签订含有关税优惠条款的区域性贸易协定的国家或者地区的进口货物,适用协定税率。

(3)特惠税率。原产于与中华人民共和国签订含有特殊关税优惠条款的贸易协定的国家或者地区的进口货物,适用特惠税率。

(4)普通税率。原产于(1)、(2)、(3)所列以外国家或者地区的进口货物,以及原产地不明的进口货物,适用普通税率。

(5)暂定税率。适用最惠国税率的进口货物有暂定税率的,应当适用暂定税率;适用协定税率、特惠税率的进口货物有暂定税率的,应当从低适用税率;适用普通税率的进口货物,不适用暂定税率。

(6)关税配额税率。按照国家规定实行关税配额管理的进口货物,关税配额内的,适用关税配额税率;关税配额外的,其税率的适用按照(1)、(2)、(3)、(4)、(5)的规定执行。

2.出口关税税率

我国出口税则为一栏税率,即出口税率。我国仅对少数资源性产品及易于竞相杀价、盲目进口、需要规范出口秩序的半制成品征收出口关税。2012年税则对37种商品计征出口关税,主要是鳗鱼苗20%,另5种出口商品税出口税率为40%,其他31种商品实行0～35%的暂定税率。适用出口税率的出口货物有暂定税率的,应当适用暂定税率。

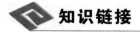 **知识链接**

原产地规定

确定进境货物原产国的主要原因之一,是便于正确运用进口税则的各栏税率,对产自不同国家或地区的进口货物适用不同的关税税率。我国原产地规定基本上采用了"全部产地生产标准"、"实质性加工标准"两种国际上通用的原产地标准。

1.全部产地生产标准

全部产地生产标准是指进口货物"完全在一个国家内生产或制造",生产或制造国即为该货物的原产国。完全在一国生产或制造的进口货物包括:

(1)在该国领土或领海内开采的矿产品;

(2)在该国领土上收获或采集的植物产品;

(3)在该国领土上出生或由该国饲养的活动物及从其所得产品;

(4)在该国领土上狩猎或捕捞所得的产品;

(5)在该国的船只上卸下的海洋捕捞物,以及由该国船只在海上取得的其他产品;

(6)在该国加工船加工上述第(5)项所列物品所得的产品;

(7)在该国收集的只适用于作再加工制造的废碎料和废旧物品;

(8)在该国完全使用上述(1)至(7)项所列产品加工成的制成品。

2.实质性加工标准

实质性加工标准是适用于确定有两个或两个以上国家参与生产的产品的原产国的标准,其基本含义是:经过几个国家加工、制造的进口货物,以最后一个对货物进行经济上可以视为实质性加工的国家作为有关货物的原产国。"实质性加工"是指产品加工后,在进出口税则中四位数税号一级的税则归类已经有了改变,或者加工增值部分所占新产品总值的比例已超过30%及以上的。

3.其他对机器、仪器、器材或车辆所用零件、部件、配件、备件及工具,如与主件同时进口且数量合理的,其原产地按主件的原产地确定,分别进口的则按各自的原产地确定。

3.特别关税

为了应对个别国家对我国出口货物的歧视,任何国家或者地区如对进口原产于我国的货物征收歧视性关税或者给予其他歧视性待遇的,海关可以对原产于该国或者地区的进口货物征收特别关税。特别关税包括报复性关税、反倾销税与反补贴税、保障性关税。

(1)报复性关税。报复性关税是指为报复他国对本国出口货物的关税歧视,而对相关国家的进口货物征收的一种进口附加税。任何国家或者地区违反与中华人民共和国签订或者共同参加的贸易协定及相关协定,对中华人民共和国在贸易方面采取禁止、限制、加征关税或者其他影响正常贸易的措施的,对原产于该国家或者地区的进口货物可以征收报复性关税,适用报复性关税税率。

(2)反倾销税与反补贴税。反倾销税与反补贴税是指进口国海关对外国的倾销货物,在征收关税的同时附加征收的一种特别关税,其目的在于抵销他国的补贴。

(3)保障性关税。保障性关税是指当某类货物进口量剧增,对我国相关产业带来巨大威胁或损害时,按照WTO有关规则,采取的一般保障措施,即在与有实质利益的国家或地区进行磋商后,在一定时期内提高该项商品的进口关税或采取数量限制措施,以保护国内相关产业不受损害。

5.1.4 进出口税则

进出口税则是一国政府根据国家关税政策和经济政策,通过一定的立法程序制定公布实施的进出口货物和物品应税的关税税率表。进出口税则以税率表为主体,通常还包括实施税则的法令、使用税则的有关说明和附录等。《中华人民共和国海关进出口税则》是我国海关凭以征收关税的法律依据,也是我国关税政策的具体体现。

税率表作为税则主体,包括税则商品分类目录和税率栏两大部分。税则商品分类目录是把种类繁多的商品加以综合,按照其不同特点分门别类简化成数量有限的商品类目,分别编号按序排列,称为税则号列,并逐号列出该号中应列入的商品名称。商品分类的原则即归类规则,包括归类总规则和各类、章、目的具体注释。税率栏是按商品分类目录逐项订出的税率栏目。我国现行进口税则为四栏税率,出口税则为一栏税率。进出口商品都采用同一税则目录分类。我国进出口税则(2012年版)税目总数为8194个。

5.1.5 减免优惠

关税减免是对某些纳税人和征税对象给予鼓励和照顾的一种特殊调节手段。关税减免分为法定减免税、特定减免税和临时减免税。根据《海关法》规定,除法定减免税外的其他减免税均由国务院决定。

1.法定减免税

法定减免税是税法中明确列出的减税或免税。符合税法规定可予减免税的进出口货物,纳税义务人无须提出申请,海关可按规定直接予以减免税。海关对法定减免税货物一般不进行后续管理。

(1)免征关税

《进出口关税条例》规定下列进出口货物,免征关税:

①关税税额在人民币50元以下的一票货物;

②无商业价值的广告品和货样；

③外国政府、国际组织无偿赠送的物资；

④在海关放行前损失的货物；

⑤进出境运输工具装载的途中必需的燃料、物料和饮食用品。

（2）暂不缴纳关税

经海关批准暂时进境或者暂时出境的下列货物，在进境或者出境时纳税义务人向海关缴纳相当于应纳税款的保证金或者提供其他担保的，可以暂不缴纳关税，并应当自进境或者出境之日起 6 个月内复运出境或者复运进境；经纳税义务人申请，海关可以根据海关总署的规定延长复运出境或者复运进境的期限。

①在展览会、交易会、会议及类似活动中展示或者使用的货物；

②文化、体育交流活动中使用的表演、比赛用品；

③进行新闻报道或者摄制电影、电视节目使用的仪器、设备及用品；

④开展科研、教学、医疗活动使用的仪器、设备及用品；

⑤在①项至第④项所列活动中使用的交通工具及特种车辆；

⑥货样；

⑦供安装、调试、检测设备时使用的仪器、工具；

⑧盛装货物的容器；

⑨其他用于非商业目的的货物。

暂准进境货物在规定的期限内未复运出境的，或者暂准出境货物在规定的期限内未复运进境的，海关应当依法征收关税。

（3）因故退还的进出口货物的减免

①因故退还的中国出口货物，经海关审查属实，可予免征进口关税，但已征收的出口关税不予退还。

②因故退还的境外进口货物，经海关审查属实，可予免征出口关税，但已征收的进口关税不予退还。

（4）酌情减免

进口货物如有以下情形，经海关查明属实，可酌情减免进口关税：

①在境外运输途中或者在起卸时，遭受损坏或者损失的；

②起卸后海关放行前，因不可抗力遭受损坏或者损失的；

③海关查验时已经破漏、损坏或者腐烂，经证明不是保管不慎造成的。

（5）其他减免

①无代价抵偿货物，即进口货物在征税放行后，发现货物残损、短少或品质不良，而由国外承运人、发货人或保险公司免费补偿或更换的同类货物，可以免税。但有残损或质量问题的原进口货物如未退运国外，其进口的无代价抵偿货物应照章征税。

②我国缔结或者参加的国际条约规定减征、免征关税的货物、物品，按照规定予以减免关税。

③因品质或者规格原因，出口货物自出口之日起 1 年内原状复运进境的，不征收进口关税。因品质或者规格原因，进口货物自进口之日起 1 年内原状复运出境的，不征收出口关税。

④为境外厂商加工、装配成品和为制造外销产品而进口的原材料、辅料、零件、部件、配套件和包装物料,海关按照实际加工出口的成品数量免征进口关税;或者对进口料、件先征进口关税,再按照实际加工出口的成品数量予以退税。

⑤法律规定减征、免征的其他货物。

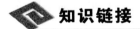**知识链接**

税则商品分类

第一类:活动物;动物产品。

第二类:植物产品。

第三类:动、植物油、脂及其分解产品;精制的食用油脂;动、植物蜡。

第四类:食品;饮料、酒及醋;烟草及烟草代用品的制品。

第五类:矿产品。

第六类:化学工业及其相关工业的产品。

第七类:塑料及其制品;橡胶及其制品。

第八类:生皮、皮革、毛皮及其制品;鞍具及挽具;旅行用品、手提包及类似容器;动物肠线(蚕胶丝除外)制品。

第九类:木及木制品;木炭;软木及软木制品;稻草、秸秆、针茅或其他编结材料制品;篮筐及柳条编结品。

第十类:木浆及其他纤维状纤维素浆;回收(废碎)纸或纸板;纸、纸板及其制品。

第十一类:纺织原料及其纺织制品。

第十二类:鞋、帽、伞、杖、鞭及其零件;已加工的羽毛及其制品;人造花;人发制品。

第十三类:石料、石膏、水泥、石棉、云母及类似材料的制品;陶瓷产品;玻璃及其制品。

第十四类:天然或养殖珍珠、宝石或半宝石、贵金属、包贵金属及其制品;仿首饰;硬币。

第十五类:贱金属及其制品。

第十六类:机器、机械器具、电气设备及其零件;录音机及放声机、电视图像、声音的录制和重放设备及其零件、附件。

第十七类:车辆、航空器、船舶及有关运输设备。

第十八类:光学、照相、电影、计量、检验、医疗或外科用仪器及设备、精密仪器及设备;钟表;乐器;上述物品的零件、附件。

第十九类:武器、弹药及零件、附件。

第二十类:杂项制品。

第二十一类:艺术品、收藏品及古物。

在21类商品之下,分为97章,每章商品又被细分为若干商品项数。这些商品项数分别被8位数字组成的代码表示,或称为税则号列。每个税则号列后还要对商品进行基本描述,以及该税则号列商品适用的税率。

2.特定减免税

特定减免税也称政策性减免税。在法定减免税之外,国家按照国际通行规则和我国实际情况,制定发布的有关进出口货物减免关税的政策,称为特定或政策性减免税。特定减免税货物一般有地区、企业和用途的限制,海关需要进行后续管理,也需要进行减免税统计。特定地区、特定企业或者有特定用途的进出口货物减征或者免征关税,以及临时减征或者免征关税,按照国务院的有关规定执行。如:科教用品、残疾人专用品、扶贫、慈善性捐赠物资、加工贸易产品、边境贸易进口物资、保税区进出口货物、出口加工区进出口货物等。

3.临时减免税

临时减免税是指以上法定和特定减免税以外的其他减免税,对某个单位、某类商品、某个项目或某批进出口货物的特殊情况,给予特别照顾,一案一批,专文下达的减免税。一般有单位、品种、期限、金额或数量等限制,不能比照执行。

我国加入世界贸易组织后,为遵循统一、规范、公平、公开的原则,有利于统一税法、公平税赋、平等竞争,国家严格控制减免税,一般不办理个案临时性减免税,对特定减免税也在逐步规范、清理,对不符合国际惯例的税收优惠政策将逐步予以废止。

5.1.6 征收管理

1.关税的申报

关税的纳税人或其代理人应在规定的报关期限内向货物或物品的进出境的海关申报。进口货物的报送期限为自运输工具申报进境之日起 14 日内,由收货人或其代理人向海关报关;出口货物应在出口货物运抵海关监管区后、装货的 24 小时以前,由发货人向海关报关。中华人民共和国进口货物报关单(见表 5-1)。

2.关税的缴纳

纳税义务人应当自海关填发税款缴款书之日起 15 日内向指定银行缴纳税款。如关税缴纳期限的最后 1 日是周末或法定节假日,则关税缴纳期限顺延至周末或法定节假日过后的第 1 个工作日。纳税义务人因不可抗力或者在国家税收政策调整的情况下,不能按期缴纳税款的,经海关总署批准,可延期缴纳税款,但最长不得超过 6 个月。

3.强制措施

纳税义务人未在关税缴纳期限内缴纳税款,即构成关税滞纳。为保证海关征收关税决定的有效执行和国家财政收入的及时入库,《海关法》赋予海关对滞纳关税的纳税义务人强制执行的权利。强制措施主要有两类:一是征收关税滞纳金,二是强制征收。

(1)征收关税滞纳金。滞纳金自关税缴纳期限届满滞纳之日起,至纳税义务人缴纳关税之日止,按滞纳税款万分之五的比例按日征收,周末或法定节假日不予扣除。具体计算公式为:

$$关税滞纳金金额＝滞纳关税税额×滞纳金征收比率×滞纳天数$$

(2)强制征收。如纳税义务人自海关填发缴款书之日起 3 个月仍未缴纳税款,经海关关长批准,海关可以采取强制扣缴、变价抵缴等强制措施。强制扣缴,即海关从纳税义务人在开户银行或者其他金融机构的存款中直接扣缴税款。变价抵缴,即海关将应税货物依法变卖,以变卖所得抵缴税款。

海关根据税则归类和完税价格计算应缴纳的关税和进口环节代征的增值税、消费税,并填发税款缴款书。海关进(出)口关税专用缴款书(见表 5-2),海关进(出)口增值税专用缴款书(见表5-3)。

4.关税的退还

关税退还是关税纳税义务人按海关核定的税额缴纳关税后,因某种原因的出现,海关将实际征收多于应当征收的税额退还给原纳税义务人的一种行政行为。根据规定,海关多征的税款,海关发现后应当立即退还。纳税义务人发现多缴税款的,自缴纳税款之日起1年内,可以以书面形式要求海关退还多缴的税款并加算银行同期活期存款利息;海关应当自受理退税申请之日起30日内查实并通知纳税义务人办理退还手续。

有下列情形之一的,纳税义务人自缴纳税款之日起1年内,可以申请退还关税,并应当以书面形式向海关说明理由,提供原缴款凭证及相关资料。

(1)已征进口关税的货物,因品质或者规格原因,原状退货复运出境的;

(2)已征出口关税的货物,因品质或者规格原因,原状退货复运进境,并已重新缴纳因出口而退还的国内环节有关税收的;

(3)已征出口关税的货物,因故未装运出口,申报退关的。

按照其他有关法律、行政法规规定应当退还关税的,海关应当按照有关法律、行政法规的规定退税。

5.关税的追征和补征

补征和追征是海关在关税纳税义务人按海关核定的税额缴纳关税后,发现实际征收税额少于应当征收的税额时,责令纳税义务人补缴所差税款的一种行政行为。

(1)追征。由于纳税人违反海关规定造成短征关税的,称为追征。因纳税义务人违反规定造成少征或者漏征税款的,海关可以自缴纳税款或者货物放行之日起3年内追征税款,并从缴纳税款或者货物放行之日起按日加收少征或者漏征税款万分之五的滞纳金。

(2)补征。非因纳税人违反海关规定造成短征关税的,称为补征。进出口货物放行后,海关发现少征或者漏征税款的,应当自缴纳税款或者货物放行之日起1年内,向纳税义务人补征税款。

任务5.2　关税的会计核算

5.2.1　账户设置

为正确反映和核算关税纳税事项,并根据具体的进出口业务,纳税人应在"应交税费"账户中设置"应交进口关税"和"应交出口关税"两个二级账户,其贷方登记应缴纳的关税;借方登记已缴纳的关税。期末贷方余额表示应缴未缴的关税,期末借方余额表示多缴的关税。也可不通过"应交税费"账户,直接贷记"银行存款"账户。在实际工作中,由于企业进出口业务的形式和内容不同,具体核算方式有所区别。

关税会计核算的依据主要有:合同,发票,汇票,收账通知,保险单,进口付汇核销单,出口收汇核销单,各种付款结算凭证,进出口货物报关单,进出口货物许可证,海关进

（出）口关税专用缴款书,海关进（出）口增值税专用缴款书,海关进（出）口消费税专用缴款书等。

5.2.2　进口货物的核算

1.应纳税额的计算.

（1）关税完税价格的确定

我国对进口货物征收关税,主要采取从价计征的方法,少数产品采取从量计征和复合计征方法。从价计征方法是以货物的完税价格为计税依据计算征收关税。《海关法》规定,进出口货物的完税价格,由海关以该货物的成交价格为基础审查确定。成交价格不能确定时,完税价格由海关依法估定。

①以成交价格为基础的完税价格

进口货物的完税价格由海关以符合规定条件的成交价格以及该货物运抵中华人民共和国境内输入地点起卸前的运输及其相关费用、保险费为基础审查确定。

进口货物的成交价格,是指卖方向中华人民共和国境内销售该货物时买方为进口该货物向卖方实付、应付的,并按照《进出口关税条例》规定调整后的价款总额,包括直接支付的价款和间接支付的价款。

进口货物的成交价格应当符合的条件：

A.对买方处置或者使用该货物不予限制,但法律、行政法规规定实施的限制、对货物转售地域的限制和对货物价格无实质性影响的限制除外;

B.该货物的成交价格没有因搭售或者其他因素的影响而无法确定;

C.卖方不得从买方直接或者间接获得因该货物进口后转售、处置或者使用而产生的任何收益,或者虽有收益但能够按照《完税价格办法》的规定进行调整;

D.买卖双方没有特殊关系,或者虽有特殊关系但未对成交价格产生影响。

应当计入完税价格的费用：

A.由买方负担的购货佣金以外的佣金和经纪费;"购货佣金"指买方为购买进口货物向自己的采购代理人支付的劳务费用。"经纪费"指买方为购买进口货物向代表买卖双方利益的经纪人支付的劳务费用;

B.由买方负担的在审查确定完税价格时与该货物视为一体的容器的费用;

C.由买方负担的包装材料费用和包装劳务费用;

D.与该货物的生产和向中华人民共和国境内销售有关的,由买方以免费或者以低于成本的方式提供并可以按适当比例分摊的料件、工具、模具、消耗材料及类似货物的价款,以及在境外开发、设计等相关服务的费用;

E.作为该货物向中华人民共和国境内销售的条件,买方必须支付的、与该货物有关的特许权使用费;

F.卖方直接或者间接从买方获得的该货物进口后转售、处置或者使用的收益。

不计入该货物的完税价格的税费：

A.厂房、机械、设备等货物进口后进行建设、安装、装配、维修和技术服务的费用;

B.进口货物运抵境内输入地点起卸后的运输及其相关费用、保险费;

C.进口关税及国内税收。

进口货物相关费用的规定：

A. 以一般陆运、空运、海运方式进口的货物。在进口货物的运输及相关费用、保险费计算中，海运进口货物，计算至该货物运抵境内的卸货口岸；如果该货物的卸货口岸是内河(江)口岸，则应当计算至内河(江)口岸。陆运进口货物，计算至该货物运抵境内的第一口岸；如果运输及其相关费用、保险费支付至目的地口岸，则计算至目的地口岸。空运进口货物，计算至该货物运抵境内的第一口岸；如果该货物的目的地为境内的第一口岸外的其他口岸，则计算至目的地口岸。

陆运、空运和海运进口货物的运费和保险费，应当按照实际支付的费用计算。如果进口货物的运费无法确定或未实际发生，海关应当按照该货物进口同期运输行业公布的运费率(额)计算运费；按照"货价加运费"两者总额的 0.3% 计算保险费。

B. 以其他方式进口的货物。邮运的进口货物，应当以邮费作为运输及其相关费用、保险费；以境外边境口岸价格条件成交的铁路或公路运输进口货物，海关应当按照货价的 1% 计算运输及其相关费用、保险费；作为进口货物的自驾进口的运输工具，海关在审定完税价格时，可以不另行计入运费。

总之，进口货物以我国口岸到岸价格(通常称 CIF 价格)成交的，或者以到达我国口岸价格加佣金，或到达我国口岸价格加保险费成交的，可将成交价格直接作为完税价格。

$$关税完税价格＝成交价格(CIF)$$

进口货物以国外口岸离岸价格(通常称 FOB 价格)成交的，应另加从发货口岸到国内交货口岸的运杂费(包括运费、佣金等费用)、保险费作为完税价格。

$$关税完税价格＝成交价格(FOB)＋运杂费＋保险费＝\frac{FOB 价格＋运杂费}{1－保险费率}$$

②海关估定完税价格

进口货物的价格不符合成交价格条件或者成交价格不能确定的，海关应当依次以相同货物成交价格方法、类似货物成交价格方法、倒扣价格方法、计算价格方法及其他合理方法确定的价格为基础，估定完税价格。如果进口货物的收货人提出要求，并提供相关资料，经海关同意，可以选择倒扣价格方法和计算价格方法的适用次序。

A. 相同或类似货物成交价格方法。相同或类似货物成交价格方法，即以与被估的进口货物同时或大约同时(在海关接受申报进口之日的前后各 45 天以内)进口的相同或类似货物的成交价格为基础，估定完税价格。

以该方法估定完税价格时，应当首先使用同一生产商生产的相同或类似货物的成交价格，只有在没有这一成交价格的情况下，才可以使用同一生产国或地区生产的相同或类似货物的成交价格。如果有多个相同或类似货物的成交价格，应当以最低的成交价格为基础，估定进口货物的完税价格。

上述"相同货物"指与进口货物在同一国家或地区生产的，在物理性质、质量和信誉等所有方面都相同的货物，但表面的微小差异允许存在；"类似货物"指与进口货物在同一国家或地区生产的，虽然不是在所有方面都相同，但却具有相似的特征、相似的组成材料、同样的功能，并且在商业中可以互换的货物。

B. 倒扣价格方法。倒扣价格方法即以被估的进口货物、相同或类似进口货物在境内销售的价格为基础估定完税价格。按该价格销售的货物应当同时符合五个条件：在被估货物进口时或大约同时销售；按照进口时的状态销售；在境内第一环节销售；合计的货物销售总量最大;向境内无特殊关系方的销售。

以该方法估定完税价格时,下列各项应当扣除:该货物的同等级或同种类货物,在境内销售时的利润和一般费用及通常支付的佣金;货物运抵境内输入地点之后的运费、保险费、装卸费及其他相关费用;进口关税、进口环节税和其他与进口或销售上述货物有关的国内税。

C.计算价格方法。计算价格方法即按下列各项的总和计算出的价格估定完税价格。有关项为:生产该货物所使用的原材料价值和进行装配或其他加工的费用;与向境内出口销售同等级或同种类货物的利润、一般费用相符的利润和一般费用;货物运抵境内输入地点起卸前的运输及相关费用、保险费。

D.其他合理方法。使用其他合理方法时,应当根据《完税价格办法》规定的估价原则,以在境内获得的数据资料为基础估定完税价格。但不得使用以下价格:境内生产的货物在境内的销售价格;可供选择的价格中较高的价格;货物在出口地市场的销售价格;以计算价格方法规定的有关各项之外的价值或费用计算的价格;出口到第三国或地区的货物的销售价格;最低限价或武断虚构的价格。

③特殊进口货物的完税价格

A.加工贸易进口料件及其制成品。加工贸易进口料件及其制成品需征税或内销补税的,海关按照一般进口货物的完税价格规定,审定完税价格。

B.保税区、出口加工区货物。从保税区或出口加工区销往区外、从保税仓库出库内销的进口货物(加工贸易进口料件及其制成品除外),以海关审定的价格估定完税价格。对经审核销售价格不能确定的,海关应当按照一般进口货物估价办法的规定,估定完税价格。如销售价格中未包括在保税区、出口加工区或保税仓库中发生的仓储、运输及其他相关费用的,应当按照客观量化的数据资料予以计入。

C.运往境外修理的货物。运往境外修理的机械器具、运输工具或其他货物,出境时已向海关报明,并在海关规定期限内复运进境的,应当以海关审定的境外修理费和料件费为完税价格。

D.运往境外加工的货物。运往境外加工的货物,出境时已向海关报明,并在海关规定期限内复运进境的,应当以海关审定的境外加工费和料件费,以及该货物复运进境的运输及其相关费用、保险费估定完税价格。

E.暂时进境货物。对于经海关批准的暂时进境的货物,应当按照一般进口货物估价办法的规定,估定完税价格。

F.租赁方式进口货物。租赁方式进口的货物中,以租金方式对外支付的租赁货物,在租赁期间以海关审定的租金作为完税价格;留购的租赁货物,以海关审定的留购价格作为完税价格;承租人申请一次性缴纳税款的,经海关同意,按照一般进口货物估价办法的规定估定完税价格。

G.留购的进口货样等。对于境内留购的进口货样、展览品和广告陈列品,以海关审定的留购价格作为完税价格。

H.予以补税的减免税货物。减税或免税进口的货物需予补税时,应当以海关审定的该货物原进口时的价格,扣除折旧部分价值作为完税价格,其计算公式为:

$$完税价格 = 海关审定的该货物原进口时的价格 \times \frac{1 - 申请补税时实际已使用的时间(月)}{监管年限 \times 12}$$

I.以其他方式进口的货物。以易货贸易、寄售、捐赠、赠送等其他方式进口的货物,应当按照一般进口货物估价办法的规定,估定完税价格。

（2）应纳税额的计算

我国对进口货物关税税额的计算有从价计征、从量计征、复合计征方法。

①从价计征

从价计征是以进出口货物的完税价格作为计税依据,以应征税额占货物完税价格的百分比作为税率。其计算公式为:

$$应纳税额＝关税完税价格×关税税率$$

②从量计征

从量计征是以进口商品的重量、长度、容量、面积等计量单位为计税依据。目前我国对原油、部分鸡产品、啤酒、胶卷进口分别以重量、容量、面积计征从量税。其计算公式为:

$$应纳税额＝进口货物数量×单位税额$$

③复合计征

复合计征是对某种进口商品同时使用从价和从量计征的一种计征关税的方法。目前我国对录像机、放像机、摄像机、数字照相机和摄录一体机实行复合计征。其计算公式为:

$$应纳税额＝关税完税价格×关税税率＋进口货物数量×单位税额$$

（3）滑准税应纳税额的计算

滑准税是一种关税税率,随进口商品价格由高到低而由低至高设置计征关税的方法,可以使进口商品价格越高,其进口关税税率越低,进口商品的价格越低,其进口关税税率越高。其主要特点是可保持滑准税商品的国内市场价格的相对稳定,尽可能减少国际市场价格波动的影响。目前我国对新闻纸实行滑准税。

$$应纳税额＝关税完税价格×滑准税税率$$

2.会计核算

（1）工业企业进口业务的核算

工业企业通过外贸企业代理或直接从国外进口原材料,应支付的进口关税,不通过"应交税费"账户核算,而是将其与进口原材料的价款、国外运费、保险费、国内费用一并直接计入进口原材料的采购成本,借记"材料采购",贷记"银行存款"、"应付账款"等账户。

【案例导入 1-（1）】

购入现汇时:

美元折合人民币为:$(30\ 000＋2\ 000)×6.2＝198\ 400$(元)

借:银行存款——美元户　　　　　　　　　　　　　　　　198 400

　　贷:银行存款——人民币户　　　　　　　　　　　　　　　　198 400

对外付汇,支付进口关税、增值税,计算进口铜板的采购成本时:

关税完税价格＝$(30\ 000＋2\ 000)×6.2＋1\ 600＝200\ 000$(元)

应纳进口关税税额＝$200\ 000×15\%＝30\ 000$(元)

组成的计税价格＝$200\ 000＋30\ 000＝230\ 000$(元)

应纳增值税税额＝$230\ 000×17\%＝39\ 100$(元)

原材料采购成本＝198 400＋1 600＋30 000＝230 000(元)

借：材料采购——铜板　　　　　　　　　　　　　　　230 000

　　应交税费——应交增值税(进项税额)　　　　　　　 39 100

　　　贷：银行存款——美元户　　　　　　　　　　　　　　198 400

　　　　　　——人民币户　　　　　　　　　　　　　　 70 700

工业企业根据同外商签订的加工装配和补偿贸易合同而引进的国外设备,应支付的进口关税按规定以企业专用拨款等支付。支付时,借记"在建工程——引进设备工程"账户,贷记"长期应付款——补偿贸易引进设备应付款"、"银行存款"等账户。

【案例导入 1-(3)】

购入现汇时：

美元折合人民币为：(370 000＋30 000)×6.20＝2 480 000(元)

借：银行存款——美元户　　　　　　　　　　　　　　2 480 000

　　贷：银行存款——人民币户　　　　　　　　　　　　　　2 480 000

对外付汇,支付进口关税、增值税,计算进口设备成本时：

关税完税价格＝2 480 000＋20 000＝2 500 000(元)

应纳进口关税税额＝2 500 000×30％＝750 000(元)

组成的计税价格＝2 500 000＋750 000＝3 250 000(元)

应纳增值税额＝3 250 000×17％＝552 500(元)

借：在建工程——引进设备工程　　　　　　　　　　　3 250 000

　　应交税费——应交增值税(进项税额)　　　　　　　552 500

　　　贷：长期应付款——补偿贸易引进设备应付款　　　　3 802 500

(2)商业企业进口业务的核算

①自营进口业务的核算

商品企业自营进口业务所计缴的关税,在会计核算上是通过设置"应交税费——应交进口关税"和"在途物资"账户加以反映的。应缴纳的进口关税,借记"在途物资"账户,贷记"应交税费——应交进口关税"账户,实际缴纳时,借记"应交税费——应交进口关税"账户,贷记"银行存款"账户。也可不通过"应交税费——应交进口关税"账户,直接借记"在途物资",贷记"银行存款"、"应付账款"等账户。

【案例导入 2-(1)】

对外付汇,支付进口关税、增值税、消费税,计算进口啤酒的采购成本时：

应纳进口关税税额＝600×24×550÷1 000×3＝23 760(元)

应纳消费税额＝600×24×550÷1 000÷988×250＝2 004.05(元)

组成的计税价格＝600×800×6.25＋23 760＋2 004.05＝3 025 764.05(元)

应纳增值税额＝3 025 764.05×17％＝514 379.89(元)

借：在途物资　　　　　　　　　　　　　　　　　　　3 025 764.05

　　应交税费——应交增值税(进项税额)　　　　　　　514 379.89

　　　贷：银行存款　　　　　　　　　　　　　　　　　　3 540 143.94

【案例导入 2-(2)】

对外付汇,支付进口关税、增值税,计算进口广播级录像机的成本时:

应纳关税税额＝5×5 480＋(5×2 800＋150)×6.25×3%＝30 053.13(元)

组成计税价格＝(5×2 800＋150)×6.25＋30 053.13＝118 490.63(元)

应纳增值税额＝118 490.63×17%＝40 143.41(元)

借:固定资产　　　　　　　　　　　　　　　118 490.63

　　应交税费——应交增值税(进项税额)　　40 143.41

　　贷:应交税费——应交进口关税　　　　　　　　　30 053.13

　　　　　　　　——应交增值税　　　　　　　　　　40 143.41

　　　应付账款　　　　　　　　　　　　　　　　　　88 437.50

实际缴纳关税、增值税时:

借:应交税费——应交进口关税　　　　　　　30 053.13

　　　　　　　——应交增值税　　　　　　　40 143.41

　　贷:银行存款　　　　　　　　　　　　　　　　　70 196.54

②代理进口业务的核算

代理进口业务,对受托方来说,一般不垫付货款,大多以收取手续费形式为委托方提供代理服务。因此,由于进出口而计缴的关税均由委托单位负担,受托单位即使向海关缴纳了关税,也只是代垫或代付,日后仍要从委托方收回。代理进口业务所计缴的关税,在会计核算上也是通过设置"应交税费"账户来反映的,其对应账户是"应付账款"、"应收账款"、"银行存款"等。

【案例导入 2-(3)】

计算该批商品折合人民币金额＝240 000×6.2＝1 488 000(元)

应纳进口关税税额＝1 488 000×20%＝297 600(元)

应纳增值税税额＝(1 488 000＋297 600)×17%＝303 552(元)

代理手续费＝1 488 000×2%＝29 760(元)

收到委托单位划来进口货款时:

借:银行存款　　　　　　　　　　　　　　　2 200 000

　　贷:应付账款——乙公司　　　　　　　　　　　　2 200 000

对外付汇进口商品时:

借:应收账款——外商　　　　　　　　　　　1 488 000

　　贷:银行存款　　　　　　　　　　　　　　　　　1 488 000

支付进口关税和增值税时:

借:应付账款——乙公司　　　　　　　　　　601 152

　　贷:应交税费——应交进口关税　　　　　　　　　297 600

　　　　应交税费——应交增值税　　　　　　　　　　303 552

借:应交税费——应交进口关税　　　　　　　297 600

　　应交税费——应交增值税　　　　　　　　303 552

　　贷:银行存款　　　　　　　　　　　　　　　　　601 152

将进口商品交付委托单位并收取手续费时：

借：应付账款——乙公司　　　　　　　　　　　1 517 760
　　贷：其他业务收入　　　　　　　　　　　　　　　29 760
　　　　应收账款——外商　　　　　　　　　　　1 488 000

将委托单位剩余的进口货款退回时：

借：应付账款——乙公司　　　　　　　　　　　　81 088
　　贷：银行存款　　　　　　　　　　　　　　　　81 088

5.2.3　出口货物的核算

1.应纳税额的计算

（1）关税完税价格的确定

①以成交价格为基础的完税价格

出口货物的完税价格，由海关以该货物向境外销售的成交价格为基础审查确定，并应包括货物运至我国境内输出地点装载前的运输及其相关费用、保险费，但其中包含的出口关税税额，应当扣除。出口货物的成交价格，是指该货物出口销售到我国境外时买方向卖方实付或应付的价格。出口货物的成交价格中含有支付给境外的佣金的，如果单独列明，应当扣除。

出口货物的销售价格如果包括离境口岸至境外口岸之间的运输、保险费的，该运费、保险费应当扣除。

总之，出口货物以FOB价格成交的，以扣除出口关税税额后的金额作为完税价格，其计算公式：

$$关税完税价格 = \frac{FOB 价格}{1 + 出口关税税率}$$

出口货物以CIF价格成交的，即价格包括离境口岸到达境外口岸之间的运输费、保险费，则应扣除运输费、保险费。计算公式为：

$$关税完税价格 = \frac{CIF 价格 - 运输费 - 保险费}{1 + 出口关税税率}$$

②海关估定完税价格

出口货物的成交价格不能确定的，海关经了解有关情况，并与纳税义务人进行价格磋商后，依次以下列价格估定该货物的完税价格：

A. 与该货物同时或者大约同时向同一国家或者地区出口的相同货物的成交价格；

B. 与该货物同时或者大约同时向同一国家或者地区出口的类似货物的成交价格；

C. 按照下列各项总和计算的价格：境内生产相同或者类似货物的料件成本、加工费用，通常的利润和一般费用，境内发生的运输及其相关费用、保险费；

D. 以合理方法估定的价格。

（2）应纳税额的计算

我国对出口货物征收关税，主要采取从价计征的方法，是以货物的完税价格为计税依据计算征收关税。现行税则对少数商品计征出口关税。

$$应纳税额＝关税完税价格×关税税率$$

2. 会计核算

(1)工业企业出口业务的核算

工业企业出口需要交纳出口关税的货物,支付时可直接借记"营业税金及附加"账户,贷记"银行存款"、"应付账款"等账户。

【案例导入 1-(2)】

销售铜芯合金丝时:

借:应收账款		6 500 000
贷:主营业务收入		6 500 000

计算缴纳应交出口关税时:

应纳出口关税税额＝6 500 000÷(1+30%)×30%＝1 500 000(元)

借:营业税金及附加		1 500 000
贷:应交税费——应交出口关税		1 500 000

缴纳罚款和税收滞纳金时:

滞纳时间 19 天,按日 0.5‰计算滞纳金

税收滞纳金＝1 500 000×0.5‰×19＝14 250(元)

借:营业外支出		14 250
贷:银行存款		14 250

缴纳税款时:

借:应交税费——应交出口关税		1 500 000
贷:银行存款		1 500 000

(2)商业企业出口业务的核算

①自营出口业务的核算

商业企业自营出口业务所计缴的关税,在会计核算上是通过设置"应交税费——应交出口关税"和"营业税金及附加"账户加以反映的。应缴纳的出口关税,借记"营业税金及附加"账户,贷记"应交税费——应交出口关税"账户;实际缴纳时,借记"应交税费——应交出口关税"账户,贷记"银行存款"账户。

②代理出口业务的核算

代理出口业务是指出口企业代委托方办理对外销售、发运、制单及结汇的全过程。代理出口企业计算交纳出口关税时,借记"应收账款",贷记"应交税费——应交出口关税"账户。代理出口业务所计缴的关税,在会计核算上也是通过设置"应交税费"账户来反映的,其对应账户是"应付账款"、"应收账款"、"银行存款"等。

【案例导入 2-(4)】

应缴出口关税＝360 000÷(1+20%)×20%＝60 000(元)

借:应收账款——戊公司		60 000
贷:应交税费——应交出口关税		60 000

缴纳出口关税时:

借:应交税费——应交出口关税		60 000

贷：银行存款		60 000

应收手续费时：

借：应收账款——戊公司		10 800
贷：其他业务收入		10 800

收到委托单位付来的税款及手续费时：

借：银行存款		70 800
贷：应收账款——戊工厂		70 800

以【案例导入 1-(1)】为例填写进口货物报关单（表 5-1）、海关进（出）口关税专用缴款书（表 5-2）、海关进（出）口增值税专用缴款书（表 5-3）。

表 5-1 　　　　　　　　　　中华人民共和国进口货物报关单

预录入编号：　　　　　　　　　　　　　　　　海关编号：

进口口岸＊：山东青岛		备案号		进口日期＊	申报日期：2013.5.2
经营单位		运输方式：海运	运输工具名称：		提运单号
收货单位＊：丙股份有限公司		贸易方式：一般贸易	征免性质：一般征税		征税比例＊
许可证号	起运国（地区）＊：美国		装货港＊：美国波士顿		境内目的地＊：青岛
批准文号	成交方式：FOB	运费：USD2 000	保费￥1 600		杂费
合同协议号	件数		包装种类	毛重（公斤）	净重（公斤）
集装箱号		随附单据			用途＊
标记唛码及备注					
项号　商品编号　商品名称、规格型号　数量及单位　原产国（地区）＊　单价　总价　币制　征免					
铜板	10 吨	美国	USD 3 000	USD 30 000 美元	照章征税
税费征收情况					
录入员　　录入单位		兹声明以上申报无讹并承担法律责任		海关审单批注及放行日期（签章）	
报关员				审单	审价
单位地址		申报单位（签章）		征税	统计
邮编　　电话		填制日期		查验	放行

表 5-2   **海关进(出)口关税专用缴款书**

收入系统:海关系统   填发日期:2013 年 10 月 7 日   No.

收款单位	收入机关	中央金库			缴款单位（人）	名称	丙股份有限公司
	科目	进口关税	预算级次	中央		账号	20090718000456
	收款国库	中国人民银行青岛支行				开户行	工商银行潍坊市胜利街支行

税号	货物名称	数量	单位	完税价格(￥)	税率%	税款金额(￥)
	铜板	10	吨	200 000	15	30 000

金额大写(人民币):叁万元整		合计(￥)	30 000.00
申请单位编号		报关单编号	填制单位	
合同(批文)号		运输工具(号)	制单人	收款国库(银行)业务公章
缴款期限	2013 年 10 月 7 日	提/装货单号	复核人	
注	一般征税:照章征税 国际代码		单证专用章	

　　从填发缴款书之日起限 15 日内缴纳(期末遇法定节假日顺延),逾期按日征收税款总额万分之五的滞纳金。

表 5-3   **海关进(出)口增值税专用缴款书**

收入系统:海关系统   填发日期:2013 年 10 月 7 日   No.

收款单位	收入机关	中央金库			缴款单位（人）	名称	丙股份有限公司
	科目	进口增值税	预算级次	中央		账号	20090718000456
	收款国库	中国人民银行青岛支行				开户行	工商银行潍坊市胜利街支行

税号	货物名称	数量	单位	计税价格(￥)	税率%	税款金额(￥)
	铜板	10	吨	230 000	17	39 100

金额大写(人民币):叁万玖仟壹百元整		合计(￥)	39 100
申请单位编号		报关单编号	填制单位	
合同(批文)号		运输工具(号)	制单人	收款国库(银行)业务公章
缴款期限	2013 年 10 月 7 日	提/装货单号	复核人	
注	一般征税:照章征税 国际代码		单证专用章	

　　从填发缴款书之日起限 15 日内缴纳(期末遇法定节假日顺延),逾期按日征收税款总额万分之五的滞纳金。

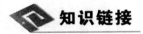
知识链接

进境物品进口税的征收

行李和邮递物品进口税简称行邮税,是海关对入境旅客行李物品和个人邮递物品征收的进口税。由于其中包含了进境物品的关税以及进口环节海关代征的增值税、消费税,合并为进口税,由海关依法征收。因而也是对个人非贸易性入境物品征收的进口关税和进口工商税收的总称。课税对象包括入境旅客、运输工具、服务人员携带的应税行李物品、个人邮递物品、馈赠物品以及以其他方式入境的个人物品等物品,简称进口物品。

对准许应税进口旅客行李物品、个人邮递物品以及其他个人自用物品,均应依据《入境旅客行李物品和个人邮递物品进口税税率表》征收行邮税。纳税人是携带应税个人自用物品入境的旅客及运输工具服务人员,进口邮递物品的收件人,以及以其他方式进口应税个人自用物品的收件人。上述所称的应税个人自用物品,不包括汽车、摩托车及其配件、附件。对进口应税个人自用汽车、摩托车及其配件、附件,以及超过海关规定自用合理数量部分的应税物品应按货物进口程序办理报关验放手续。

《入境旅客行李物品和个人邮递物品进口税税率表》由国务院关税税则委员会审定后,海关总署对外公布实施。我国行邮税税目和税率经过了多次调整,自 2011 年 1 月 27 日起,行邮税税率分为 10%、20%、30%、50%四个档次:属于 50%税率的物品为烟、酒、化妆品;属于 30%税率的物品为高档手表(完税价格在人民币 10 000 元及以上的手表)高尔夫球及球具(包括高尔夫球杆、高尔夫球、高尔夫球包、高尔夫球手套、高尔夫球鞋);属于 20%税率的物品有纺织品及其制成品、电视摄像机及其他电器用具、自行车、手表、钟表(含配件、附件);其他为属于 10%税率的物品。

进口税采用从价计征,完税价格由海关参照该项物品的境外正常零售平均价格确定。完税价格乘以进口税税率,即为应纳的进口税税额。海关按照填发税款缴纳书当日有效的税率和完税价格计算征收。纳税人应当在海关放行应税个人自用物品之前缴清税款。

海关总署规定数额以内的个人自用进境物品,免征进口税。超过海关总署规定数额但仍在合理数量以内的个人自用进境物品,由进境物品的纳税义务人在进境物品放行前按照规定缴纳进口税。超过合理、自用数量的进境物品应当按照进口货物依法办理相关手续。进境物品的纳税义务人可以自行办理纳税手续,也可以委托他人办理纳税手续。

项目六

行为及特定目的税的核算

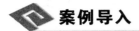 **案例导入**

　　某市丁房地产开发公司 2014 年 1 月发生如下业务,所有款项均通过银行转账支付。

　　(1)实际缴纳上年 12 月份的营业税 20 万元,同时缴纳城市维护建设税和教育费附加。

　　(2)启用非资本账营业账簿 10 本,增加注册资本 100 万元记入实收资本账户,购买印花税票并贴花。

　　(3)与某银行签订借款合同,借款 300 万元;与某保险公司签订保险合同,合同载明为本企业的财产保险,支付保险费 40 万元;签订房屋预售合同,房屋销售金额未定。购买印花税票并贴花。

　　(4)购买一辆小轿车供企业办公使用,支付车款 23 万元(含增值税)。另外支付的各项费用有:临时牌照费用 200 元,购买工具用具 3 350 元,车辆装饰费 15 000 元,汽车销售公司开具销售发票;并缴纳了车了辆购置税。

　　(5)收到某汽车厂捐赠的小面包车一辆,国家税务总局规定的最低计税价格为 40 000 元,缴纳了车辆购置税。

　　(6)自行开发一幢写字楼本月竣工,该工程共占耕地 2 000 平方米(当地规定耕地占用税适用税额为 40 元/平方米),支付土地征用费用 800 万元(含耕地占用税),房地产开发成本为 1 500 万元;共向银行借款 2 000 万元,一年期,利率 4%;向非金融机构借款 800 万元,支付利息 60 万元,均能按转让房地产项目计算分摊利息;管理费用 300 万元,除利息外允许扣除比例为 5%,销售房产取得收入 4 000 万元。已预交土地增值税 100 万元。

　　(7)一栋办公楼已使用近 20 年,尚可使用 30 年。建造时的造价为 1 000 万元,按本月的建材及人工费用计算,建造同样的新房需花费 4 000 万元,现对外销售取得销售收入 5 000 万元,补交土地出让金 500 万元,相关税费 50 万元。

　　如果你是该房地产公司的税务会计,应如何计算上述业务应缴纳的城市维护建设税、教育费附加、印花税、车辆购置税、耕地占用税、土地增值税？如何进行账务处理？如何进行纳税申报和缴纳？通过本项目学习,可以明确行为税及特定目的税的基本规定、应纳税额的计算、账务处理及纳税申报等内容,完成纳税申报工作任务。

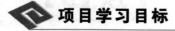 **项目学习目标**

知识目标

- 了解城市维护建设税、印花税、车辆购置税、耕地占用税、土地增值税的纳税人;
- 熟悉城市维护建设税、印花税、车辆购置税、耕地占用税、土地增值税的征税范围、税率;
- 掌握城市维护建设税、印花税、车辆购置税、耕地占用税、土地增值税应纳税额的计算和账务处理;
- 掌握城市维护建设税、印花税、车辆购置税、耕地占用税、土地增值税纳税申报表的填制及纳税申报。

能力目标

- 能够准确计算各税种的应纳税额;
- 能够准确对各税种进行会计核算;
- 能够准确而完整地填制各税种的纳税申报表。

 **项目分解**

任务 6.1 城市维护建设税和教育费附加的核算→任务 6.2 印花税的核算→任务 6.3 车辆购置税的核算→任务 6.4 耕地占用税的核算→任务 6.5 土地增值税的核算

任务 **6.1** 城市维护建设税和教育费附加的核算

6.1.1 城市维护建设税认知

1.纳税人

城市维护建设税的纳税人是指负有缴纳增值税、消费税、营业税(简称"三税")义务的单位和个人,包括各类企业、行政单位、事业单位、军事单位、社会团体、其他单位,以及个体工商户和其他个人,只要缴纳了"三税"中的任何一种税,都必须同时缴纳城市维护建设税。

2.征税范围

城市维护建设税本身没有特定的征税对象,而是附加于三税,以实际缴纳的"三税"税额为计税依据计算征收的一种税。目的是为了筹集专门用于城市公用事业和公共设施的维护和建设资金。

3.税率

城市维护建设税实行地区差别比例税率,按纳税人所在地区的不同,规定了三个档次。具体适用范围规定如下:

(1)纳税人所在地为城市市区的,税率为 7%;

(2)纳税人所在地为县城、镇的,税率为 5%;

(3)纳税人所在地不在城市市区、县城或镇的,税率为 1%。

由受托方代扣代缴、代收代缴"三税"的单位和个人,其代扣代缴、代收代缴的城市维护建设税,按受托方所在地适用税率。

流动经营等无固定纳税地点的单位和个人,在经营地缴纳"三税"的,其城市维护建设税的缴纳按经营地适用税率。

4.减免优惠

城市维护建设税基本上没有单独规定减免税,而是根据"三税"的减免,相应地减免城市维护建设税。对于因减免税而需要进行"三税"退库的,城市维护建设税可以同时退库。对"三税"实行先征后返、先征后退、即征即退办法的,除另有规定外,对随"三税"附征的城市维护建设税和教育费附加,一律不予退(返)还。

针对特殊情况,国家税务总局做了特案减免优惠:

(1)海关对进口产品代征增值税、消费税的,不征收城市维护建设税。

(2)出口产品退还增值税、消费税,不退还已缴纳的城建税。经国家税务总局正式审核批准的当期免抵的增值税税额应纳入城市维护建设税计征范围。

(3)经国务院批准,为支持国家重大水利工程建设,2010 年 5 月 25 日起,对国家重大水利工程建设基金免征城市维护建设税。

(4)其他减免税的规定。

5.应纳税额的计算

(1)计税依据

城市维护建设税的计税依据是纳税人实际缴纳的"三税"税额之和。纳税人违反"三税"有关规定,被查补"三税"和被处以罚款时,也要对其未缴的城市维护建设税进行补税、征收滞纳金和罚款。纳税人违反"三税"有关规定而加收的滞纳金和罚款,不作为城建税的计税依据。

(2)应纳税额的计算

城市维护建设税纳税人的应纳税额大小是由纳税人实际缴纳的"三税"税额决定的,其计算公式为:

应纳税额=(实际缴纳的增值税额+实际缴纳的消费税额+实际缴纳的营业税额)×适用税率

6.征收管理

(1)纳税义务发生时间

纳税人只要发生"三税"的纳税义务,就要在同样的环节,分别计算缴纳城市维护建设税。

(2)纳税期限

由于城市维护建设税是纳税人缴纳"三税"时同时缴纳的,所以城市维护建设税的纳税期限与"三税"的纳税期限相同。

(3)纳税地点

纳税人缴纳"三税"的地点,就是缴纳城市维护建设税的地点。因纳税地点的复杂性和特殊性,财政部和国家税务总局对城市维护建设税的纳税地点作了如下规定:

①代扣代缴、代收代缴"三税"的单位和个人,同时也是城市维护建设税代扣代缴、代收代缴义务人,其城市维护建设税的纳税地点在代扣代收地。

②对流动经营等无固定纳税地点的单位和个人,应随同"三税"在经营地按适用税率缴纳。

③跨省开采的油田,下属生产单位与核算单位不在一个省内的,其生产的原油,在油井所在地缴纳增值税,其应纳税款由核算单位按照各油井的产量和规定税率,计算汇拨各油井缴纳。所以,各油井应纳的城市维护建设税,应由核算单位计算,随同增值税一并汇拨油井所在地,由油井在缴纳增值税的同时,一并缴纳城市维护建设税。

6.1.2 城市维护建设税的会计核算及纳税申报

1.会计核算

为了正确反映和核算城市维护建设税有关纳税事项,纳税人应在"应交税费"账户下设置"应交城市维护建设税"二级账户进行核算。计提城市维护建设税时,借记"营业税金及附加"账户,贷记"应交税费——应交城市维护建设税"账户,实际缴纳时,借记"应交税费——应交城市维护建设税"账户,贷记"银行存款"账户,期末贷方余额反映应交未交的城市维护建设税。

【案例导入(1)】

应纳城市维护建设税税额＝200 000×7％＝14 000(元)

借:营业税金及附加   14 000
  贷:应交税费——应交城市维护建设税   14 000
借:应交税费——应交城市维护建设税   14 000
  贷:银行存款   14 000

2.纳税申报

纳税人应根据实际缴纳"三税"的情况,正确计算城市维护建设税,如实填写《城市维护建设税纳税申报表》(见表6-1),及时申报和缴纳城市维护建设税。表6-1是根据【案例导入(1)】填写的。

表 6-1　　　　　　　　　　　城市维护建设税纳税申报表

填表日期：2014 年 1 月 31 日

纳税人识别号：　　　　　　　　　　　　　　　　　　　　　金额单位：元(列至角分)

纳税人名称	丁房地产开发公司		税款所属时期		2013 年 12 月	
计税依据	计税金额	税率	应纳税额	实纳税额	应补(退)税额	
1	2	3	4＝2×3	5	6＝4－5	
增值税						
消费税						
营业税	200 000	7%	1 000	0	14 000	
合计						

如纳税人填报,由纳税人填写以下各栏			如委托代理人填报,由代理人填写以下各栏		备注
会计主管 (签章)	经办人 (签章)	纳税人 (签章)	代理人名称	代理人 (签章)	
			地址		
			经办人	电话	

以下由税务机关填写		
收到申报表日期		接收人

6.1.3　教育费附加的会计核算及缴纳

1.征收对象

教育费附加是对缴纳增值税、消费税、营业税的单位和个人征收的附加费。

2.征收范围

教育费附加是对缴纳增值税、消费税、营业税的单位和个人,就其实际缴纳的税额为计算依据征收的一种附加费。教育费附加是为加快地方教育事业,扩大地方教育经费的资金而征收的一项专用基金。

3.征收比率

教育费附加征收比率为 3%。

4.计征依据

以其(实际)缴纳的增值税、消费税和营业税为计征依据,分别与增值税、消费税和营业税同时缴纳。

5.教育费附加的计算

应纳教育费附加＝(实际缴纳的增值税＋实际缴纳的消费税＋实际缴纳的营业税)×征收比率

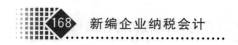

6.其他规定

教育费附加的减免规定与城市维护建设税相同。

7.会计核算及缴纳

为了正确反映和核算应交教育费附加有关事项,纳税人应在"应交税费"账户下设置"应交教育费附加"二级账户进行核算。按规定企业计算出应缴纳的教育费附加,借记"营业税金及附加"等账户,贷记"应交税费——应交教育费附加"账户。缴纳时,借记"应交税费——应交教育费附加"账户,贷记"银行存款"等账户。

【案例导入(1)】

应交教育费附加＝200 000×3％＝6 000(元)

借:营业税金及附加	6 000	
贷:应交税费——应交教育费附加		6 000
借:应交税费——应交教育费附加	6 000	
贷:银行存款		6 000

任务 6.2　印花税的核算

6.2.1　印花税认知

印花税是对经济活动和经济交往中,书立、领受应税凭证的行为征收的一种税。因纳税人主要是通过在应税凭证上粘贴印花税票来完成纳税义务,故名印花税。

1.纳税人

印花税的纳税人是在中国境内书立、使用、领受印花税法所列举的凭证,并应依法履行纳税义务的单位和个人。

单位和个人是指国内各类企业、事业、机关、团体、部队以及中外合资企业、中外合作企业、外资企业、外国公司和其他经济组织及其在华机构等单位和个人。具体按书立、使用、领受应税凭证的不同,可以分别确定为立合同人、立据人、立账簿人、领受人、使用人和各类电子应税凭证的签订人。

(1)立合同人。各类合同和具有合同性质的凭证的纳税义务人是立合同人。立合同人是指合同的当事人。当事人是指对凭证有直接权利义务关系的单位和个人,但不包括合同的担保人、证人、鉴定人。具有合同性质的凭证是指具有合同效力的协议、契约、合约、单据、确认书及其他各种名称的凭证。当事人的代理人有代理纳税的义务,其与纳税义务人负有同等的税收法律义务和责任。

(2)立据人。产权转移书据的纳税义务人是立据人。

(3)立账簿人。营业账簿的纳税义务人是立账簿人。立账簿人是指设立并使用营业账簿的单位和个人。

(4)领受人。权利、许可证照的纳税义务人是领受人。领受人是指领取或接受并持有该项凭证的单位和个人。

(5)使用人。在国外书立、领受,但在国内使用的应税凭证,其纳税义务人是使用人。

(6)各类电子应税凭证的签订人。以电子形式签订的各类应税凭证的当事人。

对应税凭证,凡由两方或两方以上当事人共同书立的,其当事人各方都是印花税的纳税义务人,应分别就其所持凭证的计税金额履行纳税义务。

2.征税范围

印花税的征税范围是指印花税法明确规定的应当纳税的项目。列入税目的就是要征税,未列入税目的就不征税。印花税共有 13 个税目,即:

(1)购销合同。包括供应、预购、采购、购销结合及协作、调剂、补偿、贸易等合同。此外,还包括出版单位与发行单位之间订立的图书、报纸、期刊和音像制品的应税凭证,例如订购单、订数单等。

(2)加工承揽合同。包括加工、定做、修缮、修理、印刷、广告、测绘、测试等合同。

(3)建设工程勘察设计合同。包括勘察、设计合同。

(4)建筑安装工程承包合同。包括建筑安装工程承包合同,包括总承包合同、分包合同和转包合同。

(5)财产租赁合同。包括租赁房屋、船舶、飞机、机动车辆、机械、器具、设备等合同,还包括企业、个人出租门店、柜台等签订的合同。

(6)货物运输合同。包括民用航空、铁路运输、海上运输、公路运输和联运合同,以及作为合同使用的单据。

(7)仓储保管合同。包括仓储、保管合同,以及作为合同使用的仓单、栈单等。

(8)借款合同。银行及其他金融组织与借款人(不包括银行同业拆借)所签订的合同,以及只填开借据并作为合同使用、取得银行借款的借据。融资租赁合同也属于借款合同。

(9)财产保险合同。包括财产、责任、保证、信用保险合同,以及作为合同使用的单据。

(10)技术合同。包括技术开发、转让、咨询、服务等合同,以及作为合同使用的单据。

(11)产权转移书据。包括财产所有权和版权、商标专用权、专利权、专有技术使用权等转移书据。

(12)营业账簿。指单位或者个人记载生产经营活动的财务会计核算账簿。营业账簿按其反映内容的不同,可分为记载资金的账簿和其他账簿。记载资金的账簿,是指反映生产经营单位资本金数额增减变化的账簿。其他账簿,是指除上述账簿以外的有关其他生产经营活动内容的账簿,包括日记账簿和各明细分类账簿。

(13)权利、许可证照。包括政府部门发给的房屋产权证、工商营业执照、商标注册证、专利证、土地使用证。

3.税率

印花税的税率有比例税率和定额税率两种形式。

(1)比例税率。印花税的比例税率分为 4 个档次,分别为 0.05‰、0.3‰、0.5‰、1‰。

①适用 0.05‰税率的为借款合同。

②适用 0.3‰税率的为购销合同、建筑安装工程承包合同、技术合同。

③适用 0.5‰税率的为加工承揽合同、建筑工程勘察设计合同、货物运输合同、产权转移书据、营业账簿中记载资金的账薄。

④适用 1‰税率的为财产租赁合同、仓储保管合同、财产保险合同、股权转让书据(出让方按适用 1‰税率,对受让方不征税。包括买卖、继承、赠与所书立的 A 股、B 股股权转让书据)。

(2)定额税率。权利、许可证照和营业账簿中的其他账簿适用定额税率,按件贴花,税额为每件 5 元。

4.减免优惠

(1)对已缴纳印花税的凭证的副本或者抄本免税,但以副本或者抄本视同正本使用的,则应另贴印花。

(2)对财产所有人将财产赠给政府、社会福利单位、学校所立的书据免税。

(3)对国家指定的收购部门与村民委员会、农民个人书立的农副产品收购合同免税。

(4)对无息、贴息贷款合同免税。

(5)对外国政府或者国际金融组织向我国政府及国家金融机构提供优惠贷款所书立的合同免税。

(6)对房地产管理部门与个人签订的用于生活居住的租赁合同免税。

(7)对农牧业保险合同免税。

(8)对特殊货运凭证免税,包括军事物资运输凭证、抢险救灾物资运输凭证、新建铁路的工程临管线运输凭证。

(9)其他免税规定:

①对个人出租、承租住房签订的租赁合同,免征印花税。

②对廉租住房、经济适用住房经营管理单位与廉租住房、经济适用住房相关的印花税以及廉租住房承租人、经济适用住房购买人涉及的印花税予以免征。

③开发商在经济适用住房、商品住房项目中配套建造廉租住房,在商品住房项目中配套建造经济适用住房,如能提供政府部门出具的相关材料,可按廉租住房、经济适用住房建筑面积占总建筑面积的比例免征开发商应缴纳的印花税。

④对个人销售或购买住房暂免征收印花税。

⑤对公租房经营管理单位建造公租房涉及的印花税予以免征。在其他住房项目中配套建设公租房,依据政府部门出具的相关材料,可按公租房建筑面积占总建筑面积的比例免征建造、管理公租房涉及的印花税。对公租房经营管理单位购买住房作为公租房,免征印花税;对公租房租赁双方签订租赁协议涉及的印花税予以免征。

⑥对改造安置住房经营管理单位、开发商与改造安置住房相关的印花税以及购买安置住房的个人涉及的印花税予以免征。在商品住房等开发项目中配套建造安置住房的,依据政府部门出具的相关材料和拆迁安置补偿协议,按改造安置住房建筑面积占总建筑面积的比例免征印花税。

⑦对全国社会保障基金理事会按照规定,回拨国有创业投资机构和国有创业投资引导基金已转持的国有股,不征收过户环节的证券(股票)交易印花税。

⑧2013 年 2 月 1 日起中国海油集团与中国石油天然气集团、中国石油化工集团之

间,中国海油集团内部各子公司之间,中国海油集团的各分公司和子公司之间互供石油和石油制品所使用的"成品油配置计划表"(或其他名称的表、证、单、书),暂不征收印花税。

5.应纳税额的计算

(1)计税依据

印花税的计税依据为各种应税凭证上记载的计税金额。具体规定如下:

①购销合同的计税依据为合同记载的购销金额。

②加工承揽合同的计税依据是加工或承揽收入的金额。具体规定:对于由受托方提供原材料的加工、定做合同,凡在合同中分别记载加工费金额和原材料金额的,应分别按"加工承揽合同"、"购销合同"计税,两项税额相加数,即为合同应贴印花;若合同中未分别记载,则应就全部金额依照加工承揽合同计税贴花。对于由委托方提供主要材料或原料,受托方只提供辅助材料的加工合同,无论加工费和辅助材料金额是否分别记载,均以辅助材料与加工费的合计数,依照加工承揽合同计税贴花。对委托方提供的主要材料或原料金额不计税贴花。

③建设工程勘察设计合同的计税依据为收取的费用。

④建筑安装工程承包合同的计税依据为承包金额。

⑤财产租赁合同的计税依据为租赁金额;经计算,税额不足1元的,按1元贴花。

⑥货物运输合同的计税依据为取得的运输费金额(即运费收入),不包括所运货物的金额、装卸费和保险费等。

⑦仓储保管合同的计税依据为收取的仓储保管费用。

⑧借款合同的计税依据为借款金额。对银行及其他金融组织的融资租赁业务签订的融资租赁合同,应按合同所载租金总额,暂按借款合同计税。

⑨财产保险合同的计税依据为支付(收取)的保险费,不包括所保财产的金额。

⑩技术合同的计税依据为合同所载的价款、报酬或使用费。为了鼓励技术研究开发,对技术开发合同,只就合同所载的报酬金额计税,研究开发经费不作为计税依据。单对合同约定按研究开发经费一定比例作为报酬的,应按一定比例的报酬金额贴花。

⑪产权转移书据的计税依据为所载金额。

⑫营业账簿税目中记载资金的账薄的计税依据为"实收资本"与"资本公积"两项的合计金额。

⑬权利、许可证照的计税依据为应税凭证件数。

确定计税依据时注意事项:

①上述凭证以金额、收入、费用作为计税依据的,应当全额计税,不得作任何扣除。

②同一凭证,载有两个或两个以上经济事项的适用不同税目税率,如分别记载金额的,应分别计算应纳税额,相加后按合计税额贴花;如未分别记载金额的,按税率高的计税贴花。

③按金额比例贴花的应税凭证,未标明金额的,应按照凭证所载数量及国家牌价计算金额;没有国家牌价的,按市场价格计算金额,然后按规定税率计算应纳税额。

④应税凭证所载金额为外国货币的,应按照凭证书立当日国家外汇管理局公布的外

汇牌价折合成人民币,然后计算应纳税额。

⑤应纳税额不足1角的,免纳印花税;1角以上的,其税额尾数不满5分的不计,满5分的按1角计算。

⑥有些合同,在签订时无法确定计税金额,可在签订时先按定额5元贴花,以后结算时再按实际金额计税,补贴印花。

⑦应税合同在签订时纳税义务即已产生,应计算应纳税额并贴花。所以,不论合同是否兑现或是否按期兑现,均应贴花。对已履行并贴花的合同,所载金额与合同履行后实际结算金额不一致的,只要双方未修改合同金额,一般不再办理完税手续。

⑧对有经营收入的事业单位,凡属于由国家财政拨付事业经费、实行差额预算管理的单位,其记载经营业务的账簿,按其他账簿定额贴花,不记载经营业务的账簿不贴花;凡属于经费来源实行自收自支的单位,其营业账簿,应对记载资金的账簿和其他账簿分别计算应纳税额。

⑨商品购销活动中,采用以货换货方式进行商品交易签订的合同,是反映既购又销双重经济行为的合同。对此,应按合同所载的购、销合计金额计税贴花。合同未列明金额的,应按合同所载购、销数量依照国家牌价或者市场价格计算应纳税额。

⑩施工单位将自己承包的建设项目,分包或者转包给其他施工单位所签订的分包合同或者转包合同,应按新的分包合同或转包合同所载金额计算应纳税额。

对国内各种形式的货物联运,凡在起运地统一结算全程运费的,应以全程运费作为计税依据,由起运地运费结算双方缴纳印花税;凡分程结算运费的,应以分程的运费作为计税依据,分别由办理运费结算的各方缴纳印花税。

对国际货运,凡由我国运输企业运输的,不论在我国境内、境外起运或中转分程运输,我国运输企业所持的一份运费结算凭证,均按本程运费计算应纳税额;托运方所持的一份运输结算凭证,按全程运费计算应纳税额。由外国运输企业运输进出口货物的,外国运输企业所持的一份运费结算凭证免纳印花税;托运方所持的一份运费结算凭证应缴纳印花税。国际货运运费结算凭证在国外办理的,应在凭证转回我国境内时按规定缴纳印花税。

（2）应纳税额的计算

印花税的应纳税额,根据应纳税凭证的性质,分别按定额税率或者比例税率计算。

①按定额税率计算印花税,其计算公式为:

$$应纳税额＝应税凭证件数×单位税额$$

②按比例税率计算印花税,其计算公式为:

$$应纳税额＝应税凭证计税金额×适用税率$$

6.征收管理

（1）纳税义务发生时间及纳税期限

印花税应纳税凭证在书立或者领受时即产生纳税义务,由纳税人根据规定计算应纳税额,购买并一次贴足印花税票进行缴纳。为简化贴花手续,应纳税额较大或者贴花次数频繁的,纳税人可向税务机关提出申请,采取以缴款书代替贴花或者按期汇总缴纳的办法。

（2）纳税地点

印花税一般实行就地纳税，由地方税务机关负责征收。对于全国性商品物资订货会（包括展销会、交易会等）上所签订的合同应纳的印花税，由纳税人回其机构所在地后及时办理贴花手续；对于地方主办，不涉及省际关系的订货会、展销会上所签的合同应纳的印花税，其纳税地点由各省、自治区、直辖市人民政府自行确定。

6.2.2　印花税的会计核算及纳税申报

1.会计核算

企业缴纳印花税，一般是自行计算购买、贴花、注销，不需要预提应纳税额，不存在与税务机关结算清算的问题。因此，企业缴纳的印花税不需要通过"应交税费"账户核算。企业按规定购买印花税票时，直接借记"管理费用"账户，贷记"银行存款"、"库存现金"等账户。

【案例导入（2）】

启用非资本账簿应纳印花税税额＝10×5＝50（元）

增加注册资本应纳印花税税额＝1 000 000×0.5‰＝500（元）

借：管理费用　　　　　　　　　　　　　　　　　　550

　　贷：银行存款　　　　　　　　　　　　　　　　　　550

【案例导入（3）】

借款合同应纳印花税税额＝3 000 000×0.05‰＝150（元）

财产保险合同应纳印花税税额＝400 000×1‰＝400（元）

签订房屋预售合同金额未定按5元贴花。

借：管理费用　　　　　　　　　　　　　　　　　　555

　　贷：银行存款　　　　　　　　　　　　　　　　　　555

2.纳税申报

交纳印花税有贴花法、采用缴款书代替贴花法、按期汇总缴纳法、代扣代缴法四种方法：

（1）贴花法是由纳税人根据规定自行计算应纳税额，购买印花税票贴在应税凭证上，并在每枚税票与凭证交接的骑缝处盖戳注销或画销。

（2）采用缴款书代替贴花法是一份应税凭证应纳税额超过五百元的，应向当地税务机关申请用缴款书或者完税证完税，并将其中一联粘贴在凭证上或由税务机关在凭证上加盖完税戳记代替贴花。

（3）按期汇总缴纳法是企业的同一种类应纳税凭证，需频繁贴花的，应向当地税务机关申请按期汇总缴纳印花税。

（4）代扣代缴法。运费结算付方应缴纳的印花税，应由运费结算收方或其代理方实行代扣汇总缴纳。运费结算凭证由交通运输管理机关或其指定的单位填开或审核的，当地税务机关应委托凭证填开或审核单位，对运费结算双方应缴纳的印花税，实行代扣汇总缴纳。

股份制试点企业向社会公开发行的股票，因购买、继承、赠与所书立的股权转让书据,办理股权交割手续的单位负有监督纳税人依法纳税的责任,并代征代缴印花税税款。凡是在上海、深圳证券登记公司集中托管的股票,在办理法人协议转让和个人继承、赠与等非交易转让时,其证券交易印花税统一由上海、深圳证券登记公司代扣代缴。

纳税人申报缴纳印花税应填写《印花税纳税申报表》(见表 6-2),在规定的期限内向主管税务机关申报纳税。表 6-2 是根据【案例导入(2)】和【案例导入(3)】填写的。

表 6-2 印花税纳税申报表

填表日期: 年 月 日

纳税人识别号： 金额单位:元(列至角分)

纳税人名称	丁房地产开发公司					税款所属时期		2014 年 1 月			
应税凭证名称	件数	计税金额	适用税率	应纳税额	已缴税额	应补(退)税额	购花贴花情况				
							上期结存	本期购进	本期贴花	本期结存	
1	2	3	4	5＝2×4 或 5＝3×4	6	7＝5－6	8	9	10	11＝8＋9－10	
非资本账簿	10	5		50	0	50					
资本账簿		1 000 000	0.5‰	500	0	500					
借款合同		3 000 000	0.05‰	150	0	150					
财产保险合同		400 000	1‰	400	0	400					
房屋预售合同				5	0	5					

如纳税人填报,由纳税人填写:		如委托代理人填报,由代理人填写以下各栏			
会计主管 (签章)	纳税人 (公章)	代理人名称		代理人 (公章)	
		代理人地址			
		经办人姓名		电话	
以下由税务机关填写					
收到申报表日期			接收人		

任务 6.3 车辆购置税的核算

6.3.1 车辆购置税认知

1.纳税人

在中华人民共和国境内购置规定车辆(以下简称应税车辆)的单位和个人,为车辆购置税的纳税人。单位包括企业、事业单位、社会团体、国家机关、部队以及其他单位;所称个人,包括个体工商户以及其他个人。购置包括购买、进口、自产、受赠、获奖或者以其他方式取得并自用应税车辆的行为。

2.征税范围

车辆购置税的征收范围包括汽车、摩托车、电车、挂车、农用运输车(见表 6-3)。车辆购置税征收范围的调整,由国务院决定并公布。

表 6-3 　　　　　　　　　　　车辆购置税征收范围表

应税车辆	具体范围	注释
汽 车	各类汽车	
摩托车	轻便摩托车	最高设计时速不大于 50km/h,发动机汽缸总排量不大于 50cm³ 的两个或者三个车轮的机动车
	二轮摩托车	最高设计车速大于 50km/h,或者发动机汽缸总排量大于 50cm³ 的两个车轮的机动车
	三轮摩托车	最高设计车速大于 50km/h,或者发动机汽缸总排量大于 50cm³,空车重量不大于 400kg 的三个车轮的机动车
电 车	无轨电车	以电能为动力,由专用输电电缆线供电的轮式公共车辆
	有轨电车	以电能为动力,在轨道上行驶的公共车辆
挂 车	挂 车	无动力设备,独立承载,由牵引车辆牵引行驶的车辆
	半挂车	无动力设备,与牵引车辆共同承载,由牵引车辆牵引行驶的车辆
农用运输车	三轮农用运输车(自 2004 年 10 月 1 日起免征)	柴油发动机,功率不大于 7.4kw,载重量不大于 500kg,最高车速不大于 40km/h 的三个车轮的机动车
	四轮农用运输车	柴油发动机,功率不大于 28kw,载重量不大于 1500kg,最高车速不大于 50km/h 的四个车轮的机动车

(注:表中 50cm³＝50 立方厘米)

3.税率

车辆购置税的税率为 10％。车辆购置税税率的调整,由国务院决定并公布。

4.减免优惠

车辆购置税的免税、减税,按照下列规定执行:

(1)外国驻华使馆、领事馆和国际组织驻华机构及其外交人员自用的车辆,免税;

(2)中国人民解放军和中国人民武装警察部队列入军队武器装备订货计划的车辆,免税;

(3)设有固定装置的非运输车辆,免税;

(4)有国务院规定予以免税或者减税的其他情形的,按照规定免税或者减税。

①防汛部门和森林消防部门用于指挥、检查、调度、报汛(警)、联络的由指定厂家生产的设有固定装置的指定型号的车辆(以下简称防汛专用车和森林消防专用车);

②回国服务的在外留学人员用现汇购买 1 辆个人自用国产小汽车;

③长期来华定居专家进口 1 辆自用小汽车。

5.应纳税额的计算

(1)计税依据

车辆购置税的计税价格根据不同情况,按照下列规定确定:

①纳税人购买自用的应税车辆的计税价格,为纳税人购买应税车辆而支付给销售者的全部价款和价外费用,不包括增值税税款。价外费用是指销售方价外向购买方收取的基金、集资费、返还利润、补贴、违约金(延期付款利息)和手续费、包装费、储存费、优质费、运输装卸费、保管费、代收款项、代垫款项以及其他各种性质的价外收费。

②纳税人进口自用的应税车辆的计税价格的计算公式为:

$$计税价格＝关税完税价格＋关税＋消费税$$

$$＝\frac{关税完税价格＋关税}{1－消费税税率}$$

③纳税人自产、受赠、获奖或者以其他方式取得并自用的应税车辆的计税价格,由主管税务机关参照国家税务总局规定不同类型应税车辆的最低计税价格核定。

④纳税人购买自用或者进口自用应税车辆,申报的计税价格低于同类型应税车辆的最低计税价格,又无正当理由的,按照最低计税价格征收车辆购置税。

⑤底盘发生更换的车辆,计税依据为最新核发的同类型车辆最低计税价格的 70%。同类型车辆是指同国别、同排量、同车长、同吨位、配置近似等(下同)。

⑥进口旧车、因不可抗力因素导致受损的车辆、库存超过 3 年的车辆、行驶 8 万公里以上的试验车辆、国家税务总局规定的其他车辆,凡纳税人能出具有效证明的,计税依据为其提供的统一发票或有效凭证注明的价格。

申报的计税价格低于同类型应税车辆的最低计税价格,又无正当理由的是指纳税人申报的计税依据低于出厂价格或进口自用车辆的计税价格。

最低计税价格是指国家税务总局依据车辆生产企业提供的车辆价格信息,参照市场平均交易价格核定的车辆购置税计税价格。

免税条件消失的车辆,自初次办理纳税申报之日起,使用年限未满 10 年的,计税依据为最新核发的同类型车辆最低计税价格按每满 1 年扣减 10%,未满 1 年的计税依据为最新核发的同类型车辆最低计税价格;使用年限 10 年(含)以上的,计税依据为 0。

纳税人以外汇结算应税车辆价款的,按照申报纳税之日中国人民银行公布的人民币基准汇价,折合成人民币计算应纳税额。

（2）应纳税额的计算

车辆购置税实行从价定率的办法计算应纳税额。应纳税额的计算公式为：

$$应纳税额＝计税价格×税率$$

6.征收管理

（1）纳税义务发生时间

车辆购置税实行一次征收制度。纳税人应当在向公安机关车辆管理机构办理车辆登记注册前，缴纳车辆购置税。购置已征车辆购置税的车辆，不再征收车辆购置税。

（2）纳税期限

纳税人购买自用应税车辆的，应当自购买之日起 60 日内申报纳税；进口自用应税车辆的，应当自进口之日起 60 日内申报纳税；自产、受赠、获奖或者以其他方式取得并自用应税车辆的，应当自取得之日起 60 日内申报纳税。

（3）纳税地点

需要办理车辆登记注册手续的纳税人，向车辆登记注册地的主管税务机关办理纳税申报。不需要办理车辆登记注册手续的纳税人，向所在地征收车购税的主管税务机关办理纳税申报。

6.3.2 车辆购置税的会计核算及纳税申报

1.会计核算

企业缴纳的车辆购置税应当记入所购置车辆的成本。由于车辆购置税是一次性缴纳，可以不通过"应交税费"账户核算，企业购买、进口、自产、受赠、获奖以及以其他方式取得并自用的应税车辆应缴的车辆购置税，或者当初购买的属于减免税的车辆在转让或改变用途后，按规定应补缴的车辆购置税，在规定期限缴纳车辆购置税后，根据有关凭证，借记"固定资产"，贷记"银行存款"；也可以通过"应交税费"账户核算，计算应缴的车辆购置税，借记"固定资产"账户，贷记"应交税费——应交车辆购置税"账户；实际缴纳时，借记"应交税费——应交车辆购置税"账户，贷记"银行存款"账户。

【案例导入(4)】

纳税人购买自用的应税车辆的计税价格，为纳税人购买车辆而支付给销售者的全部价款和价外费用，不包括增值税税款。

计税价格＝（全部价款＋价外费用）÷（1＋增值税税率或征收率）

＝（230 000＋200＋3 350＋15 000）÷（1＋17％）

＝212 435.90（元）

应纳车辆购置税税额＝212 435.90×10％＝21 243.59（元）

借：固定资产　　　　　　　　　　　　　　　　21 243.59

　　贷：银行存款　　　　　　　　　　　　　　　　21 243.59

【案例导入(5)】

应纳车辆购置税税额＝40 000×10％＝4 000（元）

借：固定资产　　　　　　　　　　　　　　　　4 000

　　贷：银行存款　　　　　　　　　　　　　　　　4 000

2.纳税申报

车辆购置税实行一车一申报制度。车辆购置税纳税人（或代理人）在办理纳税申报时填写《车辆购置税纳税申报表》（见表6-4）；车辆购置税纳税人在申请免税、减税时填写《车辆购置税免（减）税申请表》（见表6-5）。车辆购置税税款应当一次缴清。完税证明不得转借、涂改、买卖或者伪造。完税证明发生损毁、丢失的，车主在申请补办完税证明前应在《中国税务报》或由省、自治区、直辖市国家税务局指定的公开发行的报刊上刊登遗失声明，填写《换（补）车辆购置税完税证明申请表》（见表6-6）。表6-4是根据【案例导入(4)】填写的。

表 6-4　　　　　　　　　　　车辆购置税纳税申报表

填表日期：　　年　　月　　日　　　　行业代码：　　　　　注册类型代码：

纳税人名称：　　　　　　　　　　　　　　　　　　　　　金额单位：元（列至角分）

纳税人证件名称	丁房地产开发公司		证件号码		
联系电话		邮政编码		地址	
车辆基本情况					
车辆类别	√1、汽车、2、摩托车、3、电车、4、挂车、5、农用运输车				
生产企业名称		机动车销售统一发票（或有效凭证）价格			230 000
厂牌型号		关税完税价格			
发动机号码		关税			
车辆识别代号（车架号码）		消费税			
购置日期		免（减）税条件			
申报计税价格	计税价格	税率	免税、减税额		应纳税额
1	2	3	4＝2×3		5＝1×3 或 2×3
212 435.90	212 435.90	10%			21 243.59

申报人声明	授权声明
此纳税申报表是根据《中华人民共和国车辆购置税暂行条例》的规定填报的，我相信它是真实的、可靠的、完整的。　　声明人签字：	如果你已委托代理人申报，请填写以下资料：　　为代理一切税务事宜，现授权（　　　　），地址（　　　　）为本纳税人的代理申报人，任何与本申报表有关的往来文件，都可寄予此人。　　授权人签字：

纳税人签名或盖章	如委托代理人的，代理人应填写以下各栏		
	代理人名称		代理人（章）
	地址		
	经办人		
	电话		

接收人：

接收日期：　　　　　　　　　　　　　　　　主管税务机关（章）：

表 6-5 车辆购置税免(减)税申请表

填表日期: 年 月 日

纳税人名称 (签字)			生产企业 名称(公章)	
联系电话		邮政编码	地址	
车辆基本情况				
车辆类别	1、汽车;2、摩托车;3、电车; 4、挂车;5、农用运输车		发动机号码	
厂牌型号			车辆识别代号 (车架号码)	
购置日期			机动车销售统一发票 (或有效凭证)号码	
免(减)税条件				
以下由税务机关填写				
接收人			接收日期	

主管税务机关意见: (公章) 年 月 日 负责人: 经办人:	地市级国家税务局意见: (公章) 年 月 日 负责人: 经办人:	省、自治区、直辖市、计划单列市 国家税务局意见: (公章) 年 月 日 负责人: 经办人:
国家税务总局意见: (公章) 年 月 日 负责人: 经办人:		

注意以下事项:

(1)已经办理纳税申报的车辆发生下列情形之一的,纳税人应按本办法规定重新办理纳税申报:①底盘发生更换的;②免税条件消失的。

(2)购买二手车时,购买者应当向原车主索要《车辆购置税完税证明》(以下简称完税证明)。购买已经办理车辆购置税免税手续的二手车,购买者应当到税务机关重新办理申报缴税或免税手续。未按规定办理的,按征管法的规定处理。

(3)已缴车辆购置税的车辆,发生下列情形之一的,准予纳税人申请退税:

①因质量原因,车辆被退回生产企业或者经销商的;

②应当办理车辆登记注册的车辆,公安机关车辆管理机构不予办理车辆登记注册的。

因质量原因,车辆被退回生产企业或者经销商的,纳税人申请退税时,主管税务机关依据自纳税人办理纳税申报之日起,按已缴税款每满1年扣减10%计算退税额;未满1年的,按已缴税款全额退税。公安机关车辆管理机构不予办理车辆登记注册的车辆,纳税人申请退税时,主管税务机关应退还全部已缴税款。纳税人申请退税时,应如实填写《车辆购置税退税申请表》(见表6-7)。

表6-6　　　　　　　　换(补)车辆购置税完税证明申请表

填表日期:　　　年　　月　　日

纳税人名称:

纳税人证件名称		证件号码		
联系电话		邮政编码	地址	
车辆牌照号码		机动车行驶证号码		
车辆类别	1、汽车、2、摩托车、3、电车、4、挂车、5、农用运输车	厂牌型号		
完税证明号码				
申请补办理由及有关情况: 纳税人签字(盖章): 年　　月　　日				
以下由税务机关填写				
接收人:	接收时间: 年　　月　　日		主管税务机关(章):	
备　　注:				

表6-7　　　　　　　　　　车辆购置税退税申请表

填表日期:　　　年　　月　　日

纳税人名称:　　　　　　　　　　　　　　　　　　金额单位:元(列至角分)

纳税人证件名称		证件号码		
联系电话		邮政编码	地址	
车辆基本情况				
生产企业名称		发动机号码		
厂牌型号		车辆识别代号(车架号码)		
购置日期		车辆牌照号码		
已缴纳车辆购置税税款		完税凭证号码		
申请退税额		完税证明号码		

（续表）

退税原因			
纳税人签章	如委托代理人的,代理人应填写以下各栏		代理人(章)
	代理人名称		
	地址		
	经办人		
	电话		
以下由税务机关填写			
接收人:	接收时间: 年　　月　　日		主管税务机关(章):

任务 6.4　耕地占用税的核算

6.4.1　耕地占用税认知

1.纳税人

占用耕地建房或者从事非农业建设的单位或者个人,为耕地占用税的纳税人。单位包括国有企业、集体企业、私营企业、股份制企业、外商投资企业、外国企业以及其他企业和事业单位、社会团体、国家机关、部队以及其他单位;个人包括个体工商户以及其他个人。

经申请批准占用耕地的,纳税人为农用地转用审批文件中标明的建设用地人;农用地转用审批文件中未标明建设用地人的,纳税人为用地申请人;未经批准占用耕地的,纳税人为实际用地人。

2.征税范围

耕地占用税征税对象为耕地。耕地是指用于种植农作物的土地。占用园地建房或者从事非农业建设的,视同占用耕地征收耕地占用税。占用林地、牧草地、农田水利用地、养殖水面以及渔业水域滩涂等其他农用地建房或者从事非农业建设的,比照规定征收耕地占用税。农田水利占用耕地的,不征收耕地占用税。建设直接为农业生产服务的生产设施占用农用地的,不征收耕地占用税。

3.税率

耕地占用税实行地区差别定额税率(见表6-8)。

表 6-8　　　　　　　　　　　　耕地占用税税率表

级数	县人均耕地面积	每平方米税额（元）
1	1 亩以下（含 1 亩）	10～50
2	1～2 亩（含 2 亩）	8～40
3	2～3 亩（含 3 亩）	6～30
4	3 亩以上	5～25

铁路线路、公路线路、飞机场跑道、停机坪、港口、航道占用耕地,减按每平方米 2 元的税额征收耕地占用税。

国务院财政、税务主管部门根据人均耕地面积和经济发展情况确定各省、自治区、直辖市的平均税额（见表 6-9）。

表 6-9　　　　　　　　各省、自治区、直辖市耕地占用税平均税额表

地区	每平方米平均税额（元）
上海	45
北京	40
天津	35
江苏、浙江、福建、广东	30
辽宁、湖北、湖南	25
河北、安徽、江西、山东、河南、重庆、四川	22.5
广西、海南、贵州、云南、陕西	20
山西、吉林、黑龙江	17.5
内蒙古、西藏、甘肃、青海、宁夏、新疆	12.5

各地适用税额,由省、自治区、直辖市人民政府在规定的税额幅度内,根据本地区情况核定。各省、自治区、直辖市人民政府核定的适用税额的平均水平,不得低于规定的平均税额。

经济特区、经济技术开发区和经济发达且人均耕地特别少的地区,适用税额可以适当提高,但是提高的部分最高不得超过规定的当地适用税额的 50%。

占用基本农田的,适用税额应当在规定的当地适用税额的基础上提高 50%。

4．减免优惠

（1）免征耕地占用税

①军事设施占用耕地。包括地上、地下的军事指挥、作战工程;军用机场、港口、码头;营区、训练场、试验场;军用洞库、仓库;军用通信、侦察、导航、观测台站和测量、导航、助航标志;军用公路、铁路专用线,军用通讯、输电线路,军用输油、输水管道;其他直接用于军事用途的设施。

②学校、幼儿园、养老院、医院占用耕地。学校包括县级以上人民政府教育行政部门批准成立的大学、中学、小学、学历性职业教育学校以及特殊教育学校。学校内经营性场

所和教职工住房占用耕地的,按照当地适用税额缴纳耕地占用税。幼儿园限于县级人民政府教育行政部门登记注册或者备案的幼儿园内专门用于幼儿保育、教育的场所。养老院限于经批准设立的养老院内专门为老年人提供生活照顾的场所。医院限于县级以上人民政府卫生行政部门批准设立的医院内专门用于提供医护服务的场所及其配套设施。医院内职工住房占用耕地的,按照当地适用税额缴纳耕地占用税。

(2)减半征收耕地占用税

农村居民占用耕地新建住宅,按照当地适用税额减半征收耕地占用税。农村居民占用耕地新建住宅是指农村居民经批准在户口所在地按照规定标准占用耕地建设自用住宅。农村居民经批准搬迁,原宅基地恢复耕种,凡新建住宅占用耕地不超过原宅基地面积的,不征收耕地占用税;超过原宅基地面积的,对超过部分按照当地适用税额减半征收耕地占用税。

(3)免征或者减征耕地占用税

农村烈士家属、残疾军人、鳏寡孤独以及革命老根据地、少数民族聚居区和边远贫困山区生活困难的农村居民,在规定用地标准以内新建住宅缴纳耕地占用税确有困难的,经所在地乡(镇)人民政府审核,报经县级人民政府批准后,可以免征或者减征耕地占用税。农村烈士家属,包括农村烈士的父母、配偶和子女。

依照规定免征或者减征耕地占用税后,纳税人改变原占地用途,不再属于免征或者减征耕地占用税情形的,应自改变用途之日起 30 日内按改变用途的实际占用耕地面积和当地适用税额补缴税款。

5.应纳税额的计算

(1)计税依据

耕地占用税以纳税人实际占用的耕地面积为计税依据。实际占用的耕地面积,包括经批准占用的耕地面积和未经批准占用的耕地面积。

(2)应纳税额的计算

$$应纳税额＝应税耕地实际占用面积(平方米)×单位税额$$

6.征收管理

(1)纳税义务发生时间

经批准占用耕地的,耕地占用税纳税义务发生时间为纳税人收到土地管理部门办理占用农用地手续通知的当天。未经批准占用耕地的,耕地占用税纳税义务发生时间为纳税人实际占用耕地的当天。

(2)纳税期限

获准占用耕地的单位或者个人应当在收到土地管理部门的通知之日起 30 日内缴纳耕地占用税。纳税人临时占用耕地,应当依照规定缴纳耕地占用税。纳税人在批准临时占用耕地的期限内恢复所占用耕地原状的,全额退还已经缴纳的耕地占用税。

(3)纳税地点

耕地占用税由耕地或其他农用地所在地地方税务机关负责征收。

6.4.2　耕地占用税的会计核算及纳税申报

1.会计核算

耕地占用税属于一次性征收,不通过"应交税费"账户核算。企业按规定计算缴纳的耕地占用税,借记"开发成本"或"在建工程"账户,贷记"银行存款"账户。

【案例导入(6)】

应纳耕地占用税税额＝2 000×40＝80 000(元)

借:开发成本　　　　　　　　　　　　　　　　　　　　　　80 000

　　贷:银行存款　　　　　　　　　　　　　　　　　　　　　80 000

2.纳税申报

纳税人占用耕地或其他农用地,应当在耕地或其他农用地所在地申报纳税(见表6-10)。表6-10是根据【案例导入(6)】填写的。

表6-10　　　　　　　　　　　　耕地占用税纳税申报表

填表日期:　　年　　月　　日　　　　　　面积单位:平方米;金额单位:元(列至角分)

纳税人名称	丁房地产开发公司	纳税人识别号		所属行业	
登记注册类型		身份证照类型		身份证照号码	
批准占用耕地或实际占用耕地时间					
土地坐落地址					
占地用途					
批准占地面积	2 000	实际占地面积		2 000	
减免类别		适用税额		40	
应纳税额	80 000	减免税额			
已纳税额		应补(退)税额		80 000	

我声明,此纳税申报表是根据《中华人民共和国耕地占用税暂行条例》的规定填报的,我确信它是真实的、可靠的、完整的。

纳税人(签字):

受理人		受理日期	受理申报机关	
备注				

任务 **6.5** 土地增值税的核算

6.5.1 土地增值税认知

1.纳税人

土地增值税的纳税人是转让国有土地使用权、地上建筑物及其附着物并取得了收入的单位和个人。包括各类企业、事业单位、国家机关、社会团体、其他组织和个人（包括个体经营者）。

2.征税范围

土地增值税的征税对象是转让国有土地使用权、地上的建筑物及其附着物（简称房地产）所取得的增值额。地上的建筑物是指建于土地上的一切建筑物，包括地上地下的各种附属设施。附着物是指附着于土地上的不能移动或一经移动即遭损坏的物品。

（1）征税范围的判断标准

①土地增值税是对转让国有土地使用权及其地上建筑物和附着物的行为征税。国有土地是指按国家法律规定属于国家所有的土地。转让集体所有土地，应先在有关部门办理（补办）土地征用或出让手续，使之变为国有才可转让，并纳入土地增值税的征税范围，集体所有土地的自行转让是违法的。

②土地增值税是对国有土地使用权及其地上的建筑物和附着物的转让行为征税。这里有两层含义：

一是土地增值税的征税范围不包括国有土地使用权出让所取得的收入。土地使用权转让是在土地二级市场将取得的土地使用权再转让。土地使用权出让，即通过支付土地出让金，从政府取得土地使用权，不属于土地增值税的征税范围。

二是土地增值税的征税范围不包括未转让土地使用权、房产产权的行为。

③土地增值税是对转让房地产并取得收入的行为征税。

（2）对若干具体情况的判定

①以出售方式转让国有土地使用权、地上的建筑物及附着物。这种情况因其同时符合上述三个标准，所以属于土地增值税的征税范围。可分为三种情况：

一是出售国有土地使用权的。是指土地使用者通过出让方式，向政府交纳了土地出让金，有偿受让土地使用权后，仅对土地进行通水、通电、通路和平整地面等土地开发，不进行房产开发，即所谓"将生地变熟地"，然后直接将空地出售出去。

二是取得国有土地使用权后进行房屋开发建造然后出售的。是一般所说的房地产开发。虽然这种行为通常被称作卖房，但按照国家有关房地产法律和法规的规定，卖房的同时，土地使用权也随之发生转让。

三是存量房地产的买卖。是指已经建成并已投入使用的房地产，其房屋所有人将房屋产权和土地使用权一并转让给其他单位和个人。

②以继承、赠与方式转让房地产。这种情况因其只发生房地产产权的转让,没有取得相应的收入,属于无偿转让房地产的行为,所以不能将其纳入土地增值税的征税范围。房地产的继承是指房产的原产权所有人、依照法律规定取得土地使用权的土地使用人死亡以后,由其继承人依法承受死者房产产权和土地使用权的民事法律行为。房地产的赠与是指房产所有人、土地使用权所有人将自己所拥有的房地产无偿地交给其他人的民事法律行为。但这里的"赠与"仅指以下情况:

一是房产所有人、土地使用权所有人将房屋产权、土地使用权赠与直系亲属或承担直接赡养义务人的。

二是房产所有人、土地使用权所有人通过中国境内非营利的社会团体、国家机关将房屋产权、土地使用权赠与教育、民政和其他社会福利、公益事业的。而直接捐赠和非公益赠与征收土地增值税。

③房地产的出租。房地产出租是房产的产权所有人、依法取得土地使用权的土地使用人,将房产、土地使用权租赁给承租人使用,由承租人向出租人支付租金的行为。因出租人虽取得了收入,但没有发生房产产权、土地使用权的转让,不属于土地增值税的征税范围。

④房地产的抵押。房地产抵押是指房地产的产权所有人、依法取得土地使用权的土地使用人作为债务人或第三人向债权人提供不动产作为清偿债务的担保而不转移权属的法律行为。由于房产的产权、土地使用权在抵押期间产权并没有发生权属的变更,房产的产权所有人、土地使用权人仍能对房地产行使占有、使用、收益等权利,房产的产权所有人、土地使用权人虽然在抵押期间取得了一定的抵押贷款,但实际上这些贷款在抵押期满后是要连本带利偿还给债权人的。因此,对房地产的抵押,在抵押期间不征收土地增值税。待抵押期满后,视该房地产是否转移占有而确定是否征收土地增值税。对于以房地产抵债而发生房地产权属转让的,应列入土地增值税的征税范围。

⑤房地产的交换。房地产交换是指一方以房地产与另一方的房地产进行交换的行为。由于这种行为既发生了房产产权、土地使用权的转移,交换双方又取得了实物形态的收入,它属于土地增值税的征税范围。但对个人之间互换自有居住用房地产的,经当地税务机关核实,可以免征土地增值税。对单位之间换房有收入的一方征收土地增值税。

⑥以房地产进行投资、联营。投资、联营的一方以土地(房地产)作价入股进行投资或作为联营条件,将房地产转让到所投资、联营的企业中时,暂免征收土地增值税。对投资、联营企业将上述房地产再转让的,应征收土地增值税。

⑦合作建房。对于一方出地,一方出资金,双方合作建房,建成后按比例分房自用的,暂免征收土地增值税;建成后转让的,应征收土地增值税。

⑧企业兼并转让。房地产在企业兼并中,对被兼并企业将房地产转让到兼并企业中的,暂免征收土地增值税。

⑨房地产的代建房行为。房地产代建房行为是指房地产开发公司代客户进行房地产的开发,开发完成后向客户收取代建收入的行为。对于房地产开发公司而言,虽然取得了收入,但没有发生房地产权属的转移,其收入属于劳务收入性质,故不属于土地增值

税的征税范围。

⑩房地产的重新评估。国有企业在清产核资时对房地产进行重新评估,房地产虽然有增值,但其既没有发生房地产权属的转移,房产产权、土地使用权人也未取得收入,所以不属于土地增值税的征税范围。

3.税率

土地增值税税率按照"增值多的多征、增值少的少征"的基本原则,实行四级超率累进税率,按照增值额与扣除项目金额的比率从低到高划分为四个级次:

(1)增值额未超过扣除项目金额50%的部分,税率为30%;

(2)增值额超过扣除项目金额50%、未超过扣除项目金额100%的部分,税率为40%;

(3)增值额超过扣除项目金额100%、未超过扣除项目金额200%的部分,税率为50%;

(4)增值额超过扣除项目金额200%的部分,税率为60%。

上述所列四级超率累进税率,每级"增值额未超过扣除项目金额"的比例,均包括本比例数(见表6-11)。

表6-11 土地增值税税率表

级数	增值额与扣除项目金额的比率	税率(%)	速算扣除系数(%)
1	不超过50%的部分	30	0
2	超过50%至100%的部分	40	5
3	超过100%至200%的部分	50	15
4	超过200%的部分	60	35

4.减免优惠

(1)建造普通标准住宅的税收优惠

纳税人建造普通标准住宅出售,增值额未超过扣除项目金额20%的,免征土地增值税;增值额超过扣除项目金额20%的,应就其全部增值额按规定计税。对于纳税人既建造普通标准住宅又从事其他房地产开发的,应分别核算增值额;未分别核算增值额或不能准确核算增值额的,其建造的普通标准住宅不适用该免税规定。普通标准住宅,是指按所在地一般民用住宅标准建造的居住用住宅。高级公寓、别墅、度假村等不属于普通标准住宅。

(2)国家征用、收回房地产的税收优惠

因国家建设需要依法征用、收回的房地产,免征土地增值税。因国家建设需要依法征用、收回的房地产是指因城市实施规划、国家建设的需要而被政府批准征用的房产或收回的土地使用权。因城市实施规划、国家建设的需要而搬迁,由纳税人自行转让原房地产的,比照有关规定免征土地增值税。

(3)个人转让房地产的税收优惠

自2008年11月1日起,对个人销售住房暂免征收土地增值税。

（4）廉租住房、经济适用住房、改造安置住房的税收优惠

自2007年8月1日起，企事业单位、社会团体以及其他组织转让旧房作为廉租住房、经济适用住房房源且增值额未超过扣除项目金额20％的，免征土地增值税。

自2010年1月1日起企事业单位、社会团体以及其他组织转让旧房作为改造安置住房房源且增值额未超过扣除项目金额20％的，免征土地增值税。

5.应纳税额的计算

（1）计税依据

土地增值税以纳税人转让房地产所取得的增值额为计税依据，即转让收入减去准予扣除项目金额后的余额。

①收入的确定。纳税人转让房地产取得的收入，是指包括转让房地产的全部价款及有关的经济收益。从收入的形式来看，包括货币收入、实物收入、其他收入。

A.货币收入。货币收入是指纳税人转让房地产而取得的现金、银行存款、支票、银行本票、银行汇票等各种信用票据和国库券、金融债券、企业债券、股票等有价证券。

B.实物收入。实物收入是指纳税人转让房地产而取得的各种实物形态的收入，如钢材、房屋等。实物收入的价值不容易确定，一般要对实物形态的财产进行评估。

C.其他收入。其他收入是指纳税人转让房地产取得的无形资产收入和具有财产价值的权利。如专利权、商标权、专有技术使用权等。其他收入因比较少见，其价值需要进行专门评估。

②新建房地产扣除项目的确定。新建房地产计算土地增值税的扣除项目包括以下几项：

A.为取得土地使用权所支付的金额。该项目金额包括：纳税人为取得土地使用权所支付的地价款；纳税人在取得土地使用权时按国家统一规定缴纳的有关费用，主要是按国家统一规定缴纳的有关登记、过户手续费。

B.房地产开发成本。房地产开发成本包括土地的征用及拆迁补偿费、前期工程费、建筑安装工程费、基础设施费、公共配套设施费、开发间接费用等。

土地征用及拆迁补偿费，包括土地征用费、耕地占用税、劳动力安置费及有关地上、地下附着物拆迁补偿的净支出、安置动迁用房支出等。前期工程费，包括规划、设计、项目可行性研究和水文、地质、勘察、测绘、"三通一平"等支出。建筑安装工程费，是指以出包方式支付给承包单位的建筑安装工程费，以自营方式发生的建筑安装工程费。基础设施费，包括开发小区内道路、供水、供电、供气、排污、排洪、通讯、照明、环卫、绿化等工程发生的支出。公共配套设施费，包括不能有偿转让的开发小区内公共配套设施发生的支出。开发间接费用，是指直接组织、管理开发项目发生的费用，包括工资、职工福利费、折旧费、修理费、办公费、水电费、劳动保护费、周转房摊销等。

C.房地产开发费用。房地产开发费用是指与房地产开发项目有关的销售费用、管理费用、财务费用。根据现行财务会计制度的规定，这三项费用作为期间费用，在实际发生时直接计入了当期损益，不按成本核算对象进行分摊。因此，在确定土地增值税扣除项目的房地产开发费用时，不按纳税人房地产开发项目实际发生的费用进行扣除，而是按照规定的标准额进行扣除。

财务费用中的利息支出,凡能够按转让房地产项目计算分摊并提供金融机构证明的,允许据实扣除,但最高不超过按商业银行同期同类贷款利率计算的金额。其他房地产开发费用按取得土地使用权所支付的金额与房地产开发成本金额之和的5%以内计算扣除,即:

房地产开发费用＝利息支出＋(取得土地使用权所支付的金额＋房地产开发成本)×5%

凡不能按转让房地产项目计算分摊利息支出或不能提供金融机构证明的,房地产开发费用按取得土地使用权所支付的金额与房地产开发成本金额之和的10%以内计算扣除,即:

房地产开发费用＝(取得土地使用权所支付的金额＋房地产开发成本)×10%

D. 与转让房地产有关的税金。纳税人应缴纳的与转让房地产有关的税金包括营业税、城市维护建设税、印花税以及视同税金的教育费附加。房地产开发企业因印花税已计入管理费用中,不再单独扣除。对纳税人购房时缴纳的契税,凡能提供契税完税凭证的,准予作为该项予以扣除,但不作为加计5%的基数。

E. 其他扣除项目。房地产开发企业,除了前4项可以扣除外,还允许按取得土地使用权所支付的金额与房地产开发成本之和,加计扣除20%的其他费用。但除房地产开发企业以外的土地增值税的纳税人不允许加计扣除其他费用。

③存量房地产扣除项目的确定。

A. 房屋及建筑物的评估价格。旧房及建筑物的评估价格是指转让已使用过的房屋及建筑物时,由政府批准设立的房地产评估机构评定的重置成本价乘以成新率后的价格(须经当地税务机关确认)。

旧房及建筑物的评估价格＝评估机构评定的重置成本价×成新率

重置成本价的含义是:对旧房及建筑物,按转让时的建材价格及人工费用计算,建造同样面积、同样层次、同样结构、同样建设标准的新房及建筑物所需花费的成本费用。成新率是按旧房的新旧程度作一定比例的折扣后净值。

成新率＝预计尚可使用年限/建筑物耐用年限×100%

B. 取得土地使用权所支付的地价款。对取得土地使用权时未支付地价款或不能提供已支付的地价款凭据的,在计征土地增值税时不允许扣除。

C. 按国家统一规定缴纳的有关费用及在转让环节缴纳的税金 。(同②的规定)

在实际的房地产交易过程中,纳税人有下列情形之一的,则按照房地产评估价格计算征收土地增值税。一是隐瞒、虚报房地产成交价格的;二是提供扣除项目金额不实的;三是转让房地产的成交价格低于房地产评估价格,又无正当理由的。

(2)计算应纳税额

土地增值税的计算顺序是先算增值额,再算增值率,然后按增值率确定适用税率和速算扣除率,根据增值额、适用税率、扣除项目金额和速算扣除率,按一定方法计算出应纳税额。有以下两种计算方法:

①分步计算法

即分步计算出每一级的增值额及其应纳税额,然后相加得出纳税人转让该项房地产的应纳税额,计算公式为:

应纳税额＝∑(每级距的土地增值额×适用税率)

在具体计算时,分两个步骤进行:

第一步,计算出各级距的增值额,依次为:

$$第一级增值额＝扣除项目金额×50\%$$

$$第二级增值额＝扣除项目金额×(100\%-50\%)$$

$$第三级增值额＝扣除项目金额×(200\%-100\%)$$

$$第四级增值额＝全部应税增值额－以上各级增值额之和$$

第二步,以每一级的增值额乘以该级的税率,得出该级的税额,然后相加即为纳税人的应纳税额。

②速算扣除法

在实际工作中,分步计算比较繁琐,一般可以采用速算扣除法计算。在具体计算时,也分两个步骤进行:

第一步,先计算转让房地产的增值额与增值率。

$$增值额＝转让收入－准予扣除项目金额$$

$$增值率＝\frac{增值额}{扣除项目金额}×100\%$$

第二步,计算应纳税额。

$$应纳税额＝增值额×适用税率－扣除项目金额×速算扣除系数$$

6.征收管理

(1)纳税义务发生时间

纳税人以一次交割、付清价款方式转让房地产的,在办理纳税申报后,并在办理过户、登记手续前,一次性缴纳全部土地增值税。以分期收款方式转让房地产的,先计算出应纳税总额,然后根据合同约定的收款日期和约定的收款比例确定并缴纳土地增值税。针对房地产转让的不同情况,纳税时间由主管税务机关具体确定。

(2)纳税期限

房地产开发公司应在签订房地产转让合同、发生纳税义务后7日内或在税务机关核定的期限内,到主管税务机关办理土地增值税纳税申报。办理申报手续时应提交房屋产权证书、土地使用权证书、土地转让合同、房屋买卖合同、根据税务机关要求提供的房地产评估报告及其他与转让房地产有关的资料。

房地产开发公司以外的其他纳税人应自签订房地产转让合同之日起7日内,到房地产所在地主管税务机关办理土地增值税纳税申报。办理申报手续时应提交房屋及建筑物产权证书、土地使用权证书、土地转让合同、房屋买卖合同、房地产评估报告及其他与转让房地产有关的资料,然后在税务机关核实的期限内缴纳土地增值税。

(3)纳税地点

土地增值税的纳税人应向房地产所在地即坐落地主管税务机关办理纳税申报,并在税务机关核定的期限内缴纳土地增值税。纳税人转让的房地产坐落在两个或两个以上地区的,应按房地产所在地分别申报纳税。

①纳税人属于法人的,当转让的房地产坐落地与其机构所在地或经营所在地一致时,可向办理税务登记的原管辖税务机关申报纳税;不一致时,应向房地产坐落地的主管

税务机关申报纳税。

②纳税人属于自然人的,当转让的房地产坐落地与其住所所在地一致时,应向其住所所在地税务机关申报纳税;不一致时,应向办理过户手续所在地的税务机关申报纳税。

6.5.2　土地增值税的会计核算及纳税申报

1.会计核算

为了正确反映和核算应交土地增值税有关纳税事项,纳税人应在"应交税费"账户下设置"应交土地增值税"二级账户进行核算。房地产开发企业出售开发的房地产计算土地增值税时,借记"营业税金及附加"账户,贷记"应交税费——应交土地增值税"账户;实际缴纳土地增值税时,借记"应交税费——应交土地增值税"账户,贷记"银行存款"账户。非房地产开发企业出售旧房及建筑物计算土地增值税时,借记"固定资产清理"账户,贷记"应交税费——应交土地增值税"账户;实际缴纳时,借记"应交税费——应交土地增值税"账户,贷记"银行存款"账户。

【案例导入(6)】

取得土地使用权所支付的金额＝800 万元

房地产开发成本＝1 500 万元

利息＝(2 000＋800)×4％＝112(万元)

其他费用＝(800＋1 500)×5％＝115(万元)

房地产开发费用＝112＋115＝227(万元)

应纳营业税＝4 000×5％＝200(万元)

应纳城建税＝200×7％＝14(万元)

教育费附加＝200×3％＝6 (万元)

加计扣除额＝(800＋1 500)×20％＝460(万元)

扣除项目之和＝800＋1 500＋227＋200＋14＋6＋460＝3 207(万元)

增值额＝4 000－3 207＝793 (万元)

增值率＝793÷3 207＝24.73％,确定适应税率30％

应纳土地增值税税额＝793×30％－3 207×0＝237.90 (万元)

借:营业税金及附加　　　　　　　　　　　　　　2 379 000

　　贷:应交税费——应交土地增值税　　　　　　　　　2 379 000

【案例导入(7)】

办公楼有六成新:30÷(20＋30)＝60％

办公楼的评估价格为:4 000×60％＝2 400(万元)

扣除项目金额＝2 400＋500＋50＝2 950(万元)

增值额＝5 000－2 950＝2 050(万元)

增值率＝2 050÷2 950＝69.49％,确定适应税率40％

应纳土地增值税税额＝2 050×40％－2 950×5％＝672.5(万元)

借:固定资产清理　　　　　　　　　　　　　　6 725 000

　　贷:应交税费——应交土地增值税　　　　　　　　　6 725 000

2. 纳税申报

对于纳税人预售房地产所取得的收入,凡当地税务机关规定预征土地增值税的,纳税人应当到主管税务机关办理纳税申报,并按规定比例预交,待办理决算后,多退少补;凡当地税务机关规定不预征土地增值税的,也应在取得收入时先到税务机关登记或备案。纳税人因经常发生房地产转让行为而难以在每次转让后申报的,经税务机关审核同意后,可以定期进行纳税申报,具体期限由税务机关确定。纳税人应如实填制纳税申报表(表 6-12、表 6-13、表 6-14),正确计算转让房地产的收入、扣除项目金额以及应纳税额,并按期缴纳税款。

表 6-13 是根据【案例导入(6)】填写的。表 6-14 是根据【案例导入(7)】填写的。

表 6-12

土地增值税项目登记表

(从事房地产开发的纳税人适用)

填表日期: 年 月 日   金额单位:元(列至角分)

纳税人识别号: 面积单位:平方米

纳税人名称			税款所属时期		
项目名称			项目地址		
行业		登记注册类型		主管部门	
开户银行			银行账号		
地址			邮政编码		电话	
土地使用权受让(行政划拨)合同号				受让(行政划拨)时间	
建设项目起讫时间		总预算成本		单位预算成本	
项目详细坐落地点					
开发土地总面积		开发建筑总面积		房地产转让合同名称	
转让土地面积(按次填写)		转让建筑面积(按次填写)		转让合同签订日期(按次填写)	
第 1 次					
第 2 次					
……					
纳税人 (签章)		法定代表人 (公章)		经办人员(代理 申报人)签章	备注
(以下部分由主管税务机关负责填写)					
税务机关受理登记日期			税务机关受理登记意见:		
主管税务机关人员签字					
主管税务机关(公章)					

表 6-13		土地增值税纳税申报表		

（从事房地产开发的纳税人适用）

填表日期：　　　年　　月　　日

纳税人识别号：　　　　　　　　　　　　　　　　　　　　　　金额单位：元（列至角分）

纳税人名称：	丁房地产开发公司		税款所属期限	
项目地址			项目名称	

项　　目	行次	金额
一、转让房地产收入总额 1＝2＋3	1	40 000 000
其中　货币收入	2	
实物收入及其他收入	3	
二、扣除项目金额合计 4＝5＋6＋13＋16＋20＋21	4	32 070 000
其中：1.取得土地使用权所支付的金额	5	8 000 000
2.房地产开发成本 6＝7＋8＋9＋10＋11＋12	6	15 000 000
其中　土地征用及拆迁补偿费	7	
前期工程费	8	
建筑安装工程费	9	
基础设施费	10	
公共配套设施费	11	
开发间接费用	12	
3.房地产开发费用 13＝14＋15	13	2 270 000
其中　利息支出	14	1 120 000
其他房地产开发费用	15	1 150 000
4.与转让房地产有关的税金等 16＝17＋18＋19	16	2 200 000
其中　营业税	17	2 000 000
城市维护建设税	18	140 000
教育费附加	19	60 000
5.财政部、省政府规定的其他扣除项目	20	
6.加计扣除项目 21＝（5＋6）×20％	21	4 600 000
三、增值额 22＝1－4	22	7 930 000
四、增值额与扣除项目金额之比（％）23＝22÷4	23	24.73
五、适用税率（预征率）（％）	24	30
六、速算扣除系数（％）	25	0
七、应缴土地增值税税额 26＝22×24－4×25（预缴土地增值税 26＝1×24）	26	2 379 000
八、已缴（预缴）土地增值税税额	27	1 000 000
九、应补（退）土地增值税税额 28＝26－27	28	1 379 000

(续表)

土地使用权取得时间	土地面积	土地座落地点	证书编号	取得土地的方式

纳税人或代理人声明： 此纳税申报表是根据国家税收法律的规定填报的,我确信它是真实的、可靠的、完整的。	如纳税人填报,由纳税人填写以下各栏		
	经办人(签章)	会计主管 (签章)	法定代表人 (签章)
	如委托代理人填报,由代理人填写以下各栏		
	代理人名称		
	经办人(签章) 联系电话		代理人(公章)

以下由税务机关填写

受理人		受理日期		受理税务机关 (签章)	

表 6-14　　　　　　　　　　　**土地增值税纳税申报表**

(非从事房地产开发的纳税人适用)

填表日期：　　年　　月　　日

纳税人识别号：　　　　　　　　　　　　　　　　　　　　　　　金额单位:元(列至角分)

纳税人名称：	丁房地产开发公司	税款所属期限	
项目地址		项目名称	
项　　目		行次	金　额
一、转让房地产收入总额 1＝2＋3		1	50 000 000
其中	货币收入	2	
	实物收入及其他收入	3	
二、扣除项目金额合计 4＝5＋6＋9＋15		4	29 500 000
1.取得土地使用权所支付的金额		5	5 000 000
2.旧房及建筑物的评估价格 6＝7×8(或按购房发票所载金额计算的加计扣除额)		6	24 000 000
其中	旧房及建筑物的重置成本价	7	40 000 000
	成新度折扣率	8	60%
3.与转让房地产有关的税金等 9＝10＋11＋12＋13＋14		9	500 000
其中	营业税	10	
	城市维护建设税	11	
	印花税	12	
	教育费附加	13	
	契税	14	

（续表）

4.财政部、省政府规定的其他扣除项目	15	
三、增值额 16＝1－4	16	20 500 000
四、增值额与扣除项目金额之比(％)17＝16÷4	17	69.49
五、适用税率或核定征收率(％)	18	40
六、速算扣除系数(％)	19	5
七、应缴土地增值税税额 20＝16×18－4×19	20	6 725 000

纳税人或代理人声明： 　　此纳税申报表是根据国家税收法律的规定填报的,我确信它是真实的、可靠的、完整的。	如纳税人填报,由纳税人填写以下各栏		
	经办人(签章)	会计主管 (签章)	法定代表人 (签章)
	如委托代理人填报,由代理人填写以下各栏		
	代理人名称		代理人(公章)
	经办人(签章)		
	联系电话		

以下由税务机关填写

受理人		受理日期		受理税务机关 (签章)	

项目七

财产税的核算

 案例导入

戊运输公司 2013 年固定资产账上记载企业拥有的车船和房产如下：

（1）拥有整备质量吨位均为 5 吨的商用普通货车 50 辆；核定载客人数大于 20 人的商用大型客车 100 辆；核定载客人数大于 9 人小于 20 人的中型客车 30 辆；乘用车 2 辆（1.5 升的 1 辆，3.0 升的 1 辆）。商用普通货车车船税的单位税额为每吨 72 元，大型客车车船税的单位税额为每辆 720 元，中型客车车船税的单位税额为每辆 600 元；1.5 升乘用车车船税的单位税额为每辆 360 元，3.0 乘用车车船税的单位税额为每辆 1 800 元。

（2）下属非独立核算的航运公司拥有机动船 30 艘，其中净吨位为 600 吨的 15 艘；3 000 吨的 10 艘；20 000 吨的 5 艘；拖船、非机动驳船各一艘；拖船为 1800 千瓦。非机动驳船净吨位为 10.3 吨。

（3）房产的账面原值为 20 000 万元，其中，企业进行运输业务经营用房原值为 16 000万元；投资性房屋的原值为 4 000 万元，年租金为 200 万元。按照当地规定依照房产原值一次减免 20% 后的余值计算房产税，适用税率为 1.2%，出租房屋房产税税率为 12%。按季分 4 次缴纳房产税。

（4）从经济开发区购买一块土地的使用权，土地面积为 10 000 平方米，成交价格为2 000 万元；购买一栋房屋用于公司扩大经营业务用，成交价格为 5 000 万元。12 月 10日签订土地、房屋权属转移合同，产权转移手续已办理完毕，在契税征收机关核定的期限内通过银行存款缴纳契税，索取完税凭证，契税税率为 3%。

如果你是戊运输公司的税务会计，应如何计算上述业务应缴纳的车船税、房产税、契税？如何进行账务处理？如何进行纳税申报和缴纳？通过本项目学习，可以明确财产税的基本规定、应纳税额的计算、账务处理及纳税申报等内容，完成纳税申报工作任务。

项目学习目标

知识目标

- 了解车船税、房产税、契税的纳税人；
- 熟悉车船税、房产税、契税的征税范围、税率；
- 掌握车船税、房产税、契税应纳税额的计算和账务处理；
- 掌握车船税、房产税、契税纳税申报表的填制及纳税申报。

能力目标

- 能够准确计算各税种的应纳税额；
- 能够准确对各税种进行会计核算；
- 能够准确而完整地填制各税种的纳税申报表。

项目分解

任务 7.1 车船税的核算→任务 7.2 房产税的核算→任务 7.3 契税的核算

任务 7.1　车船税的核算

7.1.1　车船税认知

1.纳税人

在中华人民共和国境内属于车船税法所附《车船税税目税额表》规定的车辆、船舶（简称车船）的所有人或者管理人，为车船税的纳税人。所有人是指在我国境内拥有车船的单位和个人；管理人是指对车船具有管理权或者使用权，不具有所有权的单位。

从事机动车第三者责任强制保险业务的保险机构为机动车车船税的扣缴义务人，应当在收取保险费时依法代收车船税，并出具代收税款凭证。机动车车船税的扣缴义务人依法代收代缴车船税时，纳税人不得拒绝。

2.征税范围

车船税是以车辆、船舶为征税对象的财产税。车辆、船舶是指：依法应当在车船登记管理部门登记的机动车辆和船舶；依法不需要在车船登记管理部门登记的在单位内部场所行驶或者作业的机动车辆和船舶。具体有乘用车、商用车、挂车、其他车辆、摩托车和船舶六大类。拖拉机、纯电动乘用车、燃料电池乘用车、非机动船（不包括非机动驳船）均不在车船税法规定的征税范围内，不需缴纳车船税。临时入境的外国车船和香港特别行政区、澳门特别行政区、台湾地区的车船,也不需要缴纳车船税。

（1）乘用车

乘用车是指在设计和技术特性上主要用于载运乘客及随身行李,核定载客人数包括驾驶员在内不超过 9 人的汽车。

（2）商用车

商用车是指除乘用车外,在设计和技术特性上用于载运乘客、货物的汽车,划分为客车和货车。

客车是指核定载客人数 9 人以上,包括电车。

货车包括半挂牵引车、三轮汽车和低速载货汽车等。半挂牵引车是指装备有特殊装置用于牵引半挂车的商用车;三轮汽车是指最高设计车速不超过每小时 50 公里,具有三个车轮的货车;低速载货汽车是指以柴油机为动力,最高设计车速不超过每小时 70 公里,具有四个车轮的货车。

（3）挂车

挂车是指就其设计和技术特性需由汽车或者拖拉机牵引,才能正常使用的一种无动力的道路车辆。

（4）其他车辆

其他车辆包括专用作业车和轮式专用机械车,不包括拖拉机。专用作业车是指在其设计和技术特性上用于特殊工作的车辆;轮式专用机械车是指有特殊结构和专门功能,装有橡胶车轮可以自行行驶,最高设计车速大于每小时 20 公里的轮式工程机械车。

（5）摩托车

摩托车是指无论采用何种驱动方式,最高设计车速大于每小时 50 公里,或者使用内燃机,其排量大于 50 毫升的两轮或者三轮车辆。

（6）船舶

船舶是指各类机动、非机动船舶以及其他水上移动装置,但是船舶上装备的救生艇筏和长度小于 5 米的艇筏除外。机动船舶是指用机器推进的船舶;拖船是指专门用于拖（推）动运输船舶的专业作业船舶;非机动驳船是指在船舶登记管理部门登记为驳船的非机动船舶;游艇是指具备内置机械推进动力装置,长度在 90 米以下,主要用于游览观光、休闲娱乐、水上体育运动等活动,并应当具有船舶检验证书和适航证书的船舶。

3. 税率

车船税采用定额税率,详见《车船税税目税额表》（见表 7-1）。省、自治区、直辖市人民政府根据《车船税税目税额表》确定车辆具体适用税额,应当遵循以下原则:乘用车依排气量从小到大递增税额;客车按照核定载客人数 20 人以下和 20 人（含）以上两档划分,递增税额。省、自治区、直辖市人民政府确定的车辆具体适用税额,应当报国务院备案。船舶的具体适用税额由国务院在《车船税税目税额表》规定的税额幅度内确定,详见《机动船舶税额表》（见表 7-2）、《游艇税额表》（见表 7-3）。

表 7-1   车船税税目税额表

税 目		计税单位	年基准税额	备 注
乘用车〔按发动机汽缸容量（排气量）分档〕	1.0 升（含）以下的	每辆	60 元至 360 元	核定载客人数 9 人（含）以下
	1.0 升以上至 1.6 升（含）的		300 元至 540 元	
	1.6 升以上至 2.0 升（含）的		360 元至 660 元	
	2.0 升以上至 2.5 升（含）的		660 元至 1200 元	
	2.5 升以上至 3.0 升（含）的		1200 元至 2400 元	
	3.0 升以上至 4.0 升（含）的		2400 元至 3600 元	
	4.0 升以上的		3600 元至 5400 元	
商用车	客 车	每辆	480 元至 1 440 元	核定载客人数 9 人以上，包括电车
	货 车	整备质量每吨	16 元至 120 元	包括半挂牵引车、三轮汽车和低速载货汽车等
挂车		整备质量每吨	按照货车税额的 50% 计算	
其他车辆	专用作业车	整备质量每吨	16 元至 120 元	不包括拖拉机
	轮式专用机械车	整备质量每吨	16 元至 120 元	
摩托车		每辆	36 元至 180 元	
船舶	机动船舶	净吨位每吨	3 元至 6 元	拖船、非机动驳船分别按照机动船舶税额的 50% 计算
	游 艇	艇身长度每米	600 元至 2 000 元	

表 7-2   机动船舶税额表

税目	计税标准（净吨位：吨）	计税单位	每年税额（元）	备注
机动船舶	不超过 200 吨的	每吨	3	拖船按照发动机功率每 1 千瓦折合净吨位 0.67 吨计算；拖船、非机动驳船分别按照机动船舶税额的 50% 计算。
	超过 200 吨但不超过 2 000 吨的	每吨	4	
	超过 2 000 吨但不超过 10 000 吨的	每吨	5	
	超过 10 000 吨的	每吨	6	

表 7-3　　　　　　　　　　　　　**游艇税额表**

税目	计税标准(艇身长度:米)	计税单位	每年税额(元)	备注
游艇	不超过 10 米的	每米	600	
	超过 10 米但不超过 18 米的	每米	900	
	超过 18 米但不超过 30 米的	每米	1 300	
	超过 30 米的	每米	2 000	
辅助动力帆艇		每米	600	

4.减免优惠

(1)法定减免

①免征车船税的:捕捞、养殖渔船;军队、武装警察部队专用的车船;警用车船;依照法律规定应当予以免税的外国驻华使领馆、国际组织驻华代表机构及其有关人员的车船;对使用新能源的车辆。

②对节约能源的车辆,减半征收车船税。

③对受地震、洪涝等严重自然灾害影响纳税困难以及其他特殊原因确需减免税的车船,可以在一定期限内减征或者免征车船税。具体减免期限和数额由省、自治区、直辖市人民政府确定,报国务院备案。

④省、自治区、直辖市人民政府根据当地实际情况,可以对公共交通车船,农村居民拥有并主要在农村地区使用的摩托车、三轮汽车和低速载货汽车定期减征或者免征车船税。

(2)特定减免

①按照规定缴纳船舶吨税的机动船舶,自 2012 年 1 月 1 日起 5 年内免征车船税。

②依法不需要在车船登记管理部门登记的机场、港口、铁路站场内部行驶或者作业的车船,自 2012 年 1 月 1 日起 5 年内免征车船税。

5.应纳税额的计算

(1)计税依据

按照车船税的种类,车船税采用了辆、净吨位、整备质量(自重)吨位三种计税单位,具体规定如下:车辆自重尾数在 0.5 吨以下(含 0.5 吨)的,按照 0.5 吨计算;超过 0.5 吨的,按照 1 吨计算。船舶净吨位尾数在 0.5 吨以下(含 0.5 吨)的不予计算,超过 0.5 吨的按照 1 吨计算;1 吨以下的小型车船,一律按照 1 吨计算。

排气量、整备质量、核定载客人数、净吨位、千瓦、艇身长度,以车船登记管理部门核发的车船登记证书或者行驶证所载数据为准。

依法不需要办理登记的车船和依法应当登记而未办理登记或者不能提供车船登记证书、行驶证的车船,以车船出厂合格证明或者进口凭证标注的技术参数、数据为准;不能提供车船出厂合格证明或者进口凭证的,由主管税务机关参照国家相关标准核定,没有国家相关标准的参照同类车船核定。

(2)应纳税额的计算

车辆车船税的纳税人按照纳税地点所在的省、自治区、直辖市人民政府确定的具体适用税额缴纳车船税。车船税计算公式：

$$年应纳税额＝计税单位×单位税额$$

购置的新车船,购置当年的应纳税额自纳税义务发生的当月起按月计算。应纳税额为年应纳税额除以 12 再乘以应纳税月份数。其计算公式为：

$$应纳税额＝\frac{年应纳税额}{12}×应纳税月份数$$

6.征收管理

(1)纳税义务发生时间

车船税纳税义务发生时间为取得车船所有权或者管理权的当月,以购买车船的发票或者其他证明文件所载日期的当月为准。

(2)纳税期限

车船税是按年申报,分月计算,一次性缴纳。纳税年度为公历 1 月 1 日至 12 月 31 日。具体申报纳税期限由省、自治区、直辖市人民政府规定。由扣缴义务人代收代缴车船税的,车船税的纳税期限为纳税人购买机动车交通事故责任强制保险的当日。

在一个纳税年度内,已完税的车船被盗抢、报废、灭失的,纳税人可以凭有关管理机关出具的证明和完税凭证,向纳税所在地的主管税务机关申请退还自被盗抢、报废、灭失月份起至该纳税年度终了期间的税款。已办理退税的被盗抢车船失而复得的,纳税人应当从公安机关出具相关证明的当月起计算缴纳车船税。已缴纳车船税的车船在同一纳税年度内办理转让过户的,不另纳税,也不退税。

(3)纳税地点

车船税的纳税地点为车船的登记地或者车船税扣缴义务人所在地。依法不需要办理登记的车船,车船税的纳税地点为车船的所有人或者管理人所在地。由保险机构代收代缴车船税的,纳税地点为保险机构所在地。

车船税由地方税务机关负责征收。税务机关可以在车船登记管理部门、车船检验机构的办公场所集中办理车船税征收事宜。

公安机关交通管理部门在办理车辆相关登记和定期检验手续时,经核查,对没有提供依法纳税或者免税证明的,不予办理相关手续。

交通运输、农业、渔业等车船登记管理部门、船舶检验机构和车船税扣缴义务人的行业主管部门应当在提供车船有关信息等方面,协助税务机关加强车船税的征收管理。

车辆所有人或者管理人在申请办理车辆相关登记、定期检验手续时,应当向公安机关交通管理部门提交依法纳税或者免税证明。公安机关交通管理部门核查后办理相关手续。

7.1.2 车船税的会计核算及纳税申报

1.会计核算

为了正确反映和核算应交车船税有关纳税事项,纳税人应在"应交税费"账户下设置"应交车船税"二级账户进行核算。按规定计算应交的车船税,借记"管理费用"账户,贷记"应交税费——应交车船税"账户;缴纳车船税时,借记"应交税费——应交车船税"账户,贷记"银行存款"账户。

【案例导入(1)】

商用普通货车应纳车船税税额＝50×5×72＝18 000(元)

大型客车应纳车船税税额＝100×720＝72 000(元)

中型客车应纳车船税税额＝30×600＝18 000(元)

乘用车应纳车船税税额＝360+1 800＝2 160(元)

应纳车船税税额＝18 000+72 000+18 000+2 160＝110 160(元)

【案例导入(2)】

应纳车船税税额＝600×15×4+3 000×10×5+20 000×5×6+1 800×0.67×4× 50%+10×3×50%＝788 427(元)

2013 年运输公司应纳车船税税额＝18 000+72 000+18 000+2 160+788 427＝ 898 587(元)

每月预提车船税税额＝898 587÷12＝74 882.25(元)

借:管理费用   74 882.25

    贷:应交税费——应交车船税   74 882.25

缴纳车船税时:

借:应交税费——应交车船税   898 587

    贷:银行存款   898 587

2.纳税申报

具体缴纳机动车车船税有两种方式:一种方式是纳税人自行向主管税务机关申报缴纳车船税;另一种方式是纳税人在办理机动车交通事故责任强制保险时由保险机构代收代缴车船税。

机动车车船税扣缴义务人在代收车船税时,应当在机动车交通事故责任强制保险的保险单以及保费发票上注明已收税款的信息,作为代收税款凭证。已完税或者依法减免税的车辆,纳税人应当向扣缴义务人提供登记地的主管税务机关出具的完税凭证或者减免税证明。

纳税人没有按照规定期限缴纳车船税的,扣缴义务人在代收代缴税款时,可以一并代收代缴欠缴税款的滞纳金。扣缴义务人已代收代缴车船税的,纳税人不再向车辆登记地的主管税务机关申报缴纳车船税。没有扣缴义务人的,纳税人应当向主管税务机关自行申报缴纳车船税。

纳税人缴纳车船税时,应当提供反映排气量、整备质量、核定载客人数、净吨位、千瓦、艇身长度等与纳税相关信息的相应凭证以及税务机关根据实际需要要求提供的其他资料。纳税人以前年度已经提供前款所列资料信息的,可以不再提供。

表 7-4 是根据【案例导入(1)】、【案例导入(2)】填写的。

表 7-4　　　　　　　　　　车船税纳税申报表

（山东省）

纳税人识别号：　　　　　　　　　　　　　　　　　　纳税人名称：(公章)戊运输公司

税款所属期限：自 2013 年 1 月 1 日至 2013 年 12 月 31 日

填表日期：2013 年 1 月 10 日　　　　　　　　　　　　　　金额单位：元(列至角分)

税目		计税单位	年税额标准	数量	整备质量/净吨位	本期应纳税额	本期减免税额	本期已缴税额	本期应补(退)税额
乘用车(核定载客人数小于或等于9人)	1.0升(含)以下的	每辆	240		——				
	1.0升以上至1.6升(含)的	每辆	360	1	——	360	0	0	360
	1.6升以上至2.0升(含)的	每辆	420		——				
	2.0升以上至2.5升(含)的	每辆	900		——				
	2.5升以上至3.0升(含)的	每辆	1 800	1	——	1 800	0	0	1 800
	3.0升以上至4.0升(含)的	每辆	3 000		——				
	4.0升以上的	每辆	4 500		——				
商用车	大型客车(核定载客人数大于或等于20人)	每辆	720	100		72 000	0	0	72 000
	中型客车(核定载客人数大于9人小于20人)	每辆	600	30		18 000	0	0	18 000
	货车	普通货车	整备质量每吨	72	50	5	18 000	0	0	18 000
		半挂牵引车	整备质量每吨	72					
		低速载货汽车	整备质量每吨	72					
		三轮汽车	整备质量每吨	72					
挂车		整备质量每吨	36						
其他车辆	专用作业车	整备质量每吨	72						
	轮式专用机械车	整备质量每吨	72						
摩托车		每辆	60						
小计		——				110 160			110 160

（续表）

税目			计税单位	年税额标准	数量	整备质量/净吨位	本期应纳税额	本期减免税额	本期已缴税额	本期应补(退)税额
船舶	机动船舶	净吨位小于或等于200吨	每吨	3						
		净吨位201吨至2000吨	每吨	4	15	600	36 000	0	0	36 000
		净吨位2001吨至10000吨	每吨	5	10	300	150 000	0	0	150 000
		净吨位10001吨及其以上	每吨	6	5	2 000	600 000	0	0	600 000
	拖船、非机动驳船	拖船	每吨	2	1	1 206	2 412	0	0	2 412
		非机动驳船	每吨	1.5		10	15	0	0	15
	游艇	艇身长度小于等于10米	每米	600						
		艇身长度大于10米小于等于18米	每米	900						
		艇身长度大于18米小于等于30米	每米	1 300						
		艇身长度大于30米	每米	2 000						
		辅助动力帆艇	每米	600						
小计			——				788 427			788 427
合计							898 587			898 587

纳税人或代理人声明： 　　此纳税申报表是根据国家税收法律的规定填报的，我确信它是真实的、可靠的、完整的。	如纳税人填报，由纳税人填写以下各栏		
	经办人 （签章）	会计主管 （签章）	法定代表人 （签章）
	如委托代理人填报，由代理人填写以下各栏		
	代理人名称		代理人（公章）
	经办人（签章）		
	联系电话		

以下由税务机关填写

受理人		受理日期		受理税务机关 （签章）	

任务 7.2　房产税的核算

7.2.1　房产税认知

1.纳税人

房产税是以在征税范围内的房屋产权所有人为纳税人。具体规定：

(1)产权属国家所有的,由经营管理单位纳税;产权属集体和个人所有的,由集体单位和个人纳税。

(2)产权出典的,由承典人纳税。产权出典是指产权所有人将房屋、生产资料等的产权,在一定期限内典当给他人使用而取得资金的一种融资业务。由于在房屋出典期间,产权所有人无权支配房屋,因此,对房屋具有支配权的承典人为纳税人。

(3)产权所有人、承典人不在房屋所在地的,由房产代管人或者使用人纳税。

(4)产权未确定及房产租赁或者房产出典发生纠纷未解决的,房产代管人或使用人为纳税人。

2.征税范围

房产税是以房产为征税对象。征税范围包括城市、县城、建制镇和工矿区,不包括农村。房地产开发企业建造的商品房,在出售前,不征收房产税;但对出售前房地产开发企业已使用或出租、出借的商品房应按规定征收房产税。

房产是指有屋面和围护结构(有墙或两边有柱),能够遮风避雨,可供人们在其中生产、学习、工作、娱乐、居住或储藏物资的场所。与房屋不可分割的各种附属设施或不单独计价的配套设施,也属于房屋,应一并征收房产税;但独立于房屋之外的建筑物(如水塔、围墙等)不属于房屋,不征房产税。

3.税率

我国现行房产税采用的是比例税率,具体税率分为两种:一种是按房产原值一次减除$10\%\sim30\%$折旧后的余值计征的,税率为1.2%;另一种是按房产出租的租金收入计征的,税率为12%。对个人出租住房,不区分用途,按4%的税率征收房产税。对企事业单位、社会团体以及其他组织按市场价格向个人出租用于居住的住房,减按4%的税率征收房产税。

4.减免优惠

(1)免征房产税

①国家机关、人民团体、军队(含武装警察)自用的房产。

②由国家财政部门拨付事业经费(全额或差额)的单位(如学校、医疗卫生单位、幼儿园、托儿所、敬老院以及文化、体育、艺术类单位)所有的、本身业务范围内使用的的房产。

③公园、名胜古迹、宗教寺庙自用的房产。

④个人所有非营业用的房产(自2011年1月28日起上海、重庆对部分个人住房征收

房产税)。

⑤对行使国家行政管理职能的中国人民银行总行(含国家外汇管理局)所属分支机构自用的房产。

⑥经财政部批准免税的其他房产。

(2)其他减免规定

①免税单位用于生产、营业、出租、出包以及出借给企业使用的房产,应照章征收房产税。

②纳税单位与免税单位共同使用的房产,按各自使用的部分划分,分别缴纳或者免纳房产税。

③对廉租住房经营管理单位按照政府规定价格、向规定保障对象出租廉租住房的租金收入,免征房产税。

④对股改铁路运输企业及合资铁路运输公司自用的房产暂免征收房产税。

5.应纳税额的计算

(1)计税依据

房产税的计税依据是房产的计税价值或房产的租金收入。按照房产计税价值征税的,称为从价计征;按照房产租金收入征税的,称为从租计征。

①从价计征

房产税依照房产原值一次减除10%～30%折旧后的余值计算缴纳。各地扣除比例由当地省、自治区、直辖市人民政府确定。对依照房产原值计税的房产,不论是否记载在会计账簿固定资产科目中,均应按照房屋原价计算缴纳房产税。房屋原价应根据国家有关会计制度规定进行核算。对纳税人未按国家会计制度规定核算并记载的,应按规定予以调整或重新评估。对按照房产原值计税的房产,无论会计上如何核算,房产原值均应包含地价,包括为取得土地使用权支付的价款、开发土地发生的成本费用等。宗地容积率低于0.5的,按房产建筑面积的2倍计算土地面积并据此确定计入房产原值的地价。

无租使用其他单位房产的应税单位和个人,依照房产余值代缴纳房产税。

产权出典的房产,由承典人依照房产余值缴纳房产税。

融资租赁的房产,由承租人依照房产余值缴纳房产税。

对出租房产,租赁双方签订的租赁合同约定有免收租金期限的,免收租金期间由产权所有人按照房产原值缴纳房产税。

②从租计征

房产出租的,以房产租金收入为房产税的计税依据。房产的租金收入是房屋产权所有人出租房产使用权所取得的报酬,包括货币收入和实物收入;对以劳务或其他形式作为报酬抵付房租收入的,应根据当地同类房产的租金水平,确定一个标准租金额,依率计征。

(2)应纳税额的计算

①从价计征房产税的计算公式为:

$$应纳税额＝应税房产原值\times(1-扣除比例)\times1.2\%$$

②从租计征房产税的计算公式为：

$$应纳税额＝租金收入×12\%（或 4\%）$$

6.征收管理

（1）纳税义务发生时间

①将原有房产用于生产经营,从生产经营当月起,缴纳房产税。

②将自行新建房屋用于生产经营,从建成次月起,缴纳房产税。

③委托施工企业建设的房屋,从办理验收手续次月起,缴纳房产税。纳税义务人在办理手续前,即已使用或出租、出借的,从当月起,缴纳房产税。

④购置新建的商品房,自房屋交付使用次月起,缴纳房产税。

⑤购置存量房,自办理房屋权属转移、变更登记手续,从房地产权属登记机关签发权属证书次月起,缴纳房产税。

⑥出租、出借房产,从交付出租、出借房产次月起,缴纳房产税。

⑦房地产开发企业自用、出租、出借本企业建造的商品房,自房屋使用或交付使用次月起,缴纳房产税。

⑧融资租赁的房产,由承租人自融资租赁合同约定开始日的次月起缴纳房产税。合同未约定开始日的,由承租人自合同签订的次月起缴纳房产税。

纳税人因房产的实物或权利状态发生变化而终止房产税纳税义务,其应纳税款的计算应截止到房产的实物或权利状态发生变化的当月末。

（2）纳税期限

房产税实行按年计算、分期缴纳的征收方法,具体纳税期限由省、自治区、直辖市人民政府确定。

（3）纳税地点

房产税在房产所在地缴纳。房产不在同一地方的纳税义务人,应按房产的坐落地点,分别向房产所在地主管税务机关缴纳房产税。

7.2.2　房产税的会计核算及纳税申报

1.会计核算

为了正确反映和核算应交房产税有关纳税事项,纳税人应在"应交税费"账户下设置"应交房产税"二级账户进行核算。企业按规定计算当期应纳房产税时,自用房产借记"管理费用"账户,投资性房地产借记"营业税金及附加"账户,贷记"应交税费——应交房产税"账户;缴纳房产税时,借记"应交税费——应交房产税"账户,贷记"银行存款"等账户。

【案例导入(3)】

自用房产应纳房产税税额＝160 000 000×(1－20%)×1.2%＝1 536 000(元)

出租房屋应纳房产税税额＝2 000 000×12%＝240 000(元)

每月预提房产税：

借:管理费用	128 000(1 536 000÷12)
营业税金及附加	20 000(240 000÷12)
贷:应交税费——应交房产税	148 000

按季缴纳房产税款时

借:应交税费——应交房产税   444 000

  贷:银行存款   444 000

2.纳税申报

房产税的纳税人应按规定,及时办理纳税申报,如实填写《房产税纳税申报表》(见表7-5)。

表7-5是根据【案例导入(3)】填写的,1月份缴纳的第一季度房产税。

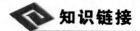 **知识链接**

上海重庆个人住房房产税征收管理实施细则对比

项目	重庆	上海
试点范围	重庆主城区	上海市行政区域
税率	0.5%至1.2%	0.6%
征收对象	1.独栋别墅(不分存量和增量) 2.房价达到当地均价两倍以上的高档公寓 3.对于在重庆无户口、无工作、无投资的三无人员在重庆所购房产,购买两套以上住房的从第二套开始征收	1.家庭第二套及以上住房(包括新购的二手存量住房和新建商品住房) 2.非本市居民家庭在本市新购的住房(以下统称"应税住房")。
计税依据	房产交易价	参照应税住房的房地产市场价格确定的评估值,评估值按规定周期进行重估。试点初期,暂以应税住房的市场交易价格作为计税依据。 房产税暂按应税住房市场交易价格的70%计算缴纳。

任务 **7.3** 契税的核算

7.3.1 契税认知

1.纳税人

在中华人民共和国境内转移土地、房屋权属,承受的单位和个人为契税的纳税人。单位是指企业单位、事业单位、国家机关、军事单位和社会团体以及其他组织。个人是指个体经营者及其他个人,包括中国公民和外籍人员。以招拍挂方式出让国有土地使用权的,纳税人为最终与土地管理部门签订出让合同的土地使用权承受人。

房产税纳税申报表

表7-5

填表日期:2013 年 1 月 10 日

纳税人识别号:

金额单位:元(列至角分)

纳税人名称					戊运输公司					税款所属时期		2013 年			
坐落地点											房屋结构				
	本期实际房产原值(评估值)	其中		建筑面积	计税依据		适用税率	全年应纳税额	缴纳次数	本期			备注		
上期申报房产原值(评估值)		从价计税的房产原值	从租计税的房产原值	免税房产原值	扣除率 %	房产余值	租金收入				应纳税额	已纳税额	应补(退)税额		
1	2	3=1+2	4=3-5-6	5=3-5-6	6	7	8=4-4×7	9	10	11	12=8×10+9×11	13	14=12÷13	15	16=14-15
20 000		20 000	16 000	4 000	0	20	12 800	2 000 000	1.2%	12%	1 776 000	4	444 000	0	444 000

如纳税人填报,由纳税人填写以下各栏

纳税人(签章)	经办人(签章)						
会计主管(签章)	经办人(签章)						

如委托代理人填报,由代理人填写以下各栏

代理人名称			
代理人地址		电话	
	经办人		代理人(签章)

以下由税务机关填写

收到申报表日期		接收人	

2.征税范围

契税是以所有权发生转移变动的土地、房屋权属等不动产为征税对象,向产权承受人征收的一种财产税。契税的征税范围具体包括以下五项内容:

(1)国有土地使用权出让。国有土地使用权出让是指土地使用者向国家交付土地使用权出让费用,国家将国有土地使用权在一定年限内让与土地使用者的行为。

(2)土地使用权转让。土地使用权转让是指土地使用者以出售、赠与、交换或者其他方式将土地使用权转移给其他单位和个人的行为。

(3)房屋买卖。房屋买卖是指房屋所有者将其房屋出售、以房抵债、以房对外投资,由承受者交付货币、实物、无形资产或者其他经济利益的行为。以下几种特殊情况,视同买卖房屋:

①以房产抵债或实物交换房屋。经当地政府和有关部门批准,以房抵债和实物交换房屋,均视同房屋买卖,应由产权承受人,按房屋现值缴纳契税。

②以房产作投资或作股权转让。这种交易业务属房屋产权转移,应根据国家房地产管理的有关规定,办理房屋产权交易和产权变更登记手续,视同房屋买卖,由产权承受方按契税税率计算缴纳契税。

③买房拆料或翻建新房,应照章征收契税。

(4)房屋赠与。房屋赠与是指房屋所有者将其房屋无偿转让给受赠者的行为。

(5)房屋交换。房屋交换是指房屋所有者之间互相交换房屋的行为。

3.税率

契税实行 3‰～5‰ 幅度税率,实行幅度税率是考虑到我国经济发展的不平衡,各地经济差别较大的实际情况。因此,各省、自治区、直辖市人民政府可以在 3‰～5‰ 的幅度税率范围内,按照本地区的实际情况决定。

4.减免优惠

(1)国家机关、事业单位、社会团体、军事单位承受土地、房屋用于办公、教学、医疗、科研和军事设施的,免征契税。

(2)城镇职工按规定第一次购买公有住房的免征契税。

(3)因不可抗力丧失住房而重新购买住房的,酌情减征或者免征契税。

(4)土地、房屋被县级以上人民政府征用、占用后,重新承受土地、房屋权属的,由省级人民政府确定是否减免。市、县级人民政府根据《国有土地上房屋征收与补偿条例》有关规定征收居民房屋,居民因个人房屋被征收而选择货币补偿用以重新购置房屋,并且购房成交价格不超过货币补偿的,对新购房屋免征契税;购房成交价格超过货币补偿的,对差价部分按规定征收契税。居民因个人房屋被征收而选择房屋产权调换,并且不缴纳房屋产权调换差价的,对新换房屋免征契税;缴纳房屋产权调换差价的,对差价部分按规定征收契税。

(5)承受荒山、荒沟、荒丘、荒滩土地使用权,并用于农、林、牧、渔生产的,免征契税。

(6)经外交部确认,依照我国有关法律规定以及我国缔结或参加的双边和多边条约协定,外国驻华使馆、领事馆、联合国驻华机构及其外交代表、领事官员和其他外交人员承受土地、房屋权属的,应当予以免税。

（7）对廉租住房经营管理单位购买住房作为廉租住房、经济适用住房经营管理单位回购经济适用住房继续作为经济适用住房房源的，免征契税。

（8）对个人购买经济适用住房，在法定税率基础上减半征收契税。

（9）对个人购买普通住房，且该住房属于家庭（成员范围包括购房人、配偶以及未成年子女，下同）唯一住房的，减半征收契税。对个人购买90平方米及以下普通住房，且该住房属于家庭唯一住房的，减按1%税率征收契税。对两个或两个以上个人共同购买90平方米及以下普通住房，其中一人或多人已有购房记录的，该套房产的共同购买人均不适用首次购买普通住房的契税优惠政策。

（10）婚姻关系存续期间，房屋、土地权属原归夫妻一方所有，变更为夫妻双方共有的，免征契税。

（11）对金融租赁公司开展售后回租业务，承受承租人房屋、土地权属的，照章征税。对售后回租合同期满，承租人回购原房屋、土地权属的，免征契税。

（12）单位、个人以房屋、土地以外的资产增资，相应扩大其在被投资公司的股权持有比例，无论被投资公司是否变更工商登记，其房屋、土地权属不发生转移，不征收契税。

（13）以自有房产作股投入本人独资经营企业，免纳契税。因为以自有的房地产投入本人独资经营的企业，产权所有人和使用人未发生变化，不需办理房产变更手续，也不办理契税手续。

（14）个体工商户的经营者将其个人名下的房屋、土地权属转移至个体工商户名下，或个体工商户将其名下的房屋、土地权属转回原经营者个人名下，免征契税。

（15）合伙企业的合伙人将其名下的房屋、土地权属转移至合伙企业名下，或合伙企业将其名下的房屋、土地权属转回原合伙人名下，免征契税。

（16）对经营管理单位回购已分配的改造安置住房继续作为改造安置房源的，免征契税。个人首次购买90平方米以下改造安置住房，可按1%的税率计征契税；购买超过90平方米，但符合普通住房标准的改造安置住房，按法定税率减半计征契税。个人取得的拆迁补偿款及因拆迁重新购置安置住房，可按有关规定享受个人所得税和契税减免。

以上经批准减免契税的纳税人改变有关土地、房屋的用途，不在减免契税之列的，应当补缴已经减免的契税税款。

5.应纳税额的计算

（1）计税依据

契税的计税依据为不动产的价格，由于土地、房屋权属转移方式不同，定价方法不同，因而具体计税依据视不同情况而决定。

①国有土地使用权出让、土地使用权出售、房屋买卖，以成交价格为计税依据。成交价格是指土地、房屋权属转移合同确定的价格，包括承受者应交付的货币、实物、无形资产或者其他经济利益。

②土地使用权赠与、房屋赠与，由征收机关参照土地使用权出售、房屋买卖的市场价格核定。

③土地使用权交换、房屋交换，为所交换的土地使用权、房屋的价格差额。就是说，交换价格相等时，免征契税；交换价格不等时，由多交付的货币、实物、无形资产或者其他

经济利益的一方交纳契税。

④以划拨方式取得土地使用权,经批准转让房地产时,由房地产转让者补交契税。计税依据为补交的土地使用权出让费用或者土地收益。

⑤房屋附属设施征收契税的依据。采取分期付款方式购买房屋附属设施土地使用权、房屋所有权的,应按合同规定的总价款计征契税。承受的房屋附属设施权属如为单独计价的按照当地确定的适用税率征收契税;如与房屋统一计价的,适用与房屋相同的契税税率。

⑥企业承受土地使用权用于房地产开发,并在该土地上代政府建设保障性住房的,计税价格为取得全部土地使用权的成交价格。

为了避免偷、逃税款,税法规定,成交价格明显低于市场价格并且无正当理由的,或者所交换土地使用权、房屋的价格的差额明显不合理并且无正当理由的,征收机关可以参照市场价格核定计税依据。

(2)应纳税额的计算

契税的计算公式为:

$$应纳税额＝计税依据×适用税率$$

转移土地、房屋权属以外汇结算的,按照纳税义务发生之日中国人民银行公布的人民币市场汇率中间价,折合成人民币计算。

6.征收管理

(1)纳税义务发生时间

纳税义务发生时间为纳税人在签订土地、房屋权属转移合同的当天,或者取得其他具有土地、房屋权属转移合同性质凭证的当天。其他具有土地、房屋权属转移合同性质凭证是指具有合同效力的契约、协议、合约、单据、确认书以及由省、自治区、直辖市人民政府确定的其他凭证。

(2)纳税期限

纳税人应当自纳税义务发生之日起10日内,向土地、房屋所在地的契税征收机关申报纳税,并在契税征收机关核定的期限内缴纳税款、索取完税凭证。

(3)纳税地点

契税在土地、房屋所在地的征收机关缴纳。

7.3.2 契税的会计核算及纳税申报

1.会计核算

为了正确反映和核算应交契税有关纳税事项,纳税人应在"应交税费"账户下设置"应交契税"二级账户进行核算。企业取得土地使用权、房屋所有权时按规定应当缴纳的契税,应计入该资产的实际成本,借记"固定资产"、"无形资产"、"在建工程"等账户,贷记"应交税费——应交契税"账户。企业缴纳契税时,借记"应交税费——应交契税"账户,贷记"银行存款"账户。单位也可以不通过"应交税费——应交契税"账户,当实际缴纳契税时,借记"固定资产"、"无形资产"账户,贷记"银行存款"账户。

事业单位取得土地使用权时,按规定缴纳契税时,借记"无形资产——土地使用权"

账户,贷记"银行存款"账户;事业单位取得房屋产权,按规定缴纳契税时借记"固定资产"账户,贷记"固定基金"账户,同时借记"专用基金——修购基金"账户,借记"事业支出",贷记"银行存款"账户。

【案例导入(4)】

购买土地使用权应纳契税税额=20 000 000×3‰=600 000(元)

借:无形资产   600 000

   贷:银行存款   600 000

购买房屋应纳契税税额=50 000 000×3‰=1 500 000(元)

借:固定资产   1 500 000

   贷:银行存款   1 500 000

2.纳税申报

纳税人办理纳税事宜后,征收机关应向纳税人开具契税完税凭证。纳税人持契税完税凭证和其他规定的文件材料,依法向土地管理部门、房产管理部门办理有关土地、房屋的权属变更登记手续。土地管理部门和房产管理部门应向契税征收机关提供有关资料,并协助契税征收机关依法征收契税。对已缴纳契税的购房单位和个人,在未办理房屋权属变更登记前退房的,退还已纳契税;在办理房屋权属变更登记后退房的,不予退还已纳契税。纳税人缴纳契税,应填写《契税纳税申报表》(见表7-6)。

表7-6是根据【案例导入4】土地交易资料填写的。

表 7-6   **契税纳税申报表**

填表日期: 年   月   日   单位:元、平方米

承受方	名称	戊运输公司	识别号	
	地址		联系电话	
转让方	名称	经济开发区	识别号	
	地址		联系电话	
土地、房屋权属转移	合同签订时间	2013.12.10		
	土地房屋地址	经济开发区		
	权属转移类别	土地使用权		
	权属转移面积	10 000 平方米		
	成交价格	20 000 000 元		
适用税率	3%			
计征税额	600 000 元			
减免税额	0 元			
应纳税额	600 000 元			
纳税人员签章			经办人员签章	
以下部分由征收机关负责填写				
征收机关收到日期		接收人		审核日期
审核记录				
审核人员签章			征收机关签章	

项目八

资源税的核算

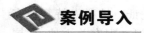 **案例导入**

(1)X油田2013年11月份生产原油5 000万吨,对外销售3 500万吨,企业用于生产非应税产品1 500万吨,该原油不含增值税售价为5 000元/吨;销售天然气20 000万立方米,不含增值税售价为700元/立方米。

(2)Y煤矿2013年11月份对外销售原煤40 000吨,每吨售价为700元(不含增值税),移送80 000吨原煤用于提炼加工精煤,另移送400吨精煤用于职工宿舍取暖。该煤矿原煤资源税单位税额为3.6元/吨,精煤的综合回收率80%。

(3)Z某铜矿2013年11月份销售一等铜矿石原矿100万吨,不含增值税售价为4 000元/吨;销售一等铜矿石入选的精矿8万吨,选矿比为20%,不含增值税售价为30 000元/吨,收购未税三等铜矿石5 000吨,收购价格为8 000元/吨。一等铜矿资源税适用单位税额为7元/吨,三等铜矿资源税适用单位税额为6元/吨。

(4)北方K盐场2013年12月外购液体盐12万吨,货已到并验收入库,价款720万元,款项已通过银行存款支付;用液体盐生产固体盐10万吨,全部对外销售。液体盐资源税单位税额为3元/吨,固体盐资源税单位税额为25元/吨。

(5)北方K盐场实际占用土地面积9 000平方米,K盐场为三等地段,核定的城镇土地使用税单位税额为10元/平方米。根据税务机关的规定,盐场2013年应纳城镇土地使用税于6月、12月分两次交纳。

如果你是上述企业的税务会计,应如何计算上述业务应缴纳的资源税、城镇土地使用税?如何进行账务处理?如何进行纳税申报和缴纳?通过本项目学习,可以明确资源税的基本规定、应纳税额的计算、账务处理及纳税申报等内容,完成纳税申报工作任务。

 **项目学习目标**

知识目标

● 了解资源税、城镇土地使用税的纳税人;

● 熟悉资源税、城镇土地使用税的征税范围、税率；
● 掌握资源税、城镇土地使用税应纳税额的计算和账务处理；
● 掌握资源税、城镇土地使用税纳税申报表的填制及纳税申报。

能力目标
● 能够准确计算各税种的应纳税额；
● 能够准确对各税种进行会计核算；
● 能够准确而完整地填制各税种的纳税申报表。

 **项目分解**

任务8.1 资源税的核算→任务8.2 城镇土地使用税的核算

任务 8.1　资源税的核算

8.1.1　资源税认知

1.纳税人

在中华人民共和国领域及管辖海域开采规定的矿产品或者生产盐(以下称开采或者生产应税产品)的单位和个人,为资源税的纳税人。单位是指企业、行政单位、事业单位、军事单位、社会团体及其他单位。个人是指个体工商户和其他个人。

收购未税矿产品的单位为资源税的扣缴义务人。扣缴义务人是指独立矿山、联合企业及其他收购未税矿产品的单位。独立矿山是指只采矿或只采矿和选矿,独立核算、自负盈亏的单位,其生产的原矿和精矿主要用于对外销售。联合企业是指采矿、选矿、冶炼(或加工)连续生产的企业或采矿、冶炼(或加工)连续生产的企业,其采矿单位一般是该企业的二级或二级以下核算单位。其他收购未税矿产品的单位是指非独立矿山企业、单位和个体户等。未税矿产品是指资源税的纳税人在销售其矿产品时不能向扣缴义务人提供资源税管理证明的矿产品。代扣代缴的适用范围是收购的除原油、天然气、煤炭以外的资源税未税矿产品。

2.征税范围

资源税的征税对象是应税矿产品和盐,具体的征税范围包括7个税目,每个税目下设若干子目。

(1)原油。原油是指开采的天然原油,包括企业生产的稠油、高凝油、稀油,但不包括以油母页岩等炼制的原油和人造石油。原油中的稠油、高凝油与稀油划分不清或不易划分的,一律按原油的数量课税。凝析油视同原油,征收资源税。

(2)天然气。天然气是指专门开采或与原油同时开采的天然气,不包括煤矿生产的天然气。

（3）煤炭。煤炭是指原煤，不包括洗煤、选煤及其他煤炭制品。

（4）其他非金属矿原矿。其他非金属矿原矿是指原油、天然气、煤炭和井矿盐以外的非金属矿原矿，包括宝石、金刚石、玉石、膨润土、石墨、石英砂、萤石、重晶石、蛭石等。

（5）黑色金属矿原矿。

黑色金属矿原矿包括铁矿石、锰矿石和铬矿石。

（6）有色金属矿原矿包括铜矿石、铅锌矿石、铝土矿石、钨矿石、锡矿石、锑矿石、钼矿石、镍矿石、黄金矿石、钒矿石（含石煤）等。金属矿产品自用原矿，是指入选精矿、直接入炉冶炼或制造烧结矿、球团矿等所用原矿。铁矿石直接入炉用的原矿，是指粉矿、高炉原矿、高炉块矿、平炉块矿等。

黑色金属矿原矿、有色金属矿原矿，是指纳税人开采后自用、销售的，用于直接入炉冶炼或作为主产品先入选精矿、制造人工矿，再最终入炉冶炼的金属矿石原矿。

（7）盐。盐包括固体盐和液体盐，固体盐包括海盐原盐、湖盐原盐和井矿盐。液体盐俗称卤水，是指氯化钠含量达到一定浓度的溶液，是用于生产碱和其他产品的原料。

3.税率

资源税采取从价定率或者从量定额的办法征收（见表8-1）。税目、税率的部分调整，由国务院决定。纳税人具体适用的税率，由财政部商国务院有关部门在《资源税税目税率表》规定的税率幅度内，根据纳税人所开采或者生产应税产品的资源品位、开采条件等情况确定，详见《资源税税目税率明细表》；财政部未列举名称且未确定具体适用税率的其他非金属矿原矿和有色金属矿原矿，由省、自治区、直辖市人民政府根据实际情况确定，报财政部和国家税务总局备案。

独立矿山、联合企业收购未税资源税应税产品的单位，按照本单位应税产品税额（率）标准，依据收购的数量（金额）代扣代缴资源税。其他收购单位收购的未税资源税应税产品，按主管税务机关核定的应税产品税额（率）标准，依据收购的数量（金额）代扣代缴资源税。

表 8-1　　　　　　　　　　　资源税税目税率表

税　　目		税　　率
一、原油		销售额的 5%～10%
二、天然气		销售额的 5%～10%
三、煤炭	焦煤	每吨 8～20 元
	其他煤炭	每吨 0.3～5 元
四、其他非金属矿原矿	普通非金属矿原矿	每吨或者每立方米 0.5～20 元
	贵重非金属矿原矿	每千克或者每克拉 0.5～20 元
五、黑色金属矿原矿		每吨 2～30 元
六、有色金属矿原矿	稀土矿	每吨 0.4～60 元
	其他有色金属矿原矿	每吨 0.4～30 元
七、盐	固体盐	每吨 10～60 元
	液体盐	每吨 2～10 元

4.减免优惠

（1）减税、免税项目

①开采原油过程中用于加热、修井的原油,免税。

②纳税人开采或者生产应税产品过程中,因意外事故或者自然灾害等原因遭受重大损失的,由省、自治区、直辖市人民政府酌情决定减税或者免税。

③国务院规定的其他减税、免税项目。

从 2007 年 1 月 1 日起,对地面抽采煤层气暂不征收资源税。煤层气是指赋存于煤层及其围岩中与煤炭资源伴生的非常规天然气,也称煤矿瓦斯。

纳税人的减税、免税项目,应当单独核算销售额或者销售数量;未单独核算或者不能准确提供销售额或者销售数量的,不予减税或者免税。

（2）进出口应税产品的规定

资源税法规定仅对在中国境内开采或生产应税产品的单位和个人征收,进口的矿产品和盐不征收资源税。由于对进口应税产品不征收资源税,相应地对出口应税产品也不免征或退还已纳资源税。

5.应纳税额的计算

（1）计税依据

资源税以销售额或者销售数量为计税依据。纳税人开采或者生产应税产品,自用于连续生产应税产品的,不缴纳资源税;自用于其他方面的,视同销售,缴纳资源税。应当征收资源税的视同销售的自产自用产品,包括用于非生产项目和生产非应税产品两部分。

纳税人开采或者生产不同税目应税产品的,应当分别核算不同税目应税产品的销售额或者销售数量;未分别核算或者不能准确提供不同税目应税产品的销售额或者销售数量的,从高适用税率。

①销售额的确定

销售额为纳税人销售应税产品向购买方收取的全部价款和价外费用,但不包括收取的增值税销项税额。价外费用包括价外向购买方收取的手续费、补贴、基金、集资费、返还利润、奖励费、违约金、滞纳金、延期付款利息、赔偿金、代收款项、代垫款项、包装费、包装物租金、储备费、优质费、运输装卸费以及其他各种性质的价外收费。但下列项目不包括在内:A.同时符合以下条件的代垫运输费用:承运部门的运输费用发票开具给购买方的;纳税人将该项发票转交给购买方的。B.同时符合以下条件代为收取的政府性基金或者行政事业性收费:由国务院或者财政部批准设立的政府性基金,由国务院或者省级人民政府及其财政、价格主管部门批准设立的行政事业性收费;收取时开具省级以上财政部门印制的财政票据;C.所收款项全额上缴财政。

纳税人开采应税产品由其关联单位对外销售的,按其关联单位的销售额征收资源税。纳税人既有对外销售应税产品,又有将应税产品自用于除连续生产应税产品以外的其他方面的,则自用的这部分应税产品,按纳税人对外销售应税产品的平均价格计算销售额征收资源税。纳税人将其开采的应税产品直接出口的,按其离岸价格(不含增值税)

计算销售额征收资源税。

纳税人以人民币以外的货币结算销售额的,应当折合成人民币计算。其销售额的人民币折合率可以选择销售额发生的当天或者当月1日的人民币汇率中间价。纳税人应在事先确定采用何种折合率计算方法,确定后1年内不得变更。

纳税人申报的应税产品销售额明显偏低并且无正当理由的、有视同销售应税产品行为而无销售额的,除财政部、国家税务总局另有规定外,按下列顺序确定销售额:

A. 按纳税人最近时期同类产品的平均销售价格确定;

B. 按其他纳税人最近时期同类产品的平均销售价格确定;

C. 按组成计税价格确定。组成计税价格为:

$$组成计税价格 = \frac{成本 \times (1 + 成本利润率)}{1 - 税率}$$

公式中的成本是指:应税产品的实际生产成本。公式中的成本利润率由省、自治区、直辖市税务机关确定。

②销售数量的确定

销售数量包括纳税人开采或者生产应税产品的实际销售数量和视同销售的自用数量。

资源税纳税人自产自用应税产品,因无法准确提供移送使用量而采取折算比换算课税数量办法的,具体规定如下:

A. 煤炭。对于连续加工前无法正确计算原煤移送使用量的,可按加工产品的综合回收率,将加工产品实际销量和自用量折算成的原煤数量作为课税数量。其计算公式为:

$$综合回收率 = \frac{原煤入洗后的等级品数量}{入洗的原煤数量} \times 100\%$$

$$洗煤的课税数量 = \frac{洗煤的销量、自用量之和}{综合回收率}$$

原煤入洗后的等级品包括洗精煤、洗混煤、中煤、煤泥、洗块煤、洗末煤等。

B. 金属和非金属矿产品原矿。因无法准确掌握纳税人移送使用原矿数量的,可将其精矿按选矿比折算成的原矿数量作为课税数量。其计算公式为:

$$选矿比 = \frac{精矿数量}{耗用原矿数量}$$

$$耗用原矿数量 = \frac{精矿数量}{选矿比}$$

C. 纳税人以自产的液体盐加工固体盐,按固体盐税额征税,以加工的固体盐数量为课税数量。纳税人以外购的液体盐加工固体盐,其加工固体盐所耗用液体盐的已纳税额准予抵扣。

D. 原油中的稠油、高凝油与稀油划分不清或不易划分的,一律按原油的数量课税。凝析油视同原油,征收资源税。

(2)应纳税额的计算

资源税的应纳税额,按照从价定率或者从量定额的办法,分别以应税产品的销售额乘以纳税人具体适用的比例税率或者以应税产品的销售数量乘以纳税人具体适用的定额税率计算。应纳税额计算公式为：

$$应纳税额＝课税数量×单位税额$$

$$应纳税额＝销售额×税率$$

$$代扣代缴的资源税额＝收购未税矿产品数量×适用单位税额$$

6.征收管理

（1）纳税义务发生时间

①纳税人销售应税产品,纳税义务发生时间为收讫销售款或者取得索取销售款凭据的当天。具体规定:纳税人采取分期收款结算方式的,其纳税义务发生时间,为销售合同规定的收款日期的当天;纳税人采取预收货款结算方式的,其纳税义务发生时间,为发出应税产品的当天;纳税人采取其他结算方式的,其纳税义务发生时间,为收讫销售款或者取得索取销售款凭据的当天。

②纳税人自产自用应税产品的纳税义务发生时间,为移送使用应税产品的当天。

③扣缴义务人代扣代缴资源税的纳税义务发生时间为支付首笔货款或首次开具支付货款凭据的当天。

（2）纳税期限

资源税的纳税期限为1日、3日、5日、10日、15日或者1个月,由主管税务机关根据实际情况具体核定。不能按固定期限计算纳税的,可以按次计算纳税。

纳税人以1个月为一期纳税的,自期满之日起10日内申报纳税;以1日、3日、5日、10日或者15日为一期纳税的,自期满之日起5日内预缴税款,于次月1日起10日内申报纳税并结清上月税款。

扣缴义务人代扣资源税税款的解缴期限为1日、3日、5日、10日、15日或者1个月。具体解缴期限由主管税务机关根据实际情况核定。

（3）纳税地点

①凡是缴纳资源税的纳税人,应当向应税产品的开采地或者生产所在地主管税务机关缴纳税款。

②如果纳税人在本省、自治区、直辖市范围内开采或者生产应税产品,其纳税地点需要调整的,由所在地省、自治区、直辖市税务机关决定。

③跨省、自治区、直辖市开采或者生产资源税应税产品的纳税人,其下属生产单位与核算单位不在同一省、自治区、直辖市的,对其开采或者生产的应税产品,一律在开采地或者生产地纳税。实行从量计征的应税产品,其应纳税款一律由独立核算的单位按照每个开采地或者生产地的销售量及适用税率计算划拨;实行从价计征的应税产品,其应纳税款一律由独立核算的单位按照每个开采地或者生产地的销售量、单位销售价格及适用税率计算划拨。

④扣缴义务人代扣代缴资源税的地点为应税未税矿产品的收购地。

8.1.2 资源税的会计核算及纳税申报

1.会计核算

为了正确反映和核算应交资源税有关纳税事项,纳税人应在"应交税费"账户下设置"应交资源税"二级账户进行核算。

(1)企业对外销售的应税矿产品,按规定计算出应纳资源税税额,借记"营业税金及附加"账户,贷记"应交税费——应交资源税"账户;上缴资源税时,借记"应交税费——应交资源税"账户,贷记"银行存款"等账户。

(2)企业自产自用于非生产项目和生产非应税产品应税矿产品,按规定计算出应纳资源税税额,借记"管理费用"、"生产成本"等账户,贷记"应交税费——应交资源税"账户;上缴资源税时,借记"应交税费——应交资源税"账户,贷记"银行存款"等账户。

【案例导入(1)】

销售天然气应纳资源税税额＝200 000 000×700×5％＝7 000 000 000(元)

销售原油应纳资源税税额＝35 000 000×5 000×5％＝8 750 000 000(元)

自用于生产非应税产品应纳资源税税额＝15 000 000×5 000×5％＝3 750 000 000(元)

①计提资源税时

借:营业税金及附加	15 750 000 000	
生产成本	3 750 000 000	
贷:应交税费——应交资源税		19 500 000 000

②缴纳资源税税时

借:应交税费——应交资源税	19 500 000 000	
贷:银行存款		19 500 000 000

【案例导入(2)】

销售原煤应纳资源税税额＝40 000×3.6＝144 000(元)

自用精煤应纳资源税税额＝400÷80％×3.6＝1 800(元)

9月份应纳资源税税额＝144 000＋1 800＝145 800(元)

①计提资源税时

借:营业税金及附加	144 000	
管理费用	1 800	
贷:应交税费——应交资源税		145 800

②缴纳资源税税时

借:应交税费——应交资源税	145 800	
贷:银行存款		145 800

(3)企业收购未税矿产品,按实际支付的收购价款,借记"材料采购"、"在途物资"等账户,贷记"银行存款"等账户;按代扣代缴的资源税税额,借记"材料采购"、"在途物资"等账户,贷记"应交税费——应交资源税"账户;上缴资源税时,借记"应交税费——应交

资源税"账户,贷记"银行存款"等账户。

【案例导入(3)】

销售铜矿石原矿应纳资源税税额＝1 000 000×7＝7 000 000(元)

销售入选精矿应纳资源税税额＝80 000÷20％×7＝2 800 000(元)

收购未税铜矿石应纳资源税税额＝5 000×6＝30 000(元)

①销售铜矿石应纳资源税

借:营业税金及附加		9 800 000
贷:应交税费——应交资源税		9 800 000

②收购未税铜矿石应纳资源税

借:材料采购		4 000 000
贷:应交税费——应交资源税		30 000
银行存款		3 970 000

(4)企业外购液体盐加工成固体盐,在购入液体盐时,按允许抵扣的资源税,借记"应交税费——应交资源税"账户,按外购价款扣除允许抵扣资源税后的数额,借记"材料采购"等账户,按应付的全部价款,贷记"银行存款"、"应付账款"等账户;企业加工成固体盐销售时,按计算出的销售固体盐应交的资源税,借记"营业税金及附加"账户,贷记"应交税费——应交资源税"账户;而将销售固体盐应纳资源税抵扣液体盐已纳资源税后的差额上缴时,借记"应交税费——应交资源税"账户,贷记"银行存款"账户。

【案例导入(4)】

购进液体盐已纳资源税税额＝120 000×3＝360 000(元)

销售固体盐应纳资源税税额＝100 000×25＝2 500 000(元)

(1)购入液体盐时已经缴纳的资源税

借:应交税费——应交资源税		360 000
贷:银行存款		360 000

(2)销售固体盐时计提资源税

借:营业税金及附加		2 500 000
贷:应交税费——应交资源税		2 500 000

(3)实际缴纳时

实际缴纳资源税税额＝2 500 000－360 000＝2 140 000(元)

借:应交税费——应交资源税		2 140 000
贷:银行存款		2 140 000

2.纳税申报

纳税人申报、缴纳资源税,应填写《资源税纳税申报表》(见表8-2),并在规定的期限内申报纳税。有代扣代缴义务人的,应填写《资源税扣缴报告表》申报纳税。《资源税纳税申报表》适用于开采应税矿产品或者生产盐的单位或个人申报缴纳资源税。纳税人在资源税纳税申报时,除财政部、国家税务总局另有规定外,应当将其应税和减免税项目分别计算和报送。

扣缴义务人应在主管税务机关规定的时间内解缴其代扣的资源税款,并报送代扣代缴等有关报表。主管税务机关按照规定提取并向扣缴义务人支付手续费。扣缴义务人代扣代缴资源税时,要建立代扣代缴税款账簿,序时登记资源税代扣、代缴税款报告表。

表 8-2 是根据【案例导入 1】填写的。

表 8-2 　　　　　　　　　　　　　　资源税纳税申报表

纳税人识别号:　　　　　　　　　　　　　纳税人名称:(公章)

税款所属期限:自 2013 年 11 月 1 日至 2013 年 11 月 30 日

填表日期:2013 年 12 月 10 日　　　　　　　　　　　　金额单位:元(列至角分)

产品名称		课税单位	课税数量	课税金额	单位税额(征收率)	本期应纳税额	本期已纳税额	本期应补(退)税额	备注
1		2	3	4	5	6=3(4)×5	7	8=6-7	
应纳税项目	原油			2 500 000 000 000	5%	12 500 000 000	0	12 500 000 000	
	天然气			140 000 000 000	5%	7 000 000 000		7 000 000 000	
减免税项目									

纳税人或代理人声明:　此纳税申报表是根据国家税收法律的规定填报的,我确信它是真实的、可靠的、完整的。	如纳税人填报,由纳税人填写以下各栏		
	经办人(签章)	会计主管(签章)	法定代表人(签章)
	如委托代理人填报,由代理人填写以下各栏		
	代理人名称		代理人(公章)
	经办人(签章)		
	联系电话		

以下由税务机关填写

受理人		受理日期		受理税务机关(签章)	

知识链接

资源税税目税率明细

一、原油、天然气:5%

二、煤炭

1.焦煤:8 元/吨;

2.其他煤炭:安徽省 2 元/吨;黑龙江省、青海省、宁夏回族自治区:2.3 元/吨;北京市、吉林省、江苏省、福建省、江西省、湖南省、重庆市、四川省、贵州省:2.5 元/吨;辽宁省 2.8元/吨;河北省、湖北省、广西壮族自治区、云南省、甘肃省、新疆维吾尔自治区:3 元/吨;山西省、内蒙古自治区、陕西省:3.2元/吨;山东省、广东省:3.6元/吨;河南省:4元/吨。

三、其他非金属矿原矿

1.玉石、硅藻土、高铝粘土(包括耐火级矾土、研磨级矾土等)、焦宝石、萤石:20元/吨;

2.磷矿石:15元/吨;

3.膨润土、沸石、珍珠岩:10元/吨;

4.宝石、宝石级金刚石:10元/克拉;

5.耐火粘土(不含高铝粘土):6元/吨;

6.石墨、石英砂、重晶石、毒重石、蛭石、长石、滑石、白云石、硅灰石、凹凸棒石粘土、高岭土(瓷土)、云母:3元/吨;

7.菱镁矿、天然碱、石膏、硅线石:2元/吨;

8.工业用金刚石:2元/克拉;

9.石棉:一等至六等分别为:2元/吨、1.7元/吨、1.4元/吨、1.1元/吨、0.8元/吨、0.5元/吨;

10.硫铁矿、自然硫、磷铁矿:1元/吨;

11.未列举名称的其他非金属矿原矿:0.5元~20元/吨、立方米、千克、克拉。

四、黑色金属矿原矿

(一)铁矿石

1.入选露天矿(重点矿山):一等至六等分别为:16.5元/吨、16元/吨、15.5元/吨、15元/吨、14.5元/吨、14元/吨;

2.入选地下矿(重点矿山):二等至六等分别为:15元/吨、14.5元/吨、14元/吨、13.5元/吨、13元/吨;

3.入炉露天矿(重点矿山):一等至四等分别为:25元/吨、24元/吨、23元/吨、22元/吨;

4.入炉地下矿(重点矿山):二等至四等分别为:23元/吨、22元/吨、21元/吨;

5.入选露天矿(非重点矿山):二等:16元/吨;四等15元/吨;五等14.5元/吨;六等14元/吨;

6.入选地下矿(非重点矿山):三等至六等分别为:11.5元/吨、11元/吨、10.5元/吨、10元/吨;

7.入炉露天矿(非重点矿山):二等至四等分别为:23元/吨、22元/吨、21元/吨;

8.入炉地下矿(非重点矿山):三等:21元/吨;四等:20元/吨。

(二)锰矿石:6元/吨

(三)铬矿石:3元/吨

五、有色金属矿原矿

(一)稀土矿

1.轻稀土矿(包括氟碳铈矿、独居石矿):60元/吨;

2.中重稀土矿(包括磷钇矿、离子型稀土矿):30元/吨。

(二)铜矿石:一等至五等分别为:7元/吨、6.5元/吨、6元/吨、5元/吨、5元/吨;

(三)铅锌矿石:一等至五等分别为:20元/吨、18元/吨、16元/吨、13元/吨、10元/吨;

(四)铝土矿:三等:20元/吨;

（五）钨矿石：三等至五等分别为：9 元/吨、8 元/吨、7 元/吨；

（六）锡矿石：一等至五等分别为：1 元/吨、0.9 元/吨、0.8 元/吨、0.7 元/吨、0.6 元/吨；

（七）锑矿石：一等至五等分别为：1 元/吨、0.9 元/吨、0.8 元/吨、0.7 元/吨、0.6 元/吨；

（八）钼矿石：一等至五等分别为：8 元/吨、7 元/吨、6 元/吨、5 元/吨、4 元/吨；

（九）镍矿石：二等至五等分别为：12 元/吨、11 元/吨、10 元/吨、9 元/吨；

（十）黄金矿

1. 岩金矿石：一等至七等分别为：7 元/吨、6 元/吨、5 元/吨、4 元/吨、3 元/吨、2 元/吨、1.5 元/吨；

2. 砂金矿：一等至五等分别为：2 元/50 立方米挖出量、1.8 元/50 立方米挖出量、1.6 元/50 立方米挖出量、1.4 元/50 立方米挖出量、1.2 元/50 立方米挖出量。

（十一）钒矿石：12 元/吨；

（十二）未列举名称的其他有色金属矿原矿：0.4 元～30 元/吨。

六、盐

1. 北方海盐：25 元/吨；

2. 南方海盐、井矿盐、湖盐：12 元/吨；

3. 液体盐：3 元/吨。

任务 8.2　城镇土地使用税的核算

8.2.1　城镇土地使用税认知

1. 纳税人

在城市、县城、建制镇、工矿区范围内使用土地的单位和个人，为城镇土地使用税的纳税人。单位包括各类企业和事业单位、社会团体、国家机关、军队以及其他单位；个人包括个体工商户以及其他个人。具体包括：拥有城镇土地使用权的单位和个人；土地使用权未确定或权属纠纷未解决的，其实际使用人为纳税人；土地使用权共有的，共有各方都是纳税人，由共有各方分别纳税；拥有土地使用权的单位和个人不在土地所在地的，其土地实际使用人和代管人为纳税人。

2. 征税范围

城镇土地使用税的征税对象是城镇土地，其征税范围为城市、县城、建制镇、工矿区的国家所有和集体所有的土地，农业用地除外。其中：城市是指经国务院批准设立的市，其征税范围包括市区和郊区的土地；县城是指县人民政府所在地；建制镇是指经省、自治区、直辖市人民政府批准设立的，符合国务院规定的镇建制标准的镇，其征税范围为镇人民政府所在地，不包括所辖的其他农村；工矿区是指工商业比较发达、人口比较集中的大中型工矿企业所在地，符合国务院规定的建制镇标准，但未设立建制镇。工矿区的设立必须经省、自治区、直辖市人民政府批准。建立在城市、县城、建制镇、工矿区以外的工矿企业不需要缴纳城镇土地使用税。

3.税率

城镇土地使用税采用定额税率,即采用有幅度税额。按大、中、小城市和县城、建制镇和工矿区分别规定每平方米土地使用税年应纳税额。大、中、小城市以公安部门登记在册的非农业正式户口人数为依据,按照国务院颁布《城市规划条例》规定的标准划分。城镇土地使用税税率(见表8-3)。

表 8-3　　　　　　　　　　　　　城镇土地使用税税率表

级别	人口(人)	每平方米年税额(元)
大城市	50 万以上	1.5～30
中等城市	20 万～50 万	1.2～24
小城市	20 万以下	0.9～18
县城、建制镇、工矿区		0.6～12

各省、自治区、直辖市人民政府应当在法定税额幅度内,根据市政建设状况、经济繁荣程度等条件,确定所辖地区的适用税额幅度。经济落后地区的城镇土地使用税适用税额标准可以适当降低,但降低额不得超过规定的最低税额的30%。经济发达地区城镇土地使用税的适用税额标准可以适当提高,但须报经财政部批准。

4.减免优惠

(1)免税优惠的规定

①国家机关、人民团体、军队自用的土地;

②由国家财政部门拨付事业经费的单位自用的土地;

③宗教寺庙、公园、名胜古迹自用的土地;

④市政街道、广场、绿化地带等公共用地;

⑤直接用于农、林、牧、渔业的生产用地;

⑥经批准开山填海整治的土地和改造的废弃土地,从使用的月份起免缴土地使用税5 年至 10 年;

⑦由财政部另行规定免税的能源、交通、水利设施用地和其他用地。

(2)其他减免税优惠的规定

5.应纳税额的计算

(1)计税依据

城镇土地使用税以纳税人实际占用的土地面积为计税依据,土地面积计量标准为每平方米。纳税人实际占用的土地面积,以房产管理部门合法的土地使用证书与确认的土地面积为准;尚未核发土地使用证书的,应由纳税人据实申报土地面积,据以纳税,待核发土地使用证书后再作调整。如果几个人或几个单位共同拥有一块土地的使用权,这块土地的城镇土地使用税的纳税人应是对这块土地拥有使用权的每一个人或每一个单位。他们应以其实际使用的土地面积占总面积的比例,分别计算缴纳土地使用税。对在城镇土地使用税征税范围内单独建造的地下建筑用地,按规定征收城镇土地使用税。其中,已取得地下土地使用权证的,按土地使用权证确认的土地面积计算应征税款;未取得地下土地使用权证或地下土地使用权证上未标明土地面积的,按地下建筑垂直投影面积计算应征税款。对上述地下建筑用地暂按应征税款的50%征收城镇土地使用税。

(2)应纳税额的计算

城镇土地使用税的应纳税额依据纳税人实际占用的土地面积和适用单位税额计算。

计算公式为:

$$年应纳税额＝计税土地面积(平方米)×适用税额$$

6.征收管理

(1)纳税义务发生时间

①纳税人购置新建商品房,自房屋交付使用之次月起,缴纳城镇土地使用税;

②纳税人购置存量房,自办理房屋权属转移、变更登记手续,房地产权属登记机关签发房屋权属证书之次月起,缴纳城镇土地使用税;

③纳税人出租、出借房产,自交付出租、出借房产之次月起,缴纳城镇土地使用税;

④以出让或转让方式有偿取得土地使用权的,应由受让方从合同约定交付土地时间的次月起缴纳城镇土地使用税;合同未约定交付土地时间的,由受让方从合同签订的次月起缴纳城镇土地使用税;

⑤新征用的土地,如属于耕地,自批准征用之日起满一年时开始缴纳土地使用税;如属于非耕地,则自批准征用次月起开始缴纳土地使用税。

(2)纳税期限

城镇土地使用税实行按年计算、分期缴纳的征收方法。具体缴纳期限由省、自治区、直辖市人民政府确定。

(3)纳税地点

城镇土地使用税纳税地点为土地所在地,由土地所在地地方税务机关征税。纳税人使用的土地不属于同一省、自治区、直辖市管辖的,纳税人应分别向土地所在地的税务机关申报纳税;在同一省(自治区、直辖市)管辖范围内,纳税人跨地区使用的土地,纳税地点由各省、自治区、直辖市税务局确定。

8.2.2　城镇土地使用税的会计核算及纳税申报

1.会计核算

为了正确反映和核算城镇土地使用税有关纳税事项,纳税人应在"应交税费"账户下设置"城镇土地使用税"二级账户进行核算。按规定计算应交城镇土地使用税时,借记"管理费用"、"营业税金及附加"(核算投资性房地产应纳城镇土地使用税时运用)账户,贷记"应交税费——应交城镇土地使用税"账户。缴纳城镇土地使用税时,借记"应交税费——应交城镇土地使用税"账户,贷记"银行存款"账户。

【案例导入(5)】

全年应纳城镇土地使用税税额＝9 000×10＝90 000(元)

(1)计提税金时

借:管理费用　　　　　　　　　　　　　　　　　　　90 000

　　贷:应交税费——应交城镇土地使用税　　　　　　　　90 000

(2)6月、12月实际缴纳时

借:应交税费——应交城镇土地使用税　　　　　　　　45 000

　　贷:银行存款　　　　　　　　　　　　　　　　　　45 000

2.纳税申报

纳税人应按照城镇土地使用税暂行条例的有关规定及时办理纳税申报,如实填写《城镇土地使用税纳税申报表》(见表8-4)。表8-4是根据【案例导入(5)】填写的。

表 8-4 城镇土地使用税纳税申报表

纳税人识别号

纳税人名称:(公章)

税款所属期限:自 2013 年 1 月 1 日至 2013 年 12 月 31 日

填表日期: 年 月 日

金额单位:元(列至角分)

土地等级	应税面积	单位税额	本期应纳税额	本期已缴税额	本期应补(退)税额
1	2	3	4	5	6＝4－5
三等	9 000	10	90 000	45 000	45 000
合计		——			

纳税人或代理人声明: 此纳税申报表是根据国家税收法律的规定填报的,我确信它是真实的、可靠的、完整的。	如纳税人填报,由纳税人填写以下各栏		
	经办人(签章)	会计主管(签章)	法定代表人(签章)
	如委托代理人填报,由代理人填写以下各栏		
	代理人名称		代理人(公章)
	经办人(签章)		
	联系电话		

以下由税务机关填写

受理人		受理日期		受理税务机关(签章)	

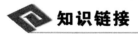

知识链接

城镇土地使用税减免税优惠的相关规定

1. 企业办的学校、医院、托儿所、幼儿园,其用地能与企业其他用地明确区分的,免征城镇土地使用税。

2. 对非营利性医疗机构、疾病控制机构和妇幼保健机构等卫生机构自用的土地,免征城镇土地使用税。

3. 免税单位无偿使用纳税单位的土地,免征城镇土地使用税。

4. 对行使国家行政管理职能的中国人民银行总行(含国家外汇管理局)所属分支机构自用的土地,免征城镇土地使用税。

5. 为了体现国家的产业政策,支持重点产业的发展,对石油、电力、煤炭等能源用地,民用港口、铁路等交通用地,三线调整企业、盐业、采石场、邮电等一些特殊用地划分征免税界限,给予政策性减免税照顾。

6. 对廉租住房、经济适用住房建设用地以及廉租住房经营管理单位按照政府规定价格、向规定保障对象出租的廉租住房用地,免征城镇土地使用税。

7. 对核电站的核岛、常规岛、辅助厂房和通讯设施用地(不包括地下线路用地),生活、办公用地按规定征收城镇土地使用税,其他用地免征城镇土地使用税。对核电站应税土地在基建期内减半征收城镇土地使用税。

8. 老年服务机构自用的土地,免征城镇土地使用税。

9. 开发商在经济适用住房、商品住房项目中配套建造廉租住房,在商品住房项目中配套建造经济适用住房,如能提供政府部门出具的相关材料,可按廉租住房、经济适用住房建筑面积占总建筑面积的比例免征开发商应缴纳的城镇土地使用税。

10. 在城镇土地使用税征收范围内经营采摘、观光农业的单位和个人,其直接用于采摘、观光的种植、养殖、饲养的土地,免征城镇土地使用税。

11. 对改造安置住房建设用地免征城镇土地使用税。在商品住房等开发项目中配套建造安置住房的,依据政府部门出具的相关材料和拆迁安置补偿协议,按改造安置住房建筑面积占总建筑面积的比例免征城镇土地使用税。

12. 对个人出租住房,不区分用途,免征城镇土地使用税。

13. 2011 年 1 月 1 日至 2020 年 12 月 31 日对长江上游、黄河中上游地区,东北、内蒙古等国有林区天然林二期工程实施企业和单位专门用于天然林保护工程的房产、土地免征房产税、城镇土地使用税。对上述企业和单位用于其他生产经营活动的房产、土地按规定征收房产税、城镇土地使用税。对由于实施天然林二期工程造成森工企业房产、土地闲置一年以上不用的,暂免征收房产税和城镇土地使用税;闲置房产和土地用于出租或重新用于天然林二期工程之外其他生产经营的,按规定征收房产税、城镇土地使用税。用于天然林二期工程的免税房产、土地应单独划分,与其他应税房产、土地划分不清的,按规定征收房产税、城镇土地使用税。

14. 下列土地由省、自治区、直辖市地方税务局确定减免土地使用税:

(1)个人所有的居住房屋及院落用地;

(2)房产管理部门在房租调整改革前经租的居民住房用地;

(3)免税单位职工家属的宿舍用地;

(4)民政部门举办的安置残疾人占一定比例的福利工厂用地;

(5)集体和个人办的各类学校、医院、托儿所、幼儿园用地。

除以上规定外,纳税人缴纳土地使用税确有困难需要定期减免的,由省、自治区、直辖市税务机关审核后,报国家税务局批准。

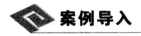

案例导入

　　甲股份有限责任公司(详见项目二),所得税核算采用资产负债表债务法,税率25%,该企业按季度预缴所得税,年终汇算清缴。公司2012年亏损100万元,2012年末递延所得税负债贷方余额为10万元,递延所得税资产借方余额为25万元。2013年取得销售收入3 000万元,销售成本1 000万元,发生销售费用800万元,管理费用400万元,财务费用50万元,营业税金及附加80万元,营业外收入300万元,营业外支出200万元,投资收益30万元,公允价值变动损益40万元,资产减值损失110万元。计入成本、费用中的实发工资总额300万元,拨缴职工工会经费6万元、支出职工福利费45万元和职工教育经费13万元。公司预计今后各年会持续盈利,能够产生足够的应纳税所得额。公司2014年3月20日申报2013年的所得税。当年其他有关资料如下:

　　(1)销售费用中的广告费支出500万元,预计产品质量保证费10万元;

　　(2)管理费用中的业务招待费30万元;

　　(3)财务费用50万元,由两笔利息费用组成:一是1月1日向银行借入生产用资金400万元,期限12个月,支付借款利息20万元;二是1月1日向银行借款600万元用于建造厂房,借款期限1年,当年向银行支付全年的借款利息30万元,该厂房于10月31日完工结算并投入使用;

　　(4)营业外支出中,公益性捐赠共计80万元,非公益性捐赠20万元,因交通违法,支付罚款1万元;

　　(5)年度内因国债投资而获得的利息收益30万元记入投资收益;

　　(6)公允价值变动损益40万元是公司于6月逢低购入的甲企业股票20万股,每股市价10元,将其划分为交易性金融资产,12月31日继续持有,每股市价12元,产生的公允价值变动收益;

　　(7)资产减值损失是根据年末存货账面实际成本500万元,预计可变现净值390万元,存货期末按成本与可变现净值孰低法计价,计提的存货跌价准备110万元;

　　(8)公司购入乙公司股票10万股,价款150万元,另支付手续费10万元,公司将其划分为可供出售金融资产,年末每股市价18元;可供出售金融资产的年末公允价值为180

万元高于其账面余额 160 万元(150＋10)的差额20 万元,会计上借记"公允价值变动"账户,贷记"资本公积——其他资本公积"账户;

(9)公司分别在 A、B 两国已设有分支机构(我国与 A、B 两国签订避免双重征税协定),在 A、B 国分支机构的所得额分别为 100 万元和 60 万元,A、B 两国的税率分别为 30％和 20％;

(10)公司第一季度应纳税所得额 180 万元,上半年累计应纳税所得额 330 万元,至 9 月底累计应纳税所得额为 540 万元。

如果你是上述单位的纳税会计,应如何计算应纳企业所得税,如何进行账务处理和纳税申报? 通过本项目学习,可以明确企业所得税的基本规定、应纳税额的计算及账务处理和纳税申报等内容,完成企业所得税纳税申报工作任务。

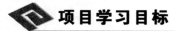 **项目学习目标**

知识目标
- 熟悉企业所得税纳税人、征税对象;
- 熟悉企业所得税税率及税收优惠政策;
- 掌握所得税会计的核算方法;
- 掌握企业所得税的应纳税所得额和应纳税额的计算及账务处理。

能力目标
- 准确计算应税所得额和应纳税额;
- 准确进行所得税的会计核算;
- 准确而完整地填写企业所得税纳税申报表。

 **项目分解**

任务 9.1 企业所得税认知→任务 9.2 企业所得税应纳税额的计算→任务 9.3 企业所得税的会计核算及纳税申报

任务 9.1　企业所得税认知

9.1.1　纳税人的确定

在中华人民共和国境内,企业和其他取得收入的组织(以下统称企业)为企业所得税的纳税人。个人独资企业、合伙企业合伙人是自然人的,不适用企业所得税法;合伙人是法人和其他组织的,缴纳企业所得税。

企业所得税的纳税人分为居民企业和非居民企业,各自承担不同的纳税义务。

1.居民企业

居民企业是指依法在中国境内成立,或者依照外国(地区)法律成立但实际管理机构在中国境内的企业。

在中国境内成立的企业包括依照中国法律、行政法规在中国境内成立的企业、事业单位、社会团体以及其他取得收入的组织。

依照外国(地区)法律成立的企业包括依照外国(地区)法律成立的企业和其他取得收入的组织。实际管理机构,是指对企业的生产经营、人员、账务、财产等实施实质性全面管理和控制的机构。

居民企业承担无限纳税义务,应当就其来源于中国境内、境外的所得缴纳企业所得税。

2.非居民企业

非居民企业,是指依照外国(地区)法律成立且实际管理机构不在中国境内,但在中国境内设立机构、场所的,或者在中国境内未设立机构、场所,但有来源于中国境内所得的企业。

机构、场所是指在中国境内从事生产经营活动的机构、场所,包括:

(1)管理机构、营业机构、办事机构;

(2)工厂、农场、开采自然资源的场所;

(3)提供劳务的场所;

(4)从事建筑、安装、装配、修理、勘探等工程作业的场所;

(5)其他从事生产经营活动的机构、场所。

非居民企业委托营业代理人在中国境内从事生产经营活动的,包括委托单位或者个人经常代其签订合同,或者储存、交付货物等,该营业代理人视为非居民企业在中国境内设立的机构、场所。

非居民企业承担有限纳税义务,应当就其来源于中国境内的所得缴纳企业所得税。具体包括两种情况:

(1)非居民企业在中国境内设立机构、场所的,应当就其所设机构、场所取得的来源于中国境内的所得,以及发生在中国境外但与其所设机构、场所有实际联系的所得,缴纳企业所得税。

(2)非居民企业在中国境内未设立机构、场所的,或者虽设立机构、场所但取得的所得与其所设机构、场所没有实际联系的,应当就其来源于中国境内的所得缴纳企业所得税。

实际联系是指非居民企业在中国境内设立的机构、场所拥有据以取得所得的股权、债权,以及拥有、管理、控制据以取得所得的财产等。

9.1.2 征税对象的确定

企业所得税的征税对象是纳税人取得的生产经营所得和其他所得,包括销售货物所得;提供劳务所得;转让财产所得;股息红利等权益性投资所得;利息所得、租金所得;特许权使用费所得;接受捐赠所得和其他所得。

征税对象规定中所说来源于中国境内、境外的所得,按照以下原则确定:

(1)销售货物所得,按照交易活动发生地确定;

(2)提供劳务所得,按照劳务发生地确定;

(3)转让财产所得,不动产转让所得按照不动产所在地确定,动产转让所得按照转让动产的企业或者机构、场所所在地确定,权益性投资资产转让所得按照被投资企业所在地确定;

(4)股息、红利等权益性投资所得,按照分配所得的企业所在地确定;

(5)利息所得、租金所得、特许权使用费所得,按照负担、支付所得的企业或者机构、场所所在地确定,或者按照负担、支付所得的个人的住所地确定;

(6)其他所得,由国务院财政、税务主管部门确定。

9.1.3　税率

1.基本税率

基本税率为25%,适用于居民企业和在中国境内设有机构、场所且所得与机构、场所有关联的非居民企业。

2.税率优惠

(1)符合条件的小型微利企业减按20%的税率征收征收企业所得税。小型微利企业是指从事国家非限制和禁止类行业,并符号下列条件的企业:工业企业,年度应纳税所得额不超过30万元,从业人数不超过100人,资产总额不超过3 000万元;其他企业,年度应纳税所得额不超过30万元,从业人数不超过80人,资产总额不超过1 000万元。

(2)国家需要重点扶持的高新技术企业,减按15%的税率征收企业所得税。国家需要重点扶持的高新技术企业是指拥有核心自主知识产权,并同时符合《高新技术企业认定管理办法》规定条件的企业。

(3)非居民企业在中国境内未设立机构、场所的或者虽设立机构、场所但取得的所得与其所设机构、场所没有实际联系的非居民企业(扣缴义务人代扣代缴)为20%,实际征税时适用10%税率。

9.1.4　减免优惠

1.免征与减征优惠

(1)从事农、林、牧、渔业项目的所得

①企业从事下列项目的所得,免征企业所得税:蔬菜、谷物、薯类、油料、豆类、棉花、麻类、糖料、水果、坚果的种植;农作物新品种的选育;中药材的种植;林木的培育和种植;牲畜、家禽的饲养;林产品的采集;灌溉、农产品初加工、兽医、农技推广、农机作业和维修等农、林、牧、渔服务业项目;远洋捕捞。

② 企业从事下列项目的所得,减半征收企业所得税:花卉、茶以及其他饮料作物和香料作物的种植;海水养殖、内陆养殖。

企业从事国家限制和禁止发展的项目,不得享受本规定的企业所得税优惠。

(2)从事国家重点扶持的公共基础设施项目投资经营的所得

国家重点扶持的公共基础设施项目,是指《公共基础设施项目企业所得税优惠目录》规定的港口码头、机场、铁路、公路、城市公共交通、电力、水利等项目。

企业从事国家重点扶持的公共基础设施项目的投资经营的所得,自项目取得第一笔生产经营收入所属纳税年度起,第一年至第三年免征企业所得税,第四年至第六年减半征收企业所得税。

企业承包经营、承包建设和内部自建自用本条规定的项目,不得享受本规定的企业所得税优惠。

第一笔生产经营收入是指公共基础设施项目建成并投入运营(包括试运营)后所取得的第一笔主营业务收入。承包经营是指与从事该项目经营的法人主体相独立的另一法人经营主体,通过承包该项目的经营管理而取得劳务性收益的经营活动。承包建设是指与从事该项目经营的法人主体相独立的另一法人经营主体,通过承包该项目的工程建设而取得建筑劳务收益的经营活动。内部自建自用是指项目的建设仅作为本企业主体经营业务的设施,满足本企业自身的生产经营活动需要,而不属于向他人提供公共服务业务的公共基础设施建设项目。

　　企业同时从事不在《目录》范围的生产经营项目取得的所得,应与享受优惠的公共基础设施项目经营所得分开核算,并合理分摊企业的期间共同费用;没有单独核算的,不得享受上述企业所得税优惠。期间共同费用的合理分摊比例可以按照投资额、销售收入、资产额、人员工资等参数确定。上述比例一经确定,不得随意变更。凡特殊情况需要改变的,需报主管税务机关核准。

　　(3)从事符合条件的环境保护、节能节水项目的所得

　　符合《环境保护、节能节水项目企业所得税优惠目录(试行)》规定条件的环境保护、节能节水项目,包括公共污水处理、公共垃圾处理、沼气综合开发利用、节能减排技术改造、海水淡化、节能服务公司实施合同能源管理项目等。

　　企业从事符合条件的环境保护、节能节水项目的所得,自项目取得第一笔生产经营收入所属纳税年度起,第一年至第三年免征企业所得税,第四年至第六年减半征收企业所得税。

　　依照规定享受减免税优惠的(2)、(3)项目,在减免税期限内转让的,受让方自受让之日起,可以在剩余期限内享受规定的减免税优惠;减免税期限届满后转让的,受让方不得就该项目重复享受减免税优惠。

　　(4)符合条件的技术转让所得

　　一个纳税年度内,居民企业技术转让所得不超过500万元的部分,免征企业所得税;超过500万元的部分,减半征收企业所得税。

　　技术转让是指居民企业转让其拥有规定技术的所有权或5年以上(含5年)全球独占许可使用权的行为。享受减免企业所得税优惠的技术转让应符合以下条件:

　　①享受优惠的技术转让主体是企业所得税法规定的居民企业。

　　②技术转让属于财政部、国家税务总局规定的范围。技术转让的范围,包括居民企业转让专利技术、计算机软件著作权、集成电路布图设计权、植物新品种、生物医药新品种,以及财政部和国家税务总局确定的其他技术。专利技术是指法律授予独占权的发明、实用新型和非简单改变产品图案的外观设计。

　　③技术转让应签订技术转让合同。其中,境内的技术转让须经省级以上(含省级)科技部门认定登记,跨境的技术转让须经省级以上(含省级)商务部门认定登记,涉及财政经费支持产生技术的转让,需省级以上(含省级)科技部门审批。

　　④国务院税务主管部门规定的其他条件。

技术转让所得＝技术转让收入－技术转让成本－相关税费

　　技术转让收入是指当事人履行技术转让合同后获得的价款,不包括销售或转让设备、仪器、零部件、原材料等非技术性收入。不属于与技术转让项目密不可分的技术咨询、技术服务、技术培训等收入,不得计入技术转让收入。技术转让成本是指转让的无形资产的净值,即该无形资产的计税基础减除在资产使用期间按照规定计算的摊销扣除额后的余额。相关税费是指技术转让过程中实际发生的有关税费,包括除企业所得税和允许抵扣的增值税以外的各项税金及其附加、合同签订费用、律师费等相关费用及其他

支出。

享受技术转让所得减免企业所得税优惠的企业,应单独计算技术转让所得,并合理分摊企业的期间费用;没有单独计算的,不得享受技术转让所得企业所得税优惠。

居民企业技术出口应由有关部门按照商务部、科技部发布的《中国禁止出口限制出口技术目录》进行审查。居民企业取得禁止出口和限制出口技术转让所得,不享受技术转让减免企业所得税优惠政策。

居民企业从直接或间接持有股权之和达到100%的关联方取得的技术转让所得,不享受技术转让减免企业所得税优惠政策。

2.加计扣除的优惠

（1）研究开发费用加计扣除

企业为开发新技术、新产品、新工艺发生的研究开发费用,未形成无形资产计入当期损益的,在按照规定据实扣除的基础上,按照研究开发费用的50%加计扣除,超过当年应纳税所得额的结转以后年度抵扣;形成无形资产的,按照无形资产成本的150%摊销。

（2）残疾职工工资加计扣除

企业安置残疾人员的,在按照支付给残疾职工工资据实扣除的基础上,按照支付给残疾职工工资的100%加计扣除。

3.创业投资的优惠

创业投资企业采取股权投资方式投资于未上市的中小高新技术企业2年以上的,可以按照其投资额的70%在股权持有满2年的当年抵扣该创业投资企业的应纳税所得额;当年不足抵扣的,可以在以后纳税年度结转抵扣。

4.加速折旧的优惠

由于技术进步,产品更新换代较快的固定资产和常年处于强震动、高腐蚀状态的固定资产。可以采取缩短折旧年限或者采取加速折旧的方法。采取缩短折旧年限方法的,最低折旧年限不得低于税法规定折旧年限的60%;采取加速折旧方法的,可以采取双倍余额递减法或者年数总和法。

5.减计收入的优惠

企业以《资源综合利用企业所得税优惠目录》中规定的资源作为主要原材料,（原材料占生产产品材料的比例不得低于《资源综合利用企业所得税优惠目录》规定的标准）生产国家非限制和禁止并符合国家和行业相关标准的产品取得的收入,减按90%计入收入总额。

6.税额抵免的优惠

企业购置并实际使用《环境保护专用设备企业所得税优惠目录》、《节能节水专用设备企业所得税优惠目录》和《安全生产专用设备企业所得税优惠目录》规定的环境保护、节能节水、安全生产等专用设备的,该专用设备的投资额的10%可以从企业当年的应纳税额中抵免;当年不足抵免的,可以在以后5个纳税年度结转抵免。

享受规定的企业所得税优惠的企业,应当实际购置并自身实际投入使用上述规定的专用设备;企业购置上述专用设备在5年内转让、出租的,应当停止享受企业所得税优惠,并补缴已经抵免的企业所得税税款。

7.民族自治地方的优惠

民族自治地方的自治机关对本民族自治地方的企业应缴纳的企业所得税中属于地方分享的部分,可以决定减征或者免征。自治州、自治县决定减征或者免征的,须报省、自治区、直辖市人民政府批准。但对民族自治地方内国家限制和禁止行业的企业，不得减征或者免征企业所得税。

8. 西部大开发的优惠

自 2011 年 1 月 1 日至 2020 年 12 月 31 日，对设在西部地区以《西部地区鼓励类产业目录》中规定的产业项目为主营业务，且其当年度主营业务收入占企业收入总额 70% 以上的企业，经企业申请，主管税务机关审核确认后，可减按 15% 税率缴纳企业所得税。企业既符合西部大开发 15% 优惠税率条件，又符合税法和国务院规定的各项税收优惠条件的，可以同时享受。在涉及定期减免税的减半期内，可以按照企业适用税率计算的应纳税额减半征税。

9. 非居民企业的优惠

非居民企业是指在中国境内未设立机构、场所的，或者虽设立机构、场所但取得的所得与其所设机构、场所没有实际联系的，应当就其来源于中国境内的所得缴纳企业所得税。非居民企业取得的下列所得免征企业所得税：

(1) 外国政府向中国政府提供贷款取得的利息所得；

(2) 国际金融组织向中国政府和居民企业提供优惠贷款取得的利息所得；

(3) 经国务院批准的其他所得。

企业同时从事适用于不同企业所得税待遇的项目的，其优惠项目应当单独计算所得，并合理分摊企业的期间费用；没有单独核算的，不得享受企业所得税优惠。

10. 软件产业和集成电路产业优惠

(1) 集成电路线宽小于 0.8 微米（含）的集成电路生产企业，经认定后，在 2017 年 12 月 31 日前自获利年度起计算优惠期，第一年至第二年免征企业所得税，第三年至第五年按照 25% 的法定税率减半征收企业所得税，并享受至期满为止。

(2) 集成电路线宽小于 0.25 微米或投资额超过 80 亿元的集成电路生产企业，经认定后，减按 15% 的税率征收企业所得税，其中经营期在 15 年以上的，在 2017 年 12 月 31 日前自获利年度起计算优惠期，第一年至第五年免征企业所得税，第六年至第十年按照 25% 的法定税率减半征收企业所得税，并享受至期满为止。

(3) 我国境内新办的集成电路设计企业和符合条件的软件企业，经认定后，在 2017 年 12 月 31 日前自获利年度起计算优惠期，第一年至第二年免征企业所得税，第三年至第五年按照 25% 的法定税率减半征收企业所得税，并享受至期满为止。

(4) 国家规划布局内的重点软件企业和集成电路设计企业，如当年未享受免税优惠的，可减按 10% 的税率征收企业所得税。

(5) 符合条件的软件企业按照规定取得的即征即退增值税款，由企业专项用于软件产品研发和扩大再生产并单独进行核算，可以作为不征税收入，在计算应纳税所得额时从收入总额中减除。

(6) 集成电路设计企业和符合条件软件企业的职工培训费用，应单独进行核算并按实际发生额在计算应纳税所得额时扣除。

(7) 企业外购的软件，凡符合固定资产或无形资产确认条件的，可以按照固定资产或无形资产进行核算，其折旧或摊销年限可以适当缩短，最短可为 2 年（含）。集成电路生产企业的生产设备，其折旧年限可以适当缩短，最短可为 3 年（含）。

集成电路生产企业、集成电路设计企业、软件企业等依照规定可以享受的企业所得税优惠政策与企业所得税其他相同方式优惠政策存在交叉的，由企业选择一项最优惠政策执行,不叠加享受。

11.证券投资基金的优惠

(1)对证券投资基金从证券市场中取得的收入,包括买卖股票、债券的差价收入,股权的股息、红利收入,债券的利息收入及其他收入,暂不征收企业所得税。

(2)对投资者从证券投资基金分配中取得的收入,暂不征收企业所得税。

(3)对证券投资基金管理人运用基金买卖股票、债券的差价收入,暂不征收企业所得税。

9.1.5　征收管理

1.纳税期限

企业所得税按纳税年计征,分月或者分季预缴,年终汇算清缴,多退少补。纳税年度自公历1月1日起至12月31日止。

企业在一个纳税年度中间开业,或者终止经营活动,使该纳税年度的实际经营期不足十二个月的,应当以其实际经营期为一个纳税年度。企业依法清算时,应当以清算期间作为一个纳税年度。

2.纳税地点

除税收法律、行政法规另有规定外,居民企业以企业登记注册地为纳税地点;但登记注册地在境外的,以实际管理机构所在地为纳税地点。

居民企业在中国境内设立不具有法人资格的营业机构的,应当汇总计算并缴纳企业所得税。

非居民企业在中国境内设立机构、场所的,应当就其所设机构、场所取得的来源于中国境内的所得,以及发生在中国境外但与其所设机构、场所有实际联系的所得,以机构、场所所在地为纳税地点。

非居民企业在中国境内设立两个或者两个以上机构、场所的,经税务机关审核批准,可以选择由其主要机构、场所汇总缴纳企业所得税。

非居民企业在中国境内未设立机构、场所的,或者虽设立机构、场所但取得的所得与其所设机构、场所没有实际联系的所得,以扣缴义务人所在地为纳税地点。

除国务院另有规定外,企业之间不得合并缴纳企业所得税。

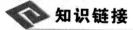 **知识链接**

高新技术企业认定条件与程序

1.高新技术企业认定须同时满足以下条件:

(1)在中国境内(不含港、澳、台地区)注册的企业,近三年内通过自主研发、受让、受赠、并购等方式,或通过5年以上的独占许可方式,对其主要产品(服务)的核心技术拥有自主知识产权。

(2)产品(服务)属于《国家重点支持的高新技术领域》规定的范围。

(3)具有大学专科以上学历的科技人员占企业当年职工总数的30%以上,其中研发人员占企业当年职工总数的10%以上。

（4）企业为获得科学技术（不包括人文、社会科学）新知识，创造性运用科学技术新知识，或实质性改进技术、产品（服务）而持续进行了研究开发活动，且近三个会计年度的研究开发费用总额占销售收入总额的比例符合如下要求：①最近一年销售收入小于5 000万元的企业，比例不低于6%；②最近一年销售收入在5 000万元至20 000万元的企业，比例不低于4%；③最近一年销售收入在20 000万元以上的企业，比例不低于3%。其中，企业在中国境内发生的研究开发费用总额占全部研究开发费用总额的比例不低于60%。企业注册成立时间不足三年的，按实际经营年限计算。

（5）高新技术产品（服务）收入占企业当年总收入的60%以上。

（6）企业研究开发组织管理水平、科技成果转化能力、自主知识产权数量、销售与总资产成长性等指标符合《高新技术企业认定管理工作指引》的要求。

2.高新技术企业认定的程序如下：

（1）企业自我评价及申请。企业登录"高新技术企业认定管理工作网"，对照规定条件，进行自我评价。认为符合认定条件的，企业可向认定机构提出认定申请。

（2）提交下列申请材料：高新技术企业认定申请书；企业营业执照副本、税务登记证（复印件）；知识产权证书（独占许可合同）、生产批文，新产品或新技术证明（查新）材料、产品质量检验报告、省级以上科技计划立项证明，以及其他相关证明材料；企业职工人数、学历结构以及研发人员占企业职工的比例说明；经具有资质的中介机构鉴证的企业近三个会计年度研究开发费用情况表（实际年限不足三年的按实际经营年限），并附研究开发活动说明材料；经具有资质的中介机构鉴证的企业近三个会计年度的财务报表（含资产负债表、损益表、现金流量表，实际年限不足三年的按实际经营年限）以及技术性收入的情况表。

（3）合规性审查。认定机构应建立高新技术企业认定评审专家库；依据企业的申请材料，抽取专家库内专家对申报企业进行审查，提出认定意见。

（4）认定、公示与备案。认定机构对企业进行认定。经认定的高新技术企业在"高新技术企业认定管理工作网"上公示15个工作日，没有异议的，报送领导小组办公室备案，在"高新技术企业认定管理工作网"上公告认定结果，并向企业颁发统一印制的"高新技术企业证书"。

高新技术企业资格自颁发证书之日起有效期为三年。企业应在期满前三个月内提出复审申请，不提出复审申请或复审不合格的，其高新技术企业资格到期自动失效。

高新技术企业复审须提交近三年开展研究开发等技术创新活动的报告。

通过复审的高新技术企业资格有效期为三年。期满后，企业再次提出认定申请的，按规定办理。

高新技术企业经营业务、生产技术活动等发生重大变化（如并购、重组、转业等）的，应在十五日内向认定管理机构报告；变化后不符合本办法规定条件的，应自当年起终止其高新技术企业资格；需要申请高新技术企业认定的，按本规定办理。

高新技术企业更名的，由认定机构确认并经公示、备案后重新核发认定证书，编号与有效期不变。

任务 9.2　企业所得税应纳税额的计算

9.2.1　应纳税所得额的确定

企业所得税的计税依据是企业的应纳税所得额。所谓应纳税所得额是指纳税人每一纳税年度的收入总额减去不征税收入、免税收入、各项扣除以及允许弥补的以前年度亏损后的余额。

直接法计算公式为：

应纳税所得额＝收入总额－不征税收入－免税收入－各项扣除－以前年度亏损

间接法计算公式为：

应纳税所得额＝会计利润＋纳税调整增加额－纳税调整减少额

企业应纳税所得额的计算，以权责发生制为原则，属于当期的收入和费用，不论款项是否收付，均作为当期的收入和费用；不属于当期的收入和费用，即使款项已经在当期收付，均不作为当期的收入和费用。

1.收入总额的确定

企业收入总额是指以货币形式和非货币形式从各种来源取得的收入。货币形式包括现金、存款、应收账款、应收票据、准备持有至到期的债券投资以及债务的豁免等。非货币形式包括固定资产、生物资产、无形资产、股权投资、存货、不准备持有至到期的债券投资、劳务以及有关权益等。企业以非货币形式取得的收入，应当按照公允价值确定收入额。公允价值是指按照市场价格确定的价值。

（1）收入的范围

收入包括销售货物收入、提供劳务收入、转让财产收入、股息、红利等权益性投资收益、利息收入、租金收入、特许权使用费收入、接受捐赠收入、其他收入。

①销售货物收入是指企业销售商品、产品、原材料、包装物、低值易耗品以及其他存货取得的收入。

②提供劳务收入是指企业从事建筑安装、修理修配、交通运输、仓储租赁、金融保险、邮电通信、咨询经纪、文化体育、科学研究、技术服务、教育培训、餐饮住宿、中介代理、卫生保健、社区服务、旅游、娱乐、加工以及其他劳务服务活动取得的收入。

③转让财产收入是指企业转让固定资产、生物资产、无形资产、股权、债权等财产取得的收入。

④股息、红利等权益性投资收益是指企业因权益性投资从被投资方取得的收入。

⑤利息收入是指企业将资金提供他人使用但不构成权益性投资，或者因他人占用本企业资金取得的收入，包括存款利息、贷款利息、债券利息、欠款利息等收入。

⑥租金收入是指企业提供固定资产、包装物或者其他有形资产的使用权取得的收入。

⑦特许权使用费收入。特许权使用费收入是指企业提供专利权、非专利技术、商标权、著作权以及其他特许权的使用权取得的收入。

⑧接受捐赠收入是指企业接受的来自其他企业、组织或者个人无偿给予的货币性资

产、非货币性资产。

⑨其他收入是指企业上述收入外取得的其他收入,包括企业资产溢余收入、逾期未退包装物押金收入、确实无法偿付的应付款项、已作坏账损失处理后又收回的应收款项、债务重组收入、补贴收入、违约金收入、汇兑收益等。

(2)收入的确认

①分期确认收入。企业的下列生产经营业务可以分期确认收入的实现:以分期收款方式销售货物的,按照合同约定的收款日期确认收入的实现;企业受托加工制造大型机械设备、船舶、飞机,以及从事建筑、安装、装配工程业务或者提供其他劳务等,持续时间超过 12 个月的,按照纳税年度内完工进度或者完成的工作量确认收入的实现。

②分成确认收入。采取产品分成方式取得收入的,按照企业分得产品的日期确认收入的实现,其收入额按照产品的公允价值确定。

③视同销售收入。企业发生非货币性资产交换,以及将货物、财产、劳务用于捐赠、偿债、赞助、集资、广告、样品、职工福利或者利润分配等用途的,应当视同销售货物、转让财产或者提供劳务,按规定确认收入的实现。

④股息、红利等权益性投资收益。除国务院财政、税务主管部门另有规定外,按照被投资方作出利润分配决定的日期确认收入的实现。

⑤利息收入。按照合同约定的债务人应付利息的日期确认收入的实现。

⑥租金收入。按照合同约定的承租人应付租金的日期确认收入的实现。

⑦特许权使用费收入。按照合同约定的特许权使用人应付特许权使用费的日期确认收入的实现。

⑧接受捐赠收入。按照实际收到捐赠资产的日期确认收入的实现。

企业取得财产(包括各类资产、股权、债权等)转让收入、债务重组收入、接受捐赠收入、无法偿付的应付款收入等,不论是以货币形式、还是非货币形式体现,除另有规定外,均应一次性计入确认收入的年度计算缴纳企业所得税。

2.不征税收入和免税收入

(1)不征税收入

①财政拨款。财政拨款是指各级人民政府对纳入预算管理的事业单位、社会团体等组织拨付的财政资金,但国务院和国务院财政、税务主管部门另有规定的除外。

②依法收取并纳入财政管理的行政事业性收费、政府性基金。行政事业性收费是指依照法律法规等有关规定,按照国务院规定程序批准,在实施社会公共管理,以及在向公民、法人或者其他组织提供特定公共服务过程中,向特定对象收取并纳入财政管理的费用。政府性基金是指企业依照法律、行政法规等有关规定,代政府收取的具有专项用途的财政资金。

③其他不征税收入。其他不征税收入是指企业取得的,由国务院财政、税务主管部门规定专项用途并经国务院批准的财政性资金。企业从县级以上各级人民政府财政部门及其他部门取得的应计入收入总额的财政性资金,凡同时符合以下条件的,可以作为不征税收入,在计算应纳税所得额时从收入总额中减除:企业能够提供规定资金专项用途的资金拨付文件;财政部门或其他拨付资金的政府部门对该资金有专门的资金管理办法或具体管理要求;企业对该资金以及以该资金发生的支出单独进行核算。

(2)免税收入

①国债利息收入。国债利息收入是指企业持有国务院财政部门发行的国债取得的

利息收入。

②符合条件的居民企业之间的股息、红利等权益性投资收益。这是指居民企业直接投资于其他居民企业取得的股息、红利等权益性投资收益。

③在中国境内设立机构、场所的非居民企业从居民企业取得与该机构、场所有实际联系的股息、红利等权益性投资收益。不包括连续持有居民企业公开发行并上市流通的股票不足 12 个月取得的投资收益。

④符合条件的非营利组织的收入。

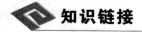 **知识链接**

非营利组织、公益性社会团体的确认条件

1.符合条件的非营利组织是指同时符合下列条件的组织：

(1)依法履行非营利组织登记手续；(2)从事公益性或者非营利性活动；(3)取得的收入除用于与该组织有关的、合理的支出外，全部用于登记核定或者章程规定的公益性或者非营利性事业；(4)财产及其孳息不用于分配；(5)按照登记核定或者章程规定，该组织注销后的剩余财产用于公益性或者非营利性目的，或者由登记管理机关转赠给与该组织性质、宗旨相同的组织，并向社会公告；(6)投入人对投入该组织的财产不保留或者享有任何财产权利；(7)工作人员工资福利开支控制在规定的比例内，不变相分配该组织的财产。符合条件的非营利组织的收入，不包括非营利组织从事营利性活动取得的收入，但国务院财政、税务主管部门另有规定的除外。

2.公益性社会团体是指同时符合下列条件的基金会、慈善组织等社会团体：

(1)依法登记，具有法人资格；(2)以发展公益事业为宗旨，且不以营利为目的；(3)全部资产及其增值为该法人所有；(4)收益和营运结余主要用于符合该法人设立目的的事业；(5)终止后的剩余财产不归属任何个人或者营利组织；(6)不经营与其设立目的无关的业务；(7)有健全的财务会计制度；(8)捐赠者不以任何形式参与社会团体财产的分配；(9)国务院财政、税务主管部门会同国务院民政部门等登记管理部门规定的其他条件。

3.各项扣除的确认

(1)税前扣除项目

应纳税所得额税前扣除项目是指企业实际发生的与取得收入有关的、合理的支出，包括成本、费用、税金、损失和其他支出，准予在计算应纳税所得额时扣除。

有关的支出是指与取得收入直接相关的支出；合理的支出是指符合生产经营活动常规，应当计入当期损益或者有关资产成本的必要和正常的支出。

企业发生的支出应当区分收益性支出和资本性支出。收益性支出在发生当期直接扣除；资本性支出应当分期扣除或者计入有关资产成本，不得在发生当期直接扣除。

企业的不征税收入用于支出所形成的费用，不得在计算应纳税所得额时扣除；用于支出所形成的资产，其计算的折旧、摊销不得在计算应纳税所得额时扣除。财政性资金作不征税收入处理后，在 5 年(60 个月)内未发生支出且未缴回财政部门或其他拨付资金的政府部门的部分，应计入取得该资金第六年的应税收入总额；计入应税收入总额的财政性资金发生的支出，允许在计算应纳税所得额时扣除。企业实际发生的成本、费用、税金、损失和其他支出，不得重复扣除。

①成本。成本是指企业在生产经营活动中发生的销售成本、销货成本、业务支出以

及其他耗费。

②费用。费用是指企业在生产经营活动中发生的销售费用、管理费用和财务费用，已经计入成本的有关费用除外。

③税金。税金是指企业发生的除企业所得税和允许抵扣的增值税以外的各项税金及其附加。

④损失。损失是指企业在生产经营活动中发生的固定资产和存货的盘亏、毁损、报废损失，转让财产损失，呆账损失，坏账损失，自然灾害等不可抗力因素造成的损失以及其他损失。企业发生的损失，减除责任人赔偿和保险赔款后的余额，依照国务院财政、税务主管部门的规定扣除。企业已经作为损失处理的资产，在以后纳税年度又全部收回或者部分收回时，应当计入当期收入。

⑤其他支出。其他支出是指除成本、费用、税金、损失外，企业在生产经营活动中发生的与生产经营活动有关的、合理的支出。

（2）准予扣除项目的标准

①工资薪金支出。企业发生的合理的工资薪金支出，准予扣除。工资薪金，是指企业每一纳税年度支付给在本企业任职或者受雇的员工的所有现金形式或者非现金形式的劳动报酬，包括基本工资、奖金、津贴、补贴、年终加薪、加班工资，以及与员工任职或者受雇有关的其他支出。合理工资薪金是指企业按照股东大会、董事会、薪酬委员会或相关管理机构制订的工资薪金制度规定实际发放给员工的工资薪金。

②社会保险费用。企业依照国务院有关主管部门或者省级人民政府规定的范围和标准为职工缴纳的基本养老保险费、基本医疗保险费、失业保险费、工伤保险费、生育保险费等基本社会保险费和住房公积金，准予扣除。企业为投资者或者职工支付的补充养老保险费、补充医疗保险费，在国务院财政、税务主管部门规定的范围和标准内，准予扣除。除企业依照国家有关规定为特殊工种职工支付的人身安全保险费和国务院财政、税务主管部门规定可以扣除的其他商业保险费外，企业为投资者或者职工支付的商业保险费，不得扣除。企业参加财产保险，按照规定缴纳的保险费，准予扣除。

③三项经费。企业发生的职工福利费支出，不超过工资薪金总额14％的部分，准予扣除。企业拨缴的工会经费，不超过工资薪金总额2％的部分，准予扣除。除国务院财政、税务主管部门另有规定外，企业发生的职工教育经费支出，不超过工资薪金总额2.5％的部分，准予扣除；超过部分，准予在以后纳税年度结转扣除。工资薪金总额是指企业按照规定实际发放的工资薪金总和，不包括企业的职工福利费、职工教育经费、工会经费以及养老保险费、医疗保险费、失业保险费、工伤保险费、生育保险费等社会保险费和住房公积金。属于国有性质的企业，其工资薪金，不得超过政府有关部门给予的限定数额；超过部分，不得计入企业工资薪金总额，也不得在计算企业应纳税所得额时扣除。

企业职工福利费，包括以下内容：尚未实行分离办社会职能的企业，其内设福利部门所发生的设备、设施和人员费用，包括职工食堂、职工浴室、理发室、医务所、托儿所、疗养院等集体福利部门的设备、设施及维修保养费用和福利部门工作人员的工资薪金、社会保险费、住房公积金、劳务费等；为职工卫生保健、生活、住房、交通等所发放的各项补贴和非货币性福利，包括企业向职工发放的因公外地就医费用、未实行医疗统筹企业职工医疗费用、职工供养直系亲属医疗补贴、供暖费补贴、职工防暑降温费、职工困难补贴、救济费、职工食堂经费补贴、职工交通补贴；按照其他规定发生的其他职工福利费，包括丧葬补助费、抚恤费、安家费、探亲假路费等。

④利息费用。企业在生产经营活动中发生的利息支出,按下列规定扣除:

非金融企业向金融企业借款的利息支出、金融企业的各项存款利息支出和同业拆借利息支出、企业经批准发行债券的利息支出准予扣除。对企业发生的向金融企业的借款利息支出,可按向金融企业实际支付的利息,在发生年度的当期扣除。应该遵循权责发生制的原则,即使当年应付(由于资金紧张等原因)未付的利息,也应当在当年扣除。对非金融企业在生产、经营期间向金融企业借款的利息支出,按照实际发生数予以税前扣除,包括逾期归还银行贷款,银行按规定加收的罚息,也可以在税前扣除。

非金融企业向非金融企业借款的利息支出,不超过按照金融企业同期同类贷款利率计算的数额的部分可据实扣除,超过部分不得扣除。非银行企业内营业机构借款的利息支出不得扣除。同期同类贷款利率是指在贷款期限、贷款金额、贷款担保以及企业信誉等条件基本相同下,金融企业提供贷款的利率。既可以是金融企业公布的同期同类平均利率,也可以是金融企业对某些企业提供的实际贷款利率。

企业向股东或其他与企业有关联关系的自然人借款的利息支出,如满足两个条件,可以在计算应纳税所得额时准予扣除,一是企业如果能够证明相关交易活动符合独立交易原则的,或者该企业的实际税负不高于境内关联方的,二是金融企业的关联方的债权性投资与其权益性投资比例不超过 5∶1,其他企业不超过 2∶1。企业向除有关联关系的自然人以外的内部职工或其他人员借款的利息支出,利息支出不超过按照金融企业同期同类贷款利率计算的数额的部分,也可以在计算企业所得税前扣除。投资者未到位投资所对应的利息不允许税前扣除。

⑤借款费用。企业在生产经营活动中发生的合理的不需要资本化的借款费用,准予扣除;企业为购置、建造固定资产、无形资产和经过 12 个月以上的建造才能达到预定可销售状态的存货发生借款的,在有关资产购置、建造期间发生的合理的借款费用,应当作为资本性支出计入有关资产的成本;有关资产交付使用后发生的借款利息,可在发生当期扣除。企业通过发行债券、取得贷款、吸收保户储金等方式融资而发生的合理的费用支出,符合资本化条件的,应计入相关资产成本;不符合资本化条件的,应作为财务费用(包括手续费及佣金支出),准予在企业所得税前据实扣除。

⑥汇兑损失。企业在货币交易中,以及纳税年度终了时将人民币以外的货币性资产、负债按照期末即期人民币汇率中间价折算为人民币时产生的汇兑损失,除已经计入有关资产成本以及与向所有者进行利润分配相关的部分外,准予扣除。

⑦业务招待费。企业发生的与生产经营活动有关的业务招待费支出,按照发生额的 60% 扣除,但最高不得超过当年销售(营业)收入的 5‰。企业筹办期发生的业务招待费直接按实际发生额的 60% 扣除。

⑧广告费和业务宣传费。企业发生的符合条件的广告费和业务宣传费支出,除国务院财政、税务主管部门另有规定外,不超过当年销售(营业)收入 15% 的部分,准予扣除;超过部分,准予在以后纳税年度结转扣除。企业筹办期发生的广告费和业务宣传费按实际发生额,计入筹办费。对化妆品制造与销售、医药制造和饮料制造(不含酒类制造,下同)企业发生的广告费和业务宣传费支出,不超过当年销售(营业)收入 30% 的部分,准予扣除;超过部分,准予在以后纳税年度结转扣除。对签订广告费和业务宣传费分摊协议(以下简称分摊协议)的关联企业,其中一方发生的不超过当年销售(营业)收入税前扣除限额比例内的广告费和业务宣传费支出可以在本企业扣除,也可以将其中的部分或全部按照分摊协议归集至另一方扣除。另一方在计算本企业广告费和业务宣传费支出企业

所得税税前扣除限额时,可将归集至本企业的广告费和业务宣传费不计算在内。烟草企业的烟草广告费和业务宣传费支出,一律不得在计算应纳税所得额时扣除。

⑨环境保护专项资金。企业依照法律、行政法规有关规定提取的用于环境保护、生态恢复等方面的专项资金,准予扣除。上述专项资金提取后改变用途的,不得扣除。

⑩租赁费。企业根据生产经营活动的需要租入固定资产支付的租赁费,按照以下方法扣除:以经营租赁方式租入固定资产发生的租赁费支出,按照租赁期限均匀扣除;以融资租赁方式租入固定资产发生的租赁费支出,按照规定构成融资租入固定资产价值的部分应当提取折旧费用,分期扣除。

⑪劳动保护支出。企业发生的合理的劳动保护支出,准予扣除。

⑫公益性捐赠支出。公益性捐赠是指企业通过公益性社会团体或者县级以上人民政府及其部门,用于《中华人民共和国公益事业捐赠法》规定的公益事业的捐赠。企业发生的公益性捐赠支出,不超过年度利润总额12%的部分,准予扣除。年度利润总额,是指企业依照国家统一会计准则、会计制度的规定计算的年度会计利润。

⑬有关资产的费用。企业转让各类固定资产发生的费用,允许扣除;企业按规定计提的固定资产折旧费、无形资产和递延资产的摊销费,准予扣除。

⑭总机构分摊的费用。非居民企业在中国境内设立的机构、场所,就其中国境外总机构发生的与该机构、场所生产经营有关的费用,能够提供总机构出具的费用汇集范围、定额、分配依据和方法等证明文件,并合理分摊的,准予扣除。

⑮企业发生的手续费及佣金。企业发生与生产经营有关的手续费及佣金支出,不超过以下规定计算限额以内的部分,准予扣除;超过部分,不得扣除。

保险企业:财产保险企业按当年全部保费收入扣除退保金等后余额的15%(含本数,下同)计算限额;人身保险企业按当年全部保费收入扣除退保金等后余额的10%计算限额。

其他企业:按与具有合法经营资格中介服务机构或个人(不含交易双方及其雇员、代理人和代表人等)所签订服务协议或合同确认的收入金额的5%计算限额。

企业应与具有合法经营资格中介服务企业或个人签订代办协议或合同,并按国家有关规定支付手续费及佣金。除委托个人代理外,企业以现金等非转账方式支付的手续费及佣金不得在税前扣除。企业为发行权益性证券支付给有关证券承销机构的手续费及佣金不得在税前扣除。企业不得将手续费及佣金支出计入回扣、业务提成、返利、进场费等费用。企业已计入固定资产、无形资产等相关资产的手续费及佣金支出,应当通过折旧、摊销等方式分期扣除,不得在发生当期直接扣除。企业支付的手续费及佣金不得直接冲减服务协议或合同金额,并如实入账。企业应当如实向当地主管税务机关提供当年手续费及佣金计算分配表和其他相关资料,并依法取得合法真实凭证。

⑯资产损失。资产是指企业拥有或者控制的、用于经营管理活动相关的资产,包括现金、银行存款、应收及预付款项(包括应收票据、各类垫款、企业之间往来款项)等货币性资产,存货、固定资产、无形资产、在建工程、生产性生物资产等非货币性资产,以及债权性投资和股权(权益)性投资。

准予在企业所得税税前扣除的资产损失是指企业在实际处置、转让上述资产过程中发生的合理损失(以下简称实际资产损失),以及企业虽未实际处置、转让上述资产,但符合规定条件计算确认的损失(以下简称法定资产损失)。企业实际资产损失,应当在其实际发生且会计上已作损失处理的年度申报扣除;法定资产损失,应当在企业向主管税务机关提供证据资料证明该项资产已符合法定资产损失确认条件,且会计上已作损失处理的年度申报扣除。企业发生的资产损失,应按规定的程序和要求向主管税务机关申报后方能在税前扣除。未经申报的损失,不得在税前扣除。

企业以前年度发生的资产损失未能在当年税前扣除的,可以按照规定,向税务机关说明并进行专项申报扣除。其中,属于实际资产损失,准予追补至该项损失发生年度扣除,其追补确认期限一般不得超过五年,但因计划经济体制转轨过程中遗留的资产损失、企业重组上市过程中因权属不清出现争议而未能及时扣除的资产损失、因承担国家政策性任务而形成的资产损失以及政策定性不明确而形成资产损失等特殊原因形成的资产损失,其追补确认期限经国家税务总局批准后可适当延长。属于法定资产损失,应在申报年度扣除。企业因以前年度实际资产损失未在税前扣除而多缴的企业所得税税款,可在追补确认年度企业所得税应纳税款中予以抵扣,不足抵扣的,向以后年度递延抵扣。企业实际资产损失发生年度扣除追补确认的损失后出现亏损的,应先调整资产损失发生年度的亏损额,再按弥补亏损的原则计算以后年度多缴的企业所得税税款,并进行税务处理。

企业当期发生的固定资产和流动资产盘亏、毁损净损失,由其提供清查盘存资料经主管税务机关审核后,准予扣除;企业因存货盘亏、毁损、报废等原因不得从销项税金中抵扣的进项税金,应视同企业财产损失,准予与存货损失一起在所得税前按规定扣除。

企业对外进行权益性投资所发生的损失,在经确认的损失发生年度,作为企业损失在计算企业应纳税所得额时一次性扣除。

⑰其他项目。依照法律、行政法规和税法规定准予扣除的其他项目,如会员费、合理的会议费、差旅费、违约金、诉讼费用等,准予扣除。

(3)不得扣除项目

在计算应纳税所得额时,下列支出不得扣除:

①向投资者支付的股息、红利等权益性投资收益款项;

②企业所得税税款;

③税收滞纳金,是指纳税人违反税收被税务机关处以的滞纳金;

④罚金、罚款和被没收财物的损失,是指纳税人违反国家有关法律、法规规定,被有关部门处以的罚款,以及被司法机关处以的罚金和被没收财物;

⑤超过规定标准的捐赠支出;

⑥赞助支出,指企业发生的与生产经营活动无关的各种非广告性支出;

⑦未经核定的准备金支出,是指不符合国务院财政、税务主管部门规定的各项资产减值准备、风险准备等准备金支出;

⑧企业之间支付的管理费、企业内营业机构之间支付的租金和特许权使用费,以及非银行企业内营业机构之间支付的利息,不得扣除;

⑨与取得收入无关的其他支出,如对外担保支出等。

4.资产的税务处理

资产是由于资本投资而形成的资产,对于资本性支出以及无形资产受让、开办、开发费用,不允许作为成本、费用从纳税人的收入总额中做一次性扣除,只能采取分次计提折旧或分次摊销的方式予以扣除。

（1）固定资产的税务处理

固定资产是指企业为生产产品、提供劳务、出租或者经营管理而持有的、使用时间超过 12 个月的非货币性资产，包括房屋、建筑物、机器、机械、运输工具以及其他与生产经营活动有关的设备、器具、工具等。

①固定资产的计税基础。外购的固定资产，以购买价款和支付的相关税费以及直接归属于使该资产达到预定用途发生的其他支出为计税基础；自行建造的固定资产，以竣工结算前发生的支出为计税基础；融资租入的固定资产，以租赁合同约定的付款总额和承租人在签订租赁合同过程中发生的相关费用为计税基础，租赁合同未约定付款总额的，以该资产的公允价值和承租人在签订租赁合同过程中发生的相关费用为计税基础；盘盈的固定资产，以同类固定资产的重置完全价值为计税基础；通过捐赠、投资、非货币性资产交换、债务重组等方式取得的固定资产，以该资产的公允价值和支付的相关税费为计税基础；改建的固定资产，除已足额提取折旧的固定资产和租入的固定资产以外的其他固定资产，以改建过程中发生的改建支出增加计税基础。

②固定资产计算折旧的范围。下列固定资产不得计算折旧扣除：房屋、建筑物以外未投入使用的固定资产；以经营租赁方式租入的固定资产；以融资租赁方式租出的固定资产；已足额提取折旧仍继续使用的固定资产；与经营活动无关的固定资产；单独估价作为固定资产入账的土地；其他不得计算折旧扣除的固定资产。

③固定资产折旧的计提方法。固定资产按照直线法计算的折旧，准予扣除。企业应当自固定资产投入使用月份的次月起计算折旧；停止使用的固定资产，应当自停止使用月份的次月起停止计算折旧。企业应当根据固定资产的性质和使用情况，合理确定固定资产的预计净残值。固定资产的预计净残值一经确定，不得变更。

④固定资产计算折旧的最低年限。房屋、建筑物，为 20 年；飞机、火车、轮船、机器、机械和其他生产设备，为 10 年；与生产经营活动有关的器具、工具、家具等，为 5 年；飞机、火车、轮船以外的运输工具，为 4 年；电子设备，为 3 年。

改建的固定资产延长使用年限的，除已足额提取折旧的固定资产和租入固定资产外，应当适当延长折旧年限。

（2）生产性生物资产的税务处理

生产性生物资产是指企业为生产农产品、提供劳务或者出租等而持有的生物资产，包括经济林、薪炭林、产畜和役畜等。

①生产性生物资产的计税基础。外购的生产性生物资产，以购买价款和支付的相关税费为计税基础；通过捐赠、投资、非货币性资产交换、债务重组等方式取得的生产性生物资产，以该资产的公允价值和支付的相关税费为计税基础。

②生产性生物资产的折旧方法和年限。生产性生物资产按照直线法计算的折旧，准予扣除。企业应当自生产性生物资产投入使用月份的次月起计算折旧；停止使用的生产性生物资产，应当自停止使用月份的次月起停止计算折旧。

企业应当根据生产性生物资产的性质和使用情况，合理确定生产性生物资产的预计净残值。生产性生物资产的预计净残值一经确定，不得变更。

生产性生物资产计算折旧的最低年限如下：林木类生产性生物资产，为 10 年；畜类生产性生物资产，为 3 年。

（3）无形资产的税务处理

无形资产是指企业为生产产品、提供劳务、出租或者经营管理而持有的、没有实物形态的非货币性长期资产,包括专利权、商标权、著作权、土地使用权、非专利技术等。

①无形资产的计税基础。外购的无形资产,以购买价款和支付的相关税费以及直接归属于使该资产达到预定用途发生的其他支出为计税基础;自行开发的无形资产,以开发过程中该资产符合资本化条件后至达到预定用途前发生的支出为计税基础;通过捐赠、投资、非货币性资产交换、债务重组等方式取得的无形资产,以该资产的公允价值和支付的相关税费为计税基础。

②无形资产计算摊销的范围。下列无形资产不得计算摊销费用扣除:自行开发的支出已在计算应纳税所得额时扣除的无形资产;自创商誉;与经营活动无关的无形资产;其他不得计算摊销费用扣除的无形资产。

③无形资产的摊销方法及年限。无形资产按照直线法计算的摊销费用,准予扣除。无形资产的摊销年限不得低于 10 年。作为投资或者受让的无形资产,有关法律规定或者合同约定了使用年限的,可以按照规定或者约定的使用年限分期摊销。

外购商誉的支出,在企业整体转让或者清算时,准予扣除。

(4)长期待摊费用的税务处理

长期待摊费用是指企业发生的应在一个年度以上或几个年度进行摊销的费用。在计算应纳税所得额时,企业发生的下列支出作为长期待摊费用,按照规定摊销的,准予扣除:

①已足额提取折旧的固定资产的改建支出。固定资产的改建支出,是指改变房屋或者建筑物结构、延长使用年限等发生的支出。对已足额提取折旧的固定资产的改建指出,按照固定资产预计尚可使用年限分期摊销。

②经营性租入固定资产的改建支出。经营性租入固定资产的改建支出,按照合同约定的剩余租赁期限分期摊销。

③固定资产的大修理支出。固定资产的大修理支出,是指同时符合下列条件的支出:修理支出达到取得固定资产时的计税基础50%以上;修理后固定资产的使用年限延长 2 年以上。固定资产大修理的支出,按照固定资产尚可使用年限分期摊销。

④其他应当作为长期待摊费用的支出。其他应当作为长期待摊费用的支出,自支出发生月份的次月起,分期摊销,摊销年限不得低于 3 年。

(5)投资资产的税务处理

投资资产是指企业对外进行权益性投资和债券投资形成的资产。投资资产按照以下方法确定成本:

①通过支付现金方式取得的投资资产,以购买价款为成本。

②通过支付现金以外的方式取得的投资资产,以该资产的公允价值和支付的相关税费为成本。

企业对外投资期间,投资资产的成本在计算应纳税所得额是不得扣除。企业在转让或者处置投资资产时,投资资产的成本,准予扣除。企业对外进行权益性(以下简称股权)投资所发生的损失,在经确认的损失发生年度,作为企业损失在计算企业应纳税所得额时一次性扣除。

(6)存货的税务处理

存货是指企业持有以备出售的产品或者商品、处在生产过程中的在产品、在生产或者提供劳务过程中耗用的材料和物料等。

①存货的计税基础。存货按照以下方法确定成本:通过支付现金方式取得的存货,以购买价款和支付的相关税费为成本;通过支付现金以外的方式取得的存货,以该存货

的公允价值和支付的相关税费为成本;生产性生物资产收获的农产品,以产出或者采收过程中发生的材料费、人工费和分摊的间接费用等必要支出为成本。

②存货的成本计算方法。企业使用或者销售存货,按照规定计算的存货成本,准予在计算应纳税所得额时扣除。企业使用或者销售的存货的成本计算方法,可以在先进先出法、加权平均法、个别计价法中选用一种。计价方法一经选用,不得随意变更。

企业转让以上资产的净值,准予在计算应纳税所得额时扣除。资产的净值是指有关资产、财产的计税基础减除已经按照规定扣除的折旧、折耗、摊销、准备金等后的余额。

5. 弥补亏损

企业某一纳税年度发生的亏损可以用下一年度的所得弥补,下一年度的所得不足以弥补的,可以逐年延续弥补,但最长不得超过 5 年。不管弥补后还剩下多少所得,按法定企业所得税率计算。具体规定如下:

(1)境外亏损的处理

企业在汇总计算缴纳企业所得税时,其境外营业机构的亏损不得抵减境内营业机构的盈利。但企业发生在境外同一国家内的盈亏允许相互弥补,即发生在一国的亏损,应该用发生在该国的盈利进行弥补。

(2)境外应税所得弥补境内亏损的处理

纳税人在计算缴纳企业所得税时,其境外营业机构的盈利可以弥补境内营业机构的亏损,但用于弥补境内亏损的部分最大不得超过企业当年的全部境外应纳税所得。

(3)企业重组原有亏损弥补的处理

被合并企业的亏损不得在合并企业结转弥补。企业分立相关企业的亏损不得相互结转弥补。被分立企业未超过法定弥补期限的亏损额可按分立资产占全部资产的比例进行分配,由分立企业继续弥补。在企业合并重组中,如果被合并企业存在亏损,则可以有条件的限额弥补。可由合并企业弥补的被合并企业亏损的限额,是指按规定的剩余结转年限内,每年可由合并企业弥补的被合并企业亏损的限额。分别适用一般性税务处理规定和特殊性税务处理规定。一般性重组是在企业并购交易发生时,就要确认资产、股权转让所得和损失,按照交易价格重新确定计税基础,并计算缴纳企业所得税的重组。特殊性重组是指符合一定条件的企业重组,在重组交易发生时,对股权支付部分,以企业资产、股权的原有成本为计税基础,暂时不确认资产、股权转让所得和损失,也就暂时不用纳税,将纳税义务递延到以后履行。企业符合规定的特殊重组的条件,可以享受特殊重组的税收优惠。企业重组符合规定条件的,交易各方对其交易中的股权支付部分,可以按以下规定进行特殊性税务处理:企业合并,企业股东在该企业合并发生时取得的股权支付金额不低于其交易支付总额的 85%,以及同一控制下且不需要支付对价的企业合并,被合并企业合并前的相关所得税事项由合并企业承继。可由合并企业弥补的被合并企业亏损的限额=被合并企业净资产公允价值×截至合并业务发生当年年末国家发行的最长期限的国债利率。

(4)查补所得额弥补亏损的处理

税务机关对企业以前年度纳税情况进行检查时调增的应纳税所得额,凡企业以前年度发生亏损、且该亏损属于企业所得税法规定允许弥补的,应允许调增的应纳税所得额弥补该亏损。弥补该亏损后仍有余额的,按照企业所得税法规定计算缴纳企业所得税。

6.利润总额

根据利润表,按会计准则计算利润总额。

利润总额＝营业利润＋营业外收入－营业外支出
＝营业收入－营业成本－营业税金及附加－期间费用－资产减值损失＋
公允价值变动收益(－损失)＋投资收益(－投资损失)＋营业外收入－
营业外支出

(1)营业收入

营业收入是指企业经营业务所确认的收入总额,包括主营业务收入、其他业务收入和视同销售收入。

主营业务收入包括销售货物收入、提供劳务收入、让渡资产使用权收入和建造合同收入。

其他业务收入包括材料销售收入、代购代销手续费收入、包装物出租收入等。

视同销售收入包括非货币性交易视同销售收入和货物、财产、劳务视同销售收入等。

(2)营业成本

营业成本是指企业经营业务所发生的实际成本总额,包括主营业务成本、其他业务成本和视同销售成本。

主营业务成本包括销售货物成本、提供劳务成本、让渡资产使用权成本和建造合同成本。

其他业务成本包括材料销售成本、代购代销费用、包装物出租成本等。

视同销售成本非货币性交易视同销售成本和货物、财产、劳务视同销售成本等。

(3)营业税金及附加

营业税金及附加是指企业经营活动应负担的相关税费,包括营业税、消费税,城市维护建设税、教育费附加和资源税等。

(4)期间费用

期间费用是指企业日常活动发生的不能计入特定核算对象的成本,而应计入发生当期损益的费用。期间费用包括销售(营业)费用、管理费用和财务费用。

(5)资产减值损失

资产减值损失是指企业计提各项资产减值准备所形成的损失。

(6)公允价值变动收益(或损失)

公允价值变动收益(或损失)是指企业交易性金融资产等公允价值变动形成的应计入当期损益的利得(或损失)。

(7)投资收益(或损失)

投资收益(或损失)是指企业以各种方式对外投资所取得的收益(或发生的损失)。

(8)营业外收入

营业外收入是指企业发生的与其日常活动无直接关系的各项收入。主要包括固定资产盘盈、处置固定资产净收益、非货币性资产交易收益、出售无形资产收益、罚款净收益、债务重组收益、政府补助收入、捐赠收入等。

(9)营业外支出

营业外支出是指企业发生的与其日常活动无直接关系的各项支出。主要包括固定资产盘亏、处置固定资产净损失、出售无形资产损失、债务重组损失、罚款支出、非常损失、捐赠支出等。

7.纳税调整

2011年度及以后在计算应纳税所得额时,企业财务、会计处理办法与税收法律、行政法规的规定不一致的,应当依照税收法律、行政法规的规定计算。但企业按照会计要求确认的支出,没有超过《税法》规定的标准和范围(如折旧年限的选择)的,为减少会计与《税法》差异的调整,便于税收征管,企业按照会计上确认的支出,在税务处理时,将不再进行调整。

(1)收入类纳税调整项目

①收入类纳税调整增加项目

A.视同销售收入。视同销售主要包括如下三项内容:非货币性交易视同销售收入,货物、财产、劳务视同销售收入和其他视同销售收入。

非货币性交易视同销售收入:执行《企业会计制度》、《小企业会计制度》或《企业会计准则》的纳税人,不具有商业实质或交换涉及资产的公允价值均不能可靠计量的非货币性资产交换,按照税收规定应视同销售确认收入的金额。

货物、财产、劳务视同销售收入:执行《企业会计制度》、《小企业会计制度》的纳税人,将货物、财产、劳务用于捐赠、偿债、赞助、集资、广告、样品、职工福利或者利润分配等用途的,按照税法相关规定应视同销售确认收入的金额。

其他视同销售收入:填报税收规定的上述货物、财产、劳务之外的其他视同销售收入金额。

B.接受捐赠收入。因为根据会计准则,接受捐赠应作为收入核算,因此,涉及此调整项目的企业只有执行企业会计制度、将接受捐赠纳入资本公积核算的纳税人,应作调增处理。

C.不符合税收规定的销售折扣和折让。不符合税收规定的销售折扣和折让应进行纳税调整的金额。

D.不允许扣除的境外投资损失。企业在汇总计算缴纳企业所得税时,境外投资除合并、撤销、依法清算外形成的损失不得抵减境内营业机构的盈利。

②收入类纳税调整减少项目

A.按权益法核算长期股权投资对初始投资成本调整确认收益。根据《企业会计准则》规定,采用权益法核算时,长期股权投资的初始投资成本大于投资时应享有被投资单位可辨认净资产公允价值份额的,不调整长期股权投资的初始投资成本;长期股权投资的初始投资成本小于投资时应享有被投资单位可辨认净资产公允价值份额的,其差额应当计入当期损益,同时调整长期股权投资的成本。税法上不确认该笔收益,应作调减处理。

B.境外应税所得。境外所得在境外纳税可以享受税收抵免,由于会计核算利润的时候已经包括了这部分境外所得,所以先全额调减。境外所得应补的税款在"境外所得应纳所得税额"单独反映。

C.不征税收入。包括财政拨款、依法收取并纳入财政管理的行政事业性收费、政府性基金和国务院规定的其他不征税收入。

D.免税收入。已并入利润总额中核算的符合税收规定免税条件的收入或收益。

E.减计收入。纳税人以《资源综合利用企业所得税优惠目录》规定的资源作为主要原材料,生产销售国家非限制和禁止并符合国家和行业相关标准的产品按10%的规定比例减计的收入。

F.减免税项目所得。纳税人按照税收规定应单独核算的减征、免征项目的所得额。

包括农、林、牧、渔业、公共基础设施投资经营、环境保护、节能节水、技术转让等所得。

G.抵扣应纳税所得额。创业投资企业采取股权投资方式投资于未上市的中小高新技术企业2年以上的,可以按照其投资额的70%在股权持有满2年的当年,抵扣该创业投资企业的应纳税所得额;当年不足抵扣的,可以在以后纳税年度结转抵扣。

③视情况纳税调整项目

A.会计上按权责发生制,税法按收付实现制确认收入,前者小于后者则调整增加,否则调整减少。

B.按权益法核算的长期股权投资持有期间的投资损益。如果会计确认的损益大于按税法确认的股息、红利则调减,否则调增。

C.重组过程中,会计处理确认的收入大于税收规定的收入,其差额应调整减少纳税所得额,反之,则调整增加纳税所得额。

D.公允价值变动净收益。某些资产如交易性金融资产,当公允价值发生变动时,会计准则要求计入损益,但税法不承认公允价值变动损益,所以要作相应的调整。

E.确认为递延收益的政府补助。纳税人收到的税收规定的不征税收入、免税收入以外的其他政府补助,会计上计入递延收益,税法上应计入企业所得税应纳税所得额,由此产生的差异应进行纳税调整的数据。企业依据会计准则在递延收益科目核算,按税法规定,这些补贴不属于不征税或免税收入,因而需要纳税调增,当递延收益转回时再作纳税调减。

(2)扣除类纳税调整项目

①扣除类纳税调整增加项目

A.工资、薪金支出、职工福利费支出、职工教育经费支出、工会经费支出、业务招待费支出、广告费与业务宣传费支出、捐赠支出、利息支出、住房公积金等在国务院财政、税务主管部门规定的范围和标准内,准予扣除,超过标准的部分,作纳税调增。调增金额为账载金额减去允许扣除的金额。

B.罚金、罚款和被没收财物的损失、税收滞纳金、直接向受赠人的捐赠、各种赞助支出、不征税收入用于支出所形成的费用、企业之间支付的管理费、企业内营业机构之间支付的租金和特许权使用费,以及非银行企业内营业机构之间支付的利息、与取得收入无关的支出等不允许税前扣除,作纳税调增。调增金额为账载金额。

②扣除类纳税调整减少项目

A.视同销售成本。因为视同销售收入是作为纳税调增项目出现的,所以与之相对应的视同销售成本就应该作纳税调减。

B.本年扣除的以前年度结转额。广告费和业务宣传费以前年度结转额可以在以后年度结转扣除,因此本年度实际发生的广告费和业务宣传费如果未达到销售(营业)收入15%,则差额可以在本年度扣除以前年度结转额,作纳税调减。

C.加计扣除项目。开发新技术、新产品、新工艺发生的研究开发费用、安置残疾人员所支付的工资、国家鼓励安置的其他就业人员支付的工资等作纳税调减。调减金额为按税法规定的加计扣除比例计算的金额。

③视情况纳税调整项目

A.实行工效挂钩工资的企业工资、福利费、职工教育经费、工会经费。如果上年有工资结余,则此部分工资结余需要作纳税调整,与之相对应的福利费、职工教育经费、工会经费也需要作纳税调增;如果当年发放的工资动用了以前年度工资结余,则发生的福利费、职工教育经费、工会经费应该按包括工资结余在内的当年实际发生的工资总额14%

扣除,这样就作纳税调减。

B.与未实现融资收益相关在当期确认的财务费用。纳税人采取分期收款销售商品时,按会计准则规定,应收的合同或协议价款与其公允价值之间的差额,分期摊销冲减财务费用的金额。按税法的规定,企业以分期收款方式销售货物的,按照合同约定的收款日期确认收入的实现。由于会计上分期摊销冲减财务费用是按实际利率法计算的,因此如果分期等额收款的话会存在前面冲减的财务费用多,后面冲减财务费用少。而根据税法的规定,确认收入应该是等额的,这里就产生了一个暂时性差异,前期需要调减,后期需要调增。

C.各类基本社会保障性缴款。超标准缴纳的各种社会保障保险金额,作纳税调增。会计核算中未列入当期费用,按税收规定允许当期扣除的金额,作纳税调减。

D.补充养老保险、补充医疗保险。超过标准的部分应作纳税调增。会计核算中未列入当期费用,按税收规定允许当期扣除的金额,作纳税调减。

E.会计与税收规定有差异,需要纳税调整的其他扣除类项目金额,如分期收款销售方式下应结转的存货成本、一般重组和特殊重组的相关扣除项目调整等。

(3)资产类纳税调整项目

①财产损失的纳税调整。按照国家统一会计制度确认的财产损失金额超过按照税收规定允许税前扣除的财产损失金额,作纳税调增。

②固定资产、生产性生物资产折旧、长期待摊费用、无形资产摊销的纳税调整。按照国家统一会计制度规定计算的折旧、摊销超过按照税收规定的标准和范围的金额,作纳税调增。没有超过的不进行调整。

③投资转让、处置所得的纳税调整。会计上确认的投资转让所得或损失与按税法确定的投资转让所得或损失的差额,作纳税调增或调减。

(4)准备金纳税调整项目

根据税法规定,未经核准的准备金不得税前扣除,所以计提减值准备时要作纳税调增,减值准备转回时再作纳税调减。

(5)房地产企业预售收入计算的预计利润

如果纳税人将预收款对应的税额在会计上已作营业税金及附加核算,则调增金额就是本期取得的预售收入按照税收规定的预计利润率计算的预计利润,即本期预售收入乘以预计利润率。如果企业没有将预收款对应的税额在会计上作营业税金及附加核算而是挂往来账的话,则调增金额应该是预计利润减去相应税额。因为这部分税额没在税费账户核算,会造成会计利润虚增,但该税额确实已实际发生,根据企业所得税法相关规定可以税前扣除,所以需要在预计利润中减除。调减项目比较简单,就是当期已经确认的收入中对应的预计利润的转回数。

(6)特别纳税调整项目

税务机关对企业的转让定价、预约定价安排、成本分摊协议、受控外国企业、资本弱化以及一般反避税等特别纳税调整事项的调整。

9.2.2　应纳税额的计算

1.实行查账征收的居民企业应纳税额的计算

(1)按月(季)预缴所得税的计算

企业根据企业所得税法规定分月或者分季预缴企业所得税时,应当按照月度或者季度的实际利润额预缴;按照月度或者季度的实际利润额预缴有困难的,可以按照上一纳税年度应纳税所得额的月度或者季度平均额预缴,或者按照经税务机关认可的其他方法预缴。预缴方法一经确定,该纳税年度内不得随意变更。

$$应纳所得税额＝月(季)应纳税所得额×适用税率$$

$$或\ 应纳所得税额＝\frac{上一年应纳税所得额×1}{12}(或\frac{上一年应纳税所得额×1}{4})×适用税率$$

(2)年终汇算清缴所得税的计算

$$全年应纳所得税额＝全年应纳税所得额×适用税率－减免税额－抵免税额$$

$$多退少补所得税额＝全年应纳所得税额－月(季)已纳所得税额$$

①减免税额和抵免税额是指依照企业所得税法和国务院的税收优惠规定减征和抵免的应纳税额。如小型微利企业减免税额,环境保护专用设备、节能节水专用设备、安全生产专用设备的抵免,境外投资税收抵免。

②企业取得的下列所得已在境外缴纳的所得税税额,可以从其当期应纳税额中抵免,抵免限额为该项所得依照所得税法规定计算的应纳税额;超过抵免限额的部分,可以在以后5个年度内,用每年度抵免限额抵免当年应抵税额后的余额进行抵补:居民企业来源于中国境外的应税所得;非居民企业在中国境内设立机构、场所,取得发生在中国境外但与该机构、场所有实际联系的应税所得。

5个年度是指从企业取得的来源于中国境外的所得,已经在中国境外缴纳的企业所得税性质的税额超过抵免限额的当年的次年起连续5个纳税年度。

已在境外缴纳的所得税税额是指企业来源于中国境外的所得依照中国境外税收法律以及相关规定应当缴纳并已经实际缴纳的企业所得税性质的税款。

抵免限额是指企业来源于中国境外的所得,依照企业所得税法和实施条例的规定计算的应纳税额。除国务院财政、税务主管部门另有规定外,该抵免限额应当分国(地区)不分项计算,其计算公式为:

$$抵免限额＝\frac{中国境内、境外所得依照企业所得税法和实施条例的规定计算的应纳税总额}{中国境内、境外应纳税所得总额}×来源于某国(地区)的应纳税所得额$$

居民企业从其直接或者间接控制的外国企业分得的来源于中国境外的股息、红利等权益性投资收益,外国企业在境外实际缴纳的所得税税额中属于该项所得负担的部分,可以作为该居民企业的可抵免境外所得税税额,在上述抵免限额内抵免。

直接控制是指居民企业直接持有外国企业20%以上股份。间接控制是指居民企业以间接持股方式持有外国企业20%以上股份。

企业按照税法规定抵免企业所得税税额时,应当提供中国境外税务机关出具的税款所属年度的有关纳税凭证。

2.实行核定征收的居民企业应纳税额的计算

(1)核定征收企业所得税的适用范围

核定征收适用于居民企业纳税人。纳税人具有下列情形之一的,核定征收企业所得税:

①依照法律、行政法规的规定可以不设置账簿的;

②依照法律、行政法规的规定应当设置但未设置账薄的;

③擅自销毁账簿或者拒不提供纳税资料的;

④虽设置账簿,但账目混乱或者成本资料、收入凭证、费用凭证残缺不全,难以查

账的；

⑤发生纳税义务，未按照规定的期限办理纳税申报，经税务机关责令限期申报，逾期仍不申报的；

⑥申报的计税依据明显偏低，又无正当理由的。

（2）不适用核定征收办法的纳税人

特殊行业、特殊类型的纳税人和一定规模以上的纳税人不适用核定征收办法。专门从事股权（股票）投资业务的企业，不得核定征收企业所得税。具体有：

①享受《企业所得税法》及其实施条例和国务院规定的一项或几项企业所得税优惠政策的企业（不包括仅享受《企业所得税法》规定免税收入优惠政策的企业）；

②汇总纳税企业；

③上市公司；

④银行、信用社、小额贷款公司、保险公司、证券公司、期货公司、信托投资公司、金融资产管理公司、融资租赁公司、担保公司、财务公司、典当公司等金融企业；

⑤会计、审计、资产评估、税务、房地产估价、土地估价、工程造价、律师、价格鉴证、公证机构、基层法律服务机构、专利代理、商标代理以及其他经济鉴证类社会中介机构；

⑥国家税务总局规定的其他企业。

（3）核定征收办法应纳税额的计算

税务机关应根据纳税人具体情况，对核定征收企业所得税的纳税人，核定应税所得率或者核定应纳所得税额。

①核定应税所得率方式。依法按核定应税所得率方式核定征收企业所得税的企业，取得的转让股权（股票）收入等转让财产收入，应全额计入应税收入额，按照主营项目（业务）确定适用的应税所得率计算征税；若主营项目（业务）发生变化，应在当年汇算清缴时，按照变化后的主营项目（业务）重新确定适用的应税所得率计算征税。具有下列情形之一的，核定其应税所得率：能正确核算（查实）收入总额，但不能正确核算（查实）成本费用总额的；能正确核算（查实）成本费用总额，但不能正确核算（查实）收入总额的；通过合理方法，能计算和推定纳税人收入总额或成本费用总额的。

②核定其应纳所得税额。纳税人不属于核定应税所得率方式所属情形的，核定其应纳所得税额。税务机关采用下列方法核定征收企业所得税：参照当地同类行业或者类似行业中经营规模和收入水平相近的纳税人的税负水平核定；按照应税收入额或成本费用支出额定率核定；按照耗用的原材料、燃料、动力等推算或测算核定；按照其他合理方法核定。

采用上述所列一种方法不足以正确核定应纳税所得额或应纳税额的，可以同时采用两种以上的方法核定。采用两种以上方法测算的应纳税额不一致时，可按测算的应纳税额从高核定。

采用应税所得率方式核定征收企业所得税的，应纳所得税额计算公式如下：

$$应纳税所得额＝应税收入额×应税所得率$$

或：

$$应纳税所得额＝\frac{成本（费用）支出额}{1-应税所得率}×应税所得率$$

$$应税收入额＝收入总额-不征税收入-免税收入$$

$$应纳所得税额＝应纳税所得额×适用税率$$

实行应税所得率方式核定征收企业所得税的纳税人，经营多业的，无论其经营项目是否单独核算，均由税务机关根据其主营项目确定适用的应税所得率。

主营项目应为纳税人所有经营项目中,收入总额或者成本(费用)支出额或者耗用原材料、燃料、动力数量所占比重最大的项目。

纳税人的生产经营范围、主营业务发生重大变化,或者应纳税所得额或应纳税额增减变化达到20%的,应及时向税务机关申报调整已确定的应纳税额或应税所得率。应税所得率(见表9-1)。

表 9-1　　　　　　　　　　　　　应税所得率表

行　业	应税所得率(%)
农、林、牧、渔业	3～10
制造业	5～15
批发和零售贸易业	4～15
交通运输业	7～15
建筑业	8～20
饮食业	8～25
娱乐业	15～30
其他行业	10～30

3. 非居民企业应纳税额的计算

非居民企业应纳企业所得税的计算公式:

$$应纳税额＝应纳税所得额×适用税率$$

非居民企业在中国境内未设立机构、场所的,或者虽设立机构、场所但取得的所得与其所设机构、场所没有实际联系的,就其来源于中国境内的所得缴纳企业所得税时,按照下列方法计算其应纳税所得额:

(1)股息、红利等权益性投资收益和利息、租金、特许权使用费所得,以收入全额为应纳税所得额。收入全额是指非居民企业向支付人收取的全部价款和价外费用。

(2)转让财产所得,以收入全额减除财产净值后的余额为应纳税所得额。财产净值是指财产的计税基础减除已经按照规定扣除的折旧、折耗、摊销、准备金等后的余额。

(3)其他所得,参照前两项规定的方法计算应纳税所得额。

任务9.3　企业所得税的会计核算及纳税申报

9.3.1　账户设置

为了正确反映和核算企业所得税有关纳税事项,纳税人应设置"所得税费用"账户和"应交税费——应交所得税"账户。

"所得税费用"账户核算企业确认的应从当期利润总额中扣除的所得税费用的增减变化,借方登记当期确定的所得税费用发生额,贷方登记期末转入"本年利润"账户的所得税费用额,期末结账后该账户无余额。

"应交税费——应交所得税"账户核算企业按照税法规定计提和上缴的企业所得税的增减变化,借方登记实际缴纳的所得税额,贷方登记分期计提的应缴所得税额,期末如果余额在贷方,表示尚未缴纳的所得税额,期末余额如果在借方,表示多缴或预缴的所得税额。

运用资产负债表债务核算法时"所得税费用"账户下设置"当期所得税费用"、"递延所得税费用"明细账户进行明细核算,同时设置"递延所得税资产"、"递延所得税负债"账户。

"递延所得税资产"账户核算企业确认的可抵扣暂时性差异产生的递延所得税资产及根据税法规定可用以后年度税前利润弥补的亏损及税款抵减产生的所得税资产。借方登记资产负债表日企业确认的递延所得税资产和递延所得税资产账户应有余额大于其账面余额的差额;若企业合并中取得的资产、负债的入账价值与其计税基础不同形成可抵扣暂时性差异的,应于购买日确认递延所得税资产,并在借方登记;与直接计入所有者权益的交易或事项相关的递延所得税资产,也在借方登记。贷方登记资产负债表日递延所得税资产的应有余额小于其账面余额的差额,还包括资产负债表日预计未来期间很可能无法获得足够的应纳税所得额用以抵扣可抵扣暂时性差异而减记的金额。期末借方余额,反映企业已累积确认的递延所得税资产的余额。按可抵扣暂时性差异的项目进行明细核算。

"递延所得税负债"账户核算企业确认的应纳税暂时性差异产生的递延所得税负债。借方登记资产负债表日企业确认的递延所得税负债应有余额小于其账面余额的差额,贷方登记资产负债表日确认的递延所得税负债应有余额大于其账面余额的差额;与直接计入所有者权益的交易或事项相关的递延所得税负债,也在贷方登记;企业合并中取得的资产、负债的入账价值与其计税基础不同形成应纳税暂时性差异,应于购买日确认递延所得税负债,同时也在贷方登记。期末贷方余额,反映企业已累积确认的递延所得税负债的余额。按应纳税暂时性差异等项目进行明细核算。

1."递延所得税资产"的主要账务处理

(1)资产负债表日,企业确认递延所得税资产发生时,借记"递延所得税资产"账户,贷记"所得税费用——递延所得税费用"账户;以后资产负债表日,若递延所得税资产的应有余额大于其账面余额的,应按其差额确认递延所得税资产增加,借记"递延所得税资产"账户,贷记"所得税费用——递延所得税费用"等账户;以后资产负债表日,若递延所得税资产的应有余额小于其账面余额的,应按其差额确认递延所得税资产减少,借记"所得税费用——递延所得税费用"账户,贷记"递延所得税资产"等账户。

(2)企业合并中取得资产、负债的入账价值与其计税基础不同形成可抵扣暂时性差异的,应于购买日确认递延所得税资产,借记"递延所得税资产"账户,贷记"商誉"等账户。

(3)与直接计入所有者权益的交易或事项相关的递延所得税资产,借记"递延所得税资产"账户,贷记"资本公积——其他资本公积"账户。

(4)资产负债表日,预计未来期间可能无法获得足够的应纳税所得额用以抵扣可抵扣暂时新差异的,按原已确认的递延所得税资产中应减记的金额,借记"所得税费用——递延所得税费用"、"资本公积——其他资本公积"等账户,贷记"递延所得税资产"账户。

2."递延所得税负债"的主要账务处理

(1)资产负债表日,企业确认递延所得税负债发生时,借记"所得税费用——递延所得税费用"账户,贷记"递延所得税负债"账户;以后资产负债表日,若递延所得税负债的应有余额大于其账面余额的,应按其差额确认递延所得税负债增加,借记"所得税费用——递延所得税费用"账户,贷记"递延所得税负债"账户;以后资产负债表日,若递延所得税负债的应有余额小于其账面余额的,应按其差额确认递延所得税负债减少,借记"递延所得税负债"账户,贷记"所得税费用——递延所得税费用"账户。

(2)与直接计入所有者权益的交易或事项相关的递延所得税负债,借记"资本公积——其他资本公积"账户,贷记"递延所得税负债"账户。

(3)企业合并中取得资产、负债的入账价值与其计税基础不同形成应纳税暂时性差异的,应于购买日确认递延所得税负债,同时调整商誉,借记"商誉"等账户,贷记"递延所得税负债"账户。

企业所得税会计核算的依据主要有"企业所得税月(季)对预缴纳税申报表"、"企业所得税年度纳税申报表"、"税款缴款书"等。

9.3.2　资产负债表债务法的会计核算

运用资产负债表债务法进行所得税核算时,对资产负债表项目直接确认,对利润表项目则间接确认。首先确定资产和负债账面价值和每项资产或负债的计税基础;第二,确定资产或负债的账面金额与其计税基础之间差额,计算暂时性差异;第三,按照税法规定对会计利润进行调整,计算企业应纳税所得额,按适用税率计算企业应交所得税;第四,根据当期应交所得税和当期进一步确认或转销的递延所得税负债和递延所得税资产计算当期所得税费用。

1.资产、负债账面价值与计税基础

资产账面价值是会计核算中账面记载的资产价值。负债账面价值是会计核算中账面记载的负债价值。

资产的计税基础是指企业收回资产账面价值过程中,计算应税所得时按照税法规定可以自应税经济利益中抵扣的金额,即未来不需要缴税的资产价值。通常情况下,资产取得时其入账价值与计税基础是相同的,后续计量因会计准则规定与税法规定不同,可能造成账面价值与计税基础的差异。

负债的计税基础是指负债的账面价值减去未来期间计算应税所得时按照税法规定可予抵扣的金额,即未来不可以扣税的负债价值。一般而言,短期借款、应付票据、应付账款、其他应交款等负债的确认和偿还,不会对当期损益和应纳税所得额产生影响,其计税基础即为账面价值。某些情况下,负债的确认可能会涉及损益,进而影响不同期间的应纳税所得额,使得其计税基础与账面价值之间产生差额,如企业因或有事项确认的预计负债。会计上对于预计负债,按照最佳估计数确认,计入相关资产成本或者当期损益。按照税法规定,与预计负债相关的费用多在实际发生时税前扣除,该类负债的计税基础为0,形成会计上的账面价值与计税基础之间的暂时性差异。常见的资产和负债的账面价值和计税基础(见表9-2)。

表 9-2　　　　　　　　　　　资产和负债的账面价值和计税基础比较

项目	账面价值	计税基础	说明
固定资产	固定资产原价－累计折旧－固定资产减值准备	固定资产原价－税收累计折旧	税法上对于会计上计提的减值准备都是在实际发生的时候才能扣除,所以减值准备的计提通常是会引起账面价值和计税基础的不同。
无形资产(外购等方式取得)	固定资产原价－累计摊销－无形资产减值准备	实际成本－税收规定的累计摊销	
无形资产(内部研发)	无形资产的入账价值－累计摊销	无形资产入账价值×150%－税收规定的摊销	
交易性金融资产	以公允价值计量且其变动计入当期损益的金融资产期末按照公允价值计量,公允价值变动计入当期损益	按照成本计量	
可供出售金融资产	期末按照公允价值计量,公允价值变动计入当期损益	按照成本计量	
预计负债	按照或有事项的规定确认预计负债	视情况而定	债务担保,税法上无论是否实际支出都是不能税前扣除的。不产生暂时性差异。因为产品售后费用和未决诉讼等情况的是可以在实际发生的时候扣除的。产生暂时性差异。
预收账款	不符合收入确认条件,按收到的款项确认为负债,账面价值为入账金额	看税法是否确认收入	税法不确认收入计税基础等于账面价值,否则计税基础为0。
应付职工薪酬	入账价值	有一定的标准。	超出标准部分不允许扣除,不产生暂时性差异,计税基础等于账面价值。
其他负债	罚款和滞纳金在发生的当期全部加回来纳税,所以是不产生暂时性差异。		

2.暂时性差异的计算

　　暂时性差异是指资产或负债的账面价值与其计税基础之间的差额;未作为资产和负债确认的项目,按照税法规定可以确定其计税基础的,该计税基础与其账面价值之间的差额也属于暂时性差异。由于资产、负债的账面价值与其计税基础不同,产生了在未来收回资产或清偿负债的期间内,应纳税所得额增加或减少并导致未来期间应交所得税增加或减少的情况,形成企业的递延所得税资产和递延所得税负债。按照暂时性差异对未来期间应税金额的影响,分为应纳税暂时性差异和可抵扣暂时性差异。除因资产、负债的账面价值与其计税基础不同产生的暂时性差异以外,按照税法规定可以结转以后年度的未弥补亏损和税款抵减,也视同可抵扣暂时性差异处理。

(1)应纳税暂时性差异

应纳税暂时性差异是指在确定未来收回资产或清偿负债期间的应纳税所得额时,将导致产生应税金额的暂时性差异。该差异在未来期间转回时,会增加转回期间的应纳税所得额,即在未来期间不考虑该事项影响的应纳税所得额的基础上,由于该暂时性差异的转回,会进一步增加转回期间的应纳税所得额和应缴所得税金额。在应纳税暂时性差异产生当期,应当确认相关的递延所得税负债。应纳税暂时性差异通常产生于以下情况:

①资产的账面价值大于其计税基础。一项资产的账面价值代表的是企业在持续使用或最终出售该项资产时将取得的经济利益的总额,而计税基础代表的是一项资产在未来期间可予税前扣除的金额。资产的账面价值大于其计税基础,该项资产未来期间产生的经济利益不能全部税前抵扣,两者之间的差额需要缴税,产生应纳税暂时性差异。例如,一项无形资产账面价值为 200 万元,计税基础如果为 150 万元,两者之间的差额会造成未来期间应纳税所得额和应缴所得税的增加。在其产生当期,在符合确认条件的情况下,应确认相关的递延所得税负债。

②负债的账面价值小于其计税基础。一项负债的账面价值为企业预计在未来期间清偿该项负债时的经济利益流出,而其计税基础代表的是账面价值在扣除税法规定未来期间允许税前扣除的金额之后的差额。因负债的账面价值与其计税基础不同产生的暂时性差异,本质上是税法规定就该项负债在未来期间可以税前扣除的金额(即与该项负债相关的费用支出在未来期间可予税前扣除的金额)。负债的账面价值小于其计税基础,则意味着就该项负债在未来期间可以税前抵扣的金额为负数,即应在未来期间应纳税所得额的基础上调增,增加应纳税所得额和应缴所得税金额,产生应纳税暂时性差异,应确认相关的递延所得税负债。

(2)可抵扣暂时性差异

可抵扣暂时性差异是指在确定未来收回资产或清偿负债期间的应纳税所得额时,将导致产生可抵扣金额的暂时性差异。该差异在未来期间转回时会减少转回期间的应纳税所得额,减少未来期间的应缴所得税。在可抵扣暂时性差异产生当期,应当确认相关的递延所得税资产。可抵扣暂时性差异一般产生于以下情况:

①资产的账面价值小于其计税基础。当资产的账面价值小于其计税基础时,从经济含义来看,资产在未来期间产生的经济利益少,按照税法规定允许税前扣除的金额多,则就账面价值与计税基础之间的差额,企业在未来期间可以减少应纳税所得额并减少应缴所得税,符合有关条件时,应当确认相关的递延所得税资产。例如,一项资产的账面价值为 200 万元,计税基础为 260 万元,则企业在未来期间就该项资产可以在其自身取得经济利益的基础上多扣除 60 万元。从整体上来看,未来期间应纳税所得额会减少,应缴所得税也会减少,形成可抵扣暂时性差异,符合确认条件时,应确认相关的递延所得税资产。

②负债的账面价值大于其计税基础。当负债的账面价值大于其计税基础时,负债产生的暂时性差异实质上是税法规定就该项负债可以在未来期间税前扣除的金额。一项负债的账面价值大于其计税基础,意味着未来期间按照税法规定与该项负债相关的全部或部分支出可以从未来应税经济利益中扣除,减少未来期间的应纳税所得额和应缴所得税。例如,企业对将发生的产品保修费用在销售当期确认预计负债 200 万元,但税法规定有关费用支出只有在实际发生时才能够税前扣除,其计税基础为 0;企业确认预计负债的当期相关费用不允许税前扣除,但在以后期间有关费用实际发生时允许税前扣除,使得未来期间的应纳税所得额和应缴所得税减少,产生可抵扣暂时性差异,符合有关确认条件时,应确认相关的递延所得税资产。

(3)特殊项目产生的暂时性差异

①未作为资产、负债确认的项目产生的暂时性差异。某些交易或事项发生以后,因为不符合资产、负债的确认条件而未体现为资产负债表中的资产或负债,但按照税法规定能够确定其计税基础的,其账面价值与计税基础之间的差异也构成暂时性差异。如企业在开始正常的生产经营活动以前发生的筹建等费用,会计准则规定应于发生时计入当期损益,不体现为资产负债表中的资产。按照税法规定,企业发生的该类费用可以在开始正常生产经营活动后的 3 年内分期摊销,可税前扣除。该类事项不形成资产负债表中的资产,但按照税法规定可以确定其计税基础,两者之间的差异也形成暂时性差异。例如,A 公司在开始正常生产经营活动之前发生了 3 000 万元的筹建费用,在发生时已计入当期损益。按照税法规定,企业在筹建期间发生的费用,允许在开始正常生产经营活动之后摊销年限不得少于 3 年分期税前扣除。该项费用支出因按照会计准则规定在发生时已计入当期损益,不体现为资产负债表中的资产,即如果将其视为资产,其账面价值为 0。按照税法规定,该费用可以在开始正常的生产经营活动后 3 年分期税前扣除,假定企业在 2013 年开始正常生产经营活动,当期税前扣除了 1 000 万元,其于未来期间可税前扣除的金额为 2000 万元,即其在 2013 年 12 月 31 日的计税基础为 1 000 万元。该项资产的账面价值 0 与其计税基础 1 000 万元之间产生了 1 000 万元的暂时性差异,该暂时性差异在未来期间可减少企业的应纳税所得额,为可抵扣暂时性差异,符合确认条件时,应确认相关的递延所得税资产。

②可抵扣亏损及税款抵减产生的暂时性差异。对于按照税法规定可以结转以后年度的未弥补亏损及税款抵减,虽不是因资产、负债的账面价值与计税基础不同产生的,但本质上可抵扣亏损和税款抵减与可抵扣暂时性差异具有同样的作用,均能够减少未来期间的应纳税所得额和应缴所得税,视同可抵扣暂时性差异。在符合确认条件的情况下,应确认与其相关的递延所得税资产。例如,甲公司于 2013 年发生经营亏损 4 000 万元,按照税法规定,企业纳税年度发生的亏损,可以向以后年度结转,用以后年度的所得弥补,但结转年限最长不得超过 5 年。该公司预计其于未来 5 年期间能够产生足够的应纳税所得额用以该经营亏损。该经营亏损虽不是因比较资产、负债的账面价值与其计税基础产生的,但从其性质上来看可以减少未来期间的应纳税所得额和应缴所得税,视同可抵扣暂时性差异。在企业预计未来期间能够产生足够的应纳税所得额用以该可抵扣亏

损时,应确认相关的递延所得税资产。

3.递延所得税资产和递延所得税负债的确认与计量

(1)递延所得税资产的确认与计量

①确认的一般原则。递延所得税资产产生于可抵扣暂时性差异。确认因可抵扣暂时性差异产生的递延所得税资产应以未来期间可能取得的应纳税所得额为限。对与子公司、联营企业、合营企业的投资相关的可抵扣暂时性差异,同时满足下列条件的,应当确认相关递延所得税资产:一是暂时性差异在可预见的未来很可能转回;二是未来很可能获得用来抵扣可抵扣暂时性差异的应纳税所得额。对于按照税法规定可以结转以后年度的未弥补亏损和税款抵减,应视同可抵扣暂时性差异处理。某些情况下,如果企业发生的某项交易或事项不属于企业合并,并且交易发生时既不影响会计利润也不影响应纳税所得额,且该项交易中产生的资产、负债的初始确认金额与其计税基础不同,产生可抵扣暂时性差异的,在交易或事项发生时不确认相应的递延所得税资产。

②计量。确认递延所得税资产时,应当以预期收回该资产期间的适用所得税税率为基础计算确定。无论相关的可抵扣暂时性差异转回期间如何,递延所得税资产均不要求折现。资产负债表日,企业应当对递延所得税资产的账面价值进行复核。如果未来期间很可能无法取得足够的应纳税所得额用以利用可抵扣暂时性差异带来的利益,应当减记递延所得税资产的账面价值。

(2)递延所得税负债的确认与计量

①除所得税准则中明确规定可不确认递延所得税负债的情况以外,企业对于所有的应纳税暂时性差异均应确认相关的递延所得税负债。除与直接计入所有者权益的交易或事项以及企业合并中取得资产、负债相关的以外,在确认递延所得税负债的同时,应增加利润表中的所得税费用。

②计量。递延所得税负债应以相关应纳税暂时性差异转回期间适用的所得税税率计量。

相关递延所得税负债不要求折现。

4.所得税费用的确认与计量

利润表中的所得税费用由两个部分组成:当期所得税和递延所得税。即:

$$所得税费用=当期所得税费用+递延所得税费用$$

当期所得税费用是指企业按照税法规定计算确定的针对当期发生的交易和事项,应交纳给税务部门的所得税金额,即应交所得税,应以适用的税收法规为基础计算确定。即:

$$应交所得税=应纳税所得额×所得税税率$$
$$应纳所得税额=税前会计利润+调整项增加额-纳税调整减少额$$

递延所得税费用是指按照企业会计准则规定应予确认的递延所得税资产和递延所得税负债在期末应有的金额相对于原已确认金额之间的差额,即递延所得税资产及递延所得税负债的当期发生额,但不包括直接计入所有者权益的交易或事项及企业合并产生的所得税影响。用公式表示即为:

递延所得税＝（递延所得税负债的期末余额－递延所得税负债的期初余额）－

（递延所得税资产的期末余额－递延所得税资产的期初余额）

如果某项交易或事项按照企业会计准则规定记入所有者权益,由该交易或事项产生的递延所得税资产或递延所得税负债及其变化也应计入所有者权益,不构成利润表中的所得税费用(或收益)。

表 9-3　　　　　　　　　递延所得税资产和递延所得税负债确认计量对照表

类　型	确认和计量			
	递延所得税资产		递延所得税负债	
	增加(借方)	减少(贷方)	增加(贷方)	减少(借方)
1.资产账面价值大于资产计税基础				
(1)发生时			✓	
(2)转销时				✓
2.资产账面价值小于计税基础				
(1)发生时	✓			
(2)转销时		✓		
3.负债账面价值大于计税基础				
(1)发生时	✓			
(2)转销时		✓		
4.负债账面价值小于计税基础				
(1)发生时			✓	
(2)转销时				✓

【案例导入解析】

会计利润＝3 000－1 000－800－400－50－80＋300－200＋30＋40－110＝730(万元)

(1)税法规定广告费支出不超过当年销售收入 15% 的部分(3 000×15%)允许当期税前扣除;超过部分 50 万元(500－450)允许以后年度税前扣除,形成可抵扣暂时性差异,确认递延所得税资产 12.5 万元(50×25%),冲减当期所得税费用。

税法规定预计的"产品质量保证费用"只能在未来实际发生时才能得以扣除,这 10 万元在未来期间形成可抵扣暂时性差异,由于各年能够产生足够的应纳税所得额,因此,确认递延所得税资产 2.5 万元(10×25%),冲减当期所得税费用。

(2)税法规定业务招待费按发生额的 60% 扣除:30×60%＝18(万元)

但最高不超过营业收入的 5‰;3 000×5‰＝15(万元)

扣除限额为 15 万元,超出的 15(30－15)万元,调增应纳税所得额。

(3)税法规定对企业发生的向金融企业的借款利息支出,可按向金融企业实际支付的利息,在发生年度的当期扣除。向银行借入生产用资金 400 万元,支付借款利息 20 万元可以扣除。

固定资产建造尚未竣工决算投产前的利息,不得扣除;向银行借款 600 万元用于建造厂房,竣工决算投产后的利息,可计入当期损益。

1 月～10 月的借款利息资本化,11 月、12 月的借款利息税前可扣除。

本年税前可扣除的借款费用＝30÷12×2＝5(万元)

允许扣除的财务费用支出＝20＋5＝25 万元

超出的 25 万元(50－25),按税法规定不得在税前扣除,调增应纳税所得额。

(4)税法规定企业发生的公益性捐赠支出,不超过年度利润总额 12％的部分,准予扣除。

公益捐赠扣除限额＝730×12％＝87.6(万元)

公司公益性捐赠共计 80 万元,未超出税法允许税前扣除的 87.6 万元,可以全额扣除;

非公益性捐赠税法规定不得在税前扣除,调增应纳税所得额 20 万元。

税法规定支付的"罚金、罚款"等不得税前扣除,调增应纳税所得额 1 万元。

(5)税法规定国债利息收入属于免税收入,无须计入应纳税所得额,调减应纳税所得额 30 万元。

(6)税法规定交易性金融资产在持有期间公允价值的上升无须纳税,在未来期间产生应纳税暂时性差异 40 万元(账面价值 240－计税基础 200);同时产生递延所得税负债 10 万元(40×25％),因涉及当期损益,增加当期所得税费用。

(7)存货计提的跌价准备,税法规定需到未来发生实质性损失时才能税前扣除,在未来期间产生可抵扣暂时性差异 110 万元(账面价值 390－计税基础 500),进而确认递延所得税资产 27.5 万元(110×25％),冲减当期所得税费用。

(8)可供出售金融资产公允价值上升形成的仍是应纳税暂时性差异(账面价值 180－计税基础 160),产生递延所得税负债 5 万元(20×25％),但由于当初会计处理时未涉及损益(增加的是资本公积),故此时应冲减资本公积 5 万元。

(9)税法规定企业发生的职工福利费支出,不超过工资薪金总额 14％的部分,准予扣除。

可在所得税前列支的职工福利费限额＝300×14％＝42(万元)

实际发生 45 万元,超额 3 万元,调增应纳税所得额。

企业拨缴的工会经费,不超过工资薪金总额 2％的部分,准予扣除。

可在所得税前列支的职工工会经费限额＝300 ×2％＝6(万元)

拨缴职工工会经费 6 万元没超限额,准予扣除。

除国务院财政、税务主管部门另有规定外,企业发生的职工教育经费支出,不超过工资薪金总额 2.5％的部分,准予扣除;超过部分,准予在以后纳税年度结转扣除。

可在所得税前列支的职工教育经费限额＝300×2.5％＝7.5(万元)

超过部分 5.5 万元(13－7.5)允许以后年度税前扣除,形成可抵扣暂时性差异,确认递延所得税资产 1.375 万元(5.5×25％),冲减当期所得税费用。

(10)应纳税暂时性差异＝40＋20 ＝60(万元)

递延所得税负债＝60×25％＝15(万元)

可抵扣暂时性差异＝50＋10＋110＋5.5＝175.5(万元)

递延所得税资产＝175.5×25％＝43.875(万元)

借:递延所得税资产	438 750
资本公积	50 000
贷:所得税费用	338 750
递延所得税负债	150 000

2013 年应纳税所得额＝730＋50＋10＋15＋25＋20＋1－30－40＋110＋3＋5.5－100＝799.5(万元)

应交所得税＝799.5×25％ ＝199.875(万元)

借:所得税费用	2 248 750
贷:应交税费——应交所得税	1 998 750
递延所得税资产	250 000

当期所得税费用＝当期应交所得税费用＋递延所得税费用

　　　　　　　＝199.875＋[(25－5－10)－(43.875 －25)]

　　　　　　　＝191(万元)

(11)A 国已纳税款＝100×30％＝30(万元)

A 国扣除限额＝199.875×[100÷799.5]＝25(万元)

A 国已纳税款 30 万元大于允许扣除限额 25 万元,因此只能扣除 25 万元,超出的 5 万不允许当年扣除。可以在以后 5 个年度内,用每年度抵免限额抵免当年应抵税额后的余额进行抵补。

B 国已纳税款＝60×20％＝12(万元)

B 国扣除限额＝199.875×[60÷799.5]＝15(万元)

B 国已纳税款 12 万元小于允许扣除限额 15 万元,因此 B 国已纳税款可以全额扣除。

(12)第一季度应纳税所得额 180 万元

预缴企业所得税额＝180×25％＝45(万元)

第二季度应纳税所得额＝330－180＝150(万元)

预缴企业所得税额＝150×25％＝37.5(万元)

第三季度应纳税所得额＝540－330＝210(万元)

预缴企业所得税额＝210×25％＝52.5(万元)

年终汇算清缴所得税额＝199.875(万元)

已预缴企业所得税额＝45＋37.5＋52.5＝135(万元)

补交税款＝199.875－25－12－135＝27.875(万元)

9.3.3　应付税款法的会计核算

现在还有一些非上市公司采用应付税款法核算所得税费用,现作以简单介绍。

应付税款法是指本期税前会计利润与应纳税所得额之间的差异造成的影响纳税的金额直接计入当期损益,而不递延到以后各期的会计处理方法。在应付税款法下,不需要确认税前会计利润与应纳税所得额之间的差异造成的影响纳税的金额,因此当期计入损益的所得税费用等于当期按应纳税所得额计算的应交所得税。

企业按照税法规定计算应缴的所得税时:

借:所得税费用

　　贷:应交税费——应交所得税

月末或季末企业按规定预缴本月(或本季)应纳所得税税额时:

借:应交税费——应交所得税

　　贷:银行存款

月末,企业应将"所得税费用"科目借方余额作为费用转入"本年利润"科目:

借:本年利润

　　贷:所得税费用

假设【案例导入】甲公司是非上市公司,采用应付税款法核算所得税费用。则公司按照税法规定计算 2013 年应缴所得税时:

借:所得税费用　　　　　　　　　　　　　　　　　1 998 750

　　贷:应交税费——应交所得税　　　　　　　　　　　1 998 750

9.3.4　检查调整

按照我国税收征收管理制度的规定,税务机关及税务人员有权对纳税人、扣缴义务人的会计账簿、会计凭证、会计报表和有关资料进行检查。纳税人、扣缴义务人接受税务检查后,根据检查的结果,要及时进行相应的账务调整。企业所得税当期检查中发现的当期问题,应调整当期的相关项目;在企业所得税检查中发现的问题,若属于以前年度的,应对以前年度的损益进行调整。

9.3.5　纳税申报

企业应当自月份或者季度终了之日起十五日内,向税务机关报送预缴企业所得税纳税申报表,预缴税款(见表 9-4),表 9-4 适用于实行查账征收企业所得税的居民纳税人在月(季)度预缴企业所得税时使用。表 9-6 适用于实行核定征收企业所得税的纳税人在月(季)度申报缴纳企业所得税时使用。

表 9-4

中华人民共和国
企业所得税月(季)度预缴纳税申报表(A 类)

税款所属期间：　　年　月　日至　　年　月　日

纳税人识别号：

纳税人名称：　　　　　　　　　　　　　　　金额单位：人民币元(列至角分)

行次	项　目		本期金额	累计金额
1	一、按照实际利润额预缴			
2	营业收入			
3	营业成本			
4	利润总额			
5	加:特定业务计算的应纳税所得额			
6	减:不征税收入			
7	免税收入			
8	弥补以前年度亏损			
9	实际利润额(4 行+5 行-6 行-7 行-8 行)			
10	税率(25%)			
11	应纳所得税额			
12	减:减免所得税额			
13	减:实际已预缴所得税额		——	
14	减:特定业务预缴(征)所得税额			
15	应补(退)所得税额(11 行-12 行-13 行-14 行)		——	
16	减:以前年度多缴在本期抵缴所得税额			
17	本期实际应补(退)所得税额		——	
18	二、按照上一纳税年度应纳税所得额平均额预缴			
19	上一纳税年度应纳税所得额		——	
20	本月(季)应纳税所得额(19 行×1/4 或 1/12)			
21	税率(25%)			
22	本月(季)应纳所得税额(20 行×21 行)			
23	三、按照税务机关确定的其他方法预缴			
24	本月(季)确定预缴的所得税额			
25	总分机构纳税人			
26	总机构	总机构应分摊所得税额(15 行或 22 行或 24 行×总机构应分摊预缴比例)		
27		财政集中分配所得税额		
28		分支机构应分摊所得税额(15 行或 22 行或 24 行×分支机构应分摊比例)		
29		其中:总机构独立生产经营部门应分摊所得税额		
30		总机构已撤销分支机构应分摊所得税额		
31	分支机构	分配比例		
32		分配所得税额		

(续表)

谨声明:此纳税申报表是根据《中华人民共和国企业所得税法》、《中华人民共和国企业所得税法实施条例》和国家有关税收规定填报的,是真实的、可靠的、完整的。 法定代表人(签字): 　　年 月 日		
纳税人公章: 会计主管:	代理申报中介机构公章: 经办人: 经办人执业证件号码:	主管税务机关受理专用章: 受理人:
填表日期: 年 月 日	代理申报日期: 年 月 日	受理日期: 年 月 日

企业应当自年度终了之日起五个月内,向税务机关报送年度企业所得税纳税申报表,并汇算清缴,结清应缴应退税款(见表9-5),表9-5适用于实行查账征收企业所得税的居民纳税人填报。

企业在报送企业所得税纳税申报表时,应当按照规定附送财务会计报告和其他有关资料。

企业所得以人民币以外的货币计算的,预缴企业所得税时,应当按照月度或者季度最后一日的人民币汇率中间价,折合成人民币计算应纳税所得额。年度终了汇算清缴时,对已经按照月度或者季度预缴税款的,不再重新折合计算,只就该纳税年度内未缴纳企业所得税的部分,按照纳税年度最后一日的人民币汇率中间价,折合成人民币计算应纳税所得额。

经税务机关检查确认,企业少计或者多计前款规定的所得的,应当按照检查确认补税或者退税时的上一个月最后一日的人民币汇率中间价,将少计或者多计的所得折合成人民币计算应纳税所得额,再计算应补缴或者应退的税款。

企业在年度中间终止经营活动的,应当自实际经营终止之日起六十日内,向税务机关办理当期企业所得税汇算清缴。

企业应当在办理注销登记前,就其清算所得向税务机关申报并依法缴纳企业所得税(见表9-7)。清算所得是指企业的全部资产可变现价值或者交易价格减除资产净值、清算费用以及相关税费等后的余额。

纳税人在纳税年度内无论盈利或亏损,都应当按照规定的期限,向当地主管税务机关报送所得税申报表和年度会计报表。

根据【案例导入】的计算结果填写企业所得税纳税申报表及附表(见表9-5)。

表 9-5　　　　中华人民共和国企业所得税年度纳税申报表（A 类）

税款所属期间：2013 年 01 月 01 日至 2013 年 12 月 31 日

纳税人名称：甲股份有限责任公司

纳税人识别号：370102000000003　　　　　　　　　　　金额单位：元（列至角分）

类别	行次	项目	金额
利润总额计算	1	一、营业收入（填附表一）	30 000 000
	2	减：营业成本（填附表二）	10 000 000
	3	营业税金及附加	800 000
	4	销售费用（填附表二）	8 000 000
	5	管理费用（填附表二）	4 000 000
	6	财务费用（填附表二）	500 000
	7	资产减值损失	1 100 000
	8	加：公允价值变动收益	400 000
	9	投资收益	300 000
	10	二、营业利润	6 300 000
	11	加：营业外收入（填附表一）	3 000 000
	12	减：营业外支出（填附表二）	2 000 000
	13	三、利润总额（10＋11－12）	7 300 000
应纳税所得额计算	14	加：纳税调整增加额（填附表三）	2 395 000
	15	减：纳税调整减少额（填附表三）	2 300 000
	16	其中：不征税收入	
	17	免税收入	300 000
	18	减计收入	
	19	减、免税项目所得	
	20	加计扣除	
	21	抵扣应纳税所得额	
	22	加：境外应税所得弥补境内亏损	
	23	纳税调整后所得（13＋14－15＋22）	7 395 000
	24	减：弥补以前年度亏损（填附表四）	1 000 000
	25	应纳税所得额（23－24）	6 395 000
应纳税额计算	26	税率（25%）	25%
	27	应纳所得税额（25×26）	1 598 750
	28	减：减免所得税额（填附表五）	
	29	减：抵免所得税额（填附表五）	
	30	应纳税额（27－28－29）	1 598 750
	31	加：境外所得应纳所得税额（填附表六）	40
	32	减：境外所得抵免所得税额（填附表六）	37
	33	实际应纳所得税额（30＋31－32）	1 628 750
	34	减：本年累计实际已预缴的所得税额	1 350 000
	35	其中：汇总纳税的总机构分摊预缴的税额	
	36	汇总纳税的总机构财政调库预缴的税额	
	37	汇总纳税的总机构所属分支机构分摊的预缴税额	
	38	合并纳税（母子体制）成员企业就地预缴比例	
	39	合并纳税企业就地预缴的所得税额	
	40	本年应补（退）的所得税额（33－34）	278 750

（续表）

附列资料	41	以前年度多缴的所得税额在本年抵减额			
	42	以前年度应缴未缴在本年入库所得税额			

纳税人公章：	代理申报中介机构公章：	主管税务机关受理专用章：
经办人：	办人及执业证件号码：	受理人：
申报日期：2014 年 3 月 20 日	代理申报日期：　年　月　日	受理日期：　年　月　日

企业所得税年度纳税申报表附表一(1)

收入明细表

填报时间：2014 年 3 月 20 日 　　　　　　　　　　金额单位：元(列至角分)

行次	项　目	金　额
1	一、销售(营业)收入合计(2+13)	30 000 000
2	(一)营业收入合计(3+8)	30 000 000
3	1.主营业务收入(4+5+6+7)	
4	(1)销售货物	
5	(2)提供劳务	
6	(3)让渡资产使用权	
7	(4)建造合同	
8	2.其他业务收入(9+10+11+12)	
9	(1)材料销售收入	
10	(2)代购代销手续费收入	
11	(3)包装物出租收入	
12	(4)其他	
13	(二)视同销售收入(14+15+16)	
14	(1)非货币性交易视同销售收入	
15	(2)货物、财产、劳务视同销售收入	
16	(3)其他视同销售收入	
17	二、营业外收入(18+19+20+21+22+23+24+25+26)	3 000 000
18	1.固定资产盘盈	
19	2.处置固定资产净收益	
20	3.非货币性资产交易收益	
21	4.出售无形资产收益	
22	5.罚款净收入	
23	6.债务重组收益	
24	7.政府补助收入	
25	8.捐赠收入	
26	9.其他	

经办人(签章)： 　　　　　　　　　　法定代表人(签章)：

企业所得税年度纳税申报表附表二(1)

成本费用明细表

填报时间:2014 年 3 月 20 日 金额单位:元(列至角分)

行次	项 目	金 额
1	一、销售(营业)成本合计(2+7+12)	10 000 000
2	(一)主营业务成本(3+4+5+6)	
3	(1)销售货物成本	
4	(2)提供劳务成本	
5	(3)让渡资产使用权成本	
6	(4)建造合同成本	
7	(二)其他业务成本(8+9+10+11)	
8	(1)材料销售成本	
9	(2)代购代销费用	
10	(3)包装物出租成本	
11	(4)其他	
12	(三)视同销售成本(13+14+15)	
13	(1)非货币性交易视同销售成本	
14	(2)货物、财产、劳务视同销售成本	
15	(3)其他视同销售成本	
16	二、营业外支出(17+18+……+24)	200 000
17	1.固定资产盘亏	
18	2.处置固定资产净损失	
19	3.出售无形资产损失	
20	4.债务重组损失	
21	5.罚款支出	
22	6.非常损失	
23	7.捐赠支出	
24	8.其他	
25	三、期间费用(26+27+28)	12 500 000
26	1.销售(营业)费用	8 000 000
27	2.管理费用	4 000 000
28	3.财务费用	500 000

经办人(签章): 法定代表人(签章):

企业所得税年度纳税申报表附表三

纳税调整项目明细表

填报时间:2014 年 3 月 20 日 金额单位:元(列至角分)

	行次	项目	账载金额	税收金额	调增金额	调减金额
			1	2	3	4
	1	一、收入类调整项目	*	*		
	2	1.视同销售收入(填写附表一)	*	*		*
#	3	2.接受捐赠收入	*			*
	4	3.不符合税收规定的销售折扣和折让				*
*	5	4.未按权责发生制原则确认的收入				
*	6	5.按权益法核算长期股权投资对初始投资成本调整确认收益	*	*	*	
	7	6.按权益法核算的长期股权投资持有期间的投资损益	*	*		
*	8	7.特殊重组				
*	9	8.一般重组				
*	10	9.公允价值变动净收益(填写附表七)	*	*		400 000
	11	10.确认为递延收益的政府补助				
	12	11.境外应税所得(填写附表六)	*	*	*	1 600 000
	13	12.不允许扣除的境外投资损失	*	*		*
	14	13.不征税收入(填附表一[3])	*	*	*	
	15	14.免税收入(填附表五)	*	*	*	300 000
	16	15.减计收入(填附表五)	*	*	*	
	17	16.减、免税项目所得(填附表五)	*	*	*	
	18	17.抵扣应纳税所得额(填附表五)	*	*	*	
	19	18.其他				
	20	二、扣除类调整项目	*	*		
	21	1.视同销售成本(填写附表二)	*	*	*	
	22	2.工资薪金支出				
	23	3.职工福利费支出			30 000	
	24	4.职工教育经费支出			55 000	
	25	5.工会经费支出				
	26	6.业务招待费支出			150 000	*
	27	7.广告费和业务宣传费支出(填写附表八)	*	*	500 000	
	28	8.捐赠支出			200 000	*

（续表）

行次	项目	账载金额	税收金额	调增金额	调减金额
		1	2	3	4
29	9.利息支出			250 000	
30	10.住房公积金				*
31	11.罚金、罚款和被没收财物的损失		*	10 000	*
32	12.税收滞纳金		*		*
33	13.赞助支出		*		*
34	14.各类基本社会保障性缴款				
35	15.补充养老保险、补充医疗保险				
36	16.与未实现融资收益相关在当期确认的财务费用				
37	17.与取得收入无关的支出		*	100 000	*
38	18.不征税收入用于支出所形成的费用		*		*
39	19.加计扣除（填附表五）	*	*	*	
40	20.其他				
41	三、资产类调整项目	*	*		
42	1.财产损失				
43	2.固定资产折旧（填写附表九）	*	*		
44	3.生产性生物资产折旧（填写附表九）	*	*		
45	4.长期待摊费用的摊销（填写附表九）	*	*		
46	5.无形资产摊销（填写附表九）	*	*		
47	6.投资转让、处置所得（填写附表十一）	*	*		
48	7.油气勘探投资（填写附表九）				
49	8.油气开发投资（填写附表九）				
50	9.其他				
51	四、准备金调整项目（填写附表十）	*	*	1 100 000	
52	五、房地产企业预售收入计算的预计利润	*	*		
53	六、特别纳税调整应税所得	*	*		*
54	七、其他	*	*		
55	合 计	*	*	2 395 000	2 300 000

注：1.标有＊的行次为执行新会计准则的企业填列，标有♯的行次为除执行新会计准则以外的企业填列。

2.没有标注的行次，无论执行何种会计核算办法，有差异就填报相应行次，填＊号不可填列。

3.有二级附表的项目只填调增、调减金额，账载金额、税收金额不再填写。

经办人（签章）：　　　　　　　　　法定代表人（签章）：

企业所得税年度纳税申报表附表四

企业所得税弥补亏损明细表

填报时间：2014 年 3 月 20 日

金额单位：元（列至角至分）

行次	项目	年度	盈利额或亏损额	合并分立企业转入可弥补亏损额	当年可弥补的所得额	以前年度亏损弥补额						本年度实际弥补的以前年度亏损额	可结转以后年度弥补的亏损额
						前四年度	前三年度	前二年度	前一年度	合计		
		1	2	3	4	5	6	7	8	9	10	11
1	第一年				0					0	0	*
2	第二年											
3	第三年					*	*	*				
4	第四年					*	*	*	*			
5	第五年					*	*	*	*			
6	本年	2013	8 995 000		1 000 000	*					1 000 000	
7	可结转以后年度弥补的亏损额合计											

经办人（签章）：   法定代表人（签章）：

企业所得税年度纳税申报表附表五

税收优惠明细表

填报时间:2014 年 3 月 20 日　　　　　　　　　　金额单位:元(列至角分)

行次	项　　目	金　　额
1	一、免税收入(2+3+4+5)	300 000
2	1、国债利息收入	300 000
3	2、符合条件的居民企业之间的股息、红利等权益性投资收益	
4	3、符合条件的非营利组织的收入	
5	4、其他	
6	二、减计收入(7+8)	
7	1、企业综合利用资源,生产符合国家产业政策规定的产品所取得的收入	
8	2、其他	
9	三、加计扣除额合计(10+11+12+13)	
10	1、开发新技术、新产品、新工艺发生的研究开发费用	
11	2、安置残疾人员所支付的工资	
12	3、国家鼓励安置的其他就业人员支付的工资	
13	4、其他	
14	四、减免所得额合计(15+25+29+30+31+32)	
15	(一)免税所得(16+17+…+24)	
16	1、蔬菜、谷物、薯类、油料、豆类、棉花、麻类、糖料、水果、坚果的种植	
17	2、农作物新品种的选育	
18	3、中药材的种植	
19	4、林木的培育和种植	
20	5、牲畜、家禽的饲养	
21	6、林产品的采集	
22	7、灌溉、农产品初加工、兽医、农技推广、农机作业和维修等农、林、牧、渔服务业项目	

（续表）

行次	项　目	金　额
23	8、远洋捕捞	
24	9、其他	
25	（二）减税所得（26＋27＋28）	
26	1、花卉、茶以及其他饮料作物和香料作物的种植	
27	2、海水养殖、内陆养殖	
28	3、其他	
29	（三）从事国家重点扶持的公共基础设施项目投资经营的所得	
30	（四）从事符合条件的环境保护、节能节水项目的所得	
31	（五）符合条件的技术转让所得	
32	（六）其他	
33	五、减免税合计（34＋35＋36＋37＋38）	
34	（一）符合条件的小型微利企业	
35	（二）国家需要重点扶持的高新技术企业	
36	（三）民族自治地方的企业应缴纳的企业所得税中属于地方分享的部分	
37	（四）过渡期税收优惠	
38	（五）其他	
39	六、创业投资企业抵扣的应纳税所得额	
40	七、抵免所得税额合计（41＋42＋43＋44）	
41	（一）企业购置用于环境保护专用设备的投资额抵免的税额	
42	（二）企业购置用于节能节水专用设备的投资额抵免的税额	
43	（三）企业购置用于安全生产专用设备的投资额抵免的税额	
44	（四）其他	
45	企业从业人数（全年平均人数）	
46	资产总额（全年平均数）	
47	所属行业（工业企业　　　其他企业）	

经办人（签章）：　　　　　　　　　　　　　法定代表人（签章）：

附表六

境外所得税抵扣计算明细表

填报时间：2014 年 3 月 20 日

金额单位：元（列至角分）

国家	境外所得	弥补以前年度亏损	免税所得	境外应纳税所得额	法定税率	境外所得应纳税额	境外已缴纳的所得税税额	境外所得税扣除限额	超过境外所得税扣除限额的余额	本年可抵扣以前年度所得税额	前五年境外所得已缴税款未抵扣余额	定率抵扣额
1	2	3	4	5(2－3－4)	6	7(5×6)	8	9	10(8－9)	11	12	13
A	1 000 000			1 000 000	25%	250 000	300 000	250 000	50 000			
B	600 000			600 000	25%	150 000	120 000	120 000				
合计	1 600 000			1 600 000		400 000	420 000	370 000	50 000			

经办人（签章）：

法定代表人（签章）：

表 9-6　　　　　中华人民共和国企业所得税月(季)度和年度纳税申报表(B类)

税款所属期间：　年　月　日至　年　月　日

纳税人识别号：

纳税人名称：　　　　　　　　　　　　　　　　　　　　　金额单位：人民币元(列至角分)

项　　　目			行次	累计金额
一、以下由按应税所得率计算应纳所得税额的企业填报				
应 纳 税 所 得 额 的 计 算	按收入总额核定应纳税所得额	收入总额	1	
		减：不征税收入	2	
		免税收入	3	
		应税收入额(1－2－3)	4	
		税务机关核定的应税所得率(%)	5	
		应纳税所得额(4×5)	6	
	按成本费用核定应纳税所得额	成本费用总额	7	
		税务机关核定的应税所得率(%)	8	
		应纳税所得额[7÷(1－8)×8]	9	
应纳所得税额的计算		税率(25%)	10	
		应纳所得税额(6×10 或 9×10)	11	
应补(退)所得税额的计算		已预缴所得税额	12	
		应补(退)所得税额(11－12)	13	
二、以下由税务机关核定应纳所得税额的企业填报				
税务机关核定应纳所得税额			14	

　　谨声明：此纳税申报表是根据《中华人民共和国企业所得税法》、《中华人民共和国企业所得税法实施条例》和国家有关税收规定填报的，是真实的、可靠的、完整的。

法定代表人(签字)：　　　年　月　日

纳税人公章： 会计主管： 填表日期：年　月　日	代理申报中介机构公章： 经办人： 经办人执业证件号码： 代理申报日期：年　月　日	主管税务机关受理专用章： 受理人： 受理日期：年　月　日

表 9-7　　　　　　　**中华人民共和国企业清算所得税申报表**

清算期间：　　　年　月　日至　　年　月　日

纳税人名称：

纳税人识别号：　　　　　　　　　　　　　　　　　　　　金额单位:元(列至角分)

类别	行次	项目	金额
应纳税所得额计算	1	资产处置损益(填附表一)	
	2	负债清偿损益(填附表二)	
	3	清算费用	
	4	清算税金及附加	
	5	其他所得或支出	
	6	清算所得(1+2-3-4+5)	
	7	免税收入	
	8	不征税收入	
	9	其他免税所得	
	10	弥补以前年度亏损	
	11	应纳税所得额(6-7-8-9-10)	
应纳所得税额计算	12	税率(25%)	
	13	应纳所得税额(11×12)	
应补(退)所得税额计算	14	减(免)企业所得税额	
	15	境外应补所得税额	
	16	境内外实际应纳所得税额(13-14+15)	
	17	以前纳税年度应补(退)所得税额	
	18	实际应补(退)所得税额(16+17)	

纳税人盖章： 清算组盖章： 经办人签字： 申报日期： 　　　　　　年　月　日	代理申报中介机构盖章： 经办人签字及执业证件号码： 代理申报日期： 　　　　　　年　月　日	主管税务机关 受理专用章： 受理人签字： 受理日期： 　　　　　　年　月　日

项目十

个人所得税的核算

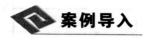 案例导入

李冰和高洁均为高级会计师,2010 年合伙成立 w 财务咨询公司,注册资金 10 万元,李冰出资比例为 60%,高洁出资为 40%,另外聘请 4 名员工。该企业员工 2013 年收入情况如下:

(1)企业员工基本情况和 2013 年 1~11 月工资收入及缴纳个人所得税资料:

	职位	1~11 月工资总计	1~11 月已交个人所得税
李冰	总经理	110 000	30 000
高洁	副总经理	88 000	10 000
赵伟	美籍高级会计师	88 000	2 112
张军	会计	33 000	
王浩	出纳	33 000	
马明	司机	33 000	
合计		385 000	42 112

(2)该企业 2013 年 12 月工资发放情况:

	基本工资	季度奖金	应发工资	代扣代缴						实发工资
				住房公积金	基本养老保险	基本医疗保险	失业保险	个人所得税	合计	
李冰	10 000	1 000	11 000	800	800	210	100	563	2 473	8 527
高洁	8 000	500	8 500	640	640	170	80	242	1 772	6 728
赵伟	8 000	500	8500	640	640	170	80	112	1642	6 858
张军	3 000	400	3400	240	240	70	30	0	580	2 820
王浩	3 000	400	3400	240	240	70	30	0	580	2 820
马明	3 000	400	3400	240	240	70	30	0	580	2 820
合计	35 000	3 200	38 200	2 800	2 800	760	350	917	7 627	30 573

(3)公司 2014 年 1 月支付赵伟 2013 年全年一次性奖金 12 000 元,张军、王浩、马明全年一次性奖金各 2 000 元,并代扣代缴个人所得税。

(4)公司 2013 年度销售收入总额为 500 000 元,成本支出 300 000 元(其中李冰工资120 000 元,高洁工资 96 000),营业费用 100 000(其中:广告费 80 000 元),管理费用30 000 元(其中:业务招待费支出 20 000 元),财务费用 12 000 元,营业税及及附加 8 000 元。

(5)公司装修办公室,由刘某承揽工程,工程 2 个月完工。第一个月支付给刘某15 000 元,第二个月支付 20 000 元,并代扣代缴个人所得税。

(6)赵伟 6 月出版专著一部,取得稿酬 100 000 元,后因专著加印,取得出版社稿酬20 000 元,出版社代扣代缴个人所得税。

(7)赵伟 7 月将自己研制的一项实用新型专利技术使用权提供给甲企业,取得技术转让收入为 3 000 元,又将自己的一项发明专利转让给乙企业,取得收入为 50 000 元,甲、乙均代扣代缴个人所得税。

(8)赵伟 8 月将其自有的住房出租,签订租期 1 年的合同,每月租金 3 000 元。9 月份因下水道堵塞,发生修缮费 1 500 元,取得维修部门的正式发票,没有扣缴个人所得税。(不考虑相关税费)

(9)赵伟 11 月将购置价 150 000 元的第二套住房转让,转让价 220 000 元,原购置时支付相关税费 5 000 元,装修费 20 000。转让过程中支付手续费、公证费 3 000 元,没有扣缴个人所得税。

(10)高洁 12 月购买福利彩票,中奖 200 000 元,将其中的 100 000 元通过国家机关捐赠给希望小学,已代扣代缴个人所得税。

(11)赵伟从美国取得专利技术使用权使用费收入 30 000 元,在美国缴纳该项收入的个人所得税 4 300 元;因在加拿大出版著作,获得稿酬收入(版税)15 000 元,并在加拿大缴纳该项收入的个人所得税 1 720 元。

张军在为公司缴纳各项税收的同时,税务机关要求其代扣代缴职工工资薪金所得税。张军应如何计算代扣代缴工资薪金所得税?还有哪些个人所得税需要代扣代缴?哪些人需要自行纳税申报?通过本项目学习,可以明确个人所得税的基本规定、应纳税额的计算、会计核算及纳税申报等内容。

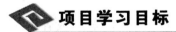

项目学习目标

知识目标
- 熟悉个人所得税的纳税人、税率;
- 熟悉个人所得税的应税项目及减免税优惠;
- 掌握个人所得税应纳税所得额的计算;
- 掌握个人所得税应纳税额的计算;
- 掌握个人所得税的会计核算及纳税申报。

能力目标
- 准确计算个人所得税应纳税额;
- 准确对企业涉及的个人所得税业务进行会计核算;
- 准确完整地填写个人所得税纳税申报表和扣缴个人所得税报告表。

项目分解

任务 10.1 个人所得税认知→任务 10.2 个人所得税应纳税额的计算→任务 10.3 个人所得税的会计核算→任务 10.4 个人所得税的纳税申报

任务 10.1　个人所得税认知

10.1.1　纳税人的确定

中国公民、个体工商业户(包括个人独资企业、合伙企业)以及在中国有所得的外籍人员(包括无国籍人员,下同)和港澳台同胞,为个人所得税的纳税义务人。按照住所和居住时间两个标准,又划分为居民纳税人和非居民纳税人。

1.居民纳税义务人

居民纳税义务人是指在中国境内有住所,或者无住所而在境内居住满一年的个人。

(1)判定标准

①在中国境内有住所的个人。指因户籍、家庭、经济利益关系而在中国境内习惯性居住的个人。

②在中国境内无住所,而在中国境内居住满一年的个人。指在一个纳税年度(即公历 1 月 1 日起至 12 月 31 日止,下同)中在中国境内居住 365 日。临时离境的,不扣减日数。

临时离境是指在一个纳税年度中一次不超过 30 日或者多次累计不超过 90 日的离境。

(2)纳税义务

居民纳税义务人负无限的纳税义务,就其从中国境内和境外取得的所得,缴纳个人所得税。

2.非居民纳税义务人

非居民纳税义务人是指习惯性居住地不在中国境内,而且不在中国居住,或者在一个纳税年度内,在中国境内居住不满 1 年的个人。

(1)判定标准

①在中国境内无住所且不居住的个人。

②在中国境内无住所且居住不满一年的个人。

在现实生活中,习惯性居住地不在中国境内的个人,只有外籍人员、华侨或香港、澳门和台湾同胞。

(2)纳税义务

非居民纳税义务人负有限的纳税义务,就其从中国境内取得的所得,缴纳个人所得税。

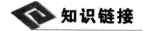

对在中国境内无住所的个人判定纳税义务时
如何计算在中国境内居住天数问题

1.对在中国境内无住所的个人,依照税法和协定或安排的规定判定其在华负有何种纳税义务时均应以该个人实际在华逗留天数计算。上述个人入境、离境、往返或多次往返境内外的当日,均按一天计算其在华实际逗留天数。

2.在中国境内企业、机构中任职(包括兼职)、受雇的个人,其实际在中国境内工作期间,应包括在中国境内工作期间在境内、外享受的公休假日、个人休假日以及接受培训的天数;其在境外营业机构中任职并在境外履行该项职务或在境外营业场所中提供劳务的期间,包括该期间的公休假日,为在中国境外的工作期间。不在中国境内企业、机构中任职、受雇的个人受派来华工作,其实际在中国境内工作期间应包括来华工作期间在中国境内所享受的公休假日。

对其入境、离境、往返或多次往返境内外的当日,均按半天计算为在华实际工作天数。

10.1.2 征税对象的确定

个人所得税的征税对象是纳税人个人取得的所得。个人所得税征税范围包括:工资、薪金所得;个体工商户的生产、经营所得;对企事业单位的承包经营、承租经营所得;劳务报酬所得;稿酬所得;特许权使用费所得;利息、股息、红利所得;财产租赁所得;财产转让所得;偶然所得;经国务院财政部门确定征税的其他所得。

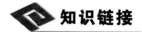

所得来源的确定原则

判断所得来源地,是确定该项所得是否应该征收个人所得税的重要依据。特别是非居民纳税义务人,由于只就其来源于中国境内的所得征税,因此判断其所得来源地,就显得十分重要。

1.工资、薪金所得以纳税人任职、受雇的公司、企业、事业单位、机关团体、部队、学校等单位的所在地,作为所得来源地。

2.生产经营所得以生产经营活动实现地作为所得来源地。

3.劳务报酬所得以纳税人实际提供劳务的地点,作为所得来源地。

4.不动产转让所得以不动产坐落地为所得来源地;动产转让所得以实现转让的地点为所得来源地。

5.财产租赁所得以被租赁财产的使用地,作为所得来源地。

6.利息、股息、红利所得以支付利息、股息、红利的企业、机构、组织的所在地,作为所得来源地。

7.特许权所用费所得以特许权的使用地,作为所得来源地。

10.1.3　税率

1.适用七级超额累进税率

工资、薪金所得,适用七级超额累进税率,税率为5％～45％(见表10-1)。

表 10-1　　　　　　　　　　　工资、薪金所得个人所得税税率表

级数	全月应纳税所得额		税率(％)	速算扣除数
	含税级距	不含税级距		
1	不超过 1 500 元的	不超过 1 455 元的	3	0
2	超过 1 500 元至 4 500 元的部分	超过 1 455 元至 4 155 元的部分	10	105
3	超过 4 500 元至 9 000 元的部分	超过 4 155 元至 7 755 元的部分	20	555
4	超过 9 000 元至 35 000 元的部分	超过 7 755 元至 27 255 元的部分	25	1 005
5	超过 3 5000 元至 55 000 元的部分	超过 27 255 元至 41 255 元的部分	30	2 755
6	超过 5 5000 元至 80 000 元的部分	超过 41 255 元至 57 505 元的部分	35	5 505
7	超过 80 000 元的部分	超过 57 505 元的部分	45	13 505

注:1.本表所列含税级距与不含税级距,均为按照税法规定减除有关费用后的所得额;

　　2.含税级距适用于由纳税人负担税款的工资、薪金所得;不含税级距适用于由他人(单位)代付税款的工资、薪金所得。

2.适用五级超额累进税率

个体工商户、个人独资企业和合伙企业的生产经营所得,对企事业单位的承包经营、承租经营所得,适用5％～35％的超额累进税率(见表10-2)。

表 10-2　　　　　　个体工商户、个人独资企业和合伙企业的生产经营所得

对企事业单位的承包经营、承租经营所得个人所得税税率表

级数	全年应纳税所得额		税率(％)	速算扣除数
	含税级距	不含税级距		
1	不超过 15 000 元的	不超过 14 250 元的	5	0
2	超过 15 000 元至 30 000 元的部分	超过 14 250 元至 27 750 元的部分	10	750
3	超过 30 000 元至 60 000 元的部分	超过 27 750 元至 51 750 元的部分	20	3 750
4	超过 60 000 元至 100 000 元的部分	超过 51 750 元至 79 750 元的部分	30	9 750
5	超过 100 000 元的部分	超过 79 750 元的部分	35	14750

注:1.本表所列含税级距与不含税级距,均为按照税法规定以每一纳税年度的收入总额减除成本、费用以及损失后的所得额;

　　2.含税级距适用于个体工商户的生产、经营所得和由纳税人负担税款的对企事业单位的承包经营、承租经营所得;不含税级距适用于由他人(单位)代付税款的对企事业单位的承包经营、承租经营所得。

3.适用三级超额累进税率

劳务报酬所得,适用比例税率,税率为20%。对劳务报酬所得一次收入畸高的,可以实行加成征收。

劳务报酬所得一次收入畸高是指个人一次取得劳务报酬,其应纳税所得额超过2万元。对应纳税所得额超过2万元至5万元的部分,依照税法规定计算应纳税额后再按照应纳税额加征五成;超过5万元的部分,加征十成。因此,劳务报酬所得实际上适用20%、30%、40%的三级超额累进税率(见表8-3)。

表 10-3　　　　　　劳务报酬所得个人所得税税率表

级数	含税每次应纳税所得额	税率(%)	速算扣除数(元)
1	不超过 20 000 元的部分	20	0
2	超过 20 000 元—50 000 元的部分	30	2 000
3	超过 50 000 元的部分	40	7 000

4.适用税率为 20%

稿酬所得,特许权使用费所得,利息、股息所得,财产租赁所得,财产转让所得偶然所得和其他所得,适用比例税率,税率为20%。

10.1.4　税收优惠

1.免税项目

(1)省级人民政府、国务院部委和中国人民解放军军以上单位,以及外国组织、国际组织颁发的科学、教育、技术、文化、卫生、体育、环境保护等方面的奖金。

(2)国债和国家发行的金融债券利息。

(3)按照国家统一规定发给的补贴、津贴。

(4)福利费、抚恤金、救济金。

(5)保险赔款。

(6)军人的转业费、复员费。

(7)按照国家统一规定发给干部、职工的安家费、退职费、退休工资、离休工资、离休生活补助费。

(8)依照我国有关法律规定应予免税的各国驻华使馆、领事馆的外交代表、领事官员和其他人员的所得。

(9)中国政府参加的国际公约、签订的协议中规定免税的所得。

(10)经国务院财政部门批准免税的所得。

①按照省级以上人民政府规定的标准,以个人工资中的部分作为社会保险(住房、医疗、失业、养老)等免税。生育妇女按照县级以上人民政府根据国家有关规定制定的生育保险办法,取得的生育津贴、生育医疗费或其他属于生育保险性质的津贴、补贴,免征个人所得税。

②个人按照国家有关规定在指定银行开户、存入规定数额资金、用于教育目的的专项储蓄所取得的教育储蓄存款利息所得,免征个人所得税。

③以下情形的房屋产权无偿赠与,对当事双方不征收个人所得税:房屋产权所有人将房屋产权无偿赠与配偶、父母、子女、祖父母、外祖父母、孙子女、外孙子女、兄弟姐妹;

房屋产权所有人将房屋产权无偿赠与对其承担直接抚养或者赡养义务的抚养人或者赡养人；房屋产权所有人死亡，依法取得房屋产权的法定继承人、遗嘱继承人或者受遗赠人。

④高级专家（享受国家发放的政府特殊津贴的专家、学者，中国科学院、中国工程院院士）延长离休退休期间，对从其劳动人事关系所在单位取得的，单位按国家有关规定向职工统一发放的工资、薪金、奖金、津贴、补贴等收入，视同离休、退休工资，免征个人所得税。

⑤对企业和个人取得的 2012 年及以后年度发行的地方政府债券利息收入，免征企业所得税和个人所得税。地方政府债券是指经国务院批准同意，以省、自治区、直辖市和计划单列市政府为发行和偿还主体的债券。

⑥自 2011 年 1 月 1 日起对工伤职工及其近亲属按照《工伤保险条例》（国务院令第586 号）规定取得的工伤保险待遇，免征个人所得税。工伤保险待遇包括工伤职工按照《工伤保险条例》（国务院令第 586 号）规定取得的一次性伤残补助金、伤残津贴、一次性工伤医疗补助金、一次性伤残就业补助金、工伤医疗待遇、住院伙食补助费、外地就医交通食宿费用、工伤康复费用、辅助器具费用、生活护理费等，以及职工因工死亡，其近亲属按照《工伤保险条例》（国务院令第 586 号）规定取得的丧葬补助金、供养亲属抚恤金和一次性工亡补助金等。

⑦城镇企业事业单位及其职工个人按照《失业保险条例》规定的比例，实际缴付的失业保险费，均不计入职工个人当期工资、薪金收入，免予征收个人所得税；具备《失业保险条例》规定条件的失业人员，领取的失业保险金，免予征收个人所得税。

⑧企业依照国家法律规定宣布破产，企业职工从该企业取得的一次性安置收入，免征个人所得税。

2．减税项目

（1）残疾、孤老人员和烈属的所得。

（2）因严重自然灾害造成重大损失的。

（3）其他经国务院财政部门批准减税的。

3．暂免征税项目

（1）外籍个人以非现金形式或实报实销形式取得的住房补贴、伙食补贴、搬迁费、洗衣费。

（2）外籍个人按合理标准取得的境内、境外出差补贴。

（3）外籍个人取得的探亲费、语言训练费、子女教育费等，经当地税务机关审核批准为合理的部分。

（4）外籍个人从外商投资企业取得的股息、红利所得。

（5）凡符合下列条件之一的外籍专家取得的工资、薪金所得，可免征个人所得税。

①根据世界银行专项贷款协议，由世界银行直接派往我国工作的外国专家；

②联合国直接派往我国工作的专家；

③为联合国援助项目来华工作的专家；

④援助国派往我国专为该国援助项目工作的专家；

⑤根据两国政府签订的文化交流项目来华工作两年以内的文教专家，其工资、薪金所得由该国负担的；

⑥通过我国大专院校国际交流项目来华工作两年以内的文教专家，其工资、薪金所

得由该国负担的；

⑦通过民间科研协定来华工作的专家，其工资、薪金所得由该国政府机构负担的。

（6）个人举报、协查各种违法犯罪行为而获得的奖金。

（7）个人办理代扣代缴手续，按规定取得的扣缴手续费。

（8）个人转让自用达 5 年以上、并且是惟一的家庭生活用房取得的所得。

（9）个人购买福利彩票、赈灾彩票、体育彩票，一次中奖收入在 1 万元以下的（含 1 万元）暂免征收个人所得税；超过 1 万元的，全额征收个人所得税。个人取得单张有奖发票奖金所得不超过 800 元（含 800 元）的，暂免征收个人所得税；超过 800 元的，全额按"偶然所得"征收个人所得税。

（10）对个人出租住房取得的所得减按 10％ 的税率征收个人所得税；对个人按《廉租住房保障办法》规定取得的廉租住房货币补贴，免征个人所得税；对于所在单位以廉租住房名义发放的不符合规定的补贴，应征收个人所得税。

（11）2008 年 10 月 9 日起孳生的储蓄存款利息、个人投资者证券交易结算资金孳生的利息暂免征收个人所得税；

4.在中国境内无住所，但是居住一年以上五年以下的个人的减免税优惠

（1）在中国境内无住所，但是居住一年以上五年以下的个人，其来源于中国境外的所得，经主管税务机关批准，可以只就由中国境内公司、企业以及其他经济组织或者个人支付的部分缴纳个人所得税；居住超过五年的个人，从第六年起，应当就其来源于中国境内、境外的全部所得缴纳个人所得税。

（2）在中国境内无住所，但是在一个纳税年度内在中国境内连续或者累计居住不超过 90 日，或者在税收协定规定的期间内，在中国境内连续或者累计居住不超过 183 日的个人，其来源于中国境内的所得，由境外雇主支付并且不由该雇主在中国境内的机构、场所负担的工资、薪金所得，免予征收个人所得税。

任务 10.2　个人所得税应纳税额的计算

10.2.1　工资、薪金所得应纳税额的计算

1.工资、薪金所得范围

工资、薪金所得是指个人因任职或者受雇而取得的工资、薪金、奖金、年终加薪、劳动分红、津贴以及与任职或者受雇有关的其他所得。在我国，工资、薪金所得是指非独立个人的劳动所得。非独立个人劳动是指个人所从事的是由他人指定、安排并接受管理的劳动，工作或服务于公司、工厂、行政、事业单位的人员（私营企业主除外）均为非独立劳动者。年终加薪、劳动分红不分种类和取得情况，一律按工资、薪金所得课税。津贴、补贴等则有例外。

2.应纳税所得额的确定

工资、薪金月应纳税所得额是指以每月收入额减除费用 3 500 元后的余额或者减除附加减除费用后的余额。附加减除费用是指每月在减除 3 500 元的基础上，再减除 1 300 元。附加减除费用适用的范围（华侨和香港、澳门、台湾同胞，参照本规定执行）：

(1)在中国境内的外商投资企业和外国企业中工作的外籍人员；

(2)应聘在中国境内的企业、事业单位、社会团体、国家机关中工作的外籍专家；

(3)在中国境内有住所而在中国境外任职或者受雇取得工资、薪金所得的个人；

(4)国务院财政、税务主管部门确定的其他人员。

按照国家规定,单位为个人缴付和个人缴付的基本养老保险费、基本医疗保险费、失业保险费、住房公积金,从纳税义务人的应纳税所得额中扣除。个人将其所得对教育事业和其他公益事业的捐赠可以从其应纳税所得额中扣除。超过《失业保险条例》规定的比例缴付失业保险费的,应将其超过规定比例缴付的部分计入职工个人当期的工资、薪金收入,依法计征个人所得税。企业为员工支付各项免税之外的保险金,应在企业向保险公司缴付时(即该保险落到被保险人的保险账户)并入员工当期的工资收入,按"工资、薪金所得"项目计征个人所得税,税款由企业负责代扣代缴。

个人因公务用车和通讯制度改革而取得的公务用车、通讯补贴收入,扣除一定标准的公务费用后,按照"工资、薪金"所得项目计征个人所得税。按月发放的,并入当月"工资、薪金"所得计征个人所得税;不按月发放的,分解到所属月份并与该月份"工资、薪金"所得合并后计征个人所得税。

3.应纳税额的计算

$$应纳税所得额＝每月收入额－费用扣除额$$

$$应纳税额＝应纳税所得额×适用税率－速算扣除数$$

【案例导入(2)】

根据该企业 2013 年 12 月发放工资情况计算应代扣代缴的个人所得税：

李冰 12 月工资薪金收入应纳个人所得税税额＝(10 000＋1000－800－800－210－100－3 500)×20%－555＝563(元)

高洁 12 月工资薪金收入应纳个人所得税税额＝(8 000＋500－640－640－170－80－3 500)×10%－105＝242(元)

赵伟 12 月工资薪金收入应纳个人所得税税额＝(8 000＋500－640－640－170－80－3 500－1 300)×10%－105＝112(元)

张军、王浩、马明工资加季度奖没超过 3500 元不需要缴纳个人所得税。

4.特殊问题处理:全年一次性奖金征税问题

全年一次性奖金是指行政机关、企事业单位等扣缴义务人根据其全年经济效益和对雇员全年工作业绩的综合考核情况,向雇员发放的一次性奖金。一次性奖金也包括年终加薪、实行年薪制和绩效工资办法的单位根据考核情况兑现的年薪和绩效工资。如果雇主为雇员负担全年一次性奖金应缴的个人所得税款,应将雇主负担的这部分税款并入雇员的全年一次性奖金。

纳税人取得全年一次性奖金,单独作为一个月工资、薪金所得计算纳税,自 2005 年 1 月 1 日起按以下计税办法,由扣缴义务人发放时代扣代缴：

先将当月取得的全年一次性奖金,除以 12 个月,按其商数确定适用税率和速算扣除数。

然后将雇员个人当月内取得的全年一次性奖金,按上述适用税率和速算扣除数计算征税。

①如果雇员当月工资薪金所得高于(等于)税法规定的费用扣除额的,适用公式为：

$$应纳税额＝雇员当月取得全年一次性奖金×适用税率－速算扣除数$$

②如果雇员当月工资薪金所得低于税法规定的费用扣除额的,适用公式为：

应纳税额＝(雇员当月取得全年一次性奖金－雇员当月工资薪金所得与费用扣除额的差额)
　　　　　×适用税率－速算扣除数

在一个纳税年度内,对每一个纳税人,该计税办法只允许采用一次。实行年薪制和绩效工资的单位,个人取得年终兑现的年薪和绩效工资按上述规定执行。雇员取得除全年一次性奖金以外的其他各种名目奖金,如半年奖、季度奖、加班奖、先进奖、考勤奖等,一律与当月工资、薪金收入合并,按税法规定缴纳个人所得税。

【案例导入(3)】

计算全年一次性奖金应代扣代缴的个人所得税:

(1)赵伟12月取得全年一次性奖金计算应交个人所得税如下:

第一步,确定适用税率和速算扣除数:

$12\ 000 \div 12 = 1\ 000$(元),税率3%,速算扣除数0;

第二步,计算应纳个人所得税:

应纳个人所得税税额$= 12\ 000 \times 3\% - 0 = 360$(元)

(2)张军、王浩、马明取得全年一次性奖金计算应交个人所得税如下:

第一步,确定适用税率和速算扣除数:

$[2\ 000 - (3\ 500 - 2\ 820)] \div 12 = 110$(元),税率3%,速算扣除数0;

第二步,计算应纳个人所得税:

应纳个人所得税税额$= [2\ 000 - (3\ 500 - 2\ 820)] \times 3\% - 0 = 396$(元)

(2)特定行业职工取得的工资、薪金所得征税问题

为了照顾采掘业、远洋运输业、远洋捕捞业因季节、产量等因素的影响,职工的工资、薪金收入呈现较大幅度波动的实际情况,对这三个特定行业的职工取得的工资、薪金所得,可按月预缴,年度终了后30日内,合计其全年工资、薪金所得,再按12个月平均计算实际应纳的税款,多退少补。

(3)个人因与用人单位解除劳动关系而取得的一次性补偿收入征税问题

个人因与用人单位解除劳动关系而取得的一次性补偿收入(包括用人单位发放的经济补偿金、生活补助费和其他补助费),其收入在当地上年职工平均工资3倍数额以内的部分,免征个人所得税;超过3倍数额部分的一次性补偿收入,可视为一次取得数月的工资、薪金收入,允许在一定期限内平均计算。

计算方法:以超过3倍数额部分的一次性补偿收入,除以个人在本企业的工作年限数(超过12年的按12年计算),以其商数作为个人的月工资、薪金收入,按照税法规定计算缴纳个人所得税。个人在解除劳动合同后又再次任职、受雇的,已纳税的一次性补偿收入不再与再次任职、受雇的工资薪金所得合并计算补缴个人所得税。

个人领取一次性补偿收入时按照国家和地方政府规定的比例实际缴纳的住房公积金、医疗保险费、基本养老保险金、失业保险费,可以在计征其一次性补偿收入的个人所得税时予以扣除。如某个人取得解除合同一次性补偿收入100 000元,超过上年职工平均三倍以上的部分为48 000元,该个人已经任职20年。则按12年计算的月工资、薪金收入为4 000元($48\ 000 \div 12$),应纳个人所得税税额为:$[(4\ 000 - 3\ 500) \times 3\% - 0] \times 12 = 180$(元)。

(4)内部退养人员工资、薪金征税问题

实行内部退养的个人在其办理内部退养手续后至法定离退休年龄之间从原任职单位取得的工资、薪金,不属于离退休工资,应按"工资、薪金所得"项目计征个人所得税。

个人在办理内部退养手续后从原任职单位取得的一次性收入，应按办理内部退养手续后至法定离退休年龄之间的所属月份进行平均，并与领取当月的"工资、薪金"所得合并后减除当月费用扣除标准，以余额为基数确定适用税率，再将当月工资、薪金加上取得的一次性收入，减去费用扣除标准，按适用税率计征个人所得税。

个人在办理内部退养手续后至法定离退休年龄之间重新就业取得的"工资、薪金"所得，应与其从原任职单位取得的同一月份的"工资、薪金"所得合并，并依法自行向主管税务机关申报缴纳个人所得税。

如因单位减员增效，距离法定退休年龄尚有 3 年零 4 个月的张某，于 2013 年 6 月办理了内部退养手续，当月领取扣除三险一金后工资 2 800 元和一次性补偿收入 60 000 元。则张某 6 月份应税所得额为：60 000÷40＋2 800－3 500＝800（元），选择的适用税率为 3％。

应纳个人所得税税额＝（60 000＋2 800－3 500）×3％＝1 779（元）

如果王某 2013 年 10 月又找到一份工作，月工资 2 000 元，王某内退期间月工资 2 000 元，王某 10 月份应缴纳个人所得税税额为：（2 000＋2 000－3 500）×3％＝15（元）。

（5）个人提前退休取得一次性补贴收入征收个人所得税问题

机关、企事业单位对未达到法定退休年龄、正式办理提前退休手续的个人，按照统一标准向提前退休工作人员支付一次性补贴，不属于免税的离退休工资收入，应按照"工资、薪金所得"项目征收个人所得税。个人因办理提前退休手续而取得的一次性补贴收入，应按照办理提前退休手续至法定退休年龄之间所属月份平均分摊计算个人所得税。

计税公式：

应纳税额＝｛〔（一次性补贴收入÷办理提前退休手续至法定退休年龄的实际月份数）－费用扣除标准〕×适用税率－速算扣除数｝×提前办理退休手续至法定退休年龄的实际月份数

如某企业职工王某距离法定退休年龄尚有 3 年零 4 个月，于 2013 年 6 月办理了提前退休手续，当月实际领取工资 2 800 元和一次性补偿收入 60 000 元。提前办理退休补贴应纳税所得额为 1 500 元（60 000÷40），低于 3 500 元，所以不需纳税；如果一次性补偿收入为 160 000 则提前办理退休补贴应纳税所得额为 4 000 元（160 000/40），应纳个人所得税税额为：（4 000－3 500）×3％×40＝600（元）。

10.2.2　个体工商户、个人独资企业、合伙企业生产经营所得应纳税额的计算

1. 生产、经营所得范围

（1）个体工商户从事工业、手工业、建筑业、交通运输业、商业、饮食业、服务业、修理业以及其他行业生产、经营取得的所得；

（2）个人经政府有关部门批准，取得执照，从事办学、医疗、咨询以及其他有偿服务活动取得的所得；

（3）其他个人从事个体工商业生产、经营取得的所得；

（4）上述个体工商户和个人取得的与生产、经营有关的各项应纳税所得。

个体工商户和从事生产、经营的个人，取得与生产、经营活动无关的各项应税所得，应分别适用各应税项目的规定计算征收个人所得税。

个人独资企业和合伙企业比照以上应税项目征税。个人独资企业以投资者为纳税义务人。合伙企业合伙人是自然人的，缴纳个人所得税，合伙企业以每一个合伙人为纳

税义务人。

2.应纳税所得额的确定

（1）个体工商户的生产、经营所得

以每一纳税年度的收入总额,减除成本、费用以及损失后的余额,为应纳税所得额。收入总额是指个体工商户从事生产、经营以及与生产经营有关的活动所取得的各项收入;成本、费用是指个体工商户从事生产、经营所发生的各项直接支出和分配计入成本的间接费用以及销售费用、管理费用、财务费用;损失是指纳税义务人在生产、经营过程中发生的各项营业外支出。从事生产、经营的纳税义务人未提供完整、准确的纳税资料,不能正确计算应纳税所得额的,由主管税务机关核定其应纳税所得额。

（2）个人独资企业投资者的所得

个人独资企业的投资者以全部生产经营所得为应纳税所得额。

（3）合伙企业合伙人的所得

合伙企业生产经营所得和其他所得采取"先分后税"的原则。合伙企业生产经营所得和其他所得,包括合伙企业分配给所有合伙人的所得和企业当年留存的所得(利润)。

合伙企业的合伙人按照下列原则确定应纳税所得额:

①合伙企业的合伙人以合伙企业的生产经营所得和其他所得,按照合伙协议约定的分配比例确定应纳税所得额。

②合伙协议未约定或者约定不明确的,以全部生产经营所得和其他所得,按照合伙人协商决定的分配比例确定应纳税所得额。

③协商不成的,以全部生产经营所得和其他所得,按照合伙人实缴出资比例确定应纳税所得额。

④无法确定出资比例的,以全部生产经营所得和其他所得,按照合伙人数量平均计算每个合伙人的应纳税所得额。

合伙协议不得约定将全部利润分配给部分合伙人。

3.应纳税额的计算

（1）实行查账征收

$$应纳税所得额＝全年收入总额－（成本＋费用＋损失＋准予扣除的税金）$$
$$应纳税额＝应纳税所得额×适用税率－速算扣除数$$

①收入总额。收入总额是指企业从事生产经营以及与生产经营有关的活动所取得的各项收入,包括商品(产品)销售收入、营运收入、劳务服务收入、工程价款收入、财产出租或转让收入、利息收入、其他业务收入和营业外收入。

②允许扣除的成本费用及损失。自2011年9月1日起,对个体工商户业主、个人独资企业和合伙企业投资者的生产经营所得依法计征个人所得税时,个体工商户业主、个人独资企业和合伙企业投资者本人的费用扣除标准统一确定为42 000元/年(3 500元/月);个体工商户、个人独资企业和合伙企业向其从业人员实际支付的合理的工资、薪金支出,允许在税前据实扣除;个体工商户、个人独资企业和合伙企业拨缴的工会经费、发生的职工福利费、职工教育经费支出分别在工资薪金总额2%、14%、2.5%的标准内据实扣除;个体工商户、个人独资企业和合伙企业每一纳税年度发生的广告费和业务宣传费用不超过当年销售(营业)收入15%的部分,可据实扣除,超过部分,准予在以后纳税年度结转扣除;个体工商户、个人独资企业和合伙企业每一纳税年度发生的与其生产经营业务直接相关的业务招待费支出,按照发生额的60%扣除,但最高不得超过当年销售(营业)收入

的 5‰。

③其他规定：

A. 投资者的工资不得在税前扣除；

B. 投资者及其家庭发生的生活费用不允许在税前扣除。投资者及其家庭发生的生活费用与企业生产经营费用混合在一起，并且难以划分的，全部视为投资者个人及其家庭发生的生活费用，不允许在税前扣除。

C. 企业生产经营和投资者及其家庭生活共用的固定资产，难以划分的，由主管税务机关根据企业的生产经营类型、规模等具体情况，核定准予在税前扣除的折旧费用的数额或比例。

D. 企业计提的各种准备金不得扣除。

【案例导入（4）】

财务咨询公司广告费用扣除限额＝500 000×15％＝75 000（元）

实际发生 80 000 元，超额 5 000 元结转以后年度扣除

调整增加额＝80 000－75 000＝5 000（元）

业务招待费支出，按照发生额的 60％扣除，但最高不得超过当年销售（营业）收入的 5‰。

20 000×60％＝12 000（元）

500 000×5‰＝2 500（元）

扣除限额 2 500 元

调整增加额＝20 000－2 500＝17 500（元）

投资者的工资不得在税前扣除。

企业应纳税所得额＝500 000－300 000－100 000－30 000－12 000－8 000＋5 000＋17 500＋120 000＋96 000＝288 500（元）

投资者本人的费用扣除标准统一确定为 42 000 元/年。

合伙企业生产经营所得和其他所得采取"先分后税"的原则，李冰、高洁分别计算个人所得税。

李冰应纳税所得额＝288 500×60％－42 000＝131 100（元）

李冰应纳个人所得税税额＝131 100×35％－14 750＝31 135（元）

需补交个人所得税税额＝31 135－30 563＝572（元）

高洁应纳税所得额＝288 500×40％－42 000＝73 400（元）

高洁应纳个人所得税税额＝73 400×30％－9 750＝12 270（元）

需补交个人所得税税额＝12 270－10 242＝2 028（元）

（2）实行核定征收

核定征收方式，包括定额征收、核定应税所得率征收以及其他合理的征收方式。有下列情形之一，采用核定征收方式：

①企业依照国家的有关规定应当设置但未设置账簿的；

②企业虽设置账簿，但账目混乱或者成本资料、收入凭证、费用凭证残缺不全，难以查账的；

③纳税人发生纳税义务，未按照规定期限办理纳税申报的，经税务机关责令限期申报，逾期仍不申报的。

应纳税所得额＝收入总额×应税所得率

或   应纳税所得额＝成本费用支出额÷(1－应税所得率)×应税所得率

应纳税额＝应纳税所得额×适用税率

表 10-4   个人所得税应税所得率表

行业	应税所得率(％)
工业、交通运输业、商业	5～20
建筑业、房地产开发业	7～20
饮食服务业	7～25
娱乐业	20～40
其他行业	10～30

企业经营多种业务的,无论经营项目是否单独核算,均应根据其主营业务项目确定其适用的应税所得率。

(3)投资者兴办两个或两个以上企业应纳税额的计算

投资者兴办两个或两个以上企业,并且企业性质全部是独资的,年度终了后,汇算清缴时,应纳税额的计算按以下方法进行:

汇总其投资兴办的所有企业的经营所得作为应纳税所得额,以此确定适用税率,计算出全年经营所得的应纳税额,再根据每个企业的经营所得占所有企业经营所得的比例,分别计算出每个企业的应纳税额和应补缴税额。其计算公式如下:

应纳税所得额＝Σ 各个企业的经营所得

应纳税额＝应纳税所得额×税率－速算扣除数

$$本企业应纳税额＝\frac{应纳税额×本企业的经营所得}{Σ 各企业的经营所得}$$

本企业应补缴税额＝本企业应纳税额－本企业预缴的税额

10.2.3 企事业单位的承包经营、承租经营所得应纳税额的计算

1.应纳税所得额的确定

对企事业单位的承包经营、承租经营所得,以每一纳税年度的收入总额减除必要费用后的余额为应纳税所得额。每一纳税年度的收入总额是指纳税义务人按照承包经营、承租经营合同规定分得的经营利润和工资、薪金性质的所得;减除必要费用是指按月减除 3 500 元。在一个纳税年度中,承包经营或者承租经营期限不足一年的,以其实际经营期为纳税年度。

应纳税所得额＝每一纳税年度的收入总额(税后净利润＋工资)－
必要费用(上交的承包费＋固定费用)

2.应纳税额的计算

应纳税额＝应纳税所得额×适用税率－速算扣除数

如张某签订承包合同经营招待所,承包期为 3 年。2013 年招待所实现承包经营利润100 000 元,按合同规定张某每年应从承包经营利润中上交承包费 40 000 元,张某每月从招待所领取工资 3 000 元。则年应纳税所得额＝100 000＋3 000×12－40 000－42 000＝54 000(元)。

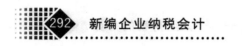

应纳税额＝54 000×20％−3 750＝7 050(元)

10.2.4　劳务报酬所得应纳税额的计算

1.劳务报酬所得范围

劳务报酬所得是指个人独立从事各种非雇佣劳务取得的所得。包括个人从事设计、装潢、安装、制图、化验、测试、医疗、法律、会计、咨询、讲学、新闻、广播、翻译、审稿、书画、雕刻、影视、录音、录像、演出、表演、广告、展览、技术服务、介绍服务、经纪服务、代办服务以及其他劳务取得的所得。

2.应纳税所得额的确定

劳务报酬所得每次收入不超过4 000元的,减除费用为800元;每次收入4 000元以上的,减除20％的费用,其余额为应纳税所得额。每次的规定如下:

(1)劳务报酬所得,属于一次性收入的,以取得该项收入为一次;

(2)属于同一项目连续性收入的,以一个月内取得的收入为一次。

证券经纪人以一个月内取得的佣金收入为一次收入,其每次收入先减去实际缴纳的营业税及附加,再减去展业成本(证券经纪人展业成本的比例暂定为每次收入额的40％),余额规定计算缴纳个人所得税。。

3.应纳税额的计算

(1)每次收入不足4 000元的

应纳税额＝(每次收入额−800)×20％

(2)每次收入在4 000元以上,且每次收入应纳税所得额不超过20 000元的

应纳税额＝每次收入额×(1−20％)×20％

(3)每次收入的应纳税所得额超过20 000元的

应纳税额＝每次收入额×(1−20％)×适用税率−速算扣除数

如某歌星4月30日参加电视台台庆演出取得收入30 000元,同时,他与某歌厅签约1年,每月到歌厅演唱四次,每次演出费为800元。

电视台演出取得收入为一次性收入。

应纳税额＝30 000×(1−20％)×30％−2 000＝5 200(元)

与歌厅签约收入,属于同一事项连续取得收入,以一个月内取得的收入合计为一次。

应纳税额＝(800×4−800)×20％＝480(元)

【案例导入(5)】

代扣代缴刘某提供装修劳务应纳个人所得税:

刘某提供装修劳务,以每次提供劳务取得的收入为一次。

刘某提供劳务应税所得额＝(15 000＋20 000)×(1−20％)＝28 000(元)

应纳个人所得税税额＝28 000×30％−2 000＝6 400(元)

10.2.5　稿酬所得应纳税额的计算

1.稿酬所得范围

稿酬所得是指个人因作品以图书、报刊形式出版、发表而取得的所得。

2. 应纳税所得额的确定

稿酬所得每次收入不超过 4 000 元的,减除费用 800 元;每次收入 4 000 元以上的,减除 20%的费用,其余额为应纳税所得额。稿酬所得按次计税,以每次出版、发表取得的收入为一次。每次的规定如下:

(1)同一作品再版取得的所得,应视为另一次稿酬所得计征个人所得税;

(2)同一作品先在报刊上连载,然后再出版,或先出版,再在报刊上连载的,应视为两次稿酬所得计征个人所得税;

(3)同一作品在报刊上连载,以连载完后取得的所有收入合并为一次计征个人所得税;

(4)同一作品在出版、发表时,以预付稿酬或分次支付稿酬等形式取得的收入应合并为一次计算;

(5)同一作品在出版、发表后,因添加印数而追加稿酬的,应与以前出版、发表时取得的稿酬合并为一次计征个人所得税。

3. 应纳税额的计算

(1)每次收入不足 4 000 元的

应纳税额＝(每次收入额−800)×20%×(1−30%)

(2)每次收入在 4 000 元以上的

应纳税额＝每次收入额×(1−20%)×20%×(1−30%)

【案例导入(6)】

赵伟出版专著一部和因添加印数而追加稿酬的,应与以前出版、发表取得的稿酬合并计算为一次。

出版社代扣代缴个人所得税:

赵伟出版专著、加印应纳个人所得税税额＝(100 000＋20 000)×(1−20%)×20%×(1−30%)＝13 440(元)

10.2.6　特许权使用费所得应纳税额的计算

1. 特许权使用费所得范围

特许权使用费所得是指个人提供专利权、商标权、著作权、非专利技术以及其他特许权的使用权取得的所得;提供著作权的使用权取得的所得,不包括稿酬所得。

2. 应纳税所得额的确定

特许权使用费所得,以某项使用权的一次转让所取得的收入为一次。每次收入不超过 4 000 元的,减除费用 800 元;每次收入超过 4 000 元的,减除 20%的费用,以其余额为应纳税所得额。

3. 应纳税额的计算

(1)每次收入不足 4 000 元的

应纳税额＝(每次收入额−800)×20%

(2)每次收入在 4 000 元以上的

应纳税额＝每次收入额×(1−20%)×20%

【案例导入(7)】

甲、乙企业应代扣代缴个人所得税:

赵伟专利技术使用权提供给甲企业应纳个人所得税税额＝（3 000－800）×20％＝440（元）

赵伟将自己的一项发明专利转让给乙企业应纳个人所得税税额＝50 000×（1－20％）×20％＝8 000（元）

10.2.7　财产租赁所得应纳税额的计算

1.财产租赁所得范围

财产租赁所得是指个人出租建筑物、土地使用权、机器设备、车船以及其他财产取得的所得。个人取得的财产转租收入，也属于"财产租赁所得"的征税范围，由财产转租人缴纳个人所得税。

2.应纳税所得额的确定

财产租赁所得以每次取得的收入减除规定费用后的余额为应纳税所得额。财产租赁所得，以一个月内取得的收入为一次。

个人出租财产取得的财产租赁收入，在计算缴纳个人所得税时，应依次扣除以下费用：

（1）财产租赁过程中缴纳的税费，如营业税、城建税和教育费附加、房产税、印花税等；

（2）向出租方支付的租金（转租房屋）；

（3）由纳税人负担的租赁财产实际开支的修缮费用（以每次800元为限）；

（4）税法规定的费用扣除标准。每次收入不超过4 000元，定额减除费用800元；每次收入在4 000元以上，定率减除20％的费用。

3.应纳税额的计算

$$应纳税额＝［每次（月）收入额－准予扣除费用］×20％$$

【案例导入（8）】

财产租赁所得，以一个月内取得的收入为一次，对个人出租住房取得的所得减按10％的税率征收个人所得税。

8月份应纳个人所得税税额＝（3 000－800）×10％＝220（元）

9月份应纳个人所得税税额＝（3 000－800－800）×10％＝140（元）

10月份应纳个人所得税税额＝（3 000－700－800）×10％＝150（元）

11月份、12月份同8月份

赵伟出租房屋应纳个人所得税税额＝220×3＋140＋150＝950（元）

10.2.8　财产转让所得应纳税额的计算

1.财产转让所得范围

财产转让所得是指个人转让有价证券、股权、建筑物、土地使用权、机器设备、车船以及其他财产取得的所得。

2.应纳税所得额的确定

财产转让所得以个人每次转让财产收入额，减除财产原值和合理费用后的余额，为应纳税所得额。

（1）财产原值的规定。有价证券，为买入价以及买入时按照规定交纳的有关费用；建筑物，为建造费或者购进价格以及其他有关费用；土地使用权，为取得土地使用权所支付的金额、开发土地的费用以及其他有关费用；机器设备、车船，为购进价格、运输费、安装费以及其他有关费用；其他财产，参照以上方法确定。

纳税义务人未提供完整、准确的财产原值凭证，不能正确计算财产原值的，由主管税务机关核定其财产原值。

（2）合理费用的规定。个人转让住房按照规定实际支付的住房装修费用、住房贷款利息、手续费、公证费等费用允许扣除。

个人因各种原因终止投资、联营、经营合作等行为，从被投资企业或合作项目、被投资企业的其他投资者以及合作项目的经营合作人取得股权转让收入、违约金、补偿金、赔偿金及以其他名目收回的款项等，均属于个人所得税应税收入，应按照"财产转让所得"项目适用的规定计算缴纳个人所得税。应纳税所得额的计算公式如下：

应纳税所得额＝个人取得的股权转让收入、违约金、补偿金、赔偿金及以其他名目收回款项合计数－原实际出资额（投入额）及相关税费

3. 应纳税额的计算

应纳税额＝（每次转让财产收入额－财产原值－合理费用）×适用税率

【案例导入（9）】

赵伟将第二套住房转让应纳税所得额＝220 000－（150 000＋5 000＋20 000）－3 000＝42 000（元）

应纳个人所得税税额＝42 000×20％＝8 400（元）

10.2.9 利息、股息、红利所得，偶然所得和其他所得应纳税额的计算

1. 征税范围

利息、股息、红利所得是指个人因拥有债权、股权而取得的利息、股息、红利所得。

偶然所得是指个人得奖、中奖、中彩以及其他偶然性质的所得。

企业在业务宣传、广告等活动中，随机向本单位以外的个人赠送礼品，对个人取得的礼品所得；企业在年会、座谈会、庆典以及其他活动中向本单位以外的个人赠送礼品，对个人取得的礼品所得，按照"其他所得"项目

2. 应纳税所得额的确定

利息、股息、红利所得，按次纳税，以支付利息、股息、红利时取得的收入为一次；偶然所得，以每次取得该项收入为一次。以每次收入额为应纳税所得额，不做任何扣除。

个人从公开发行和转让市场取得的上市公司股票，持股期限在1个月以内（含1个月）的，其股息红利所得全额计入应纳税所得额；持股期限在1个月以上至1年（含1年）的，暂减按50％计入应纳税所得额；持股期限超过1年的，暂减按25％计入应纳税所得额。上市公司是指在上海证券交易所、深圳证券交易所挂牌交易的上市公司；持股期限是指个人从公开发行和转让市场取得上市公司股票之日至转让交割该股票之日前一日的持有时间。个人转让股票时，按照先进先出的原则计算持股期限，即证券账户中先取得的股票视为先转让。应纳税所得额以个人投资者证券账户为单位计算，持股数量以每

日日终结算后个人投资者证券账户的持有记录为准,证券账户取得或转让的股份数为每日日终结算后的净增(减)股份数。

对个人持有的上市公司限售股,解禁后取得的股息红利,按照本通知规定计算纳税,持股时间自解禁日起计算;解禁前取得的股息红利继续暂减按50%计入应纳税所得额。

企业赠送的礼品是自产产品(服务)的,按该产品(服务)的市场销售价格确定个人的应税所得;是外购商品(服务)的,按该商品(服务)的实际购置价格确定个人的应税所得。

3. 应纳税额的计算

$$应纳税额＝每次收入额×20\%$$

10.2.10　其他规定

1. 合作取得收入的规定

两个或者两个以上的个人共同取得同一项目收入的,应当对每个人取得的收入分别按照税法规定减除费用后计算纳税。

2. 公益捐赠的规定

个人将其所得对教育事业和其他公益事业的捐赠是指个人将其所得通过中国境内的社会团体、国家机关向教育和其他社会公益事业以及遭受严重自然灾害地区、贫困地区的捐赠。

捐赠额未超过纳税义务人申报的应纳税所得额30%的,可以从其应纳税所得额中扣除。

【案例导入(10)】

福利彩票发行机构代扣代缴个人所得税:

捐赠扣除限额＝200 000×30%＝60 000元,实际发生100 000元,应扣除60 000元。

马明购买福利彩票中奖应纳个人所得税税额＝(200 000－60 000)×20%＝28 000(元)

10.2.11　境外所得已纳税款的扣除

纳税义务人从中国境外取得的所得,准予其在应纳税额中扣除已在境外缴纳的个人所得税税额。但扣除额不得超过该纳税义务人境外所得依照我国个人所得税法规定计算的应纳税额。

已在境外缴纳的个人所得税税额是指纳税义务人从中国境外取得的所得,依照该所得来源国家或者地区的法律应当缴纳并且实际已经缴纳的税额。依照税法规定计算的应纳税额是指纳税义务人从中国境外取得的所得,区别不同国家或者地区和不同应税项目,依照我国税法规定的费用减除标准和适用税率计算的应纳税额;同一国家或者地区内不同应税项目,依照我国税法计算的应纳税额之和,为该国家或者地区的扣除限额。纳税义务人在中国境外一个国家或者地区实际已经缴纳的个人所得税税额,低于依照我国个人所得税税法规定计算出的应交个人所得税额的,应当在中国缴纳差额部分的税款;超过依照我国个人所得税税法规定计算出的应交个人所得税额的,其超过部分不得在本纳税年度的应纳税额中扣除,但是可以在以后纳税年度的该国家或者地区扣除限额的余额中补扣,补扣期限最长不得超过五年。

【案例导入(11)】

(1)按照我国税法的规定,赵伟从美国取得的特许权使用费收入,应减除20%的费用,其余额按20%的比例税率计算应纳税额。

应纳个人所得税税额＝30 000×(1－20%)×20%＝4 800(元)

即其抵扣限额为4 800元,赵伟在美国实际缴纳个人所得税4 300元,低于抵减限额,可以全额抵扣,并需在中国补缴差额部分的税款500元(4 800－4 300)。

(2)按照我国税法的规定,赵伟从加拿大取得的稿酬收入,应减除20%的费用,就其余额按20%的税率计算应纳税额并减征30%。

应纳个人所得税税额＝[15 000×(1－20%)×20%]×(1－30%)＝1 680(元)

即其抵扣限额为1 680元,赵伟在加拿大实际缴纳个人所得税1 720元,超出抵减限额40元,不能在本年度扣除,但可在以后5个纳税年度的该国减除限额的余额中补减。

任务 10.3 个人所得税的会计核算

10.3.1 代扣代缴个人所得税的会计核算

1.支付工资、薪金代扣代缴个人所得税的会计核算

企业作为个人所得税的代扣代缴义务人,支付工资、薪金时应按规定扣缴职工应缴纳的个人所得税。代扣个人所得税时,借记"应付职工薪酬"账户,贷记"应交税费——应交个人所得税"账户。实际缴纳时,借记"应交税费——应交个人所得税"账户,贷记"银行存款"账户。

【案例导入(2)】

代扣个人所得税时:

借:应付职工薪酬——工资 917

　贷:应交税费——应交个人所得税 917

实际缴纳时:

借:应交税费——应交个人所得税 917

　贷:银行存款 917

2.支付劳务报酬、特许权使用费代扣代缴个人所得税的会计核算

企业扣缴时借记"管理费用"、"无形资产"等账户,贷记"应交税费——应交个人所得税"、"库存现金"等账户。实际缴纳时,借记"应交税费——应交个人所得税"账户,贷记"银行存款"账户。

【案例导入(5)】

企业支付装修款并代扣个人所得税时:

借:管理费用 35 000

　贷:应交税费——应交个人所得税 6 400

　　银行存款 28 600

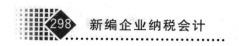

3.企业支付稿酬代扣代缴个人所得税的会计核算

企业支付稿酬时借记"生产成本"等账户,贷记"应交税费——应交个人所得税"、"库存现金"、"银行存款"等账户。实际缴纳时,借记"应交税费——应交个人所得税"账户,贷记"银行存款"账户。

【案例导入(6)】

出版社支付稿酬并代扣个人所得税时:

借:生产成本	120 000
贷:应交税费——应交个人所得税	13 440
银行存款	106 560

4.向个人购买财产(财产转让)代扣代缴个人所得税会计核算

企业向个人购买财产属于购建企业固定资产项目的,支付的税费应作为企业购建固定资产的价值组成部分,借记"固定资产"账户,贷记"银行存款"、"应交税费——应交个人所得税"账户;企业向个人购买资产属于无形资产项目的,支付的税费应作为企业取得无形资产的价值组成部分,借记"无形资产"账户,贷记"银行存款"、"应交税费——应交个人所得税"账户。实际缴纳时,借记"应交税费——应交个人所得税"账户,贷记"银行存款"账户。

5.向股东支付股利代扣代缴个人所得税会计核算

企业向个人支付现金股利时,应代扣代缴个人所得税。企业经股东大会决定,宣告发放现金股利时,按应支付给股东的现金股利,借记"利润分配"账户,贷记"应付股利"账户;实际支付现金股利时,借记"应付股利"账户,贷记"库存现金"(或银行存款)、"应交税费——应交个人所得税"账户。

10.3.2　个体工商户、个人独资企业、合伙企业的会计核算

个体工商户、个人独资企业、合伙企业,除实行查账征收外,一般不单独进行会计核算,只需保管好按主管税务机关核定征收额所缴纳的个人所得税票就可以。实行查账征收的个体工商户、个人独资企业、合伙企业,在计算应纳个人所得税时,借记"利润分配"账户,贷记"应交税费——应交个人所得税"账户。实际缴纳时,借记"应交税费——应交个人所得税"账户,贷记"银行存款"账户。

任务 10.4　个人所得税的纳税申报

个人所得税的纳税申报方法有自行申报和代扣代缴两种。

10.4.1　自行纳税申报

自行申报纳税是由纳税人自行在个人所得税法规定的纳税期限内,向税务机关申报取得的应税所得项目和数额,如实填写个人所得税申报表,并按照规定计算应纳税所得

额,据此缴纳个人所得税的一种方法。

1.自行申报的范围

依据个人所得税法负有纳税义务的纳税人,有下列情形之一的,应当办理纳税申报:

(1)年所得 12 万元以上的;

(2)在中国境内两处或两处以上取得工资、薪金所得的;

(3)从中国境外取得的所得;

(4)取得应纳税所得,没有扣缴义务人的;

(5)国务院规定的其他情形。

2.自行申报地点

(1)年所得 12 万元以上的纳税人,纳税申报地点分别为:

①在中国境内有任职、受雇单位的,向任职、受雇单位所在地主管税务机关申报;

②在中国境内有两处或者两处以上任职、受雇单位的,选择并固定向其中一处单位所在地主管税务机关申报;

③在中国境内无任职、受雇单位,年所得项目中有个体工商户的生产、经营所得或者对企事业单位的承包经营、承租经营所得(以下统称生产、经营所得)的,向其中一处实际经营所在地主管税务机关申报;

④在中国境内无任职、受雇单位,年所得项目中无生产、经营所得的,向户籍所在地主管税务机关申报。在中国境内有户籍,但户籍所在地与中国境内经常居住地不一致的,选择并固定向其中一地主管税务机关申报。在中国境内没有户籍的,向中国境内经常居住地主管税务机关申报。

(2)从两处或者两处以上取得工资、薪金所得的,选择并固定向其中一处单位所在地主管税务机关申报。

(3)从中国境外取得所得的,向中国境内户籍所在地主管税务机关申报。在中国境内有户籍,但户籍所在地与中国境内经常居住地不一致的,选择并固定向其中一地主管税务机关申报。在中国境内没有户籍的,向中国境内经常居住地主管税务机关申报。

(4)个体工商户向实际经营所在地主管税务机关申报。

(5)个人独资、合伙企业投资者兴办两个或两个以上企业的,区分不同情形确定纳税申报地点:

①兴办的企业全部是个人独资性质的,分别向各企业的实际经营管理所在地主管税务机关申报;

②兴办的企业中含有合伙性质的,向经常居住地主管税务机关申报;

③兴办的企业中含有合伙性质,个人投资者经常居住地与其兴办企业的经营管理所在地不一致的,选择并固定向其参与兴办的某一合伙企业的经营管理所在地主管税务机关申报。

(6)除以上情形外,纳税人应当向取得所得所在地主管税务机关申报。

3.自行申报期限

(1)年所得 12 万元以上的纳税人,在纳税年度终了后 3 个月内向主管税务机关办理纳税申报。

(2)个体工商户和个人独资、合伙企业投资者取得的生产、经营所得应纳的税款,分月预缴的,纳税人在每月终了后 15 日内办理纳税申报;分季预缴的,纳税人在每个季度终了后 15 日内办理纳税申报。纳税年度终了后,纳税人在 3 个月内进行汇算清缴。

(3)纳税人年终一次性取得对企事业单位的承包经营、承租经营所得的,自取得所得之日起 30 日内办理纳税申报;在 1 个纳税年度内分次取得承包经营、承租经营所得的,在每次取得所得后的次月 15 日内申报预缴,纳税年度终了后 3 个月内汇算清缴。

(4)从中国境外取得所得的纳税人,在纳税年度终了后 30 日内向中国境内主管税务机关办理纳税申报。

(5)纳税人取得其他各项所得须申报纳税的,在取得所得的次月 15 日内向主管税务机关办理纳税申报。

4.自行申报方式

(1)纳税人可以采取数据电文、邮寄等方式申报,也可以直接到主管税务机关申报,或者采取符合主管税务机关规定的其他方式申报。

(2)纳税人采取数据电文方式申报的,应当按照税务机关规定的期限和要求保存有关纸质资料。

(3)纳税人采取邮寄方式申报的,以邮政部门挂号信函收据作为申报凭据,以寄出的邮戳日期为实际申报日期。

(4)纳税人可以委托有税务代理资质的中介机构或者他人代为办理纳税申报。

5.个人所得税纳税申报表

个人所得税纳税申报表,见表 10-6、表 10-9、表 10-10、表 10-11、表 10-12、表 10-13。

赵伟取得财产租赁所得和财产转让所得,没有扣缴义务人需自行纳税申报,填表 10-9;赵伟从中国境外取得所得,需填表 10-10。

【案例导入】企业合伙人李冰、高洁须填写表 10-12。表 10-12 中数字是以李冰为例填写的。

10.4.2 代扣代缴纳税申报

1.扣缴义务人

凡支付个人应纳税所得的企业(公司)、事业单位、机关、社团组织、军队、驻华机构、个体户等单位或者个人,为个人所得税的扣缴义务人。驻华机构,不包括外国驻华使领馆和联合国及其他依法享有外交特权和豁免的国际组织驻华机构。

2.代扣代缴的范围

实行个人所得税全员全额扣缴申报的应税所得包括:工资、薪金所得;劳务报酬所得;稿酬所得;特许权使用费所得;利息、股息、红利所得;财产租赁所得;财产转让所得;偶然所得;经国务院财政部门确定征税的其他所得。

3.代扣代缴期限

扣缴义务人应当按照国家规定办理全员全额扣缴申报,即扣缴义务人在扣缴税款的次月 15 日内,向主管税务机关报送其支付所得的个人基本信息、支付所得数额、扣缴税款的具体数额和总额以及其他相关涉税信息。

4.扣缴个人所得税报告表

扣缴个人所得税报告表,见表 10-5、表 10-7、表 10-8。

表 10-7 中资料是 w 财务咨询公司 2013 年 12 月代扣工资薪金所得税和刘某承揽工程情况。

表 10-5　　　　　　　　　　　　个人所得税基础信息表（A表）

扣缴义务人名称：

扣缴义务人编码：□□□□□□□□□□□□□□□□□

序号	姓名	国籍(地区)	身份证件类型	身份证件号码	是否残疾烈属孤老	雇员		非雇员			股东、投资者		境内无住所个人									备注
						电话	电子邮箱	联系地址	电话	工作单位	公司股本(投资)总额	个人股本(投资)额	纳税人识别号	来华时间	任职期限	预计离境时间	预计离境地点	境内职务	境外职务	支付地	境外支付地(国别/地区)	
1																						
2																						
3																						
4																						
5																						
6																						
7																						
8																						
9																						
10																						
11																						
12																						
13																						
14																						

谨声明:此表是根据《中华人民共和国个人所得税法》及其实施条例和国家相关法律法规规定填报的,是真实的、完整的、可靠的。

法定代表人(负责人)签字：　　　　　　　　年　月　日

扣缴义务人公章： 经办人：	代理机构(人)签章： 经办人： 经办人执业证件号码：	主管税务机关受理专用章： 受理人：
填表日期：　年　月　日	代理申报日期：　年　月　日	受理日期：　年　月　日

国家税务总局监制

适用范围:本表由扣缴义务人填报。适用于扣缴义务人办理全员全额扣缴明细申报时,其支付所得纳税人基础信息的填报。初次申报后,以后月份只需报送基础信息发生变化的纳税人的信息。

表 10-6　　　　　　　　　　　　　个人所得税基础信息表（B 表）

姓名		身份证件 类型		身份证件 号码										
纳税人 类型	□有任职受雇单位 （可多选）		□无任职受雇单位（不含股东投资者）			□投资者			□无住所个人					
任职受雇 单位名称 及纳税人 识别号														
"三费一金" 缴纳情况	□基本养老保险费　　□基本医疗保险费 □失业保险费　　　　□住房公积金　　□无 （可多选）						电子邮箱							
境内 联系地址	_____省_____市_____区（县）_____						邮政编码							
联系电话	手机：_____ 固定电话：_____						职业							
职务	○高层　　　　○中层　　　　○普通　　（只选一）						学历							
是否残疾人 /烈属 /孤老	□残疾　　　　□烈属　　　　□孤老　　□否						残疾等级情况							
该栏仅由 有境外 所得纳税 人填写	○户籍所在地 ○经常居住地	_____省_____市_____区（县）_____ 邮政编码_____												
该栏 仅由 投资者 纳税人 填写	投资者类型		□个体工商户　　　　□个人独资企业投资者　□合伙企业合伙人 □承包、承租经营者　　□股东　　　　□其他投资者　　（可多选）												
	被投资单位信息	名称				扣缴义务人编码									
		地址				邮政编码									
		登记注册类型				行业									
		所得税征收方式	○查账征收　○核定征收（只选一）			主管税务机关									
	以下由股东及其他投资者填写														
	公司股本 （投资）总额					个人股本（投资）额									

（续表）

纳税人识别号																					
国籍（地区）				出生地				
性别				出生日期		_____年___月___日		
劳动就业证号码				是否税收协定缔约国对方居民		○是　　○否		
境内职务				境外职务				
来华时间				任职期限				
预计离境时间				预计离境地点				

该栏仅由无住所纳税人填写

境内任职受雇单位	名称		扣缴义务人编码	
	地址		邮政编码	
境内受聘签约单位	名称		扣缴义务人编码	
	地址		邮政编码	
境外派遣单位	名称		地址	
支付地	○境内支付　　○境外支付 ○境内、外同时支付　（只选一）		境外支付国国别（地区）	

谨声明：此表是根据《中华人民共和国个人所得税法》及其实施条例和国家相关法律法规规定填写的，是真实的、完整的、可靠的。

　　　　　　　　　纳税人签字：　　　年　月　日

代理机构（人）签章： 经办人： 经办人执业证件号码：	主管税务机关受理专用章： 受理人：
填表（代理申报）日期：　年　月　日	受理日期：　年　月　日

国家税务总局监制

　　适用范围：本表适用于自然人纳税人基础信息的填报。由自然人纳税人初次向税务机关办理相关涉税事宜时填报本表；初次申报后，以后仅需在信息发生变化时填报。

表 10-7

扣缴个人所得税报告表

税款所属期：2013 年 12 月 1 日至 2013 年 12 月 31 日

扣缴义务人名称：w 财务咨询公司　　扣缴义务人所属行业：☑一般行业 □特定行业月份申报

扣缴义务人编码：

金额单位：人民币元（列至角分）

序号	姓名	身份证件类型	身份证件号码	所得项目	所得期间	收入额	免税所得	税前扣除项目								减除费用	准予扣除的捐赠额	应纳税所得额	税率%	速算扣除数	应纳税额	减免税额	应扣缴税额	已扣缴税额	应补（退）税额	备注
								基本养老保险费	基本医疗保险费	失业保险费	住房公积金	财产原值	允许扣除的其他税费	合计											
1	2	3	4	5	6	7	8	9	10	11	12	13	14	15	16	17	18	19	20	21	22	23	24	25	26	27
	李冰			工资薪金	12月	11 000		800	210	100	800				1 910	3 500		5 590	20	555	563		563	563	563	
	高洁			工资薪金	12月	8 500		640	170	80	640				1 530	3 500		3 470	10	105	242		242	242	242	
	赵伟			工资薪金	12月	8 500		640	170	80	640				1 530	3 500		2 170	10	105	112		112	112	112	
	刘某			劳务	12月	35 000							7 000			4 800		28 000	30	2 000	6 400		6 400	6 400	6 400	
合 计																										

谨声明：此扣缴报告表是根据《中华人民共和国个人所得税法》及其实施条例和国家有关税收法律法规定填写的，是真实的、完整的、可靠的。

法定代表人（负责人）签字：　　　　　　　　年　月　日

扣缴义务人公章：	代理机构（人）签章：	主管税务机关受理专用章：
经办人：	经办人：	受理人：
	经办人执业证件号码：	
填表日期：　年　月　日	代理申报日期：　年　月　日	受理日期：　年　月　日

适用范围：本表适用于扣缴义务人办理全员全额扣缴个人所得税申报（包括向个人支付应税所得，但低于税法规定减除费用，不需扣缴税款情形的申报），以及特定行业工资、薪金所得个人所得税的月份申报。

国家税务总局监制

表 10-8　　　　　**特定行业个人所得税年度申报表**

税款所属期：　　年　　月　　日至　　年　　月　　日

扣缴义务人名称：

扣缴义务人编码：

金额单位：人民币元（列至角分）

序号	姓名	身份证件类型	身份证件号码	所得项目	所得期间	全年收入额	年免税所得	年税前扣除项目					年减除费用	准予扣除的捐赠额	月平均应纳税所得额	税率%	速算扣除数	月平均应纳税额	年应扣缴税额	减免税额	年预缴税额	应补（退）税额	备注
								基本养老保险费	基本医疗保险费	失业保险费	住房公积金	其他	合计										
1	2	3	4	5	6	7	8	9	10	11	12	13	14	15	16	17	18	19	20	21	22	23	24	25

谨声明：此扣缴报告表是根据《中华人民共和国个人所得税法》及其实施条例和国家有关税收法律法规规定填写的，是真实的、可靠的、完整的。

法定代表人（负责人）签字：　　　　年　　月　　日

扣缴义务人公章： 经办人： 填表日期：　　年　　月　　日	代理机构（人）签章： 经办人执业证件号码： 经办人： 代理申报日期：　　年　　月　　日	主管税务机关受理专用章： 受理人： 受理日期：　　年　　月　　日

国家税务总局监制

适用范围：本表适用于特定行业工资、薪金所得个人所得税的年度申报。

表 10-9

个人所得税自行纳税申报表（A 表）

税款所属期间：自 2013 年 1 月 1 日至 2013 年 12 月 31 日

金额单位：人民币元（列至角分）

姓 名	赵伟	国籍（地区）	美国	身份证件类型		身份证件号码	

自行申报情形　□从中国境内两处或者两处以上取得工资、薪金所得　□没有扣缴义务人　☑其他情形

任职受雇单位名称	所得期间	所得项目	收入额	免税所得	税前扣除项目									减除费用	准予扣除的捐赠额	应纳税所得额	税率 %	速算扣除数	应纳税额	减免税额	已缴税额	应补（退）税额
					基本养老保险费	基本医疗保险费	失业保险费	住房公积金	财产原值	允许扣除的税费	其他	合计									
1	2	3	4	5	6	7	8	9	10	11	12	13	14	15	16	17	18	19	20	21	22
	8 月	财产租赁	3 000										800		2 200	10		220			22
	9 月	财产租赁	3 000							800			800		1 400	10		140			220
	10 月	财产租赁	3 000							700			800		1 500	10		150			140
	11 月	财产租赁	3 000										800		2 200	10		220			150
	12 月	财产租赁	3 000										800		2 200	10		220			220
	11 月	财产转让	220 000										178 000		42 000	20		8 400			220
																					8 400

谨声明：此表是根据《中华人民共和国个人所得税法》及其实施条例和国家相关法律法规规定填写的，是真实的、完整的、可靠的。

纳税人签字：　　　　　　　　　　　　　　　　　　　　　　　　　　　　　　　　　主管税务机关受理人：

　　　　　　　　　　　　　年　　月　　日

代理机构（人）公章： 经办人： 经办人执业证件号码：	受理人：
代理申报日期：　　年　　月　　日	受理日期：　　年　　月　　日

国家税务总局监制

适用范围：本表适用于"从中国境内两处或者两处以上取得工资、薪金所得的"、"取得应纳税所得，没有扣缴义务人的"，以及"国务院规定的其他情形"

的个人所得税申报。纳税人在办理申报时，须同时附报《个人所得税基础信息表（B 表）》。

表10-10

个人所得税自行纳税申报表（B表）

税款所属期：自2013年1月1日至2013年12月31日　　　　　　　　　金额单位：人民币元（列至角分）

姓名	赵伟	身份证件类型		身份证件号码	
国籍（地区）	美国				

所得来源国（地区）	所得项目	收入额	税前扣除项目								减除费用	准予扣除的捐赠额	应纳税所得额	工资薪金所得项目月应纳税所得额	税率%	速算扣除数	应纳税额
			基本养老保险费	基本医疗保险费	失业保险费	住房公积金	财产原值	允许扣除的税费	其他	合计							
1	2	3	4	5	6	7	8	9	10	11	12	13	14	15	16	17	18
加拿大	稿酬	15 000									3 000				20%		1 680
美国	特许权使用费	30 000									6 000				20%		4 800

本期应缴税额计算

国别（地区）	扣除限额	境外已纳税额	五年内超过扣除限额未补余额	本期应补缴税额	未扣除余额
19	20	21	22	23	24
加拿大	1 680	1 720			40
美国	4 800	4 300		500	

谨声明：此表是根据《中华人民共和国个人所得税法》及其实施条例和国家相关法律法规规定填写的，是真实的、完整的、可靠的。

纳税人签字：

代理机构（人）签章：
经办人：
经办人执业证件号码：
代理申报日期： 年 月 日

主管税务机关受理专用章：
受理人：
受理日期： 年 月 日

适用范围：本表适用于"从中国境外取得所得"的纳税人的纳税申报。纳税人在办理申报时，须同时附报《个人所得税基础信息表（B表）》。

国家税务总局监制

表 10-11　　　　生产、经营所得个人所得税纳税申报表（A 表）

税款所属期：　　年　月　日至　年　月　日　　　　　金额单位：人民币元（列至角分）

投资者信息	姓名		身份证件类型		身份证件号码									
	国籍（地区）				纳税人识别号									
被投资单位信息	名称				纳税人识别号									
	征收方式		□查账征收 □核定征收		类型		□个体工商户　　□承包、承租经营者 □个人独资企业　□合伙企业								

项目		行次	金额
一、本期收入总额		1	
二、本期成本费用总额		2	
三、本期利润总额		3	
四、分配比例 ％		4	
五、应纳税所得额		5	
查账征收	1. 按本期实际计算的应纳税所得额	6	
	2. 上年度应纳税所得额的 1/12 或 1/4	7	
核定征收	1. 税务机关核定的应税所得率 ％	8	
	2. 税务机关认可的其他方法确定的应纳税所得额	9	
六、按上述内容换算出的全年应纳税所得额		10	
七、税率 ％		11	
八、速算扣除数		12	
九、本期预缴税额		13	
十、减免税额		14	
十一、本期实际应缴税额		15	

　　谨声明：此表是根据《中华人民共和国个人所得税法》及其实施条例和国家相关法律法规规定填写的，是真实的、完整的、可靠的。

纳税人签字：　　　　年　月　日

代理申报机构（人）公章： 经办人： 经办人执业证件号码：	主管税务机关受理专用章： 受理人：
代理申报日期：　　年　月　日	受理日期：　　年　月　日

国家税务总局监制

　　适用范围：本表适用于查账征收"个体工商户的生产、经营所得"和"对企事业单位的承包经营、承租经营所得"个人所得税的个体工商户、企事业单位承包承租经营者、个人独资企业投资者和合伙企业合伙人的预缴纳税申报，以及实行核定征收的纳税申报。纳税人在办理申报时，须同时附报附件《个人所得税基础信息表（B 表）》。合伙企业有两个或两个以上自然人投资者的，应分别填报本表。

表 10-12　　　　　　生产、经营所得个人所得税纳税申报表(B 表)

税款所属期:2013 年 1 月 1 日至 13 年 12 月 31 日　　　　　　　　　金额单位:人民币元(列至角分)

投资者信息	姓名	李冰	身份证件类型		身份证件号码								
	国籍(地区)		中国		纳税人识别号								
被投资单位信息	名称		w 财务咨询公司		纳税人识别号								
	类型	□个体工商户　　□承包、承租经营者　　□个人独资企业　　☑合伙企业											

项　目	行次	金额	补充资料
一、收入总额	1	500 000	
减:成本	2	300 000	
营业费用	3	100 000	
管理费用	4	30 000	
财务费用	5	12 000	
营业税金及附加	6	8 000	
营业外支出	7		
二、利润总额	8	50 000	
三、纳税调整增加额	9	22 500	
1、超过规定标准扣除的项目	10		
(1)职工福利费	11		
(2)职工教育经费	12		
(3)工会经费	13		
(4)利息支出	14		
(5)业务招待费	15	17 500	
(6)广告费和业务宣传费	16	5 000	
(7)教育和公益事业捐赠	17		1.年平均职工人数:　6 人
(8)住房公积金	18		2.工资总额:　437 200 元
(9)社会保险费	19		3.投资者人数:　2 人
(10)折旧费用	20		
(11)无形资产摊销	21		
(12)资产损失	22		
(13)其他	23		
2、不允许扣除的项目	24	216 000	
(1)资本性支出	25		
(2)无形资产受让、开发支出	26		
(3)税收滞纳金、罚金、罚款	27		
(4)赞助支出、非教育和公益事业捐赠	28		
(5)灾害事故损失赔偿	29		
(6)计提的各种准备金	30		
(7)投资者工资薪金	31	216 000	
(8)与收入无关的支出	32		
其中:投资者家庭费用	33		
四、纳税调整减少额	34		
1.国债利息收入	35		

（续表）

项　　目	行次	金额	补充资料
2.其他	36		
五、以前年度损益调整	37		
六、经纳税调整后的生产经营所得	38	288 500	
减：弥补以前年度亏损	39		
乘：分配比例%	40	60%	
七、允许扣除的其他费用	41		
八、投资者减除费用	42	42 000	
九、应纳税所得额	43	131 100	
十、税率（%）	44	35%	
十一、速算扣除数	45	14 750	
十二、应纳税额	46	31 135	
减：减免税额	47		
十三、全年应缴税额	48	31 135	
加：期初未缴税额	49		
减：全年已预缴税额	50	30 563	
十四、应补（退）税额	51	572	

　　谨声明：此表是根据《中华人民共和国个人所得税法》及其实施条例和国家相关法律法规规定填写的，是真实的、完整的、可靠的。

纳税人签字：　　　　　　　年　月　日

代理申报机构（人）公章： 经办人： 经办人执业证件号码：	主管税务机关受理专用章： 受理人：
代理申报日期：　年　月　日	受理日期：　年　月　日

国家税务总局监制

　　适用范围：本表适用于查账征收"个体工商户的生产、经营所得"和"对企事业单位的承包经营、承租经营所得"个人所得税的个体工商户、承包承租经营者、个人独资企业投资者和合伙企业合伙人的个人所得税年度汇算清缴。纳税人在办理申报时，须同时附报《个人所得税基础信息表（B表）》。合伙企业有两个或两个以上自然人投资者的，应分别填报本表。

表 10-13　　　　生产、经营所得投资者个人所得税汇总申报表

税款所属期：　　年　月　日至　　年　月　日　　　　　金额单位：人民币元（列至角分）

投资者信息	姓名	身份证件类型	身份证件号码						
	国籍（地区）		纳税人识别号						
项目	被投资单位编号	被投资单位名称	被投资单位纳税人识别号		分配比例	行次	金额		

（续表）

一、应汇总申报的各被投资单位的应纳税所得额	1.汇缴地				1	
	2.其他				2	
	3.其他				3	
	4.其他				4	
	5.其他				5	
	6.其他				6	
	合计				7	
二、应调增的投资者减除费用					8	
三、调整后应纳税所得额					9	
四、税率					10	
五、速算扣除数					11	
六、应纳税额					12	
七、本企业经营所得占各企业经营所得总额的比重（%）					13	
八、本企业应纳税额					14	
九、减免税额					15	
十、全年应缴税额					16	
十一、全年已预缴税额					17	
十二、应补（退）税额					18	

　　谨声明:此表是根据《中华人民共和国个人所得税法》及其实施条例和国家相关法律法规规定填写的,是真实的、完整的、可靠的。

　　　　　　　纳税人签字:　　　　　　　　年　月　日

代理机构（人）签章: 经办人: 经办人执业证件号码:	主管税务机关受理专用章: 受理人:
代理申报日期:　年　月　日	受理日期:　　年　　月　　日

国家税务总局监制

　　适用范围:本表适用于个体工商户、承包承租企事业单位、个人独资企业、合伙企业投资者在中国境内两处或者两处以上取得"个体工商户的生产、经营所得"和"对企事业单位的承包经营、承租经营所得"的,同项所得合并计算纳税的个人所得税年度汇总纳税申报。纳税人在办理申报时,须同时附报《个人所得税基础信息表(B表)》。

参考文献

1. 吕献荣. 税收实务. 北京：清华大学出版社，2011
2. 梁伟样. 企业纳税实务. 北京：清华大学出版社，2009
3. 杨应杰、吕献荣. 新编企业纳税会计. 大连：大连理工大学出版社，2010
4. 史新浩、陈圆圆. 税务核算与申报. 北京：高等教育出版社，2013
5. 国家税务总局网站 www.chinatax.gov.cn
6. 中华会计网校 www.chinaacc.com